LE
PANTHÉON POPULAIRE.

CINQUIÈME SÉRIE.

HISTOIRE DE FRANCE.

TABLE DES MATIÈRES.

Ire Partie.   HISTOIRE DE FRANCE jusqu'à l'Assemblée des notables (1789).
IIe Partie.   HISTOIRE DE LA RÉVOLUTION FRANÇAISE jusqu'à l'Empire (1789 à 1800).
IIIe Partie.   HISTOIRE DE NAPOLÉON (1800 à 1815).
IVe Partie.   HISTOIRE DE PARIS depuis sa fondation jusqu'à nos jours (1851).

HISTOIRE
DE FRANCE

ILLUSTRÉE

PAR BELLANGÉ

TEXTE NOUVEAU DIVISÉ EN QUATRE PARTIES

PAR

AUGUSTIN CHALLAMEL.

Iʳᵉ PARTIE — HISTOIRE DE FRANCE. 　　IIIᵉ PARTIE — HISTOIRE DE NAPOLÉON.
IIᵉ PARTIE — HISTOIRE DE LA RÉVOLUTION. 　IVᵉ PARTIE — HISTOIRE DE PARIS.

PARIS,
GUSTAVE BARBA, LIBRAIRE-ÉDITEUR,
RUE DE SEINE, 31.
1851

AUGUSTIN CHALLAMEL.

HISTOIRE DE FRANCE

ILLUSTRÉE

PAR JANET-LANGE.

PRIX : 1 FRANC 10 CENTIMES.

PARIS,
PUBLIÉ PAR GUSTAVE BARBA, LIBRAIRE-ÉDITEUR,
RUE DE SEINE, 31.
54.
1851

HISTOIRES POPULAIRES
PAR
AUGUSTIN CHALLAMEL.

HISTOIRE DE FRANCE
ILLUSTRÉE PAR JANET-LANGE.

PRÉFACE.

L'histoire populaire de la France, telle que nous la publions, comprend les différents âges de la vie du peuple français.

Pour donner une juste idée du caractère national, il nous a fallu remonter à la plus haute antiquité. Du sang gaulois, du sang romain, du sang germain, du sang grec même coule dans nos veines, et les barbares de toute race, en se mêlant à lui, ont certainement modifié notre portrait physique et moral. D'épaisses ténèbres enveloppent l'enfance du peuple français. Ne nous flattons pas de les avoir dissipées; mais, ayant puisé, d'une part, aux sources originales de l'histoire, et, de l'autre, nous étant appuyé sur les dissertations des nombreux savants qui ont traité de nos origines, nous espérons avoir entrevu la vérité. Ce travail de recherches, matière première du livre, nous nous sommes efforcé de le dissimuler au lecteur. Convaincu que la muse de l'histoire doit, pour plaire, se montrer attrayante dans sa gravité, nous avons cherché à sauver la sévérité du fond par la curiosité des détails, par une forme aussi simple, mais aussi élégante que possible. Les notes indispensables sont seules indiquées : leur trop grand nombre nuit à la lecture. Nous avons écarté, autant que le sujet nous l'a permis, ce lourd bagage d'érudition, sous lequel succombe souvent la composition d'un ouvrage historique.

Qu'on n'induise pas de là que nous ayons craint ou négligé d'entrer parfois dans des considérations critiques, d'aborder des questions ardues, de résoudre à notre manière des problèmes difficiles. Nous eussions failli à notre tâche. Dans les mémoires particuliers, les aperçus philosophiques se rencontrent fréquemment à côté des anecdotes plaisantes, et, comme dans la vie, le rire succède aux pleurs. La biographie du peuple français sera-t-elle autre? N'y devons nous pas voir l'événement politique mêlé au détail de mœurs, la chanson satirique suivre l'exposé d'une grave doctrine, ou encore la description d'une fête publique coïncider avec l'exposition d'une crise financière?

Vercingétorix, chef des Arvernes, est conduit vers César.

Paris. Typographie Plon frères, rue de Vaugirard, 36.

Premier âge du peuple français.

Le premier âge comprend la vie des *Gaulois*. Malgré la longue série de siècles qui les sépare de nous, leurs actes et leurs mœurs nous intéressent. Ne retrouve-t-on pas dans ces peuples primitifs une grande partie des qualités et des défauts qui caractérisent les Français d'aujourd'hui? « Les dix-neuf vingtièmes d'entre nous, dit Amédée Thierry, sont de race gauloise. » Les Gaulois ont vécu seize cents ans environ, jusqu'à l'année 51 avant Jésus-Christ. Franchise, impétuosité, expansion, intelligence, telles sont les qualités qui les distinguent. Inconstance, mobilité, indiscipline, vanité, voilà leurs défauts. Aux yeux des Romains, ils ne sont que des *barbares*, qu'il importe de *civiliser*, ou plutôt de *conquérir*. Néanmoins, quoi que prétendent les poëtes et les historiens de Rome, les Gaulois ont marché dans la voie progressive, soit par leur instinct propre, soit par leur fusion avec les différents peuples envahisseurs qu'ils reçurent parmi eux, peuples barbares sans doute, mais dont quelques usages valaient certainement mieux que ceux de la Gaule. Ainsi le mélange des races, la fraternisation, lente et pourtant réelle, des peuplades étrangères avec les habitants des territoires envahis, quelques expéditions commerciales, et, plus que tout cela, l'œuvre du temps, le travail des générations, améliorèrent le physique et le moral des Gaulois. Le Gall repoussa l'Ibère, puis il le rappela, c'est-à-dire le laissa revenir. Le langage guttural du premier s'adoucit par l'adjonction de mots ibériens; sa sauvage et belliqueuse audace céda aux mœurs plus pacifiques de l'Ibère. Plus tard, le Gall, ainsi modifié, reçut des Kymris l'amour de l'industrie, et des Belges l'esprit d'association politique. Il ne marcha plus seulement par bandes guerrières. De transformation en transformation, il se constitua un peuple *gallo-kymro-belge* (qu'on nous pardonne ce mot deux fois composé), auquel la colonie phocéenne de Marseille vint donner quelque teinture de civilisation grecque, ce que nous avons appelé dans notre récit *l'élément oriental*.

Voici comment s'opéra la fusion des races.

La fraternisation des peuplades qui envahissaient, avec celles des territoires envahis, nous semble une de ces vérités historiques qu'il importe peu d'expliquer, tant elles se conçoivent aisément : Gall, Kymri ou Belge, ou Helvète, cherchant « une place en Gaule » s'estimait bien heureux de l'y avoir trouvée. Il tranchait d'abord du vainqueur, et ensuite, obéissant à ses besoins sans cesse renaissants, ou entretenant des relations forcées avec l'habitant du territoire envahi, il devenait son compagnon, son ami, son frère. Aux cinquième et sixième siècles de l'ère chrétienne, cette fraternisation devint sensible, prompte, vraiment phénoménale.

Les expéditions commerciales, irrésistibles moteurs d'une civilisation, ne firent pas défaut. Sous ce rapport, les Nanntètes, les Vénètes et les Marseillais contribuèrent largement aux progrès de la Gaule primitive.

Le temps surtout, le travail des générations ne manquait pas d'accomplir son œuvre. Le nombre des habitants croissait, et les nécessités de la vie facile se multipliaient. Alors, comme plus tard, comme aujourd'hui encore, chaque siècle vit éclore une puissante invention. Aux boucliers de cuir succédaient les boucliers de fer; les habitations devenaient de plus en plus commodes; la Gaule trouvait moyen de rivaliser avec l'Italie elle-même pour la manutention des produits du sol. Les coutumes odieusement barbares disparaissaient de jour en jour; l'amour de la patrie s'épurait, et ne consistait plus seulement en un culte farouche de la possession; les cœurs se sentaient émus au mot de liberté; on organisait la résistance à l'oppression. Le Gaulois grandissait dans le malheur. Plus des défaites étaient nombreuses, accablantes, plus brillait son courage éprouvé. Il ne voulait plus qu'on vînt le troubler près du foyer domestique, car il commençait à comprendre et à aimer les joies de la famille.

Il y aurait plaisir à reconnaître que les religions de la Gaule fussent pour beaucoup dans l'amélioration des mœurs. Le principe religieux influe tant sur les âmes! le surhumain a tant de force impulsive sur l'humanité! Mais, dans la Gaule primitive, le *polythéisme* ne parlait qu'aux sens, le *druidisme* maintenait les superstitions au profit des prêtres, et la religion des Marseillais n'était que le *paganisme*, au culte extérieur et politique. De ces trois religions, aucune ne donnait des préceptes de philosophie ou de morale; aucune par conséquent ne servit au mouvement civilisateur.

Deuxième âge du peuple français.

La vie des Gallo-Romains est l'objet de la deuxième partie ou du deuxième âge. Époque de luttes et de souffrances. Un joug étranger pèse sur tous. Les Gaulois, après la conquête de César, étaient devenus sujets romains. Aussitôt, la civilisation romaine, à la fois brillante et corrompue, s'infiltra partout. Mais on entendit çà et là, à de courts intervalles, proférer des cris d'indépendance. Réduite en province, la Gaule entière chercha à ressaisir sa liberté. Les Gallo-Romains vécurent divisés. En effet, Rome avait établi dans le pays une hiérarchie administrative puissante. Ce qui touchait à cette administration aima et défendit les vainqueurs : les nobles et les riches firent volontiers cause commune avec eux. Le sang le plus pur des peuples, au contraire, coula à flots, et ne se mêla pas au sang romain. Des libérateurs s'élevèrent, combattirent et moururent, préférant quelquefois les barbares aux civilisés. Aussi, lorsque les incursions des premiers se renouvelèrent, les Gallo-Romains, croyant l'occasion favorable et la saisissant, fondèrent un *empire gaulois*. Malheureuse tentative! Elle échoua complètement; une heure solennelle allait sonner, l'heure d'une deuxième et double conquête. Au midi, les Goths succédèrent aux Romains; au nord, les Franks établirent leur domination.

Quatre siècles et demi, de 51 avant Jésus-Christ à 476 après Jésus-Christ, se sont écoulés. Imparfaitement renouvelée au contact des mœurs romaines, la Gaule se régénéra par le christianisme. Elle entra aussitôt dans la voie des idées généreuses, des affranchissements pour l'homme, pour la femme, pour l'intelligence. Une littérature gallo-romaine prit naissance. La pensée se fortifia. L'épiscopat dirigea les populations, généralement vers le bien. En réalité, ce ne fût pas Rome, ce fut le christianisme qui régna. La Providence voulut sans doute que le même siècle vit César asservir et le Christ consoler la Gaule!

Troisième âge du peuple français.

Pendant le troisième âge, apparaissent simultanément les *Franks*, les *barbares*, et les *Gallo-Romains*. Il y a confusion. Une profonde secousse ébranle non-seulement la province, mais l'empire tout entier. Au milieu des ruines, la religion chrétienne subsiste : elle a même gagné en activité, en puissance, en splendeur. Elle subsiste, tandis que la terreur et la mort s'avancent de toutes parts; que les siéges, les pillages, les martyres, les crimes inouïs ensanglantent le beau pays gaulois. Quels hommes survivront à ces désastres? Quelle lumière percera ce sombre horizon? Quel progrès naîtra de cet amalgame des coutumes les plus hétérogènes, les plus sauvages?

Et cependant tout ne fut pas perdu dans cette tourmente. Les *Gaulois* vaincus avaient accepté la civilisation des *Romains* vainqueurs; les *Franks*, force conquérante, se soumirent en bien des points aux *Gallo-Romains* subjugués par eux. Le luxe des Goths et l'habileté romaine conservèrent encore leur prestige. Ce ne fut pas tout. Hlodowig ou Clovis reçut le baptême des mains de saint Remi, 496! Date précieuse dans l'histoire du christianisme! La religion, désormais influente, adoucit les mœurs des uns, épura les coutumes des autres. Bien des évêques s'élevèrent contre les crimes des rois, contre la corruption des nobles gallo-romains, et leur sainte parole, respectueusement écoutée, ne demeura pas inefficace.

Sans doute les Franks, non implacables, et comme éblouis par leur triomphe, n'avaient pas crié : Malheur aux vaincus! Ils n'exerçaient pas moins sur ceux-ci une pression matérielle, guerrière. La hiérarchie militaire se constitua, toute à l'avantage des Franks. Le mouvement intellectuel parut s'arrêter. Sciences, philosophie, art, rien ne progressa sérieusement pendant un demi-siècle, de 476 à 511 après Jésus-Christ.

Les diverses hordes de barbares, Alains, Vandales, Huns, Goths, Gépides, Wisigoths, Ostrogoths, Burgundes, etc., provoquent l'attention de l'historien, qui doit retracer sommairement leur biographie depuis les temps les plus reculés jusqu'à l'époque d'invasion. Les Franks notamment n'importe que les investigations soient très-scrupuleuses. Nous comptons les Franks parmi nos ancêtres directs. Tout nous le rappelle. Au moment où cette histoire s'imprime, on retrouve encore dans plus d'un département français des usages, des coutumes, des habitudes locales, des traditions étranges introduites par les barbares. Tel ou tel paysan garde en son patois quelques mots empruntés à la langue des Franks, ou à celle des Ibères, et s'assied journellement, pour se reposer des fatigues de son travail, sur une pierre qui a servi aux cérémonies du culte de Tuiston, le dieu germain.

Ce troisième âge renferme beaucoup de faits rétrospectifs. Il est transitoire.

Quatrième âge du peuple français.

C'est vers l'année 511 que commence le quatrième âge; c'est vers l'année 613 qu'il finit. Après la mort du conquérant Clovis s'opéra le partage de son royaume entre ses enfants. Des mécontentements s'élevèrent. Les princes, héritiers rivaux, se disputent les parts. Les luttes d'ambition personnelle s'enveniment, et les populations en supportent toutes les charges.

La division bien tranchée éclata entre les Franks neustriens et les Franks austrasiens. Chez les premiers, la conquête se consolidait. Ils dominèrent. Une royauté fixe, à peu près ferme, s'était établie dans la Neustrie. En Austrasie, au contraire, le pouvoir appartenait aux *maires du palais*; il n'était pas parfaitement défini. De là un manque d'unité dans le gouvernement austrasien, une vague délimitation des pouvoirs qui assurait beau jeu à l'audace des ambitieux.

Un terrible épisode, la querelle de Frédégonde et de Brunehaut, a occupé à juste titre les historiens. Deux royaumes, d'intérêt opposé, et représentés par deux femmes rivales, luttaient avec une opiniâtreté sans égale. La victoire resta à Frédégonde, et, après la lutte, la Neustrie prit des proportions immenses.

Au point de vue de la civilisation, le pays gallo-frank, en général, fit peu de progrès. Cependant des changements remarquables s'opérèrent dans la manière de vivre des habitants. Les rois, recherchant les prestiges de la représentation extérieure, se créèrent une cour. Le luxe impérial se glissa en partie au milieu d'eux. Loin d'être une régénération sociale pour beaucoup de Gallo-Romains, la conquête ne faisait qu'ajouter la brutalité à leur dissolution ; pour d'autres, au contraire, elle introduisait des mœurs simples parmi les Romains accoutumés aux raffinements du vice.

Le clergé, bassement soumis aux Franks, semblait avoir perdu son indépendance spirituelle. Si les évêques battaient monnaie, rendaient la justice, levaient des impôts, organisaient des armées, acquéraient par là une force matérielle, ils perdaient toute considération morale, en achetant leurs dignités, en intervenant dans les élections, en formant une cour complaisante aux rois barbares. Bientôt, heureusement, saint Benoît sentit la nécessité d'une réforme dans la vie monastique. Ses exemples portèrent fruit. Il se fonda un clergé *régulier*, en opposition avec le clergé *séculier* ; et les monastères furent de véritables tabernacles, où se conservait la plus éclatante pureté, la plus complète excellence de la vie chrétienne.

Cinquième âge du peuple français.

Un siècle et demi, de 613 à 771, est contenu dans le cinquième âge.

On a vu précédemment poindre et grandir la toute-puissance des Neustriens. Triomphe éphémère : les Franks d'Austrasie, dominateurs à leur tour, assurèrent la victoire de la barbarie germanique sur la civilisation romaine, l'aristocratie des *leudes* sur les essais de monarchie impériale. La victoire des grands fut confirmée et sanctionnée par une ordonnance de Hloter II (Clotaire), dite *Constitution perpétuelle*. Vainement quelques *maires du palais* tentèrent d'abattre les chefs vainqueurs : l'aristocratie des leudes l'emportait toujours chez les Austrasiens. Ainsi deux principes opposés avaient successivement prédominé. La Neustrie mérita le nom de *France Romaine* ; l'Austrasie, celui de *France Teutonique* ou *Germanique*.

Le cinquième âge de la vie du peuple français fut en outre, pour employer l'expression colorée d'un historien célèbre, « une sorte de pont jeté entre la barbarie et la féodalité. »

La famille des Peppin consolida la prépondérance des Franks de l'Austrasie ; elle essaya de constituer une unité nationale.

Mais à cette époque de guerres continuelles, quand Peppin marchait contre les Germains, quand l'épée de Charles Martel repoussait une invasion des Arabes en Gaule, quand les hommes du Nord voulaient exterminer ceux du Midi, quelles furent les misères de toutes les populations ! Aucune administration puissante n'avait succédé au chaos, résultat de la conquête barbare et des luttes de races. Grâce à Peppin seulement, et avec l'aide de la papauté, dont le pouvoir temporel menaçait de s'établir, l'influence du clergé se fit encore sentir dans l'autorité civile, où, dit Chateaubriand, « tout se gouverna de nouveau par l'Église et pour l'Église, depuis les nations jusqu'aux rois, dont le sacre était purement celui d'un évêque. » L'ordre gouvernemental allait naître. La nation des Franks attendait un chef digne de la commander, capable de l'élever au niveau de l'empire romain. Ce Messie politique apparut dans la personne de Charlemagne.

Sixième âge du peuple français.

Le sixième âge commença et finit avec le créateur de l'empire frank, depuis 771 jusqu'à 814.

L'unité de la nation, but que se proposaient les deux Peppins et Charles Martel, fut l'œuvre de Charlemagne, empereur d'Occident. Ce grand homme entraîna son siècle. Avec lui, les Franks cessèrent d'être barbares. Il mit la force corporelle au service de l'intelligence, et se montra tout à la fois guerrier, administrateur, magistrat.

Centraliser, telle fut la pensée constante de Charlemagne. Et il déclara aux Saxons une guerre d'extermination ; il fit de l'Aquitaine un rempart contre l'islamisme. Comme il avait cherché à marier ensemble les deux langues germaine et teutonique, de même il chercha à marier les deux civilisations. Il confia le gouvernement des provinces à des magistrats permanents et amovibles ; il nomma, pour administrer, des envoyés royaux, *missi dominici*, et convoqua des assemblées nationales régulières, non plus législatives, mais appelées à donner de simples conseils.

Les *Capitulaires*, intéressant et précieux monument de cet âge, ont été un des plus beaux titres de Charlemagne à l'admiration de la postérité.

Quel fardeau l'empereur frank eut à soutenir ! Il lui fallut gouverner l'église, travailler à la restauration des lettres et des arts, créer une société nouvelle en décuplant les forces de la royauté.

Charlemagne, répétons-le, entraîna son siècle. Mais ce magnifique empire d'Occident, qu'il avait rétabli, s'était élevé comme par enchantement. L'œil de l'empereur devait sans cesse le surveiller, sous peine de le voir crouler. Le germe mortel de cet empire couvait dès sa naissance. Bien des institutions politiques, morales ou matérielles, trop hâtives, n'eurent qu'une existence éphémère. Charlemagne n'avait pu façonner, au gré de ses nobles désirs et de ses vastes conceptions, le pays des Gallo-Franks ; il lui avait imposé son système d'unité et de centralisation. Génie ardent, complet, multiple, il représentait à lui seul l'idée du progrès. Les peuples l'admirèrent sincèrement, essayèrent vainement de le suivre dans sa route glorieuse. Pourtant ils se développèrent. Les hommes de guerre principalement s'illustrèrent par leur courage, par leur grandeur ; la magistrature prit un essor jusque-là inconnu, mais encore très-imparfait ; le clergé redoubla de zèle évangélique, et par sa valeur intellectuelle sut se conquérir une indépendance absolue.

Septième âge du peuple français.

La période carlovingienne, de 814 à 987, forme le septième âge.

En mourant, Charlemagne abattit l'édifice de sa vie entière. Il emporta dans sa tombe, pour quelque temps, la civilisation gallo-franke. Après lui, plus de domination militaire d'une race conquérante sur des races conquises. L'épée ayant disparu, la force s'en alla, et Louis le Débonnaire laissa progresser, à ses dépens, l'aristocratie et le clergé. Le fardeau de l'empire l'écrasa. Pieux à l'excès, moine plutôt qu'empereur, il rétrograda à ce point qu'on put croire que Charlemagne n'avait pas tenu le sceptre d'Occident. La guerre éclatait sur toutes les frontières. Ceux des Gallo-Franks qui avaient maudit la domination guerrière de l'empereur défunt, n'espéraient que de l'humeur pacifique par laquelle se distingua Louis le Débonnaire au commencement de son règne. Les assemblées nationales, indifférentes aux questions de prospérité commune, ne s'occupaient que du clergé, soit pour limiter soit pour consolider ses empiétements.

Les fils de Louis, par leurs révoltes, ensanglantèrent l'empire. Tant de forces militaires furent dépensées, qu'il ne resta aucun moyen aux populations, pressurées, désespérées, en partie décimées, quand les barques des Normands se montrèrent à l'embouchure de la Seine. Divisé en trois lots, pour Charles le Chauve, Louis le Germanique et Lothaire, l'empire s'écroulait. Un deuxième démembrement, qui le partageait en six royaumes particuliers, acheva sa ruine.

Vainement Eudes avait repoussé les hordes normandes, qui, sous Charles le Simple, s'établirent dans la Neustrie. Des guerres civiles entre les hommes du Midi et les hommes du Nord ne cessaient d'épuiser les Gallo-Franks. Il fallut que Raoul, jetant dans la balance le poids de son épée, s'efforçât de mélanger les deux races. Mais ces conflits odieux, où la guerre s'était encore une fois avili : sa corruption ne connaissait pas de bornes. Tout suivait la pente fatale.

Ce fut alors que l'empire d'Occident tomba sous les mains des rois de Germanie, et que les croyances superstitieuses de *l'an mille* précipitèrent la France, l'Europe même, dans un profond découragement, dans une complète atonie. Aux approches et pendant la durée de *l'an mille*, le progrès sommeilla. Les populations européennes, éperdues de terreurs panniques, firent de mauvais rêves. Le réveil, heureusement, calma leur imagination délirante, et l'humanité, rompant toutes entraves, reprit sa voie.

Deux sortes de superstitions, remarquons-le bien, dérangent le moral d'un peuple. Les unes, générales et temporaires, comme celle de *l'an mille*, plongent les masses dans d'effroyables ténèbres. Partout des tâtonnements, de la folie, du désespoir. Il semble qu'une main providentielle ait voilé le but où doit tendre l'humanité. Mais peu à peu la vérité reparaît, les clartés percent les nuages, le voile se déchire, et les idées, après ce temps de repos, continuent leur marche avec une énergie nouvelle.

Les autres superstitions sont, au contraire, partielles mais continues. Elles imitent ces minces filets d'eau, qui, sortis de sources imperceptibles, forment dans le sable des ruisseaux souterrains, et minent sourdement le sol. Ici détruites, là elles reparaissent, d'autant plus dissolvantes, avec l'aide du temps, qu'on ne croit pas utile de leur opposer des digues, comme on le ferait à l'encontre de torrents. L'erreur se propage, se transmet de générations en générations, et nuit au développement complet de la civilisation. Les systèmes nouveaux s'y heurtent toujours, parfois s'y brisent. Ô douleur ! la plus féconde, la plus généreuse pensée succombe devant le plus sot préjugé.

Notre ouvrage abonde en preuves de ce que nous avançons.

Huitième âge du peuple français.

Le huitième âge nous conduit de l'année 987 à l'année 1108.

La féodalité commença. Élu roi par les principaux seigneurs et évêques du Nord, Hugues Capet ne se vit contester son nouveau titre ni par ses égaux ni par les seigneurs et évêques du Midi : Hugues Capet marchait avec eux. Ils allaient élever leur puissance féodale à côté de son autorité monarchique. Un ordre social, stable et régulier, succédait à une fermentation confuse. De la féodalité naissait la nationalité

1.

française. Franks vainqueurs, Gallo-Romains vaincus, tous oubliaient leur terrible rivalité, tous s'unissaient pour former un peuple redoutable.

Avec le système féodal, une hiérarchie compliquée prenait racine. Abbés, nobles, possesseurs de fiefs, guerriers, vassaux, arrière-vassaux, vilains et serfs, constituaient les différents degrés de l'échelle sociale. L'aristocratie était libre; la roture était sujette. Il n'y avait pas de classe intermédiaire. De nombreux abus entachaient cette forme de gouvernement, née de coutumes seules, non de lois positives. Bien souvent le seigneur pesait sur l'*homme* qui s'attachait à lui; mais quelquefois aussi, il y avait entre eux réciprocité de dévouement, ou dévouement de la part du faible, et protection de la part du fort.

Un mouvement intérieur, extraordinaire, se produisit dès le début de la féodalité: accroissement de population, agrandissement des villes, progrès de l'industrie et du commerce, dans l'ordre matériel; formation de langues, progrès de la poésie, de l'éloquence, de la philosophie, des arts, dans l'ordre intellectuel; développement du christianisme, naissance de la chevalerie, dans l'ordre religieux.

Et bientôt le trop plein des populations accrues se déversa à l'extérieur. La turbulence des seigneurs trouva dans les croisades son aliment nécessaire. Le chevalier prêta au croyant le secours de son épée, rachetant ses fautes par la conquête du saint-sépulcre.

Toujours peu solidement assise au nord et au midi, la royauté, que les suzerains ne regardaient pas comme leur étant supérieure, ne tarda pas à commencer son travail de consolidation. Tous ses efforts tendirent à diminuer l'influence du système féodal, à se poser en juge dans les guerres privées que les feudataires se livraient de province à province. Déjà la révolution des *communes* avait sapé en quelques points la puissance seigneuriale. Déjà la *bourgeoisie* obtenait des droits politiques et civils. Protéger les communes, s'allier à elles pour contenir la féodalité audacieuse, voilà ce que la royauté allait essayer bientôt avec succès.

Neuvième âge du peuple français.

De 1108 à 1228, de Louis VI à Louis IX.

Les populations grossissaient, mais la misère croissait en proportion. Misère chez les seigneurs, qui avaient vendu leurs châteaux pour aller à Jérusalem, laissant derrière eux une famille ruinée; misère chez les vilains, que le départ des croisés avait privés de protecteurs. Louis le Gros comprit qu'il y avait pour lui une noble mission à remplir. Il réprima l'audace des grands, qui, dit Suger, déchiraient l'Etat par des querelles sans fin, désolaient les pauvres, et détruisaient les églises. Louis VI déclara la guerre à ses vassaux; il intervint activement dans les révolutions communales, et se posa fièrement en roi de France ayant droit à l'hommage des seigneurs féodaux. Sa hardiesse amena d'heureuses conséquences : elle dessina nettement les positions respectives de la royauté et de la féodalité. Parfois, alors, la première eut à combattre la seconde. Fidèle à son système, Louis le Gros n'hésita pas même à partir pour la Palestine à la tête de ses vassaux.

Louis VII, pâle copie de son prédécesseur, le continuait cependant, grâce à l'habile administration de Suger. Il suivait la route tracée, avec moins d'énergie, avec plus de facilité que Louis le Gros; et l'œuvre commencée traversait heureusement les agitations d'un règne malheureux.

Si la féodalité perdait un peu de son prestige, la bourgeoisie, disciplinée par les communes, s'élevait toujours. Le chevalier se ruinait pour la gloire ; le marchand s'enrichissait pour obtenir une puissance réelle en politique : il exigeait et obtenait des chartes libérales. La richesse ainsi contrebalançait le nom. Quand ils étaient mécontents, les bourgeois ne proféraient pas seulement des plaintes, ils s'insurgeaient. Des batailles se livraient au cœur des villes, contre la noblesse, contre le clergé, contre la royauté elle-même, lorsque la royauté s'avisait de vouloir reprendre les franchises qu'elle avait accordées à la bourgeoisie.

Les pauvres peuple ne gagnaient rien à ces luttes de l'indépendance communale. Que leur importait d'être serfs d'un seigneur, d'un évêque ou d'un bourgeois? Ils ne comptaient pas; heureux quand un prêtre ou un magistrat, pénétré de la doctrine évangélique, voulait bien intercéder pour eux dans les conseils des grands! heureux quand ceux-ci se montraient protecteurs, au lieu de persécuter, quand l'aumône venait au secours de la misère et de la faim!

Si les richesses matérielles du négoce avaient été l'unique soutien de la bourgeoisie, celle-ci n'aurait exercé qu'une influence incomplète, stérile peut-être. Mais les hommes d'intelligence, les légistes, les philosophes, les artistes lui vinrent en aide. On prêcha la liberté d'examen; on étudia des textes de loi; on demanda leur stricte observation. De splendides monuments, cathédrales ou hôtels de ville, prenaient une valeur politique par le symbolisme de leur architecture. L'ignorance demeurait en partage aux grands vassaux, lorsque l'émancipation intellectuelle apparaissait au sein de la bourgeoisie, ou, tout au moins, s'apprêtait à la servir. L'*Université*, puissance nouvelle; immense, s'était élevée en face du clergé.

Déjà Suger, sous Louis VI et sous Louis VII, avait posé les base d'une bonne administration. Philippe-Auguste suivit cette voie toute tracée. Il fut à la fois homme d'État et administrateur, travaillant avec ardeur à l'agrandissement du duché de France, repoussant les prétentions ambitieuses de l'Angleterre, embellissant et *emmurant* Paris.

Combien de sang versé à cette époque, soit dans les croisades, soit contre les Albigeois, soit contre les vassaux insoumis, soit à Bouvines, où les milices communales se distinguèrent contre les barons ! Que de pillages et de meurtres commis par les bandes mercenaires! L'excommunication dont Philippe-Auguste fut frappé à cause d'Agnès de Méranie plongea le pays entier dans un abîme de malheurs. Alors, comme toujours, les petits pâtissaient des sottises ou des crimes des grands. Princes ambitieux en haut; en bas, peuple misérable. Celui-ci versait son sang pour appuyer ou repousser les prétentions de ceux-là sur telle ou telle province. La féodalité abusait de ses forces; combattant héroïquement contre les Anglais, elle protégeait la commune patrie, qu'elle déchirait ensuite de ses propres mains.

Dixième âge du peuple français.

De Louis IX, le saint, à Louis XI, le fanatique, de 1228 à 1461, s'écoulèrent plus de deux siècles. C'est le dixième âge du peuple français.

Une femme, Blanche de Castille, gouvernait la France pendant la minorité de Louis IX. L'aristocratie féodale fit une rude opposition à la régente, mais la bourgeoisie et le peuple soutinrent la hanche de Castille. En vain les barons s'armèrent : le traité de Saint-Aubin-du-Cormier consacra leur défaite. Nouveau triomphe de la royauté, que Louis IX, personnellement, sut rehausser encore par ses vertus publiques et privées, par sa fermeté, par sa politique noble et digne, par son véritable amour du peuple en général. Il ruina l'indépendance des grands vassaux dans ses excès, moralisa la chevalerie dégénérée, refréna le clergé en ses empiétements, rendit des ordonnances sévères contre les duels judiciaires et contre les guerres privées, augmenta la puissance des légistes, établit une cour du roi, qui prit exclusivement le nom de *parlement*, protégea les communes, régla les impôts, les monnaies, la justice, émancipa une multitude de serfs, se montra, pour tout dire, un roi évangélique.

Louis IX fut continué par son fils; Philippe III, quoique moins intelligent et moins pieux que son prédécesseur, porta un coup terrible à l'aristocratie, en conférant à son argentier la première lettre d'anoblissement. Sous Philippe IV, la royauté commit des empiétements administratifs. La falsification des monnaies lui parut chose permise. Egoïste et orgueilleux, il fit de ses querelles avec le pape un sujet de désolation pour la France entière. Toujours pressé d'argent, il servit admirablement la cause de la bourgeoisie. Les premiers états généraux s'assemblèrent pour voter des impôts. Bientôt les batailles de Courtray et de Mons-en-Puelle révélèrent la force du peuple; bientôt la chevalerie expira sous les persécutions exercées contre les templiers; bientôt l'absolutisme monarchique se fit pressentir. Après Louis X, l'établissement de la loi salique, qui décidait que les enfants mâles auraient seuls des droits au trône, donna à la couronne de France une dignité dont ne jouissait aucune autre couronne de l'Europe. La royauté, aidée d'abord par la bourgeoisie et le peuple, cessa de se déclarer protectrice de la population serve, si malheureuse, si digne de pitié.

Avec les premiers Valois éclatèrent les premières guerres des Anglais en France. Alors les intérêts du roi et ceux de la nation commencèrent à se confondre. L'amour de l'indépendance nationale pénétra les cœurs. Depuis les plus nobles barons jusqu'aux moindres bourgeois, tous les sujets s'armèrent contre l'Angleterre. Dans la lutte, à Crécy, à Poitiers, l'aristocratie perdit ses plus illustres représentants, tandis que la bourgeoisie, sous la dénomination de tiers état, s'élevait à la hauteur politique de la noblesse et du clergé.

A ce moment, une scission s'opéra entre le roi et les bourgeois. Il se fit une alliance de l'aristocratie et de la bourgeoisie. C'est que Marcel, prévôt des marchands, commandait à Paris ; c'est que les paysans, dans les campagnes, déclaraient la guerre aux châtelains sous la conduite d'un chef imaginaire, *Jacques Bonhomme*.

La *Jacquerie*, insurrection populaire et sociale, n'a été, on l'a dit avec raison, qu'un hors-d'œuvre dans l'histoire de France. Il ne faut pas perdre de vue aussi qu'elle eut pour cause la misère. Des bandes de pauvres s'armèrent pour manger. On vit bientôt les franciscains, les fraticelles, les bégards, les vaudois et les turlupins se révolter contre la richesse, proclamer les principes d'égalité et de communauté entre tous les hommes. Une insurrection générale de la bourgeoisie mit en feu la France entière, mais ne réussit pas. L'heure du succès n'avait pas encore sonné. Guerres civiles, Armagnacs et Bourguignons, révolte des Cabochiens, massacres sans fin, voilà quelle fut longtemps la malheureuse situation du pays.

Et cependant l'Anglais regardait toujours la France comme sienne; à Azincourt, les débris de la noblesse échappée aux défaites de Crécy et de Poitiers périssaient. La pauvreté, sous les traits de Jeanne d'Arc, sauvait la royauté. D'une part, Charles VII, en créant les armées permanentes, confiait la garde de sa couronne aux plus pauvres d'entre ses sujets. La *pragmatique sanction*, d'autre part, restreignait en faveur du monarque les pouvoirs du pape.

Âge de convulsions et de tempêtes! luttes confuses, où trois puissances rivales ne retrouvent un peu d'accord que devant les drapeaux étrangers! Déchirements effroyables, qui préparent une révolution sociale!

Onzième âge du peuple français.

Depuis une longue série d'années, le roi combattait les grands vassaux. Le triomphe restait indécis. Force contre force, peut-être la féodalité l'eût-elle emporté définitivement, car il fallait un terme à la lutte. Louis XI parut sur le trône : il créa la politique d'intelligence et de ruse. Ce Machiavel couronné commença par se soucier peu du pauvre peuple, qu'il accabla sous la taille ; du clergé gallican, qu'il mécontenta par l'abolition de la pragmatique ; de la noblesse, à laquelle il préféra des serviteurs de basse extraction. Il ne craignait pas de montrer qu'il voulait être un roi absolu. Une ligue formée par les grands du royaume, ligue dite du *bien public*, mit Louis XI à deux doigts de sa perte.

Mais il dissimula, après les désastres de la bataille de Montlhéry, après les humiliations du traité de Conflans. Il lui importait de régner à tout prix, sans scrupule, sans remords. Pour lui, les nécessités de la politique excusèrent tout. Ce fut par Louis XI que la royauté entra dans cette voie honteuse, dont elle ne devait plus sortir. Il se vengea de la noblesse. Et, pour parvenir à son but, rien ne lui coûta : ni la familiarité avec les bourgeois et les prolétaires, ni l'espionnage, ni les emprisonnements, ni les exécutions des seigneurs. La ligue du bien public fut dissoute par la guerre contre le duc de Bourgogne et par la destruction de la famille d'Armagnac.

L'administration du royaume, sous Louis XI, se concentra dans l'armée, dans l'impôt et dans la justice. Les lois, l'industrie, la littérature avaient pris un nouvel essor. La première imprimerie française avait été fondée dans la Sorbonne ; les postes avaient été créées ; la Picardie, l'Artois, les deux Bourgognes, le Roussillon, la Provence, l'Anjou, etc., avaient été réunis à la couronne. En diplomatie, le roi de France avait développé le système d'alliances, de relations internationales suivies, d'équilibre européen.

Le peuple français, malgré toutes ces grandes choses, n'aima pas Louis XI. L'égoïsme se personnifiait trop effrontément en ce prince. Vivre et régner, telle était sa devise ; mais en lui aucun véritable amour de la religion, aucune estime pour la noblesse chevaleresque, aucune pitié sincère pour les maux de la classe pauvre du peuple. Il fut un tyran sombre et bizarre, l'idéal de la domination royale dans ce qu'elle a de plus odieux, l'absolutisme fantasque.

Tous les actes de Louis XI émurent de vives résistances. Après sa mort, une réaction s'opéra contre son gouvernement. Chacun des trois ordres exposa ses griefs, et demanda des réformes dans les états généraux de 1484. Les seigneurs se révoltèrent ouvertement, et formèrent une nouvelle ligue du bien public, qui n'obtint pas plus de succès que la première. Tout au contraire, le mariage d'Anne de Bretagne avec Charles VIII acheva l'œuvre de Louis XI, ruina de fond en comble l'aristocratie souveraine, en réunissant le duché de Bretagne à la France.

Peut-être Charles VIII comprit-il que ce qui avait manqué à son père pour acquérir de la popularité, c'était surtout l'éclat des armes. Louis XI avait été sombre diplomate, Charles VIII se montra brillant guerrier, trop imprudent. Pour concourir à l'établissement de l'équilibre européen, l'une des créations du dernier règne, Charles VIII entreprit la conquête de Naples. Malheureuse expédition, prélude de guerres désastreuses, où, selon les paroles de François Ier, lui aussi, voulut conquérir l'Italie, « tout se perdit, fors l'honneur. » La royauté sut se servir comme d'un bouclier contre le tiers état, qui prenait place dans les affaires publiques. Les classes pauvres souffrirent peu des revers de Charles VIII, de Louis XII et de François Ier. La majesté royale, au contraire, s'accrut au moyen des guerres d'Italie. Tous les Français s'intéressèrent même aux succès d'expéditions entreprises par les rois complètement dans un but personnel.

Pendant que les armes de la France subissaient de fréquents échecs, celle-ci, à l'intérieur, était prospère et paisible. Il s'opéra une renaissance dans les lettres, les sciences et les arts. Le droit progressa. L'esprit de réforme et de libre examen dans les questions religieuses se firent jour. Luther avait paru. Le protestantisme, pénétrant dans notre pays, y devait bientôt devenir une force de plus pour la bourgeoisie. François Ier, roi chevalier, aimant le luxe, glorieux et galant de sa personne, représenta bien la monarchie de son temps. Il visait à l'héroïsme, mais Charles Quint appelait à lui l'habileté. Charles Quint l'emporta, et ceignit la couronne impériale. Cet insuccès, aggravé par les progrès de la réformation, força la royauté à se déclarer le champion du catholicisme, à faire encore momentanément cause commune avec la noblesse.

Ce onzième âge du peuple français s'étend de l'année 1461 à l'année 1517.

Douzième âge du peuple français

Nous venons de le dire : pour défendre la cause catholique, les rois s'étaient alliés de nouveau à l'aristocratie nobiliaire. Ajoutons qu'ils s'allièrent aussi au clergé. Ce fut pendant la douzième partie ou douzième âge, de 1547 à 1610, que se continua le mouvement religieux, et que naquit la puissance royale absolue. Nous sommes à une époque de luttes intestines. Le catholicisme et la religion, toujours aux prises, ne disputent plus seulement sur les articles de foi : ils combattent en armes. Pour soutenir le premier, Ignace de Loyola avait institué les jésuistes, le pape Paul III avait restauré l'inquisition. Les protestants alors ne cherchèrent plus leur salut que dans la guerre. Les Vaudois appelèrent à la révolte, et bientôt la France, au nord et au midi, se partagea en deux camps religieux, aussi opposés qu'implacables. Les progrès que faisait le calvinisme dans notre pays ne s'amoindrirent que sous le gouvernement des Guise. La guerre religieuse prit alors un caractère de guerre civile. O douleur ! on vit des larmes et des sujets sacrifier leur conscience aux passions politiques ; on en vit qui, malgré leur haine de ligueurs sous le point de vue gouvernemental, se mêlèrent à eux, parce qu'ils défendaient le catholicisme. Partout ambition, fanatisme, fureur ; partout des colloques et des conjurations, des édits tyranniques, des états généraux incomplètement convoqués ; partout des trêves violées, des paix factices. Depuis le massacre de Vassy, prélude des guerres civiles, jusqu'au massacre de la Saint-Barthélemy, apogée de l'horreur, il n'y eut sièges de villes, batailles rangées, assassinats politiques. Chaque religion a son époque éphémère de triomphe. Après la Saint-Barthélemy, après la mort *non tranquille* de Charles IX, les Guise organisèrent la sainte Ligue. Pour comble de complication dans les malheurs du peuple français, un troisième parti, peu soucieux de religion, s'était formé. C'étaient les *politiques*, qui cherchaient à relever l'indépendance seigneuriale, à réveiller la féodalité endormie depuis Louis XI. Les huguenots s'unirent aux politiques. Une ligue protestante se dressa devant la ligue catholique. Henri III, pendant ce temps de larmes et de misères, s'adonna aux orgies. Nulle voix dans son cœur qui lui criât qu'un roi ne doit pas rester indifférent aux malheurs de ceux dont il se nomme le père. Il s'entretuait en France quand le roi s'amusait. Aussi l'autorité de Guise remplaçait la sienne ; il fallut l'assassiner pour lui enlever cette puissance effrayante.

Un phénomène curieux se présenta sous Henri III. La sainte Ligue, composée d'abord presque exclusivement de seigneurs, reçut une sanction populaire. Les bourgeois et les prolétaires se déclarèrent pour elle. Plus de rois! plus de princes! Le mot de *République* fut prononcé. De là graves réflexions du parlement, organe de la bourgeoisie. Tant de mouvement démocratique lui répugnait. On les somma de prêter serment à la Ligue. Refuser, c'était marcher à la Bastille. L'élément populaire l'emporta. La plupart des ligueurs ne voulaient ni de Henri III ni de Henri le Béarnais. Des traîtres appelaient l'Espagne à gouverner la France. Quel péril pour la royauté! Henri III s'unit au huguenot Henri de Navarre. Jacques Clément vengea la Ligue. Mais Henri IV, habile et brave tout à la fois, parvint à surmonter les obstacles. La royauté se réconforta avec la famille des Bourbons. Les désunions s'étaient glissées chez les royalistes et parmi les ligueurs. Vainement ceux-ci avaient prêché les doctrines de la souveraineté du peuple. Les royalistes, satisfaits par la conversion de Henri IV, entraînèrent les bourgeois derrière eux. La décadence de la Ligue apparut. Paris assiégé, Paris en proie à la famine, se soumit au Béarnais. Oubliant les basses violences de la royauté en la personne de Henri de Valois, le Parisien aima franchement la royauté dans la personne de Henri de Bourbon. Fluctuation assez ordinaire chez des partisans. Cette Ligue, naguère démocratique, redevint simplement ce qu'elle avait commencé par être, une lutte des seigneurs contre la monarchie.

Avec Henri IV, la royauté se plongea dans les calculs de l'économie politique et financière. Les désordres du trésor obligèrent ce prince à convoquer une assemblée de notables. La bourgeoisie voulut saisir l'occasion pour se mêler très-activement à la répartition des deniers publics. Elle composa un conseil de raison, qui vécut trois mois, et succomba sous son incapacité.

Treizième âge du peuple français.

Triomphe de la grande politique, triomphe de la monarchie absolue. De 1610 à 1774, sous Louis XIII, Louis XIV et Louis XV, tout était absorbé par le roi. Richelieu d'abord, ensuite Mazarin, constituent pour les princes de la maison de Bourbon la puissance suprême du *bon plaisir*. On l'a dit, on l'a répété sans cesse et avec raison, ces deux cardinaux-ministres continuent, développent, achèvent l'œuvre de Louis XI. Il semble que rien ne résiste à la royauté. Clergé, noblesse, tiers état, prolétariat, partout soumission complète. Le maître se la nation ont eu l'art précieux d'imposer à leurs sujets un joug doré. Nobles et prêtres sont devenus valets de cour, marchands et pauvres se sentent éblouis par les magnificences du soleil monarchique. Les descendants des grandes familles féodales, étaient maintenant leur titre de duc et pair, ne se considèrent plus comme les *égaux* du roi; ils sont et se laissent appeler ses *courtisans*. Imiter le monarque, là se borne toute leur science. Faire en petit le mal qu'il fait en grand, telle est leur règle de conduite. Souvent, disons-le avec sincérité, ils étendent une douce protection sur ceux qui les entourent, mais ils n'oublient jamais la distance qui les sépare des vilains. Ils se montrent parfois pour les masses *supérieurs*, bons et affables; mais au moindre mot d'égalité affabilité et bonté se changent chez eux en aigreur et en orgueil.

Autant la noblesse établit de privilèges en s'appuyant sur la vanité humaine, autant le clergé prétend fonder de puissance en abusant de sa mission divine. Combien de prêtres s'avilissent à la cour! Les uns se montrent les complaisants d'une favorite; les autres se mêlent à de sales intrigues politiques. Ce mélange du profane avec le sacré, du mondain avec l'ascétique, leur retire une part de leur prestige. La philosophie du dix-huitième siècle saisit le côté faible du clergé; elle s'en empare pour le battre en brèche. Aucune faute qu'elle ne relève. Tout le passé glorieux et pur du christianisme va tomber devant un présent scandaleux. Loin de se purifier, bien des prêtres répondent aux attaques du haut de leurs prérogatives. Que la monarchie vienne à chanceler, par eux elle se relèvera, car ils lui communiqueront encore les secours de la grâce divine, et mettront dans la balance le poids de leur infaillible parole.

Tout paraît solidement constitué dans l'État. Le roi est puissant; il est flanqué de deux autres puissances, noblesse et clergé. La bourgeoisie et le prolétariat n'ont pas assez de voix pour se faire entendre. On étouffe leurs clameurs sous l'arbitraire. Le *bourgeois* et le *manant* sont relégués dans l'ombre. Ils chantent et ils payent conformément au dire de Mazarin. Les classes gouvernantes ne leur en demandent pas davantage.

Comme ils ont disparu, ces temps où la royauté s'appuyait sur les masses pour se développer à l'encontre de l'aristocratie féodale! Une fois le mouvement accompli, elle a refoulé à ses pieds son soutien de plusieurs siècles; elle n'a plus voulu convoquer les assemblées de la nation qu'aux jours où le trésor était vide et lorsqu'il fallait le remplir. A chaque remontrance du parlement un impôt a correspondu. Ah! quelle force dissoudra jamais l'unité monarchique telle qu'elle a commencé sous Louis XIII, grâce à la main de fer d'un Richelieu, telle qu'elle s'est établie avec Louis XIV, telle qu'elle s'est continuée pendant tout le règne de Louis XV? Voyez-vous autre chose en France, à cette époque, qu'un *maître impérieux* et des *sujets dociles*? Lettres, sciences et arts, toute la grandeur intellectuelle du pays se déploie pour le prince et par le prince. L'artisan se tue à parfaire les chefs-d'œuvre d'industrie qui orneront les salons aristocratiques. Cent ouvriers, honnêtes pères de famille, travaillent jour et nuit pour satisfaire les caprices d'une Dubarry. Certainement, n'est-ce pas, la machine gouvernementale est admirablement constituée; elle fonctionne et fonctionnera perpétuellement sans qu'aucun ressort se brise. Une forte administration garantit l'harmonie de l'ensemble. Gouvernements des provinces, perceptions d'impôts, commandement des armées du roi, influence des dignitaires de l'Église, obéissance presque constante des parlements à la volonté royale, etc.; quoi donc résisterait à de pareils moteurs? Le pays a pris son pli. Il vivra dorénavant sans l'absolutisme monarchique. Il se complaira dans la gloire et dans la majesté de son roi. Le soleil, *nec pluribus impar*, l'éblouira.

Mais non, à l'heure même du triomphe, quand le cardinal-ministre ébranlait la France avec le froncement de son sourcil; quand Louis XIV, héros enivré de louanges, s'immergeait dans les magnificences de Versailles; quand Louis XV, Don Juan couronné, s'oubliait incessamment dans les bras de ses favorites; quand les Richelieu, les Colbert et les Fleury mettaient au service de leur prince une habileté consommée, déjà, au fond des choses, se produisaient des germes d'opposition; déjà des plaies saignantes se découvraient aux regards de ceux qui voulaient voir, déjà les masses comprenaient que la royauté les délaissait, après s'être servie d'elles. Aussi parfois exigeaient-elles quelques récompenses, c'est-à-dire quelques comptes. Sous la minorité de Louis XIV, par exemple, le parlement demanda qu'aucun Français ne pût être mis en prison sans être traduit devant ses juges naturels, et l'on essaya de limiter les bornes du pouvoir ministériel. La hardiesse des littérateurs ou des philosophes ne se conquérir une quasi-liberté de la presse. La haine de l'intolérance religieuse s'infiltrait dans tous les cœurs. La majorité des Français voulait la suppression du régime féodal et l'établissement en France des institutions anglaises.

Dédaigneuse de l'opinion publique, la royauté se contentait de l'appui que lui prêtaient ses compères les privilégiés. Roi, noble et prêtre, ainsi isolés, enivrés et repus, ne sentaient pas que le terrain tremblait sous leurs pieds. Tout glorieux fût le chapiteau de la colonne sociale, ils avaient oublié que la bourgeoisie et le prolétariat formaient la base de cette colonne. Et cependant, ne fallait-il pas qu'ils fussent insensés! Croire qu'on se livrera impunément aux excès de toutes sortes, luxe et libertinage, sans amasser autour de soi de plaintes sourdes et de muets désespoirs! Croire qu'on refoulera toute la partie la plus nombreuse et la plus véhémente d'une nation, après lui avoir laissé déjà prendre goût à la politique, sans soulever pour l'avenir une mer de prétentions, de haines et de vengeances! Croire enfin que, la féodalité ayant succombé sous les efforts de la monarchie aidée du peuple, il se constituera une noblesse et un clergé, sous la dépendance du prince, et que ces privilégiés, déshérités de leur force guerrière, resteront debout malgré le progrès incessant et général des masses! Bien des gens ne se berçaient pas de ces illusions; mais ils se cuirassaient d'égoïsme : ils voyaient bien les efforts de la monarchie vers le précipice, et comme cette route leur plaisait, comme ils ne se souciaient pas de vaincre leurs erreurs et leurs vices, ils marchaient, marchaient toujours. Leurs enfants seuls devaient tomber!

Quatorzième âge du peuple français.

De 1774, époque où Louis XVI monta sur le trône à 1815, date de la chute de l'Empire, il n'y a qu'un intervalle de quarante et une années. Mais les événements se précipitent d'une telle sorte, que chaque mois vaut un siècle. Le peuple français, parvenu à son quatorzième âge, se débat dans des commotions violentes. Comme un homme depuis longtemps miné par un mal intérieur et dont une crise peut causer la mort ou rétablir la santé, il éprouve une surexcitation constitutionnelle. Une ruine complète ou une vie nouvelle, voilà ce qui résultera pour lui de l'état anomal dans lequel il se trouve. Il a horreur du passé, il est plein d'illusions pour l'avenir, mais les nécessités du présent l'entraînent; jamais il n'eut tant besoin de sang-froid, et jamais il ne se livra plus à l'enthousiasme. Il se passionne trop pour les mots et les personnes à un moment où les principes seuls devraient le dominer.

Qui le nierait cependant? 89 a renouvelé la face de la France. La révolution a brisé l'unité monarchique en consolidant l'unité nationale. Si les masses n'ont que peu gagné en bien-être matériel, au moins ont-elles conquis l'égalité politique, les droits de citoyen. Dans l'immense bouleversement des vieilles institutions, le peuple français ne pouvait garder une juste mesure; il devait agir avec passion. De là ses précipitations, ses erreurs, ses excès. Une fois lancé dans la carrière, il fit des efforts tels pour atteindre son but, qu'il le dépassa. Il eut de l'enivrement, du délire. Tantôt il se laissa abuser par des paroles, tantôt il se perdit par ses défiances, tantôt enfin il s'oublia dans sa propre exaltation.

Trois systèmes de gouvernement furent en présence, quand s'ouvrirent les états généraux qui devinrent soudainement Assemblée nationale. Une partie de la nation regretta et voulut la monarchie absolue; une autre partie chercha à établir le gouvernement représentatif: la troisième rêva une démocratie pure. De ces trois systèmes, le premier était complètement tombé dès le 14 juillet 1789; les deux autres se livrèrent des combats opiniâtres, jusqu'à ce que, en 1793, la mort de Louis XVI eut servi de date au triomphe de la démocratie. La noblesse et le clergé s'étaient déclarés les champions de l'absolutisme monarchique; la bourgeoisie adopta les idées de gouvernement représentatif; le prolétariat soutint et dut soutenir la démocratie pure. Aussi, quand la réaction thermidorienne eut préparé le 18 brumaire, tous les partis firent silence devant la puissance de l'épée, sans oublier aucun des griefs qu'ils avaient les uns contre les autres.

Bonaparte, premier consul, commença à vouloir ramener en France les usages de l'ancien régime; Napoléon, empereur, reconstitua, sous beaucoup de rapports, une aristocratie composée du clergé, rentré en grâce après le concordat, de la noblesse ancienne et de la noblesse de fraîche date. La bourgeoisie, le prolétariat, surtout, versèrent leur sang sur les champs de bataille. La gloire absorba tout. Entraînée par le génie prestigieux de son maître, le peuple français n'eut, pendant l'Empire, presque aucune idée politique. L'empereur était tout. Comment ne lui décerna-t-on pas, comme autrefois les Romains à Auguste, le titre de *divin*? Sous un signe de Napoléon, le pays entier agissait. Beaucoup l'adorèrent sans le comprendre. D'autres ne virent en lui que le héros, non le bourreau de la liberté. Le plus grand nombre le regarda comme un sauveur, espérant en lui, comme en un pilote infaillible qui devait les conduire au plus haut point de la prospérité. Jamais la France n'avait été plus glorieuse, jamais le peuple français n'avait été plus redoutable aux autres nations de l'Europe.

Tout l'édifice fondé par Napoléon tomba d'un seul coup; cet homme, qui, selon l'énergique expression de madame de Staël, « aurait voulu mettre le monde entier en rente viagère sur sa tête, » vit s'écrouler son empire comme celui de Charlemagne[1]. Une ressemblance complète, cependant, n'existe pas entre l'œuvre de l'un et celle de l'autre. Pour la gloire, pour la puissance, pour le génie d'administration, Napoléon et Charlemagne marchent de front: le premier même a la supériorité. Aux yeux des hommes du progrès, Charlemagne l'emporte, car il a su devancer son siècle, en donnant aux Franks une civilisation hâtive, tandis que Napoléon, au contraire, pour asseoir son autorité, non-seulement arrêta l'essor des idées libérales nées avec la révolution, mais encore fit rétrograder le peuple français de cinquante années. On revit des courtisans, une étiquette rigoureuse,

---

[1] Voir dans notre Histoire de Napoléon un travail de Villenave, intitulé *Charlemagne et Napoléon*.

la personnalité du pouvoir, des distinctions de classes; en un mot, on put croire, grâce à ce souverain né d'une révolution, qu'aucune révolution n'avait agité la France.

Lettres, sciences et arts, cette trinité de l'intelligence s'éclipsa pendant l'époque impériale. Le peuple français ne fut guère que soldat. Si l'empereur encourageait les littérateurs, les savants, les artistes, il comblait de faveurs, et cela logiquement, ses compagnons de camps. Bientôt une immense lassitude se produisit par toute la France. Les nobles anciens et nouveaux, gorgés de richesses, souhaitèrent d'encenser un autre maître plus pacifique; la bourgeoisie l'abandonna par égoïsme; les prolétaires, qu'il n'aimait que vêtus du costume de soldat, se dévouèrent vainement à lui. Le colosse expira laissant en suspens, sans révolution aucune, les graves questions d'intérêt politique et social, dont les hommes de 89 et de 93 s'étaient préoccupés avec tant d'enthousiasme.

Quinzième âge du peuple français.

Les deux Restaurations et le gouvernement de Juillet remplissent le quinzième âge du peuple français. Pendant une période de trente-trois ans, de 1815 à 1848, plusieurs principes politiques se développent et se combattent, non plus comme aux jours de la révolution, franchement et violemment, mais d'une façon parlementaire, par l'habileté, par la ruse.

Malgré la Charte de 1815, le retour des princes légitimes consacre aussi le retour des hommes et des choses du passé. Il semble qu'il n'y ait qu'à tirer le rideau sur un demi-siècle de l'histoire. 89 ayant voulu rompre absolument avec les actes de la monarchie ancienne, 1815 veut rompre aussi absolument avec les créations révolutionnaires. Voici les fidèles à la légitimité qui se groupent autour de leur roi pour l'aider à gouverner selon les *saines doctrines;* voici les émigrés qui se partagent le milliard d'indemnité; voici *nos alliés* qui exigent des millions. Que de maux débordent à la fois sur le peuple français! Campagnes désolées par l'invasion, surcroît d'impôts, douleurs causées par la présence des étrangers, souvenirs amers d'avoir sacrifié l'amour de la liberté à l'amour de la gloire, et de les avoir perdus l'un et l'autre, deuils de famille, proscriptions sans nombre, rien ne lui est épargné. Pour équivalent à ces malheurs, il ne trouve qu'une demi-amélioration dans le commerce et l'industrie. Les grosses fortunes financières apparaissent de toutes parts. A côté de l'aristocratie de noblesse se place en antagoniste l'aristocratie d'argent : celle-ci défend les *idées libérales*. La bourgeoisie prend en main, vis-à-vis de la royauté, la défense commune des masses. Le gouvernement représentatif à peine établi met à nu tous les vices de son organisme. Les trois pouvoirs, au lieu de se contrebalancer avec mesure, se neutralisent sans cesse. L'aristocratie financière veut abattre l'aristocratie nobiliaire. A son tour de dominer. Elle fait appel aux souvenirs de la révolution; elle néglige rien de ce qui peut lui procurer l'appui du prolétariat. Son opposition paraît toute populaire. Aussi, à la publication des ordonnances de juillet 1830, des milliers d'hommes, artisans pour la plupart, descendent dans la rue afin de chasser un roi parjure.

Mais la démocratie ne sort pas du nouveau mouvement. Le combat réel n'a eu lieu qu'entre la légitimité et l'aristocratie de la noblesse, d'une part, et, d'autre part, l'aristocratie d'argent. La révolution de juillet 1830 n'a donc pas profité au peuple français tout entier. Les nouveaux gouvernants ont trompé les masses, qui demandent en vain les conséquences de leur œuvre.

L'instant est venu alors d'une lutte opiniâtre entre l'aristocratie d'argent et les partisans de la démocratie pure. Les idées du gouvernement de tous par tous prennent une grande consistance. L'égalité dans les droits politiques tend à devenir une vérité. Le besoin d'améliorations sociales ne rencontre plus de contradicteurs que parmi les gens de mauvaise foi, qui même montrent par là qu'ils n'entendent pas toujours complètement leurs intérêts particuliers. Le prolétariat réclame un allégement à ses souffrances. Des conflits incessants s'élèvent entre le patron et l'ouvrier. Jamais le peuple français n'a désiré davantage le bien-être pour tous. Dans ses produits, l'industrie se rend accessible au plus grand nombre des Français. L'art se popularise, la science elle-même s'infiltre un peu dans les masses. L'instruction y pénètre et y donne naissance à l'esprit d'examen, au raisonnement, à la critique. Il faut des réformes, des réformes promptes et radicales, car déjà le trône représentatif s'affaisse. La fiction gouvernementale s'évanouit. Ah! si toutes les classes pouvaient enfin oublier leurs divisions impies! Si les unes voulaient faire bon marché de leur influence, si les autres se préparaient patiemment au triomphe de leurs principes! La politique se régénérerait d'elle-même; les améliorations dans le sort de tous auraient un cours pacifique. Un peu de bonne volonté, et les réformes s'établiraient!...

Mais non. Ici l'abandon, et là la résistance : d'un côté des impatients, de l'autre des incorrigibles. Le bien ne se fera qu'après l'excès du mal. Plus ceux-ci refuseront, plus ceux-là auront d'exigences. Dans le pays, des hommes rêveront une quasi-monarchie absolue, lorsque d'autres hommes se livreront à la foi démocratique. Bientôt alors la résistance des gouvernants se changera en aveuglement fatal, l'audace des gouvernés se changera en agression décidée.

Et la misère fera le reste.

Une révolution, celle de février 1848, d'abord toute dans les idées et par les idées, n'échappera pas à la nécessité du coup de fusil. Le sang coulera dans les rues de la capitale. Cette royauté, que l'on regardait comme excellemment représentative, cette royauté née des barricades, tombera sous les barricades. Cette fois, après la victoire, le prolétariat réclamera définitivement sa part du butin : il la trouvera dans la proclamation de la République et dans le suffrage universel. Il faudra, à dater de cette époque mémorable, que la fusion la plus complète s'opère entre les classes diverses de citoyens. La devise nouvelle : *liberté, égalité, fraternité*, indiquera le but où tend le peuple français. Ce sera le temps des réformes en toutes choses. Le progrès n'aura plus d'entraves. Chacun mettra sa pierre à l'œuvre du bonheur commun.

Ici l'avenir commence : notre rôle d'historien finit.

PREMIER AGE.

I.
Fables primitives.

Les origines de notre histoire se perdent dans un lointain fabuleux. On dit que Gomar, un des fils de Japhet, est le chef de la tribu des Gomarites, à laquelle les Grecs donnaient le nom de Galates ou Gaulois. On dit qu'après la ruine de Troie une colonie de Troyens sans patrie et sans asile vint dans la Gaule, contrée presque inhabitée, et qu'elle en fut la première population. On dit que les Gaulois ou Celtes sont originaires de la Gaule même, qu'ils sont appelés Celtes, du nom de leur roi *Celtus*, ou Gaulois, du nom de *Galatea*, mère de Celtus. On dit que, sérieusement, les Celtes existaient, et que les Romains les appelèrent *Galli* (Gaulois), par dérision, à cause de leur parure et de leur maintien, qui étaient à peu près ceux d'un coq. La vérité ne se fait jour sur la Gaule qu'à dater de l'invasion des *Kymris*; encore les détails sur les chefs des Galls, des Ibères, des Kymris envahisseurs, sont-ils aussi obscurs que rares.

II.
Commencements de l'histoire.

Dans l'histoire de la Gaule, si l'on veut entrevoir la lumière primitive, il faut s'attacher principalement aux races qui ont peuplé le pays, ou aux bandes qui s'y sont répandues. La position géographique des unes et des autres nous paraît suffisamment indiquée par les historiens romains. Faire connaître l'existence de ces races ou de ces bandes est une entreprise plus difficile.

Le pur sang gaulois coule dans les veines des Galls et des Kymris. Les Aquitains et les Ligures, au contraire, appartiennent aux nations de sang ibérien. Les premiers, Diodore de Sicile nous les dépeint réunis dans une seule famille : Cimmériens, Cimbres, Gaulois d'en deçà et d'au delà du Rhin. Quant aux Aquitains, César nous apprend qu'ils avaient des mœurs toutes distinctes. Les Ligures étaient Basques, parlaient la langue basque, qui formait probablement un dialecte de la langue ibérienne.

Sous le rapport du caractère, les Galls possèdent tous les traits saillants de la famille gauloise, la bravoure personnelle, la franchise, l'intelligence, l'horreur de la discipline, et une excessive vanité; les Kymris ont plus de mesure, plus de fixité dans les idées, plus d'ordre aussi, plus de persévérance. Les Aquitains ressemblent, moralement et physiquement, aux Ibères; ils en ont les vices et les vertus, ils en portent les vêtements. C'est une peuplade composée d'Ibères qui a franchi les Pyrénées on ne peut dire à quelle époque, et qui, dans son pays d'adoption, se maintient indépendante de la domination gallique. Nous avons dit tout à l'heure que les Ligures parlaient basque; Strabon les signale comme *étrangers* à la Gaule; et pourtant le caractère ibérien n'est pas aussi fortement empreint dans leurs mœurs que dans celles des Aquitains.

Les Galls proprement dits se divisent en tribus; ces tribus, en général, tirent leur nom de la nature des pays qu'elles habitent. Quelquefois ils se réunissent en *ligues* ou *confédérations*. C'est ainsi qu'agissent, dans les temps anciens, la plupart des peuples de l'Europe septentrionale : on voit presque toujours les hommes de la montagne faire cause commune contre les hommes de la plaine et réciproquement.

Tels furent les habitants de la Gaule primitive; mais les bandes ou peuplades qui s'y établirent ensuite eurent une grande influence sur sa politique, sur ses mœurs, sur sa civilisation. Chacune d'elles lui transmit certaines coutumes caractéristiques. Aussi, soit pour les invasions faites par les bandes du Nord, soit pour les colonies fondées par les Orientaux, des relations historiques sont nécessaires, puisque ces invasions ou ces colonies forment des phases bien distinctes, peu remarquables en apparence, au fond très-importantes dans la biographie du peuple gaulois. Les émigrations gauloises, au contraire, n'ont d'intérêt qu'à cause de leurs conséquences tardives, conséquences qu'il suffit d'indiquer. Citons pour exemple l'émigration qui fonda l'empire ombrien, et qui, par la force des circonstances, amena plus tard César dans les Gaules.

Un mot des colonies phéniciennes, rhodiennes, et de la colonie phocéenne de Marseille.

III.
Arrivée et établissement des Phéniciens et des Rhodiens.

Au onzième siècle (avant J.-C.) des marchands phéniciens, possesseurs de très-nombreux comptoirs sur tout le littoral occidental de la Méditerranée, commencèrent à faire le négoce avec les Gaulois du Midi. Ils s'avancèrent jusqu'aux pieds des Pyrénées, des Cévennes et des Alpes, afin d'exploiter des mines. Ils construisirent à cet effet une

Supplice de Brunehaut.

route admirable, traversant les Pyrénées orientales, pour longer le littoral de la Méditerranée, et passant par les Alpes, par le col de Tende. Cette route, les Romains la réparèrent plus tard : ils en firent les deux voies Aurelia et Domitia. Aux Phéniciens, dont la puissance avait été éphémère, succédèrent les Rhodiens, qui s'emparèrent de leurs colonies maritimes et sans laisser d'établissements plus durables.

Les Rhodiens, à leur tour, firent place aux Phocéens (600 avant J.-C.). Rappelons ici l'origine de Marseille. Nann, chef de la tribu des Ségobriges, mariait sa fille Petta ou Gyptis, lorsqu'un marchand phocéen, Euxène, aborda sur le territoire. Nann accueillit l'étranger, et l'invita à prendre part au festin qui se préparait. Euxène accepta. Selon l'usage des Ibères, la jeune fille parut à la fin du repas, fit le tour de la table, tenant en main une coupe pleine d'eau, qu'elle devait offrir à l'époux de son choix. Gyptis s'arrêta devant Euxène. L'étonnement fut général... Nann se soumit au choix capricieux de sa fille; il crut voir là un ordre des dieux, prit le Phocéen pour gendre, et donna en dot à Gyptis le golfe même où Euxène avait débarqué. Le jeune époux nomma sa femme *Aristoxène*, c'est-à-dire *la meilleure des hôtesses*; puis il renvoya son vaisseau à Phocée, afin d'en ramener des colons. Marseille s'éleva sur une presqu'île creusée en forme de port vers le midi, dans une position excellente. Cette ville devint bientôt le plus important comptoir de la Gaule; bientôt les Massaliotes entreprirent des expéditions commerciales, et fondèrent d'autres villes, parmi lesquelles Monaco, Nice et Antibes. — Marseille, *fille des Phocéens*, fut *l'Athènes des Gaules*, et la maîtresse des *études*.

Les Phocéens, pleins d'espoir en l'avenir de leur colonie, émigrèrent de Phocée, emportant avec eux des armes, des graines, des plants de vigne et d'olivier. A l'arrivée des colons nouveaux, les Massaliotes furent transportés de joie. La ville s'agrandit : on planta des vignes et des oliviers; on releva d'anciens forts abattus, primitivement construits par les Phéniciens et les Rhodiens. Marseille prit un développement tel que les Ligures jaloux la voulurent détruire. D'abord les Ségobriges, sur le territoire desquels les Massaliotes avaient empiété, marchèrent contre eux, et trouvèrent tous la mort. Les Ligures, ensuite, leur firent une guerre acharnée, et peut-être les Massaliotes auraient-ils été vaincus, sans la grande invasion des Kymris, sans le secours des Galls refoulées par les barbares (600 à 587).

Ces diverses colonies, dont nous avons bien succinctement donné l'histoire, ont importé en Gaule un *élément oriental*. Les habitants de la côte gauloise de la Méditerranée durent adopter quelque chose des mœurs et coutumes suivies dans le Levant.

IV.
Invasions de barbares.

Au septième siècle encore, une horde nombreuse de *Kymris* passa le Rhin, sous la conduite de Hu ou Hésus le Puissant, et envahit le nord de la Gaule. Ils prirent toute la côte de l'Océan, depuis l'embouchure du Rhin jusqu'à la Garonne. Cette invasion détermina, nous l'avons déjà dit, les émigrations des tribus galliques au delà des Alpes. Pendant un demi-siècle Galls et Kymris se combattirent, se mêlèrent peu à peu, jusqu'à ce qu'enfin les derniers eussent triomphé (631 à 587).

Chose remarquable! les Kymris envahisseurs venant en Gaule par le Rhin, y apportèrent, eux aussi, un *élément oriental*, puisqu'ils étaient originaires des Palus-Méotides : les habitants de la Grèce et de l'Asie-Mineure se donnaient rendez-vous à l'extrémité occidentale de l'Europe.

Au quatrième siècle, les Belges, en faisant irruption dans la Gaule, en avaient, selon le rapport de Justin, augmenté excessivement la population. Les deux tribus (Arécomiques et Tectosages) qui avaient pénétré au cœur du pays, éprouvèrent des fortunes diverses. La première fonda ou plutôt adopta pour capitale *Tolosa* (Toulouse); elle posséda paisiblement le Languedoc. La seconde, livrée aux querelles intestines, ne se pacifia qu'au moyen d'émigrations. Tout porte à croire que les Belges étaient nombreux; et, bien que les Tectosages n'aient fait que passer en Gaule, l'apparition de ces nouveaux venus influa nécessairement sur la population gauloise.

Ils n'apportèrent aucun *élément* particulier : ils étaient de sang gaulois comme les Galls.

Au deuxième siècle, deux invasions ont lieu. L'une s'opère sourdement et politiquement, l'autre est une simple irruption de barbares. Traçons l'historique de la première, qui eut lieu au commencement du siècle.

Vainqueurs de Carthage, les Romains sont tout prêts à entrer en Gaule; ils cherchent des prétextes. Pendant la seconde guerre punique, Marseille avait reçu dans ses murs des troupes romaines; elle ne tarda pas à s'allier avec Rome. En 154, les Massaliotes, ayant eu des démêlés avec leurs voisins (Ligures, Oxibes et Décéates), députèrent des ambassadeurs à Rome pour demander des secours. Le sénat envoya des commissaires comme conciliateurs entre les Massaliotes et les Ligures. Ils débarquèrent à *Ægitna*, port de la Provence. Mais les Ægitniens s'opposèrent au débarquement, tuèrent deux Romains et blessèrent Flaminius, chef de la députation. Voilà un prétexte tout trouvé pour porter la guerre en Gaule : le sénat ne manque pas l'occasion. Des légions se rassemblent et vont combattre les Ligures; puis elles laissent des troupes dans leur quartier d'hiver dans les principales villes de la Gaule transalpine et occupent les meilleures positions militaires.

Les premières expéditions romaines en Gaule eurent pour résultat principal, on le sait, la fondation de Narbonne, qui devint rivale de Marseille. Narbonne, disent Ausone et Sidoine-Apollinaire, eut un beau port, une rade très-sûre, un capitole, un lieu d'assemblée pour la curie, des temples, des thermes, et plus tard un amphithéâtre et un cirque.

Alors Marseille vit peu à peu décroître et tomber sa puissance. Les Romains, en pénétrant dans la Gaule, y apportèrent un *élément méridional*, beaucoup de leurs mœurs et coutumes, à un tel point qu'une grande partie du littoral de la Méditerranée, appelée *Provincia* par excellence (de là le nom de Provence), eut une civilisation plutôt romaine que gauloise.

A la fin du deuxième siècle, pendant que la République utilise ses premiers succès, une horde nombreuse de Kymris et de Teutons s'élance des bords de la Baltique. Elle comprend trois cent mille guerriers, que les vieillards, les femmes et les enfants suivent dans des chariots. Le jeune Boïorix commande les Kymris, le géant Teutobokhe commande les Teutons. Cette horde assiège Noreia, capitale des Noriques (113), défait le Romain Papirius Carbon et pénètre en Helvétie. Là le torrent des Kymro-Teutons se grossit des Ambrons, des *Tugheni* (Tugènes en Suisse), des Tigurins ; puis il se précipite dans la Gaule. Les Belges essayent d'abord de lui opposer une digue. Mais les Belges sont frères des Kymris ; ils ne tardent pas à s'entendre avec eux, à leur céder Aduat, où les envahisseurs abandonnent tout ce qui les gêne dans leur marche, assure César, et où ils laissèrent six mille Kymris (110). Les Kymro-Teutons s'abattent sur le centre, dévastent les campagnes pendant près d'une année, incendient les villes, cernent les Gaulois enfermés dans les enceintes fortifiées, décimés par la famine et se défendant avec une constance héroïque. C'est une véritable calamité que le passage de cette horde. Elle s'avance vers le sud-est de la Gaule, et se trouve bientôt face à face avec les Romains (109).

Arbogast et Valentinien II.

Elle cherche à composer avec la République, qui refuse ; alors elle bat et met en déroute M. Silanus, sur les bords du Rhône. Sans les efforts des Gaulois, la province romaine serait envahie. Les Kymro-Teutons se partagent ; ils divisent leurs attaques. Les Romains imitent leur exemple ; mais le consul L. Cassius est battu sur les bords du lac Léman par les Tigurins que conduit Divicon, pendant qu'un de ses lieutenants, Aurelius Scaurus, combattant contre les Kymris, devient leur prisonnier après avoir été complétement défait par eux (107). Copill, chef des Tectosages, s'allie d'amitié avec Boïorix. Les habitants de Toulouse se donnent aussi aux vainqueurs ; mais des légions nouvellement arrivées d'Italie, assiègent, prennent, mettent à feu et à sang leur opulente ville (106).

Cépion commandait ces légions ; le consul Cn. Manlius était survenu à la tête de troupes considérables, pour se réunir à Cépion. Les deux chefs romains vécurent en mésintelligence. Leurs camps, placés près du Rhône, furent forcés et pris par les Kymro-Teutons, le 6 octobre 105 ; il se fit un horrible carnage, et les vainqueurs dévastèrent la province romaine.

Pour réparer le mal, Marius arriva (104), s'aida des Massaliotes, creusa les *fossæ Marianæ* (fosses de Marius), canal qui communiquait du Rhône à la mer. La fortune de Rome reposait sur la tête du nouveau consul. Le lieutenant Corn. Sylla battit les Tectosages (103), et fit Copill prisonnier.

Quand les Kymris revinrent d'Espagne, où ils étaient entrés en partie, une guerre plus générale commença. Les Kymris, les Tigurios, les Ambra, les Teutons, se réunirent sur le Pô, et de là menacèrent Rome elle-même. Ils passèrent devant Marius, arrivèrent à Aix, enlevèrent toutes les provisions qui s'y trouvaient, et campèrent dans les environs de cette ville. Marius les suivit à petites journées, et temporisa le plus qu'il lui fut possible. Il voulut accoutumer ses soldats à voir ces hommes d'aspect hideux, et dont les cris étaient effroyables, au dire de Plutarque. Les Romains bouillaient d'impatience. Ils n'avaient pas oublié que les Ambro-Teutons, défilant pendant six jours devant eux, leur avaient demandé s'ils n'avaient rien à faire savoir à leurs femmes. Leur ardeur fut employée dans des travaux de fortifications. Cependant, la horde des Ambra attaqua les Ligures, descendus de leurs ancêtres, et maintenant auxiliaires des armées romaines. Ambra et Ligures luttèrent corps à corps dans le lit même du *Cœnus* (rivière d'Arc). Marius accourut sur les traces de ses alliés, renversa les Helvètes, et poursuivit les Ambra dispersés jusqu'au camp des Teutons (102). La nuit étant venue, il regagna ses retranchements. Quant aux Ambro-Teutons, ils pleurèrent leurs compagnons morts, en jurant bien de les venger. Le surlendemain, dès le lever du soleil, Marius provoqua ses adversaires. Sa cavalerie les attira en deçà de la rivière, dans une vallée où se livra une bataille décisive, favorable aux Romains. La vallée était couverte de cadavres : il y avait eu cent mille hommes tués ou pris. Les cadavres pourrirent au soleil et à la pluie, dans ces champs que l'on appela *Campi putridi* (village de *Pourrières*). Marius brûla le butin en l'honneur des dieux ; il fut nommé consul pour la cinquième fois, et toute la Gaule méridionale le regarda comme un sauveur, et éleva une pyramide, un temple à la Victoire dédié à *Marius imperator*.

L'armée romaine marcha vers les Kymris, qui attendaient en vain leurs compagnons dans la Gaule Transpadane. Le 30 juillet 101, dans le *champ Raudius*, près *Vercellæ* (Verceil, probablement), par un temps de poussière et de nuages, l'action s'engagea. Après une lutte longue et sanglante, les Romains triomphèrent. Boïorix resta au nombre des morts.

De cette victoire résulta l'affermissement de la puissance romaine dans la Gaule méridionale. Les Tigurins, apprenant la défaite de leurs compagnons d'invasion, se rendirent dans la Norique, puis en Helvétie, pillant tout sur leur passage. Six mille Kymris, laissés en garnison à *Aduat*, s'incorporèrent à la confédération belge, sous le nom d'*Aduatikes* (101).

La prophétesse Velléda.

Selon Tite-Live, Marius dut à ses succès le nom de *Troisième Romulus*. Tel fut l'enthousiasme produit en Italie par les victoires d'Aix et de Verceil, que le nom de *Kymrique* ou *Cimbrique* devint synonyme de fort ou terrible. Et cependant, la province romaine ne demeura pas tranquille. Deux armées consulaires furent employées à maintenir les Transalpins, chez qui régnait une grande fermentation. Des soulèvements eurent lieu chez les Ligures, les Arécomiques, les Tectosages et les Saliens ; mais le consul C. Cæcilius Metellus les apaisa, non sans peine, et aidé, peut-être, par les Massaliotes (100 à 80).

A cette même époque, la rivalité de Marius et de Sylla éclata en Italie. Frappés par les proscriptions du dernier, beaucoup de bannis et d'exilés se rendirent dans la province romaine, ensanglantée bientôt, elle aussi, par la guerre civile. Narbonne et Marseille, se déclarant pour Sylla, fermèrent leurs portes aux proscrits. Ceux-ci s'enhardirent, après s'être comptés ; ils essayèrent d'organiser un mouvement dans la province, et, n'eût été la victoire remportée par le préteur C. Valerius Flaccus, un soulèvement aurait sans doute eu lieu en leur faveur. Plusieurs d'entre eux se réfugièrent dans la Gaule indépendante.

Toutefois, là ne devait pas se terminer la guerre civile.

Les Aquitains, unis aux proscrits, excités par Sertorius, s'arment, menacent Narbonne et Marseille (78), battent Manilius Nepos, proconsul de la province romaine. Puis, les proscrits, Sylla étant mort, suivent le consul M. Æmilius Lepidus, qui les mène vers Rome, d'où ils sont chassés pour la seconde fois. Sertorius s'est allié à Lepidus, et quand celui-ci, marchant encore sur la métropole, suivi d'une armée de Gaulois et de Romains bannis, a été écrasé dans les plaines d'Etrurie par Catulus et Pompeius, il n'en reste pas moins le véritable maître de la Province. Tout s'y fait au nom de Sertorius; il a son sénat, ses magistrats, ses lieutenants. Rome envoie contre lui Pompeius (77), qui le force à repasser les Pyrénées. Pompeius accable alors les villes romaines de la Gaule méridionale; il entre à Narbonne à travers des monceaux de cadavres, dit Cicéron; il organise la proscription. Il frappe des villes entières, au profit de Narbonne et de Marseille, les deux fidèles alliées de Rome. Il pénètre ensuite en Espagne, laissant à sa place Man. Fonteius, chargé de suivre sa politique. Fonteius accomplit scrupuleusement cette mission : il se fait craindre. Mais le bruit se répand dans la Province que Pompeius a éprouvé un échec en Espagne. Aussitôt tous les peuples ennemis de Marseille, les Vocontiens, les Helvètes, les Tectosages, les Arécomiques, les Allobroges, s'avancent contre elle : Fonteius la sauve. Les confédérés se tournent vers Narbonne : Fonteius les force à se retirer. Et Pompeius revient pacifier tout (70), à sa manière, en redoublant de cruauté. Plus de privilège pour les habitants de la Province; des postes militaires sont établis; les contributions pressurent le peuple; la famine règne. Il s'opère une dépopulation effrayante, soit par la mort, soit par l'émigration. La Province se voit enlever sa cavalerie; on déporte la jeunesse gauloise (75). Plus tard, les Romains paraissent vouloir agir avec plus d'humanité. Fonteius est accusé à Rome; mais, défendu par Cicéron, il est absous (69). Les magistrats de la Province se montrent plus rigoureux encore. C. Calpurnius Piso, l'un des successeurs de Fonteius, est accusé aussi (67); mais, défendu par Cicéron, il est absous. La misère de la Gaule méridionale va croissant; à un tel point que les Allobroges envoient des députés à Rome pour obtenir une réduction d'impôts, la somme des dettes surpassant la valeur des terres.

Cette mission demeure sans résultat. Les Allobroges s'insurgent encore une fois sous la conduite de Catugnat; ils convoitent toujours Narbonne et Marseille. Promptinus, préteur, son lieutenant Manlius Lentinus, entrent au cœur de leur pays; Lentinus assiège le château de *Ventia* (Vinay). Catugnat revient du Midi, attaque Lentinus, avec lequel les habitants de Ventia sont près de capituler, et le bat exemplairement. Celui-ci va rejoindre Promptinus; Catugnat est retourné dans le Midi. Les deux chefs romains entrent sur le territoire allobroge, prennent Ventia, éprouvent un petit échec devant *Solonium*, et terminent la guerre en ravageant le pays, que tout le courage de Catugnat ne peut défendre (61).

Ainsi la guerre civile, apportée par les Romains dans la Gaule méridionale, dure près d'un demi-siècle (de 100 à 62).

V.

Lutte des Arvernes et des Helvètes contre Rome.

La marche des hordes teutoniques continue; elles combattent les Belges et les Helvètes. Des débris de tribus germaines parviennent à s'établir dans une partie de la forêt des Ardennes; d'autres s'étendent le long de la frontière belgique. Les Arvernes et les Helvètes luttent pour ne pas tomber sous la puissance romaine. Celtill, l'un des chefs des premiers, est mis à mort pour avoir voulu rétablir le pouvoir royal. La nation éduenne, trop insolente à cause de son titre d'alliée des Romains, tourmente les Séquanes. Ceux-ci, les Séquanes se liguent avec les indomptables Arvernes, puis ils envoient des ambassadeurs au delà du Rhin, près d'Arioviste, chef de tribus suéviques : ils lui demandent quinze mille hommes à leur solde. Arioviste paraît; il livre aux Eduens deux batailles, et remporte deux victoires. Leur vergobret ou chef, Divitiac, est forcé d'aller à Rome implorer le sénat. Arioviste veut rester en Gaule, et demande à ses alliés Séquanes le tiers de leur territoire. Aussitôt les Séquanes s'unissent aux Eduens, contre lesquels ils ont d'abord appelé les Suèves. Arvernes, Eduens, Séquanes, tous se lèvent contre Arioviste, qui les défait complètement à *Amagetobria*, confluent de la Saône et de l'Ognon. Le chef des Suèves pressure la Gaule centrale. En vain Divitiac, à Rome, expose au sénat l'existence malheureuse des Eduens; Rome se montre ingrate envers ses alliés. Orgétorix, chef puissant des Helvètes, les excite à faire une expédition en Gaule ; un chef des Séquanes, Castic, et un chef des Eduens, Dumnorix, frère de Divitiac, s'accordent avec Orgétorix. Les Romains organisent contre tous une ligue offensive.

C'est alors que César arrive à Genève (58). Il doit gouverner la Province pendant cinq ans, et prend tout d'abord les mesures les plus énergiques. Les Helvètes, un peu effrayés, lui envoient demander le « passage seulement à travers la Province. » Il refuse : l'entrée de la Province ne peut être permise à des étrangers. Plus tard, il bat les Tigurins, amis des Helvètes, sur les bords de la Saône, puis les Helvètes eux-mêmes. César acquiert une immense réputation militaire. Les Gaulois du centre, principalement les Séquanes, tyrannisés par Arioviste, envoient une députation au consul romain. Divitiac, chef de la députation, obtient de César qu'il marche contre Arioviste. Une lutte acharnée a lieu entre le Romain et le barbare, qui se disputent le pays. Arioviste prétend que la Gaule centrale est sa *province*, comme la Gaule méridionale est la *province* de César. Aucun arrangement ne termine la guerre. Les Suèves, culbutés, prennent la fuite, repassent en Germanie; Arioviste meurt de chagrin ou des suites de ses blessures.

Alors César organise ses Romains sur le territoire des Séquanes; il se met à la place des vaincus. La Gaule centrale a changé de maître. Heureuse d'abord des succès de César, elle ne tarde pas à les maudire. Les Belges sont reprendre les armes, et César entre pour la première fois en campagne contre les Gaulois (57). Les soumissions sont promptes et successives. En effet, après avoir effrayé les Belges, le proconsul s'avance dans le pays des Suessions (Soissonnais), et attaque *Noviodunum* (Noyon). Les Suessions se soumettent. Il assiège *Bratuspantium* (à deux lieues de Breteuil), principale place des Bellovaques, dont les habitants se rendent à composition, et livrent six cents otages. Les Ambiens (Amiénois) subissent le joug sans avoir seulement l'idée de combattre. Les Nerviens (Flandre), au contraire, aidés des Véromandues, des Atrébates, des Aduatiques, et conduits par un chef habile, Boduognat, résistent opiniâtrément. La forteresse d'Aduat assiégée, puis saccagée, ne capitule qu'avec les honneurs de la guerre; mais bientôt les habitants ayant trompé César, ayant repris les armes, le vainqueur irrité fait vendre à l'encan tout le butin et cinquante-trois mille têtes.

Au même temps, P. Crassus, commandant une légion romaine, parcourt l'Armorique, et réduit les villes maritimes après deux expéditions (56). Dans l'Aquitaine, une foule de petits peuples sont soumis à Rome : les *Torbelli* (Tarbelles), dont le territoire contient les Landes, la terre de Labour et le Béarn ; les *Bigerrions* (Bigerrions), habitants du Bigorre; les *Preciani* (probablement encore une portion du Béarn) ; les *Vocates* (Vocates); les *Tarusates* (Tarusates, en Gascogne); les *Elusates* (Elusates, dans l'Armagnac; les *Garites* (Garites, comté de Gaure); les *Ausci* (Ausques, peuples d'Auch); les *Garumnes* (riverains de la Garonne); les *Sibulzates* (gens de Sobusse, entre Dax et Bayonne); les *Cocosates* (Marensin, à huit lieues de Dax). César se charge de subjuguer les Morins, et il bat lui-même (55) les Thenctères et les Usipètes, deux peuples germains qui avaient passé le Rhin.

VI.

Campagnes de César.

Il s'apprêta enfin à faire une descente dans l'île de Bretagne. Mais comme les deux expéditions qu'il tenta contre cette île n'intéressaient pas la Gaule, ne devaient que donner plus de gloire au proconsul, passons-les sous silence. Occupons-nous de son retour, et des diverses campagnes contre les Gaulois.

Q. Titurius Sabinus avait été défait ; de là, un soulèvement presque général en Gaule (54). Apprenant les différents échecs éprouvés par l'armée romaine, César, au dire de Suétone, jura de ne plus couper sa barbe ni ses cheveux avant de s'être vengé. Aussi commença-t-il sa cinquième campagne, bien décidé à punir rudement les vaincus. Il accabla les Ménapes et les Trévires (53), et fut impitoyable pour eux, pour les Eburons surtout, qu'il traita comme une *race sélérate*. Il appela tous les peuples voisins pour l'aider dans son œuvre de vengeance. Acco, fauteur des mouvements populaires qui avaient eu lieu chez les Sénons, fut puni du dernier supplice. Peu importait à César ce que Rome penserait de sa conduite au point de vue de l'humanité : il lui fallait avant tout conquérir, il voulait *repasser le Rubicon*, ayant par devers lui un peuple soumis et tremblant. Il amassait des richesses, assez pour pouvoir acheter des créatures à Rome, où l'anarchie était complète. Ses exactions en Gaule servaient son ambition personnelle.

Cette anarchie qui troublait Rome, et dont César profitait, facilita ou plutôt détermina une grande insurrection en Gaule au commencement de l'année 52. Tous les peuples se retirèrent au milieu des bois, dans les montagnes. On vit se former une ligue immense des cités gauloises, à la tête desquelles se trouva *Genabum* (Orléans), et dont le généralissime fut un jeune Arverne, fils de Celtill, connu sous le nom de Vercingétorix. C'est là un des épisodes les plus marquants dans la vie de César. Sa sixième campagne dura une année à peine; mais ce court espace de temps lui suffit, avec l'aide de sa fortune et de son audace, pour entrer dans *Vellaunodunum*, ville des Sénons (Beaune en Gâtinais), pour prendre *Genabum* la rebelle, pour forcer *Noviodunum* (Nouan le Fuzélier ou Neuvi sur Baraujon), ville des

Bituriges, pour s'emparer d'*Avaricum* (Bourges), après de vigoureux efforts. Et combien d'autres cités il assiégea, sans succès ou en achetant bien cher la victoire : *Cabillonum* (Châlons-sur-Saône), Gergovie, *Alesia*, sur le territoire éduen! Les Bituriges avaient eux-mêmes incendié leurs villes. Le noble Vercingétorix n'échappait point aux calomnies des compatriotes qu'il défendait On l'accusait, et il eut peine à se faire absoudre. Toutefois la Gaule entière s'était armée sous le commandement du fils de Celtill. Vercingétorix, battu, désespéré, sans refuge, avait pris le parti de se livrer au proconsul. Les Romains le garrottèrent, le conduisirent à Rome, où il resta plongé dans un cachot jusqu'au jour du triomphe de César.

Cependant, malgré leurs revers continuels, les Gaulois ne se tenaient pas pour soumis. Il s'organisa encore une ligue. De nombreux chefs parurent, anciens et nouveaux, pour achever l'œuvre commencée par Vercingétorix. Dans sa septième campagne, César eut à combattre Comm l'Atrébate et Ambiorix, Luctère, l'ami et le compagnon du fils de Celtill; Gutruat, chef des Carnutes; Dumnac, c. ef des Andes; Corrée, chef des Bellovaques; Drappès, chef des Sénons. Un beau plan de défense avait été adopté par eux; mais le malheur les poursuivait. César ravagea le territoire des Bituriges et des Carnutes, défit les Bellovaques, dont le chef Corrée mourut en héros. La désunion se mit dans les rangs des Gaulois, et, comme on proposait d'envoyer aux Romains des députés et des otages, Comm l'Atrébate, indigné, s'exilant volontairement, passa en Germanie. Ambiorix eut la douleur de voir les Éburons asservis; Dumnac, vaincu, proscrit, fuyant de forêts en forêts, chercha un abri dans l'Armorique. Les Carnutes capitulèrent, et Gutruat fut, par ordre de César, battu de verges, jusqu'à ce que mort s'ensuivît. Drappès, prisonnier des Romains, se laissa mourir de faim; Luctère leur fut livré par un traître, Arverne. Enfin, pendant que César passait l'hiver à *Nemetocennu* (Arras), Comm, poursuivi par les vainqueurs, pressé par la misère, mit bat les armes et fit la paix (51).

Ainsi finit cette septième campagne. César était resté sept années en Gaule (de 58 à 51), pendant lesquelles il avait, dit Plutarque, enlevé plus de huit cents villes, réduit plus de trois cents nations, combattu à diverses reprises près de trois millions d'hommes.

DEUXIÈME AGE.

I.

Comment César et Octave gouvernent la province romaine.

Oublions le nom de *Gaule*, et ne parlons plus que de la *Province romaine* en général. César a vaincu ce pays, qui a déjà servi à sa gloire, et qui va devenir pour lui un moyen de puissance. La Province est habitée par une infinité de nations plus ou moins nombreuses; les plus fortes comptent deux cent mille âmes, les plus faibles cinquante mille. Quatre-vingt-douze mille personnes peuvent porter les armes. Toutefois la conquête a amené une émigration que César lui-même ne se dissimule pas. Trois cent soixante-neuf mille Gaulois ont quitté leur patrie, préférant l'exil volontaire à une servitude dorée. Le vainqueur adopte une activité consommée. Son administration se présente sous des formes douces. César prend soin de déguiser les tributs qu'il impose sous le nom de *solde militaire*, et prélève quarante millions de sesterces, c'est-à-dire huit millions deux cent mille francs. De ces deniers, il a organisé une légion de vétérans transalpins, assimilés aux soldats romains. C'est *l'alauda*, la *légion de l'alouette*. Sur les casques de ceux qui la composent est représentée, les ailes étendues, une alouette, symbole de la vigilance. Il s'attache les lourds fantassins belges, les légers fantassins aquitains et arvernes, les archers rutènes, presque tous les cavaliers transalpins. Sa force est devenue telle qu'il peut lutter avec Pompée, qu'il peut le vaincre avec le sang des Gaulois qui l'aident à prendre Rome. Ayant vaincu son rival, César veut passer en Espagne, entrant dans la Narbonnaise (ainsi s'appelle la Province) par les Alpes maritimes. Mais Massalie, alliée à Pompée, ferme ses portes. César ordonne à D. Brutus de l'assiéger par mer, à C. Trebonius de l'assiéger par terre, continue sa route, triomphe de Pompée en Espagne, et revient soumettre Narbonne pendant que le siège de Marseille a lieu. Après de longs préparatifs faits de part et d'autre, les Marseillais sortent de leur ville, mettent le feu aux ouvrages des assaillants et les réduisent en cendres. Les Romains recommencent leurs travaux. Marseille est dépeuplée par la peste, et César paraît sous ses murs. Elle se rend à discrétion : on la désarme, on y place une garnison de deux légions romaines (49).

De l'année 49 à l'année 46, César, que le peuple romain avait nommé dictateur, se vengea de la Province. Les Allobroges et les Arécomiques avaient fait quelques mouvements; il les punit au moyen d'une inscription gravée sur plusieurs places de Nîmes :

C. JUL. CÆSAR A TRIOMPHÉ DES GAULOIS, DES ALLOBROGES ET DES ARÉCOMIQUES.

Trois colonies militaires furent établies à Narbonne, qui ajouta à ses anciens noms le surnom de *Colonia Julienne des Décumans*, — à Arles, — à Béziers, qui s'appela *Julia Biterra*. Une colonie maritime fut établie à l'embouchure de la rivière d'Argent; on la nomma *Forum Julii* (aujourd'hui Fréjus). Le nom de César se trouvait partout, comme un épouvantail pour ses ennemis, comme une étoile de la fortune pour ses partisans. Il protégeait les villes et favorisait les notables de la province. Après avoir conquis, il cherchait à se faire aimer. Des Gaulois se virent admettre dans le sénat; des villes reçurent le titre et obtinrent les droits de cité romaine.

Mais le dictateur disparut (44) peu après son triomphe. Le jeune Octave César, son fils adoptif, voulut organiser la Province à sa manière. De là, comme on le verra, des révoltes et des guerres. Il se rendit lui-même à Narbonne, où il convoqua, sous sa présidence, l'assemblée générale des cités transalpines (27); puis, suivant l'exemple de son père, il établit à l'embouchure des faveurs, et prit des mesures comminatoires. Il consacra un temple à la clémence et à la justice de César. Il fonda des colonies avec ses armées : *Arausio* (aujourd'hui Orange), dans le département de Vaucluse), *Carpentoracte* (aujourd'hui Carpentras, dans le même département), *Apta Julia* (aujourd'hui Apt, dans le même département), *Julia-Valentia* (aujourd'hui Valence, dans le département de la Drôme), et tant d'autres auxquelles il donna le surnom de *Julia*. Il envoya aussi une colonie militaire à Lyon, dont il fit le chef-lieu des territoires éduen, sénonais et carnute, le siège des gouverneurs de la Gaule chevelue, et la résidence des empereurs; il dota cette ville d'un hôtel des monnaies, de quatre grandes voies traversant la Gaule en tous sens, et d'une colonne milliaire. En un mot, il la rendit la Rome gauloise. *Caput Galliarum.*

Octave poursuivit l'œuvre d'assimilation des vaincus aux vainqueurs, commencée par César. Celui-ci avait créé des *villes julienne*, celui-là créa des *villes augustales*, des *villes césariennes*, dégrada les vieilles capitales gauloises au profit de villages obscurs, remplaçant Gergovie, capitale des Arvernes, par *Augusto-Nemetum* (aujourd'hui Clermont-Ferrand, dans le département du Puy-de-Dôme), remplaçant Bratuspantium, capitale des Bellovaques par *Cæsaromagus* (aujourd'hui Beauvais, dans le département de l'Oise), et ajoutant au nom des capitales anciennes qu'il conservait le surnom d'*Augusta* (27). Il changeait encore une fois la face de la Gaule méridionale.

Octave rentra en Italie, après avoir laissé dans les provinces chevelues son procurateur Licinius. Mais Licinius, Gaulois de naissance, opprima ses compatriotes par tous les moyens possibles. Quand Octave entreprit un second voyage dans la Province, les Gaulois, poussés à bout, lui dénoncèrent ce terrible exacteur, qui s'excusa en donnant un trésor à son maître (15). Alors l'irritation redoubla parmi les opprimés, sans aboutir cependant à un soulèvement, parce que le jeune Drusus, beau-fils d'Octave, chargé par lui de dénombrer le pays, contrastait avec Licinius. Drusus, en effet, vainquit par la douceur. Il institua le culte des *flamines augustales* (17), déification de Rome et des Augustes. Les mécontents étaient calmés, lorsque, suivi d'une armée en partie gauloise, Drusus passa en Germanie (9), où il mourut. Son frère Tibère le remplaça (8).

II.

Gouvernement de Tibère, Caligula, Claude, Néron, Galba.

Octave redoutait deux événements, une invasion des Germains dans l'Italie, et un soulèvement de la Province. A sa mort, aucune de ces craintes ne s'était réalisée. Mais, sous le gouvernement de Tibère, les Gaulois, trop pressurés d'impôts, trop accablés de vexations, trop malheureux enfin, essayèrent de secouer le joug. L'Éduen Julius Sacrovir, le Trévire Julius Florus, celui-ci homme de guerre, celui-là politique habile, marchèrent à leur tête. Les Andes, les Audégaves, les Turons, les Éduens, les Séquanes, les Trévires, les Belges entrèrent dans cette immense conspiration, qui s'étendit d'un bout à l'autre de la Gaule. Impuissant effort, tentative sans résultat. Une cohorte romaine avait suffi contre les Turons, une division de cavalerie contre les Trévires; quelques bataillons avaient dompté les Séquanes. Les Éduens ne résistèrent pas davantage. En moins d'une année (21 de l'ère chrétienne), la révolte fut organisée et apaisée. Florus se tua de sa propre main, et, avec lui finit l'insurrection du Nord. Sacrovir se réfugia dans sa maison de campagne, que les Romains incendièrent, se poignarda, et avec lui finirent non-seulement l'insurrection de la Gaule centrale, mais encore la pensée mère du soulèvement général.

Caius César Caligula, digne successeur de Tibère, ne vit dans les Gaules que des hommes riches qu'il fallait rançonner. A Lyon, en sa présence, il fit vendre de vieux meubles, des joyaux, des vases venus d'Italie (40). Claude parut s'occuper sérieusement du sort de la Province, et pensa l'améliorer en persécutant les Druides, en abolissant le druidisme (43), mesures qui obtinrent l'assentiment de tous. Puis, il donna aux nations chevelues le droit d'entrer dans le sénat romain, et de posséder toutes les charges publiques. C'est par les Eduens qu'il commença. On grava son discours au sénat sur des tables d'airain, et on l'exposa à Lyon, près de l'autel d'Auguste. Les Gaulois durent comprendre alors qu'à dater de cette époque, il n'y avait plus d'Alpes entre la Province et la métropole (48).

Les mauvais empereurs faisaient place aux pires. Néron fut détesté des Gaulois, des Belges surtout, qui avaient commencé des travaux de digues et de canaux, que sa politique ombrageuse les avait forcés d'abandonner (58). Un second dénombrement de la Province, ordonné par Néron, avait de plus en plus agité les esprits. L'incendie de Lyon effraya le peuple (64). Grâce aux libéralités de l'empereur, qui consacra quatre millions de sesterces (820,000 francs) à la reconstruction de cette ville, la Rome des Gaules se releva de ses cendres. Mais on ne sut à l'empereur aucun gré de sa libéralité. Néron ne pouvait être regardé comme un bienfaiteur. Quatre années après cet événement, le Gaulois Caïus Julius Vindex, propriétaire de la Lugdunaise, province privilégiée, conçut un plan d'insurrection, qu'il essaya de faire adopter par les nobles séquanes, éduens et arvernes, et qui consistait seulement à *changer d'empereur*, à mettre en la place de Néron Sergius Sulpicius Galba, vieux général, plein de renommée et d'expérience, commandant en Espagne. Après de longues hésitations, Galba accepta le sceptre impérial et marcha vers les Pyrénées.

Le chant du *coq* avait réveillé Néron, suivant un jeu de mots de l'époque, portant sur la double signification de *Gallus* et de *Vindex*. Cependant l'insurrection ne fut pas universelle; Lyon tint pour Néron, Vienne pour Galba. Les Arvernes, les Eduens, les Séquanes se mirent à la tête du mouvement; les anciens Belges, au contraire, les Rèmes, les Lingons, les Trévires préféraient à Galba, qu'ils appelaient *l'élu de Vindex*, Verginius Rufus, commandant dans la Germanie supérieure. Galba assiégea Lyon à peine reconstruite; Verginius, entrant sur le territoire des Séquanes, assiégea Besançon, que Vindex vint défendre. Une entrevue eut lieu entre les deux généraux; ils convinrent que les insurgés entreraient dans Besançon. Vindex s'avança donc à la tête de son armée. Mais les légions n'étaient point instruites du bon accord qui existait entre Verginius et Vindex, et, sans écouter la voix de leurs chefs, elles engagèrent un combat opiniâtre, où le désordre tourna contre les Gaulois, qui s'étaient approchés d'elles sans aucune défiance. Vingt mille rebelles succombèrent. Vindex se perça de son épée, laissant à Verginius un pouvoir immense. Les légions n'avaient pas eu l'intention de défendre Néron, mais bien de repousser Galba; elles nommèrent leur commandant empereur; Verginius refusa. Sur ces entrefaites, la nouvelle de la mort de Néron arriva, avec un décret qui confirmait le nouveau prince, Galba; mais l'anarchie régnait toujours parmi les légionnaires qui avaient anéanti Vindex.

Galba était à Narbonne lorsqu'on vint lui apporter ce décret important. Il récompensa les Eduens, les Arvernes, les Séquanes; il châtia les Rèmes, les Lingons, les Trévires, les anciens Belges; il combla de biens Vienne et écrasa Lyon d'impôts. Alors les ressentiments antérieurs à la conquête romaine reparurent : la Province se divisa tout entière en partisans et en ennemis de Galba. Près du Rhin, les légions gardaient rancune au nouvel empereur; elles ne pouvaient pourtant décider Verginius à accepter l'autorité suprême. Celui-ci, rappelé par Galba, eut pour successeur l'infirme et goutteux Hordeonius Flaccus; l'ambitieux Capito eut pour successeur le misérable Vitellius, qui travailla à se rendre populaire et qui ne tarda pas à être proclamé empereur (69).

III.

Vespasien. Civilis forme un empire gaulois.

Mais les idées d'affranchissement ne pouvaient être étouffées. Doux ou cruel, le maître pesant par Rome n'en paraissait pas moins détestable aux Gaulois; ils rongeaient leur frein en silence. A cette époque, un Batave, nommé Claudius Civilis, issu d'une vieille et puissante famille, conçut le gigantesque projet d'arracher la Gaule et les peuplades transrhénanes à la domination romaine. Vespasien venait d'être proclamé empereur par les légions d'Orient et reconnu par celles d'Illyrie. Civilis s'engagea à le soutenir et couvrit de son nom la guerre que Vespasien dirigeait contre Vitellius. Il engagea aussi une lutte personnelle avec le vieux Hordeonius Flaccus. Sur ses bannières étaient écrits ces mots : *Empire gaulois*. Il parvint d'abord à chasser les Romains de l'île des Bataves; il assiégea ensuite à plusieurs reprises *Vetera-Castra* (aujourd'hui Santen, dans le duché de Clèves). Il avait souvent l'avantage sur les Romains. La fortune lui souriait, car, dans le camp du *parti vitellien*, des divisions s'élevèrent. Hordeonius Flaccus périt assassiné par ses propres soldats. Civilis marchait de succès en succès. L'espérance de l'affranchissement gagna toute la Province. Les druides, reparaissant, ressuscitant le vieux fanatisme gaulois, annoncèrent au nom du ciel que l'empire romain était fini et que l'*empire gaulois* commençait. La prophétesse Velléda prédisait le triomphe des Germains. La Province profitait de l'état misérable où se trouvait l'Italie dévastée après la chute du parti vitellien, de l'état plus misérable encore de Rome en proie aux luttes sanglantes. Le Belge Classicus, le Trévire Julius Tutor, le Lingon Julius Sabinus s'unirent à Civilis. Les deux premiers firent dominer l'empire gaulois sur les bords du Rhin; mais Julius Sabinus, aussi ambitieux que lâche, aussi imprudent que vaniteux, fut battu par les Séquanes, qui tenaient toujours pour les Romains. Il s'enfuit pendant une bataille, et, après avoir fait répandre le bruit de sa mort, il se cacha neuf ans dans un souterrain, où il vécut, comme on sait, grâce au dévouement de sa femme Eponine (70).

Bientôt la défaite de Sabinus par les Séquanes effraya les cités gauloises. Elles se divisèrent : les unes invoquèrent la paix; les autres, moins nombreuses, voulurent continuer leur résistance. Une assemblée générale qui eut lieu dans la capitale des Rèmes ne servit qu'à montrer combien les villes étaient jalouses entre elles. Pour combler de malheur, Cerialis, excellent général romain, vint dans la Province à la tête d'une armée imposante; il poussa la guerre avec une ardeur extrême assiégea et prit la capitale des Trévires, fit prisonniers les principaux Belges, provoqua et obtint la soumission des Lingons. Civilis, qui résista plus longtemps, se mesura deux fois avec le général romain. Heureux d'abord, il éprouva ensuite un rude échec, qui le força à sortir de la Gaule avec ses Germains et à se retrancher dans l'île des Bataves. Alors Civilis essaya de la guerre maritime; il équipa une petite flotte, qu'il conduisit à l'embouchure de la Meuse et du Rhin. Celle de Cerialis était plus faible, mais mieux montée. Les deux ennemis commencèrent un combat qui ne fut pas de suite, et la paix suivit de près cette dernière entreprise de Civilis. L'*empire gaulois* finit (70); la Province se résigna au joug, et ses habitants reçurent et acceptèrent le nom de *Gallo-Romains*.

Une lassitude complète se manifeste chez les populations. L'indépendance gauloise n'a plus de défenseurs. La soumission de la Province est désormais presque générale. Deux siècles s'écoulent, sans que les événements paraissent mériter l'attention des annalistes romains. Temps de muettes douleurs et de désespoirs concentrés pour les Gallo-Romains. L'histoire ne s'occupe plus d'eux jusqu'au moment où les Germains franchissent le Rhin pour la première fois. On sait cependant que plusieurs secousses ont troublé le pays; que Septime-Sévère et Claudius Albinus se sont disputé l'empire romain sous les murs de Lyon (197), dans une effroyable bataille; que la ville a été pillée et incendiée par les soldats de Septime-Sévère, demeuré vainqueur. Mais la Province n'a pris aucun parti dans la lutte. Les ravages des Franks, soit en 240, soit en 256, soit enfin en 277 ou 310, seront mentionnés lorsque nous retracerons l'origine, lorsque nous décrirons le pays de la fédération des Franks. Leurs compagnons d'invasion sont les Lygiens, les Burgundes et les Vandales. Puis une époque vient, au contraire, où ils s'opposent aux mouvements des barbares.

IV.

Révolte des Bagaudes. — Victoria, *mère des légions*. — Les barbares.

Tout ceci appartient à l'histoire externe de la Province, si l'on peut dire ainsi. A l'intérieur, il y a longtemps déjà qu'un double peuple s'est creé parmi les Gallo-Romains. Le Romain opprime le Gaulois, principalement dans les campagnes. Celui-ci, réduit à une misère affreuse, oublie les efforts infructueux des Vindex et des Civilis. Il essaie encore, dans son désespoir, de secouer un joug trop insupportable. La révolte des *Bagaudes* éclata (285), inspirée peut-être par le dévouement d'une femme, de Victoria, que les soldats ont surnommée la *mère des légions*, et qui a succombé en voulant élever une domination gauloise contre la domination romaine. Les propriétaires, vexés par les procureurs et autres agents impériaux, redent aux serfs, aux colons, aux cultivateurs les vexations qu'ils supportent. Aussitôt les paysans courent aux armes, et font prendre la pourpre à leurs deux chefs Ælianus et Amandus. Sous leur conduite, ils ravagent les villes et les campagnes. L'empereur Maximien les accable sans peine; les débris de l'armée des Bagaudes se réfugient dans un château situé sur la presqu'île formée par la Marne, à une lieue de Paris. Maximien les assiège. Après une résistance opiniâtre, ils se rendent. Le château est rasé.

Les vexations du propriétaire envers le colon recommencent : toute révolte sans succès aggrave pour quelque temps la misère des insurgés.

Dans le partage que Dioclétien fait de l'empire (292), la Province échoit à Constance-Chlore, qui la gouverne avec modération, avec habileté; qui la protège contre les Germains, dont plusieurs tribus deviennent sujettes de l'empereur, et fondent des colonies dans le pays des Gallo-Romains. Mais ces colonies, trouvant la vie romaine trop à la tyrannie, veulent s'y soustraire. Les Sarmates regagnent leurs déserts. Des relations s'établissent ainsi entre les barbares et les Gallo-Romains. Ils se connaissent. Le moment des invasions en Gaule est arrivé.

Constantin, proclamé empereur dans la Bretagne (306), marche sur les traces de son père, triomphe des barbares, et réduit, dit son panégyriste, le nombre de ceux qui payent la capitation dans la Province de vingt-cinq mille à dix-huit mille. Le fils et successeur de Constantin, Constance, laisse au contraire les Germains ravager la Gaule, leur abandonnant les contrées qui obéissent à Magnence. Des Franks et des Allemands, attirés par ses promesses, s'établissent dans tout le pays qui s'étend entre le Rhin et la Moselle, pillent ou incendient quarante-cinq villes florissantes du Nord. Tout ce qui reste de soldats est mal payé, sans provisions, sans armes, sans discipline, et tremble au seul nom des barbares. Constance ne s'occupe que de la querelle des Ariens, que des événements de l'Orient; il dédaigne les affaires de la Province.

V.

Julien, véritable protecteur des Gaulois. — Valentinien. — Les invasions pacifiques.

Il arrive à comprendre, néanmoins, qu'il faut le protéger, s'il ne veut la perdre entièrement. A cet effet, il charge Julien, nommé César (355), de marcher contre ces redoutables ennemis, qui, à de fréquents intervalles, traversent le Rhin. Julien, jeune encore, ignore, ou à peu près, l'art de la guerre : il a suivi jusqu'alors les leçons du divin Platon. Mais plus la tâche lui semble rude, plus il a de zèle et de hardiesse pour y travailler. Il exhorte ses soldats au courage, à la discipline, à la tempérance, et en donne l'exemple lui-même. Une première fois, les Allemands obtiennent l'avantage; à la seconde, Julien les bat, et venge la perte de deux légions. Le jeune philosophe a acquis l'habileté d'un vieux général. Peu de temps après, ayant passé l'hiver à Senones (aujourd'hui Sens dans le département de l'Yonne), il s'avance encore contre les Allemands, et fait une campagne aussi brillante que périlleuse. Son lieutenant Barbation plie tout à coup devant les barbares, et opère une retraite au lieu de seconder Julien, qui reste exposé aux coups de sept rois, et qui n'a que treize mille hommes pour y combattre trente cinq mille. Malgré cette déplorable situation, l'empereur défait les Allemands près d'*Argentoratum* (aujourd'hui Strasbourg, dans le département du Bas-Rhin). Six mille barbares périssent; Chnodomard, le plus brave des sept rois, est fait prisonnier. Julien échappe ainsi au danger en fondant sa réputation, et consolidant l'autorité romaine dans la Gaule. En 358, il passe à Lutèce, *sa chère Lutèce*, une partie de l'hiver; puis, le printemps de la même année, il se met en campagne, bat tour à tour les Saliens et les Chamaves, passe plusieurs fois le Rhin, construit des places fortes au delà de ce fleuve, recouvre par traité quinze mille légionnaires précédemment tombés au pouvoir des Allemands, et revient encore en 360 dans sa *chère Lutèce*, appelée par les Gallo-Romains, la *petite forteresse des Parisii*, et où il possède le palais des Thermes. Par la douceur de son administration, par ses qualités personnelles, l'empereur mérite l'amour de ses sujets. La vigueur de son bras les défend et les rassure.

A sa mort, les barbares reparaissent, menaçant encore les frontières de la Province. Valentinien vient à Lutèce pour surveiller la marche des Allemands (365). Il les repousse d'abord; mais des excursions nouvelles sont tentées. Deux *comites* sont tués; les Hérules et les Bataves perdent leurs drapeaux. Après un pareil échec, Valentinien doit user de rigueur. Pour punir les Bataves, il les dégrade, les prive de leurs armes en présence de toute l'armée qu'il rappelle à la discipline. Sa colère va trop loin, même. Saisissaient cette occasion malheureuse pour faire un exemple terrible, Valentinien veut les vendre comme des esclaves. Les prières réitérées de toutes les légions l'empêchent seules d'accomplir ce dessein. Ses troupes, alors, aiguillonnées par ses discours, effrayées par sa sévérité, satisfaites du pardon qu'il a accordé aux Bataves, continuent la campagne avec vigueur, et repoussent avec perte les Alemans au delà du Rhin. Pendant ce temps, près de *Moguntiacum* (aujourd'hui Mayence), dans le grand duché de Hesse), des bandes de barbares surprennent les frontières romaines au moment où celles-ci célèbrent des cérémonies religieuses; elles leur enlèvent un grand nombre de prisonniers. Cette victoire des Allemands contre-balance leur défaite au delà du Rhin. Valentinien, transporté de fureur, cherche des moyens de vengeance. Il poursuit les barbares, pour les punir d'avoir saccagé Mayence; il protège contre eux la Gaule septentrionale, en faisant construire, depuis le Rhin jusqu'à l'Océan, une chaîne de tours et de forteresses; enfin il sème la discorde entre les Allemands et les Burgundes. Son activité ne se ralentit pas. Du côté de l'Océan, les Saxons commencent déjà à descendre sur les rivages de la Gaule : Valentinien les extermine. Leurs chefs se contenteront du titre et du pouvoir dont ils jouissent comme *rois de la mer*.

Cette suite non interrompue d'incursions épuisait la Province. Harcelés de toutes parts, les Gallo-Romains se défendaient faiblement : parmi eux régnait le désordre; et, parfois, au lieu de combattre les ennemis du dehors, ils tournaient leurs armes contre eux-mêmes. Leur vigueur s'usait en troubles intérieurs. On aurait dit qu'ils voulaient échapper à la domination de Rome, à l'heure où les légions savaient seules repousser les barbares. Mais quand les empereurs devinrent incapables de protéger la Province, celle-ci dut passer d'un joug sous un autre. Au reste, il suffit de raconter ici les événements qui font pressentir une grande catastrophe en Occident. Les conquérants de la Gaule se laisseront ravir leur proie. Romains et Gallo-Romains disparaîtront ensemble.

Gratien eut à accomplir une tâche plus rude encore que celle de son père. Depuis la mort de Valentinien (375), la Province était le théâtre de troubles continuels. Il fallait les réprimer, il fallait chasser les tribus germaines. La valeur guerrière n'y suffirait plus désormais. Il y avait une conduite de politique habile à tenir. Les barbares paraissaient résolus à procéder dorénavant par *invasions pacifiques*. Ils obtinrent un plein succès. Gratien, élevé par le poëte gaulois Ausone, alla fixer sa résidence à Trèves, et se lia d'amitié avec le Frank Mellobald, auquel il donna le titre important de *comes domesticorum*, comte des domestiques. Les Franks méritaient la récompense que le récompensât ainsi en la personne de Mellobald. C'est avec leur aide qu'il avait défait les Alemans, dans un combat où trente-cinq mille fantassins avaient péri. Les Franks étaient ses fidèles auxiliaires. Ils ne se séparèrent de lui que par jalousie, parce qu'il leur préféra un corps d'Alains. Les intrigues de palais ou de camp lui furent fatales. Andragathius, lieutenant de Magnus Maximus, fit mourir à Lyon Gratien (383). Magnus Maximus, proclamé empereur par les légions de la Gaule, gouverna les provinces occidentales pendant quatre ans, et lutta contre Valentinien II, qui commandait sur l'Italie. Contrairement à Gratien, Magnus Maximus n'accepta, ne paya les services d'aucun chef barbare. Théodose le battit, et il mourut massacré par les siens.

Nous avons vu la fortune de Mellobald sous Gratien; sous Valentinien II, Arbogast fut plus puissant encore. Ce Frank, créé *maître général de l'armée des Gaules*, donna tous les commandements militaires à ses compatriotes, et poussa l'empereur à donner tous les offices civils à des barbares. Aucune influence ne l'emportait sur celle d'Arbogast. Valentinien II, enfermé dans son palais de Vienne, sur le Rhône, ressemblait à un véritable prisonnier. Son beau-frère, Théodose, souffrait de le voir ainsi soumis aux volontés d'un Frank audacieux. Il lui conseillait de régner par lui-même, conseil sérieux que Valentinien II suivit brutalement. Un jour, en effet, la fantaisie lui prit d'enlever à Arbogast tous ses emplois. Il le fit venir en sa présence, le reçut assis sur son trône, et lui déclara qu'il devait se démettre de toutes ses fonctions en faveur d'autres courtisans. Arbogast, avec plus de mépris que de colère, jeta à ses pieds l'édit impérial qui contenait sa disgrâce, en s'écriant : « Tu ne m'as pas donné le pouvoir, et tu ne peux me l'ôter. » Mot profond expliquant bien la situation réciproque du maître et du favori. Puisqu'un barbare osait parler ainsi à l'empereur, c'en était fait de la puissance romaine. On rapporte que Valentinien II voulut tuer lui-même Arbogast. Quelques jours après, l'empereur fut trouvé étranglé dans son lit. Cet acte d'autorité lui coûtait la vie.

Eugène, rhéteur, un des secrétaires du *maître général de l'armée*, revêtit la pourpre pendant trois ans; pendant trois ans l'empereur d'Orient, Théodose, ne se risqua pas jusqu'à l'attaquer. Mais enfin Théodose ne put supporter plus longtemps le joug d'Arbogast, qui commandait sous le nom du rhéteur Eugène; il livra à ce dernier la bataille d'Aquilée, qu'il gagna (394), fit trancher la tête à l'un et à l'autre, et parvint ainsi à rétablir pour quelques années l'unité de l'empire, gravement compromise par l'ambition, par l'orgueil, et surtout par l'adresse d'Arbogast.

VI.

Progrès des barbares. — Alaric. — Stilicon. — Ataulf. — Désorganisation de la province romaine.

En mourant, Théodose laissa deux fils, Arcadius et Honorius. Alors il n'y eut plus de bornes aux incursions des barbares. La Province leur devint une facile proie. Ils franchirent toutes les frontières. Le Goth Alaric se dirigea sur Rome, qui lui ouvrit ses portes; le Vandale Stilicon déchira l'Italie. Les troupes romaines, engagées dans des guerres civiles, ne purent résister au flot envahisseur des Suèves, des Vandales, des Alains, des Burgundes, qui passèrent le Rhin le 31 décembre 406.

Partout apparut la désorganisation. L'invasion par laquelle commença le cinquième siècle amena des résultats immenses pour toute l'Europe. Les Burgundes seuls restèrent dans la Province; les autres barbares franchirent les Pyrénées : ils allèrent se partager le midi de l'Espagne. Les Burgundes s'établirent à l'ouest du Jura, depuis le lac de Genève jusqu'au confluent du Rhin et de la Moselle. Ils fondèrent la *Burgundia*, ce pays bourguignon dont il sera parlé pendant tant de siècles. Les grandes invasions commençaient; les Franks avaient paru; l'influence des barbares se faisait partout sentir. On vit Ataulf, frère d'Alaric, mettre les Wisigoths à la solde d'Honorius, dont il épousa la sœur Placidie, renverser Jovinus et Sébastien, qui avaient pris la pourpre dans les Gaules, et recevoir pour récompense les provinces méridionales, avec Narbonne, Toulouse et Bordeaux. On vit les Franks s'établir dans le pays qui s'étend de la Meuse à l'Escaut. On vit les Alains prendre possession du territoire de Valence et d'Orléans. On vit enfin les anciennes cités de l'Armorique se détacher de l'empire, se regarder seulement comme ses auxiliaires et ses alliés.

La province gallo-romaine échappait donc aux empereurs, et se démembrait pièce à pièce. Vainement Honorius adressa, le 17 avril 418, au préfet du prétoire des Gaules, un édit ordonnant la convocation d'une assemblée annuelle de sept provinces, qui devait se réunir à Arles du 13 août au 13 septembre, sous la présidence du préfet lui-même. Vainement il chercha à se concilier l'attachement des Gaulois en composant cette assemblée de juges, d'officiers des cités, de députés des propriétaires, condamnant à une amende de trois livres d'or tous ceux qui refuseraient de s'y présenter. Aucun succès ne couronna ses efforts. Les Gaulois s'intéressaient d'autant moins à la conservation de l'empire, que sa ruine servait leur vengeance, et qu'ils trouvaient plus de liberté dans sa désorganisation que dans l'organisation tyrannique existant depuis la conquête. Ils renoncèrent par avance à la vie politique qu'Honorius essayait de leur rendre. A cette époque, de nouveaux Bagaudes parcoururent et dévastèrent les campagnes. L'assemblée annuelle n'eut pas lieu ou resta sans effet, et la ruine de l'empire devint de plus en plus imminente, jusqu'à Aétius, qui la retarda d'un demi-siècle. Regardons cet homme comme le dernier véritable *gouverneur pour les Romains* dans les Gaules.

Aétius, fils du Scythe Gaudentius, était issu d'une noble famille de la Mysie. Elevé à la dignité de patrice, il fit revivre pendant quelques années l'autorité impériale, qu'il fit respecter, grâce à ses talents militaires. Il combattit les Franks, refoula les Burgundes jusqu'aux monts de la Savoie, força les Wisigoths à lever le siége de Narbonne, et défit, près de Tours et de Chinon, les Bagaudes révoltés. Douze années suffirent à Aétius pour toutes ces expéditions (de 428 à 450). Un rival plus digne de lui se présenta. Attila passa le Rhin (451), à son confluent avec le Necker, et signala son passage en ruinant Mayence, Strasbourg, Metz et beaucoup d'autres villes, dont les habitants furent massacrés : une chapelle, épargnée par l'incendie, indiqua seule la place de la dernière. Le *fléau de Dieu* détruisait les cités, effrayait les peuples. Son invasion en Italie y avait causé une profonde terreur. La tradition rapportait qu'après une bataille livrée par lui, près de Rome, tous les combattants avaient péri des deux côtés. Son invasion en Gaule ne parut pas moins épouvantable. Aétius rassembla contre lui une nuée de barbares, Franks, Alains, Saxons, Wisigoths. Aidé par eux, il délivra Orléans, assiégé par les Huns, et fit reculer leur chef dans les plaines de la Champagne. Valentinien III, jaloux des succès du général romain, craignant l'ambition du vainqueur, le tua de ses propres mains. Attila s'éloigna de la Province; mais la Province ne fut pas sauvée; elle n'avait plus à recouvrer sa vigueur. Pendant trente années (de 451 à 481), les Gallo-Romains n'eurent point de maîtres stables. Les Wisigoths étendirent leur domination des bords de la Garonne à ceux de la Loire; les Burgundes s'emparèrent de la Séquanaise, de la première Lyonnaise, de plusieurs parties de la Viennoise et de la première Aquitaine. L'Armorique conserva son indépendance, sans rien conquérir. Les seuls Gallo-Romains libres que l'on rencontrait encore entre la Somme et la Loire obéissaient à Rome. Bientôt, le patrice Syagrius, qui habitait Soissons, oublia l'empire et l'empereur. Sous Augustule, enfin, Rome s'effaça complétement, sans que l'Occident s'ébranlât. A peine les Germains connurent-ils sa ruine. Le *fléau de Dieu* avait étouffé l'empire.

TROISIÈME AGE.

I.

Invasions.

Tout n'est qu'invasions en Gaule, depuis plusieurs siècles. De toutes parts les barbares arrivent. Ils s'établissent dans cette belle contrée où le vin abonde; ou bien ils y déposent, en passant, quelque partie d'eux-mêmes. Depuis les Alains jusqu'aux Wisigoths, les invasions ont toujours lieu par peuplades, par tribus, par bandes. Que veulent ces nouveaux venus? Prendre la place de Rome, se partager les dépouilles des Gallo-Romains. Ils obéissent à leur instinct, à un besoin incessant de mouvement et de voyages. Nul doute que leur langage, que leur type physique et moral, que leur caractère, que leur manière de vivre n'aient une haute influence sur les destinées de la Gaule.

Voici les Alains, montagnards nombreux et puissants; ils ne sont pas de race germanique. Leur origine date de la plus haute antiquité : ils ont habité les contrées désertes qui s'étendent entre le Tanaïs et le Volga. Gratien a appelé comme auxiliaires un *corps d'Alains*. Cet empereur, passionné pour la chasse, admire leur habileté comme archers et comme cavaliers. Plus tard, unis aux Suèves et aux Vandales, ils participent à la grande invasion de 408-410, et prennent pour eux une portion de territoire. L'Alain, grand et beau, a des cheveux médiocrement longs. Son regard est tantôt doux, tantôt terrible. Aucun détail sur les vêtements de ce nomade. On conjecture qu'il se vêtait de peaux de bêtes. Pour nourriture, du lait, de la chair des animaux. Vivre libre est son vœu, car il sort d'une source libre. Il ne cultive pas la terre. Sous sa tente, qu'il transporte çà et là, demeurent les enfants, les femmes, les vieillards. Pasteur, il traîne après lui son chariot d'écorce. Partout où il va, ses dieux domestiques le suivent. La religion enseignée par Zoroastre est la sienne. Il rend toutes sortes de respects à un sabre nu planté en terre ; il prétend, avec des baguettes, annoncer l'avenir et juger des événements. Dans la guerre, pour lui, réside le suprême bien, la plus enivrante gloire. Quelle honte de vieillir et de mourir paisiblement au milieu de sa famille! Il vaut bien mieux s'accoutumer, dès l'enfance, à monter à cheval, à porter des armes pesantes; il vaut bien mieux se montrer impitoyable aux vaincus, arracher la tête de l'ennemi tué, en retirer la peau et les cheveux, pour orner un cheval de bataille. Sublime joie, enfin, pour lui, d'expirer dans les combats.

Voici les Vandales (appelés *Vindili* par Pline). Ils appartiennent à la pure race germanique. Unis aux Suèves et aux Alains, ils ont commencé leurs invasions en Gaule dans les premières années du cinquième siècle. Avec eux marche la barbarie dans toute son horreur. Constantin leur a permis de s'établir dans la Pannonie, où ils se sont fixés entre le Danube et la Drave. Ils ont bientôt repris leur course, traversé la Gaule pour aller au fond de l'Espagne méridionale, donner à la Bétique le nom d'Andalousie (*Vandalusia*). Leur pudicité est renommée, dit Salvien. En retour de cette seule vertu, combien d'instincts meurtriers! Ils brisent et détruisent toute chose sur leur chemin, arrachent les vignes et les arbres fruitiers, les oliviers principalement. Ils incendient les villes, témoin Mayence et Worms. La mémoire de leurs déprédations ne se perdra jamais. Leur nom deviendra proverbial. L'épithète de *Vandale* équivaudra à une injure : *Vandalisme* de la Bande noire. Entre l'Elbe et l'Oder, il reste encore quelques débris des peuplades vandales. Ils ont conservé sous la domination prussienne une quasi-nationalité; ils ont un roi de leur nation. Les ducs de Mecklembourg prennent le titre de *Prince des Vandales*.

Voici les Huns, modèles de l'affreux, aux physiques plus effroyables que tous les autres barbares. Cou épais, joues tailladées, visage noirci, ressemblant à une masse de chair informe percée de trous et non d'yeux. Ils vieillissent sans que leur barbe pousse. Leur voix est grêle, leur geste farouche. Ils mangent des racines d'herbes sauvages, des viandes à moitié crues, échauffées entre leurs cuisses ou sur le dos de leurs chevaux. Ils couvrent leur tête de bonnets de peau arqués, et garnissent leurs jambes velues de cuir de chevreau. Ils portent des vêtements de toile ou de peaux de rats des champs travaillées. Leur tunique de couleur est nouée à leur cou; ils ne la quittent ou ne la changent que quand depuis longtemps elle devient un haillon. Les Huns sont comme attachés sur leurs chevaux nerveux mais informes; souvent, assis dessus à la manière des femmes, ils vaquent au soin de leurs affaires accoutumées; plusieurs vendent et achètent, mangent et boivent, quelquefois même dorment inclinés sur le cou étroit de leur bête. Sans demeures fixes, sans maisons, sans lois, sans habitudes stables, errant çà et là, tels que des fugitifs, ils logent dans des chariots. C'est là que les femmes confectionnent les vêtements, cohabitent avec leurs maris, mettent au monde des enfants qu'elles nourrissent jusqu'à leur âge de puberté. Interrogé, nul d'entre eux ne peut indiquer d'où il sort, parce qu'il a été conçu, parce qu'il est né, parce qu'il a été élevé dans des lieux différents. Guerriers par nature, les Huns lancent la flèche, marchent sous un étendard de peau, on, en temps de paix, passent leurs journées à la chasse. Le moral, chez eux, vaut encore moins que le physique. Amour de l'or, perfidie, colère, caprices excessifs, ignorance profonde du bien et du mal. Ils n'ont pas de religion ni de superstition. Leur langage est obscur; ils ne connaissent pas l'art d'écrire. Leur vertu réside toute dans leur bonne foi. Les riches aiment généralement le luxe : Attila, cependant, ne mange que de la viande servie dans des plats de bois, tandis que ses convives boivent dans des coupes d'or et d'argent.

Ce *fléau de Dieu* a un camp pour capitale. A sa mort, on a vu les Huns le pleurer, non avec des lamentations et des larmes de femme, mais avec du sang d'homme : ils se sont découpé les joues. Après ces manifestations de douleur, on a célébré un grand festin mêlé de joie et de pleurs, et, pendant la nuit, secrètement, on a enterré le cadavre. Le cercueil était fait d'or d'abord, ensuite d'argent, de fer enfin. On a placé dessus les armes des ennemis prises des combats, des carquois ornés de pierres précieuses, des insignes de diverses espèces. Les ensevelisseurs, dit-on, ont été frappés de mort comme l'enseveli, afin que l'on pouvait ignorassent l'existence de tant de richesses. Deux Gépides ont chanté les exploits des anciens guerriers et déclamé une sorte d'oraison funèbre en l'honneur d'Attila, roi des Huns, engendré par son père Mundzuc, maître des nations les plus braves, etc.

Les Huns étaient partis des bords de la mer Caspienne, l'an 375 de notre ère.

Et les Goths, autres peuplades, aiment les migrations lointaines, inclinant à se rendre dans les provinces du Midi, se hâtent d'accourir. Violents, frappant de l'épée, comme les Huns, conduisant des chariots, faisant entendre le bruit de la corne, ils ont passé le Danube en qualité de soldats de l'empire, ils ont ravagé Rome et Carthage. Leurs richesses sont devenues immenses. Leur trésor comprend cent bassins pas remplis d'or, de perles et de diamants; soixante calices, quinze patènes, vingt coffres pour les Évangiles, tous en or ou pur et ornés de pierres précieuses; le *missorium* ou plat d'or fin, pesant cinq cents livres, valant plus de deux cent mille sous d'or; une table faite d'une seule émeraude, entourée de trois rangs de perles, soutenue par soixante-cinq pieds d'or massif incrusté de pierreries, estimée à cinq cent mille pièces d'or. Alaric a reçu des Romains vaincus cinq mille livres d'or, trente mille livres d'argent, quatre mille tuniques de soie, trois mille peaux de couleur écarlate, et une masse de poivre équivalente à trois mille livres. La force guerrière des Goths ne l'emporte pas sur leur richesse et leur luxe, au temps de leur venue en Gaule. Alaric meurt; ses funérailles ressemblent à celles du Hun Attila. Son cadavre est déposé dans le lit d'une rivière mise à sec : près de lui un grand nombre d'objets précieux choisis parmi les dépouilles de Rome. Ils font ensuite rentrer la rivière dans son lit, et les esclaves qui ont enseveli le chef sont tués à mort pour qu'on ne sache pas où Alaric est enterré, pour qu'on n'aille pas insulter ses restes. Convertis de bonne heure au christianisme, puis ayant adopté principalement les doctrines d'Arius, les Goths se sont adoucis au contact des Romains. Fourbes, mais chastes, ils paraissent dignes de leurs chefs descendants des *Ases* ou demi-dieux, ou de la race des *Balti*, dont sort Alaric. D'après un ancien usage, leurs vieillards s'assemblent à leur er du soleil, conservant le feu de la jeunesse sous les glaces de l'âge. La toile qui couvre les corps décrépits de ces vieillards est dégoûtante à voir : ils sont vêtus de peaux qui leur descendent à peine au-dessus du genou; ils ont aux pieds des petites bottes de cuir de cheval, attachées par un nœud au milieu de la jambe. Il serait bon de connaître en détail les mœurs privées de tous ces Goths, dont la présence dans le pays des Gallo-Romains a amené de si grandes transformations. Par malheur, nous ne savons que les actions publiques de Théodorik. « Avant le jour, dit Sidoine Apollinaire, le chef va, avec une suite peu nombreuse, visiter ses prêtres. En réalité, ces démonstrations de respect tiennent plus à l'habitude qu'à la piété. Il s'occupe du gouvernement pendant le reste de la matinée. Autour du siège royal se tiennent debout des officiers armés. Les chefs prennent part au conseil; mais, trop bruyants, ils se mettent à l'écart, le bourdonnement à l'aise entre les voiles de la salle et une barrière extérieure. Dans l'intérieur, pénètrent les députés des différents peuples. Le roi écoute autant que l'on veut, répond en peu de mots. S'il se présente une affaire à discuter, il ajourne; il décide sur-le-champ en cas d'urgence. Vers la deuxième heure (huit heures), descendant de son trône, il inspecte ses chevaux, ses écuries. S'il va chasser, il dédaigne d'endosser l'arc : sa dignité en souffrirait; mais à la vue de la proie il met la main en arrière et y place aussitôt un arc débandé, que le roi tend lui-même. Souvent, au moment de tirer, il demande à quelqu'un de lui désigner ce qu'il doit frapper; on lui montre la proie à abattre : il l'abat. Pour ce qui est des repas, ceux des six jours de la semaine ressemblent entièrement à ceux d'un simple particulier. La table ne fléchit pas sous l'argenterie massive; on discourt gravement. Les garnitures et les draperies des lits de repas sont en pourpre ou en coton. Là se réunissent l'élégance grecque, l'abondance gauloise et la promptitude italienne; pompe publique, soins privés et discipline royale. Les repas du dimanche ont une magnificence sans pareille. Après le dîner, le roi fait ou ne fait pas son somme méridien, toujours de courte durée. Au jeu de dés, il cherche à vaincre, comme à la guerre. Vers la neuvième heure (trois heures), recommencent les fatigues de la royauté. Les flots de demandeurs et de défendeurs arrivent : partout des procès, dont le tumulte se prolonge jusqu'au soir, s'apaise à l'approche du souper royal et se brise entre les divers patrons des plaideurs, jusqu'au moment où les gardes nocturnes s'établissent. Au souper, les mimes bouffons sont admis, rarement toutefois. Jamais l'orgue hydraulique ne se fait entendre; jamais des voix enflées par le phonasque n'entonnent un poème; jamais ne peuvent chanter des lyristes, des coraules, des méso-choristes, des joueuses de tympan ou de psaltère. Le roi n'aime que les chants faits pour exciter le courage autant que pour charmer l'oreille. Dès qu'il s'est levé de table, les gardes de nuit veillent aux trésors et aux entrées du palais royal pendant tout le temps du premier sommeil. A Toulouse, dont les rois goths habitent ordinairement le palais, une cour considérable s'est formée. Il y a le comte des trésors, le comte des *spathaires*, chef des gardes armés de larges épées; le comte des notaires, président à la rédaction des lettres et actes officiels du roi; le comte de l'écurie ou des haras, connétable; le comte de la chambre, grand chambellan; le comte du patrimoine, intendant des biens-fonds du roi, et le comte des échansons. »

Au reste, en trois grandes masses se divisent les Goths : en Gépides, au nord; en Wisigoths, à l'ouest; en Ostrogoths, à l'est. Les premiers, dont le nom, assure-t-on, veut dire *traînards* ou *paresseux*, se fixent sur les revers des monts Carpathes et n'ont que peu ou point de relations avec les Gallo-Romains. Les deuxièmes, au contraire, se mêlent aux populations de la Gaule, où ils fondent plus tard la *Marche* ou *duché de Septimanie* ou *de Gothie*. Les troisièmes paraissent surtout en Italie et s'établissent en Pannonie. Tous ont entre eux de grandes ressemblances. Ce que l'on dit du Goth en général peut presque toujours s'appliquer au Wisigoth ou à l'Ostrogoth. Celui-ci, le moins bien connu; il a passé de Toscane en Gaule pour s'y fixer; homme de guerre, il est incapable d'obéir à des lois, il est d'une barbarie indisciplinable; ses richesses étonnent. Aux noces d'Ataulf et de Placidie, célébrées à Narbonne en janvier 413, on trouve, parmi les divers présents que le roi wisigoth offre à la fille de l'empereur Théodose, cinquante jeunes garçons habillés de soie, portant chacun un disque dans chaque main, l'un rempli de pièces d'or, l'autre rempli de pierres précieuses d'un prix extraordinaire; des chanteurs entonnent un épithalame, et des jeux terminent la cérémonie. Ataulf, couvert de la toge, est entièrement vêtu à la romaine. Le lieu où se célèbre le mariage est aussi décoré à la romaine. Le Wisigoth semble continuer le Gallo-Romain : de là son influence. Plus tard, sous le roi Euric, sa prépondérance augmente, parce qu'il a reçu des lois écrites, réunies en un seul corps et portant le nom de *code des Wisigoths*; parce que ce code suit la loi romaine pour tout ce qui concerne les affranchissements, les donations, les testaments, la tutelle des mineurs, les successions, et punit de mort le meurtrier. Les délits de rapt devenant fréquents, la loi wisigothe se montre sévère sous ce rapport. Le ravisseur d'une femme ou d'une fille qui n'en a point abusé, est puni de la moitié de la perte de ses biens, au profit de sa prisonnière; s'il en a abusé, il reçoit d'abord deux cents coups de fouet, puis il devient l'esclave de sa prisonnière, à laquelle ses biens appartiennent. Celle-ci ne peut jamais l'épouser, sous peine de mort pour elle et pour son ravisseur. On peut tuer ce dernier sans crainte de châtiment, et le frère qui consent au rapt de sa sœur est autant puni que le coupable lui-même : viol et rapt sont placés sur la même ligne; mais l'adultère encourt des peines plus rigoureuses encore. Tous ceux que le criminel a offensés peuvent intervenir dans son châtiment. L'époux ou le fiancé peut le tuer, lui et son complice; le père, le frère et l'oncle de la femme ont droit de retenir l'homme comme esclave, s'il a été surpris chez eux. Ces lois personnelles, ces lois pénales prouvent chez les Wisigoths une organisation sociale avancée. Ce qui, dans leur code, se rapporte à la propriété, offre, comme l'ont observé plusieurs historiens, quelques curieux vestiges du partage des terres entre les conquérants et les Gallo-Romains. L'hospitalité, toutefois, a des droits sacrés : tout voyageur en passant a la faculté d'entrer dans les pâturages non clos, d'y faire paître ses bêtes de somme, d'y couper de la ramée pour ses bœufs, d'y allumer du feu pour se chauffer ou cuire ses aliments; il peut, au besoin, prolonger cette halte pendant deux jours. Le patronage du puissant sur le pauvre existe; on s'attache un homme libre comme serviteur ou compagnon d'armes; mais le serviteur a droit, quand cela lui plaît, de prendre un autre patron, pourvu qu'il rende au premier les armes ou les terres qu'il en a reçues, et, après sa mort, son fils continue ou abandonne le service; s'il reste sous la tutelle du patron. Adoptant enfin pour la culture les usages romains, protégeant les ouvriers habiles à travailler les métaux précieux, les Wisigoths acceptent la civilisation méridionale de la Gaule. Quant aux formes judiciaires employées par eux, nous ne savons rien ou presque rien; seulement, le juge ne peut jamais prononcer que sur des cas déterminés par la loi; les cas non prévus sont soumis au roi et jugés par lui d'une façon réglementaire et telle, que ses décisions deviennent obligatoires dans l'avenir. Un Wisigoth perd sa cause, quelque juste qu'elle soit, s'il l'a recommandée à un homme puissant. C'est dans les mains des comtes que réside le pouvoir judiciaire.

Aussi accessibles au progrès civilisateur que les Wisigoths, les Burgundes, de race vandale, ont quitté la Lusace et la Thuringe, passé le Rhin, avec permission de l'empereur Honorius, et étendu leurs quartiers des bords du lac de Genève jusqu'au voisinage de la Moselle avec le Rhin. Leur caractère est d'une douceur remarquable. Leur énergique valeur ne les a point abandonnés. A leur vue, l'effroi, l'admiration saisit le Gallo-Romain. Leur taille commune s'élève à cinq pieds dix pouces (sept pieds romains). Ils n'ont pas la brutalité des autres peuples barbares. Leurs lois et leurs mœurs ressemblent à celles des Germains. Pour commander, ils élisent un chef parmi les familles notables, et le révoquent à leur volonté. C'est le *hendin*. Mais leur soumission au *sinist*, ou grand prêtre, l'emporte encore sur leur obéissance au *hendin*, responsable de tous les accidents : revers à la guerre, récolte malheureuse, intempérie même des saisons. Le *sinist* exerce un pouvoir absolu et inamovible. La nation des Burgundes se compose de guerriers et d'ouvriers charpentiers, gagnant à leur métier de quoi se nourrir. Voilà leur vie avant de passer le Rhin. Déjà, à cette époque, ils ont embrassé le christianisme. Ils se mêlent plus que les autres peuples aux Gallo-Romains, et ne prohibent pas les mariages entre les vainqueurs et les vaincus. Cependant, ils ont en haine bien des institutions introduites par les Romains; ils abolissent les titres de ducs et de comtes, et ne vivent point avec les Gallo-Romains sur un pied d'égalité parfaite. Un siècle après leur apparition en Gaule, un recueil des lois bourguignonnes paraît (vers 500).

Ces barbares Burgundes, de même que les Visigoths, se mettent bientôt à la hauteur de la civilisation gallo-romaine. Chez ces deux peuples, néanmoins, le progrès intellectuel marche lentement. A peine quelques personnages éminents, philosophes ou littérateurs, ouvrent la marche.

Enfin, et par là nous terminerons le tableau des invasions barbares, on vit pénétrer jusqu'à Langres le Quade, le Sarmate, l'Hérule, le Saxon, l'Aleman, le Suève, le Lygien, etc. Les pieds de leurs chevaux foulèrent le sol gaulois et le sol germanique. Ils y laissèrent peu de traces, mais ils contribuèrent à la perturbation générale. Leur présence devint un malheur public. Autant d'irruptions, autant d'époques néfastes.

Mort de Chlodéric.

Suivaient la misère, les famines, les pillages. Lorsque les barbares exerçaient sur la population une véritable influence, c'était en restant au milieu d'elle. Ceux qui ne se fixaient pas, ne fondaient aucun ordre de choses. Tels que des animaux furieux, ils s'élançaient hors de leurs demeures, pour tout ravager sur leur passage, et revenir ensuite aux lieux d'où ils étaient sortis.

II.
Mœurs des Franks avant la conquête.

Aux Franks tout l'honneur d'une conquête féconde en résultats. Il y avait, au nord de la Gaule, au coin nord-ouest de l'Europe, un pays dont la végétation était vigoureuse, que couvraient d'épaisses forêts, notamment celle dite *Carbonaria*. Le Rhin, traversant ce pays pour s'unir à la Meuse, se jette dans la Merwe. De nombreuses alluvions tantôt le fécondent, tantôt le détruisent par portions. Le soleil l'échauffe assez pour qu'il produise abondamment, mais il ne le gerce pas. Les Vosges d'un côté, de l'autre côté la mer, lui conservent sa fraîcheur. Les habitants de ce pays sont nerveux, grands et un peu mous. Leurs cheveux sont blonds et abondants; leurs yeux, d'un gris foncé, sont doux et ouverts; leur physionomie accuse de l'intelligence. Ils ont besoin de mouvement, de voyages, de guerres, d'expéditions commerciales.

Là s'assemblait la *fédération des Franks*, au milieu du cinquième siècle. Elle se recrutait partout, soit en Germanie, soit au delà de la mer du Nord. Cette agrégation de Barbares, que l'on ne saurait appeler peuple, faisait cause commune avec les Bructères, les Cattes, les Attuarii, les Sicambres, les Chauques, les Ansibariens, les Chérusques et les Chamaves.

Franci, c'est-à-dire libres, ont écrit la plupart des historiens. Mais Nicolas Fréret l'a remarqué, cette signification, étrangère aux langues du nord, est moderne pour elles; on ne trouve rien qui s'y rapporte dans les documents originaux des quatrième, cinquième et sixième siècles. *Frek, frak, frenk, frank, vrang*, selon les différents dialectes germaniques, répond au mot latin *ferox*, dont il a tous les sens favorables et défavorables, fier, intrépide, orgueilleux, cruel. Au reste, il n'y a pas, philosophiquement parlant, une grande différence entre la première étymologie et la seconde. De la fierté, de l'intrépidité, de l'orgueil, naît l'amour de l'indépendance qui chez les Franks dominait tout autre sentiment. Mais à quoi bon se perdre dans les origines de mot? Que de dissertations on a faites! Un écrivain allemand prétend que le nom de Frank vient du mot *framée*, *framja*, *franke*, en latin *framea*. Adoptons préférablement l'explication de Fréret.

Les Franks paraissent pour la première fois dans l'histoire vers l'an 240 de Jésus-Christ. A cette époque, ils essayèrent de se répandre dans toute la Gaule. Aurélianus, tribun de la sixième légion romaine, les en empêcha, et en tua beaucoup aux environs de Lyon. Aussi les soldats de l'empire, qui allaient, vers le même temps, combattre les Perses, chantaient ce refrain militaire :

> Nous avons tué souvent et souvent mille Franks et mille Sarmates;
> Nous cherchons mille, mille, mille, mille, mille Perses.

Mais les Franks connaissaient maintenant les Romains. Presque tous les empereurs eurent affaire à ces Barbares, dans différentes époques. Galianus et Posthumius, ayant remporté sur eux de grandes victoires, furent surnommés, l'un *Germanicus Maximus*, l'autre *Restaurator Galliæ*. Malgré cela, sous l'empereur Tacite, à en croire Zonare, les Franks possédaient soixante-dix villes en Gaule. Des corps franks, appelés *limitanei*, *riparii*, avaient obtenu la permission de s'établir sur les rives du Rhin, à condition qu'ils défendraient les frontières de la Gaule contre les Barbares; d'autres corps franks, appelés *læti*, lètes, ex-soldats des Romains, avaient reçu des terres à

Chramme est brûlé dans une chaumière avec sa famille.

cultiver, dans l'intérieur et plus encore dans le nord de la Gaule : ils étaient, selon l'heureuse expression de Sismondi, des *vétérans barbares*. D'autres, que l'histoire nomme *Franci*, Francs, en général, avaient traversé la Gaule et l'Espagne, jusqu'en Mauritanie (254). Ceux-là, Probus les avait battus deux fois sur le Rhin en 277. Il avait donné des terres à quelques-uns d'entre eux; il en avait exilé d'autres, et en avait exporté jusque dans le Pont. La puissance des Franks ne cessait d'augmenter (287). Carausius, Ménapien, né près d'Anvers, chargé par Rome de détruire les Germains qui dévastaient la côte septentrionale, était parti de Boulogne, avait fait un immense butin dont il avait pris sa part. Partager avec les Romains! Maximien ordonna de le tuer. Mais Carausius, fort et énergique, s'allia aux Franks d'au delà du Rhin, aux Franks de la Batavie, que les Romains combattaient (288), prit Boulogne et plusieurs villes de la côte, et aborda dans Albion, où il se fit proclamer empereur. Alors Maximien traita avec les Franks des bords du Rhin, ayant pour chefs Genobaud et Areth; il fit une convention peu honorable pour Rome avec eux : son but principal était de marcher contre Carausius. Il leur rendit, assure Eumène, les terres voisines de Trèves et du pays des Nerviens. Il alla avec une flotte attaquer Carausius; mais il fut battu (289). Forcé de le reconnaître pour empereur, il renonça à ses prétentions sur Albion. Une médaille, frappée à cette occasion, porta cette légende : *Pax Auggg., la paix des trois Augustes*, Dioclétien et Maximien d'une part, Carausius de l'autre. La paix cessa entre Rome et Carausius, lorsque Constance Chlore vint en Gaule. Celui-ci assiégea et prit Boulogne, et repoussa les Franks des contrées correspondant à la Flandre, à la Zélande, au Brabant et à la Gueldre (293). Il ne resta pas plus d'une année en possession de ce territoire; il repartit emmenant avec lui des hommes et des bœufs pour cultiver les terres. Ainsi des barbares se trouvaient, par le fait, établis au cœur même de la Gaule, aux environs d'Amiens et de Beauvais.

Un corps de Franks figura dans la nouvelle expédition que fit Constance contre Allectus, qui avait succédé à Carausius vers l'année 294; bien certainement l'empereur s'en servit pour repeupler le sol gaulois. Constantin commença son règne (306 ou 307) en poursuivant les Franks de la Batavie et tous ceux qui habitaient en deçà du Rhin. Ascarie et Gaiso, deux de leurs chefs, furent livrés aux bêtes féroces dans Trèves. Constantin marcha plusieurs fois contre les Franks, et exerça sur eux d'atroces cruautés. En 313, ces derniers rentrèrent dans la seconde Germanie, aujourd'hui Belgique; Constantin, qui était retourné en Italie, accourut bien vite, descendit le Rhin et les massacra, ne gardant que quelques prisonniers destinés aux bêtes. En 337, nouveaux troubles dans l'empire : voici encore les Franks qui paraissent au delà du Rhin. Les Chamaves enfin furent repoussés par Julien (358), et les Saliens se soumirent à l'empire. De ces combats, de ces invasions, il résulta que les empereurs ne regardèrent point les Franks et les Germains comme des guerriers ordinaires. « Écoutez-moi, dit un jour Julien à ses soldats, écoutez-moi, car les Franks et les Germains m'ont écouté. » Les Gallo-Romains en avaient peur. *Terror Francorum*, terreur des Franks, dit Grégoire de Tours; et, selon Zozime et Orose, une prophétie répandue dans la Gaule annonçait leur triomphe prochain. Libanius dit en parlant des Franks : « Ces peuples ont reçu de nous des gouverneurs à titre d'inspecteurs de leurs affaires. »

Mais les Franks ne s'étaient point ébranlés pendant les grandes invasions des Goths, des Burgundes, des Vandales et des Huns. Leur instinct, ne disons pas leur politique, leur conseillait d'attendre les événements, et de recevoir préalablement ce que les Romains voulaient bien leur donner en échange de services rendus à l'empire, des titres, des honneurs et des terres. Ils prenaient peu à peu connaissance du sol et des mœurs de la Gaule. Imprévoyants, au contraire, pressés de toutes parts, n'ayant plus assez de soldats pour maintenir ferme et imposante leur domination dans le pays qu'avait conquis César, les Romains voyaient la Gaule leur échapper. Elle avait été démembrée par les incursions des hordes barbares. Succéder aux armées de l'empire, ce n'était point un rêve pour les Franks : ils ne voulaient point envahir, mais conquérir, et s'établir dans une contrée encore plus fertile que la leur. Le moment était arrivé, au cinquième siècle, car les Gaulois se plaignaient du régime municipal romain, à cause des abus qui se glissaient partout dans l'administration. Salvien nous l'a appris. Un nombre quelconque de Gallo-Romains mécontents dut passer chez les Franks, qui parlaient ou au

moins entendaient la langue latine, et dont le chef, Chilpéric, possédait un sceau en latin. L'état misérable des Gaulois explique bien aussi pourquoi ils désiraient la venue des Franks, dont les exploits retentissaient, que les Romains eux-mêmes signalaient indirectement à l'admiration de tous.

Ils étaient, ces conquérants, les plus civilisés d'entre les barbares, non une peuplade aveugle, effrénée. Veut-on connaître le portrait physique d'un Frank ? Le voici : taille haute, peau très-blanche, yeux bleus, voix terrible; son visage, dit Sidoine Apollinaire, est tout rasé, à l'exception de la lèvre supérieure, où il laisse croître deux petites moustaches; ses cheveux, coupés par derrière, longs par devant, sont d'un blond admirable; son habit est si court qu'il ne lui couvre point le genou, si serré qu'il laisse voir toute la forme de son corps. Il porte une large ceinture où pend une épée lourde, mais extrêmement tranchante... Il a une *franciske*, hache à un ou deux tranchants, dont le fer est épais et acéré, dont le manche est très-court; il a un *hang*, ou pique d'une moyenne longueur; la pointe de ce dernier est forte, armée de plusieurs barbes ou crochets tranchants et recourbés comme des hameçons. Des lames de fer en recouvrent le bois, de façon qu'il ne puisse être brisé ni entamé à coups d'épée. Quand on a fixé le *hang* au travers d'un bouclier, les crocs qui le garnissent en rendent l'extraction impossible : il reste suspendu, balayant la terre par son extrémité. Alors, le Frank qui l'a jeté s'élance, et posant le pied sur le javelot, appuie de tout le poids de son corps, et force l'adversaire à baisser le bras et à se dégarnir ainsi la tête et la poitrine. Parfois il attache le hang au bout d'une corde, et s'en sert comme d'un harpon : pendant qu'un guerrier lance le trait, son compagnon tient la corde; puis tous deux joignent leurs efforts, soit pour désarmer leur ennemi, soit pour l'attirer lui-même par son vêtement ou son armure. Dans son adresse singulière, le Frank sait toujours frapper où il vise; dans sa prodigieuse légèreté, il tombe sur son adversaire aussi promptement que la flèche qu'il a décochée; dans son intrépidité extrême, rien ne l'étonne, ni le nombre des ennemis, ni le désavantage des lieux, ni la mort même avec toutes ses horreurs. Il

Charlemagne en costume impérial.

peut perdre la vie, mais il ne perdra jamais courage. Souvent un réseau d'or ou un cercle de cuivre retient sa chevelure, lorsqu'il la laisse croître; souvent il se couvre à demi de la dépouille des bêtes féroces. Il boit l'hydromel, il mange le porc et l'*urus*, espèce de bœuf sauvage. Ses festins sont entremêlés de danses qui ressemblent à celles des Scythes; quelquefois il s'exerce à sauter demi-nu au milieu des lances et des épées, assure Tacite, ou bien il forme des cercles en marquant la cadence, et en accompagnant de sa voix le bruit des instruments. Avant de combattre, dit encore Tacite, il se teint les cheveux avec de la couleur rouge. La femme franke échappe davantage à notre pinceau. Les historiens n'en tracent pas de portrait en détail ; mais avec les récits de plusieurs d'entre eux, on peut l'esquisser ainsi : c'est une forte femme du Nord, portant une robe longue et noire; bras nu, sein découvert. Elle couronne son front de genêt fleuri. Son regard, parfois farouche, accuse chez elle une vigueur toute masculine; aussi lui arrive-t-il de paraître dans les mêlées. Pensant qu'il y a en elle quelque chose de saint et d'inspiré, son mari ne dédaigne pas de la consulter avant de combattre. Le combat terminé, la femme franke chante comme les hommes des *bardits* en l'honneur des morts, que l'on enterre avec leurs armes, en formant au-dessus de la fosse une espèce de pyramide. Le jeune guerrier, à peine échappé des bras de sa mère, porte au bras un anneau de fer qu'il ne quitte qu'après la rançon du brave, c'est-à-dire après avoir fait une belle action. La femme franke ne craint pas de compter, de sucer les blessures des combattants. Il y a plus : bien des armées frankes, ébranlées et mises en déroute, ont revolé à la victoire, grâce aux femmes qui se sont jetées au devant des fuyards. Toutes les peuplades germaines se ressemblent sur ce point.

Celles qui composent la confédération des Franks, quoique assez avancées en civilisation, ne possèdent néanmoins ni cavalerie, ni machines de guerre : il paraît que la garde du chef a seule des chevaux. Pas de bottines de fer, pas de cuirasses. Courir les aventures, agrandir leur pays, et, ce qui est plus probable encore, chercher du butin ailleurs pour le rapporter dans leurs marais, ainsi se résument les habitudes guerrières des Franks. Ils sont habiles navigateurs, dit Claudien, habiles nageurs, dit Sidoine Apollinaire. Au lieu de craindre l'approche des animaux dévorants, ils les bravent, ils les provoquent. Sont-ils exposés aux bêtes devant les empereurs, comme la plupart des autres barbares? ils expirent en souffrant plus encore des outrages de leurs vainqueurs que des morsures des animaux et des tortures de l'agonie. Leur courage plus que leur nombre les rend redoutables ; l'intempérie des saisons ne les arrête ni sur terre ni sur mer. Ils craignent la paix ; le repos, pour eux, ressemble à l'esclavage. Comme la victoire les électrise ! comme ils se relèvent vite d'une défaite ! Les ennemis ont à peine le temps de déposer leur casque. Au reste, en rase campagne leur faiblesse est notoire. Quand ils ont dû résister à Julien, ils ont fait preuve d'une certaine tactique militaire : ils se sont réfugiés dans deux forts voisins du Rhin, où ils se sont tenus pendant deux mois. Ensuite, ils se sont rendus. Premiers prisonniers faits sur la fédération franque, toujours fidèle à la devise : *Vaincre ou mourir*. On remarque que les Franks incorporés dans les troupes romaines sont regardés comme des *remparts inexpugnables*. La confédération est peu nombreuse ; et quand les historiens des premiers temps parlent de trois cent mille hommes, ou à peu près, *tués aux Franks*, cela doit s'entendre de plusieurs tribus barbares.

Peuplades mixtes, les Franks ont un idiome dont on se sert encore dans le pays. Quelques-uns d'entre eux parlent le latin rustique en usage chez les soldats romains. Un paganisme tiède et rêveur les rapproche certainement plus de la religion chrétienne que de l'hérésie des ariens. Ils peuvent être aisément convertis par les évêques. Leur religion, toutefois, manque de règles bien certaines : ils sont disposés à accepter un dogme. Au lieu de prier dans un temple, ils vont contempler la nature, se livrer à des rêves, à des extases, à de saintes terreurs. Ils suspendent à un arbre leurs trophées de victoire, armes et colliers d'or. Tout voyageur trouve pour son usage, près d'une fontaine, des coupes d'airain. De douces superstitions impriment un caractère poétique aux idées et aux sentiments des Francks. Ils n'osent, la lune étant à son déclin, tenter une entreprise. S'ils n'ont pas d'enfants, ils s'efforcent de transmettre leurs noms à la postérité en les gravant sur un rocher. Respect à la vierge qui dort sous un chêne, et que sa beauté n'appelle pas les outrages ! Jamais de profanation impunie, qu'elle s'adresse à des idoles, à des arbres, à des pierres, à des sources ou à des animaux sacrés. Influence des femmes inspirées, des prophétesses renfermées dans leurs grottes souterraines. Influence des prêtres et des magiciens, qui jettent des sorts, guérissent les maladies, accomplissent des prodiges avec des paroles mystérieuses. L'imagination se représente comme récompense les jouissances éternelles du paradis, du Walhalla. Pour fêter les dieux supérieurs ou secondaires, de grandes fêtes ont lieu trois fois l'année, et, à certaines époques plus rapprochées, des cérémonies religieuses inspirent aux croyants l'esprit d'humilité et d'adoration.

Dans ses relations civiles, dans ses rapports domestiques, le Frank prouve sa supériorité sur les autres Germains. Il évite de loger dans des villes, vit en famille, là où les bonnes mœurs valent mieux que les bonnes lois ailleurs. Le père protége ses proches, qui se soumettent à sa *main-bournie ;* il ressemble à un patriarche. Ce n'est pas la femme qui apporte une dot au mari, c'est le mari qui apporte une dot à la femme. En revanche, celle-ci lui donne quelques armes. Elle apprend ainsi qu'elle vient, au moyen du mariage, partager les travaux et les dangers de son époux. Les fils, étant, non sous le pouvoir, mais sous la tutelle de leurs pères, leur succèdent forcément, car ces derniers ne peuvent par eux-mêmes instituer aucun héritier : Dieu seul, dit-on, peut faire héritier, l'homme jamais. Il plaît aux enfants de concevoir autant de haines que les amitiés de leur père ou de leur parent. Ces haines, vivaces, énergiques, bouillantes, s'éteignent généralement par la composition ou *wehrgeld*, que l'on retrouve aussi en vigueur chez d'autres peuples.

En quoi consiste donc le *werhgeld* dans la confédération des Franks? A payer en argent une indemnité pour le crime qu'on a commis. Toute la confédération franke a une haute opinion d'elle-même et se croit appelée à de grandes destinées. Que dit-elle dans le prologue de la loi salique? Elle se peint ainsi : « La nation des Franks, illustre, ayant Dieu pour fondateur, forte sous les armes, ferme dans les traités de paix, profonde en conseil, noble et saine de corps, d'une blancheur et d'une beauté singulière, hardie, agile et rude au combat, depuis peu convertie à la foi catholique, » etc. On sent dans ces paroles que les Franks ont conscience de leur force. En effet, que sont près d'eux les autres barbares? La Gaule ne sera-t-elle pas absorbée par les populations du Rhin? Suivons leur histoire intérieure avant et après la conquête.

III.

Histoire des Franks jusqu'à l'invasion. — Clodion. — Mérovée.

Remontant aux premiers temps de la fédération franke, racontons son histoire politique jusqu'à l'époque d'invasion. Nous avons montré ses rapports avec les Gallo-Romains, dont nous avons aussi esquissé la biographie. Nous connaîtrons, après le récit qui va suivre, les deux peuples rivaux, les vainqueurs et les vaincus. L'œuvre de leur mixtion n'échappera pas à notre esprit.

Plusieurs chefs franks, aux époques les plus lointaines, sont inconnus et ne mériteraient pas sans doute de fixer l'attention de l'historien. Le premier d'entre eux pour nous, le premier dont les actes soient rapportés, c'est Hlodio ou Clodion, dit *Crinitus*, le Chevelu, selon Grégoire de Tours et d'autres écrivains du cinquième siècle : son nom signifie célèbre, d'après les racines de l'ancien idiome tudesque. Il fut élevé sur le bouclier en 428 et proclamé par les Franks chef de la fédération. Homme puissant dans sa tribu. De qui était-il fils? Descendait-il, ou non, de Faramund, fils de Markomir? Aucune certitude. Clodion habitait le château de *Dispargum* (Duysberg, près de Louvain). De là il envoya explorer le pays jusqu'à la ville de Cambrai : puis, tout étant examiné, il suivit lui-même ses émissaires, entra dans la forêt Charbonnière près de Tournai, battit les Romains qu'il rencontra sur son passage et s'empara de Cambrai, où il ne séjourna que peu. Il s'avança ensuite, à la tête d'une forte bande, jusqu'à la rivière de Somme, environ l'an 445. Cet échec éprouvé par les Romains, près de la forêt Charbonnière, aiguisa leur haine contre Clodion ; ils le pourchassèrent avec une barbare opiniâtreté. Sous Mérowig ou Mérovée, fils de Clodion, Metz est brûlée, Trèves détruite ; les Franks pénètrent jusqu'à Orléans. Les chroniques ne disent rien de plus.

IV.

Clovis.

Clodion et Mérovée avaient agi de concert avec les Romains, seulement en ce qui pouvait servir les intérêts de la confédération franke. Hildéric Ier ou Childéric Ier chercha à les imiter dans leurs mœurs corrompues. Il avait leurs goûts ; fils et successeur de Mérovée (458), il avait fréquenté les Romains dès son enfance, quand ils marchaient contre Attila. Un détachement de l'armée des Huns l'avait enlevé, lui et sa mère, mais il avait été délivré par un Frank, Guiomar. Childéric, passionné pour les femmes, oubliant qu'on ne lui pardonnerait pas des actes tyranniques, abusa des jeunes filles, viola des vierges libres. Ses compagnons, irrités, le détrônèrent ; ils avaient d'abord voulu le tuer, mais ils se contentèrent de le chasser ignominieusement. Ils lui cherchèrent un successeur parmi les Romains, parmi ceux qui les avaient battus sous Clodion et auxquels ils s'étaient unis contre Attila sous Mérovée. Ils élurent le patrice Ægidius, commandant pour les empereurs dans la Gaule : choix dû à l'influence de Guiomar, « homme cher à Childéric, homme aux mielleuses paroles, » et qui, usant d'une politique tortueuse, sut, par ses conseils, pousser le nouveau chef à accomplir des actes odieux et compromettants.

Quoi de plus curieux à connaître que les manœuvres de l'homme cher à Childéric ! Il donna au chef déchu la moitié d'une pièce d'or coupée en deux, et lui dit : « Fuyez en Thuringe, cachez-vous là quelque temps. Si je puis vous apaiser les Franks, je vous enverrai pour signal cette moitié d'écu, et le ne puis, n'importe où vous irez, faites-moi savoir votre route. Plus tard, quand je l'aurai pu, je vous enverrai cette moitié d'écu, et les deux parties réunies ne feront qu'une. Vous regagnerez alors votre patrie en toute sûreté. »

Voici comment agit Guiomar pour parvenir à ses fins. Selon son avis, Ægidius imposa aux Franks un tribut quelconque qu'ils payèrent. Peu de temps après, le rusé conseiller dit à Ægidius : « Ce peuple que vous m'avez donné à diriger est très-dur ; il est peu riche [?], il est plein d'orgueil ; frappez-le d'une contribution de trois *solidi*. » Les Franks payèrent encore. « Mieux vaut, pensèrent-ils, payer le tribut de trois *solidi* que de supporter, sous Childéric, une existence très-douloureuse. » Guiomar, continuant son rôle, donna à Ægidius ce nouveau conseil : « Les Franks ne cessent de vous être rebelles ; si vous n'en faites pas étrangler plusieurs, vous n'apaiserez pas leur orgueil. » Cela dit, Guiomar choisit parmi la fédération une centaine d'hommes inutiles et les mena vers Ægidius qui, toujours d'après les conseils du perfide, les fit tuer immédiatement.

Ce n'était pas l'œuvre d'un jour de la perfidie de Guiomar.

Pour achever son œuvre, il s'adressa en secret aux Franks, qui l'interrogeaient sur ce qu'ils devaient faire. « Ne vous rappelez-vous pas, leur dit-il, de quelle manière les Romains oppresseurs vous ont rejetés de votre pays? Vous, vous avez renvoyé un homme brave, et vous avez élevé au-dessus de vous cet Ægidius, ce soldat de l'empereur, un homme cruel, colère et orgueilleux. Vous avez fait cela sans réflexion, vous n'avez pas bien agi. » Les Franks répondirent : « Il était sans frein pour abuser de nos filles. Nous avons regret d'avoir fait cela contre notre roi. — Eh bien ! reprit Guiomar, n'avez-vous pas assez des tributs que vous payez? Combien de temps voulez-vous supporter la douleur de voir étrangler ainsi vos parents ? » Et les Franks, à l'unanimité, s'écrièrent : « Si nous pouvions retrouver quelque part Childéric, nous le recevrions volontiers parmi nous comme chef : peut-être nous délivrerait-il lui-même des maux que nous souffrons. » D'un autre côté, Guiomar s'en alla vers Ægidius, et lui dit : « La fédération entière est soumise à vos lois. » Puis il envoya à Childéric la moitié de l'écu, ainsi qu'il avait été convenu entre eux. Childéric vint livrer bataille à Ægidius, le défit entièrement, et reprit sa puissance après huit années d'exil.

Mais le malheur n'avait pas guéri le chef frank de sa passion pour les femmes. Il avait séduit Basine, épouse du roi de Thuringe, son hôte et son ami. A peine eut-il quitté le pays hospitalier, que Basine arriva chez les Franks, se dirigea vers son amant, et lui dit : « J'ai connu tes avantages, parce que tu es certainement brave ; c'est pourquoi je suis venue habiter avec toi ; car si j'avais connu un homme plus remarquable que toi au delà des mers, je l'aurais été chercher. » Basine, sans doute, était belle, spirituelle, séduisante. Childéric ne sut pas résister à la Thuringienne. Il l'épousa. Barbare façon d'agir, dont le roi de Thuringe et les siens se plaignirent fort, mais dont les Franks ne s'émurent que médiocrement. Égoïstes, cela les rassurait pour eux-mêmes dans l'avenir : leurs filles ne devaient plus être séduites.

De Grégoire de Tours nous vient ce récit. Un fait moins vraisemblable, et qui a tout l'air d'être une fable imaginée en l'honneur du grand Clovis Ier, mérite encore d'être rapporté ici. Il comptera parmi les fables primitives de notre histoire.

Basine, la première nuit de ses noces, dit à son mari : « Abstenons-nous cette nuit de l'œuvre de chair. Lève-toi en secret, et ce que tu auras vu dans cour du palais, reviens le dire à ta servante. » Childéric se leva ; il crut voir un lion, une licorne et un léopard, qui se promenaient. Il conta à sa femme ce qu'il avait vu. Celle-ci reprit : « Mon maître, sors de nouveau, et ce que tu auras vu, reviens le dire à ta servante. » Childéric sortit et crut voir des ours et des loups qui se promenaient. Il redit tout cela à Basine, qui l'engagea à sortir une troisième fois, pour lui rapporter ce qu'il aurait vu. Childéric sortit pour la troisième fois, et crut voir des bêtes plus petites, comme des chiens et des oiseaux. Quand il eut appris à sa femme ces trois visions, ils s'abstinrent chastement toute la nuit jusqu'au lendemain, et ils se levèrent de leur lit. Basine s'écria : « Ce que tu as vu en songe existe en réalité, et reçoit son interprétation. Il nous naîtra un fils ayant le signe de la bravoure ; mais ses enfants auront le courage du léopard. Ceux qui naîtront d'eux auront le courage et la voracité des ours et des loups. Ce que tu as vu dans le troisième lieu, ce seront les colonnes de son règne : ses fils commanderont comme des chiens, et leur courage sera semblable à celui des moindres bêtes. La foule des petites bêtes que tu as vues voler les unes contre les autres signifie que les peuples, sans crainte du prince, se ruineront les uns les autres. »

Au moyen de ce songe, les historiens des premiers temps de la France ont voulu expliquer la vie et les actes des Mérovingiens. Prenons-le pour ce qu'il vaut, pour une invention de rhéteur. Childéric, d'ailleurs, possédait le côté remuant du caractère national. Il avait emprunté aux Romains leurs habitudes de luxure, mais au fond, et comme ses prédécesseurs, il nourrissait contre eux une haine instinctive. Bientôt, d'amoureux il devint guerrier, et se trouva à un combat qui eut lieu entre Ægidius et les Goths, près d'Orléans en 463, combat où le frère de Théodorik perdit la vie.

Trois ans après, Basine mettait au monde Chlodowig (Clovis), c'est-à-dire le célèbre guerrier, le lion du songe rapporté plus haut. Childéric préluda aux conquêtes de son fils, en pénétrant bien avant dans la Gaule. Il mourut en 481, après avoir régné vingt-quatre ans et reconquis l'estime des Franks. On lui rendit de grands honneurs ; on l'enterra à Tournai. Son cheval partagea son tombeau, où l'on plaça un globe de cristal, plusieurs pièces d'or massif, une tête de bœuf, un style avec des tablettes, des abeilles émaillées en quelques endroits, des médailles de plusieurs empereurs, beaucoup d'anneaux, sur l'un desquels il y avait un cachet portant l'empreinte d'un homme parfaitement beau : visage rasé en entier ; chevelure longue, tressée, séparée au front et rejetée par derrière ; dans la main droite, un javelot ; autour de la figure, le nom de Childéric écrit en lettres romaines.

Clovis n'a pour les Romains que la sympathie dont son instinct de conquête lui fait une loi. Childéric avait été chez eux à l'école du plaisir, Clovis cherche à leur dérober le secret de leur puissance. Il a quinze ans ; il est chef de la peuplade franke établie à Tournai. Pendant cinq années, il ne donne à l'histoire aucun moyen de parler de lui. Mais à vingt ans, le caractère de Clovis se développe. Il s'unit à Raghenaher (Ragnacher), chef de la peuplade franke établie à Cambrai. Ægidius, rival de Childéric, a, comme Childéric, laissé un fils, le patrice Syagrius. Voici encore une fois la mollesse romaine aux prises avec l'activité franke. Clovis marche contre Syagrius, et le bat à Soissons, en 486. Dans sa route, le Frank, encore païen, ne respecte pas les églises. Ses guerriers enlèvent dans un temple un vase magnifique et plusieurs ornements du culte. L'évêque de cette église (c'était alors saint Rémi) ne perd pas de temps, et envoie des ambassadeurs à Clovis pour le prier de rendre au moins le vase. La demande faite, Clovis dit aux envoyés : « Suivez-nous jusqu'à Soissons, car c'est là que tout le butin sera partagé ; si le sort m'accorde ce vase que votre évêque réclame, je le lui donnerai. » Arrivé à Soissons avec les envoyés de saint Rémi, et dissimule son mécontentement comme elles un monceau, et il dit : « Je vous prie, ô très-braves combattants, de me donner ce vase en surplus de ma part. » Plusieurs guerriers répondirent : « Tout ce que nous voyons est à toi, glorieux chef ; nous mêmes nous sommes soumis à ton pouvoir. Fais donc ce qu'il te plaira, car personne ne te peut résister. » Mais un soldat élève fortement la voix, et frappant le vase avec sa francisque : « Tu n'auras que ce que le sort t'accordera, » s'écrie-t-il. Tous s'étonnent ; Clovis, pourtant, malgré sa colère, reste impassible. Il donne le vase à l'envoyé de son saint Rémi, et dissimule son mécontentement pendant une année entière. L'année écoulée, il veut passer en revue ses guerriers. Là, il s'adresse à celui qui avait frappé le vase : « Aucun n'a des armes aussi mal soignées que les tiennes ; ni ton hang (ta pique), ni ton épée, ni ta francisque, ne sont convenables. » Ce disant, Clovis lui prend sa francisque, qu'il jette par terre. Le soldat se baisse pour la ramasser ; mais le chef lui assène sur la tête un coup mortel. « Voilà, dit-il, ce que tu as fait au vase, près de Soissons. »

Syagrius, vaincu et désespéré, chercha un refuge chez les Goths ; mais leur roi Alaric eut la lâcheté de le livrer à Clovis, qui ordonna de le décapiter après s'être fait reconnaître par les troupes romaines, après avoir pris possession des villes fortifiées qui restaient à l'empire.

Les succès de Clovis effrayèrent ses voisins, particulièrement le roi de Thuringe à qui Chilpéric avait naguère enlevé sa femme. Basin ravagea les pays situés au delà du Rhin ; mais les Franks, revenus de leurs expéditions méridionales, lui rendirent la pareille et soumirent les Thuringiens (492) Au même temps, les Suèves et les Allemands, jaloux des bandes commandées par Clovis, convoitaient comme elles la contrée gauloise : ils voulurent le suivre et passer le Rhin. Nous allons voir comment les Franks furent assez forts pour les refouler, et ce qui résulta de la rencontre des Franks avec les Allemands.

Le pays des Burgundes (Bourgogne) avait alors pour roi Gondebald (Gondebad), dont la nièce Chhodohilde ou Clotilde, brillante et noble, était renommée à cause de sa piété. Elle professait la religion chrétienne. Clovis envoya, pour la voir, un certain Aurelianus, Gaulois d'origine, qui, selon la tradition, se déguisa en mendiant afin de mieux remplir la mission délicate qu'il entreprenait. Il portait une besace au bout d'un bâton. Ainsi vêtu il arriva à Genève, où se trouvait Clotilde. Clotilde et sa sœur Sœdelheuba, assises l'une à côté de l'autre, donnaient l'hospitalité à des voyageurs. Clotilde, suivant l'usage, lava les pieds d'Aurelianus, qui lui dit tout bas : « Maîtresse, j'ai une grande nouvelle à t'annoncer, si tu me veux conduire dans un lieu où je te puisse parler en secret. — Parle, » lui répondit Clotilde. Aurelianus reprit : « Clovis, chef des Franks, m'envoie vers toi : si c'est la volonté de Dieu, il désire t'épouser ; et, pour que tu me croies, voilà son anneau. » Effectivement, il lui présenta un anneau que Clovis l'avait chargé de remettre à la belle Burgunde. Clotilde, joyeuse, l'accepta en disant : « Prends ces cent sous d'or pour récompense de ta peine, avec mon anneau. Retourne vers ton maître ; dis-lui que s'il me veut épouser, il envoie promptement des ambassadeurs à mon oncle Gondebaud. » Les choses se passèrent pour le mieux. Des ambassadeurs allèrent demander officiellement Clotilde en mariage, et lui offrir, selon la coutume, dit Frédégaire, un sou et un denier qu'elle accepta.

Clotilde se mit promptement en chemin, montée sur une *basterne*, ou espèce de chariot traîné par quatre bœufs. Mais la basterne n'allait pas assez vite : la jeune fiancée sauta sur un cheval. Son mariage fut célébré à Soissons, aux applaudissements de tous les Franks (493). Clotilde devint mère ; alors elle profita de la joie que le bapême versait au cœur. Chrétienne elle-même, quoi de plus naturel qu'elle désirât que son fils fût chrétien ? Elle demanda à le faire *baptiser*. Clovis y consentit, et l'enfant reçut le nom d'Ingomer.

Le baptême d'Ingomer devait porter le christianisme au pouvoir. Clotilde avait dit à son mari : « Les dieux que vous adorez ne sont rien, puisqu'ils ne peuvent se secourir eux-mêmes ni secourir les autres. Ils sont de pierre ou de bois, ou de quelque autre métal. Il faut plutôt adorer celui qui d'un mot a fait sortir du néant le ciel, la terre, la mer et tout ce que ces choses renferment ; qui a fait briller le soleil et a créé d'étoiles le firmament. » Ainsi Clotilde ne cessait de prêcher devant son mari. Une désolante circonstance vint momentanément mettre obstacle à ses projets. Le jeune Ingomer mourut quelques jours après avoir reçu le baptême. Clovis sentit alors se réveiller en son cœur la foi païenne. « Si l'enfant eût été consacré au nom de mes dieux, s'écria-t-il, il eût vécu, bien sûr ; et maintenant, parce qu'il a été baptisé au nom de votre Dieu, il n'a pas pu vivre. » A quoi la chrétienne répondit : « Je rends grâces à Dieu tout-puissant, créateur de toutes choses, car il ne m'a pas tenue pour indigne, puisque l'enfant sorti de mon sein ira dans son royaume. Mon âme n'est point atteinte par la douleur, parce que je sais que ceux appelés de ce monde dans le ciel jouiront de la vue de Dieu. » Clotilde redoubla d'ardeur dans son œuvre de conversion, à laquelle travaillait Aurelianus lui-même. Cet ancien envoyé du chef frank en Bourgogne, celui qui avait été chercher Clotilde, disait à Clovis : « O mon maître, mon chef, croyez présentement au Dieu du ciel, que prêche ma maîtresse, et le roi des rois, le Dieu du ciel, vous donnera la victoire. »

Un second fils naquit à Clovis. C'était Clodomir, qui reçut aussi le baptême. A peine la cérémonie se terminait, que l'enfant faillit trépasser. C'en était fait, peut-être, de la conversion de Clovis, si Clodomir n'eût pas vécu. Le chef frank avait d'horribles inquiétudes. Son chagrin eût ressemblé à de la rage. Heureusement, l'enfant guérit. Clovis avait vu sa femme prier, jour et nuit, aux côtés de Clodomir. Son âme s'ébranla ; il se demanda sans doute, intérieurement, si le Dieu des chrétiens, touché par les larmes de la mère, avait sauvé le fils ! Une dernière cause acheva sa conversion. Ces Allemands que nous avons vus passer le Rhin effrayaient tous les chefs de peuplades établies en deçà du fleuve. Les Franks reprirent leurs allures de médiateurs entre la Germanie et la Gaule. Ils s'associèrent les tribus voisines pour voler à la commune défense. Selon leur habitude, ils se retournèrent contre les Suèves et les Allemands, qu'ils rencontrèrent à Tolbiac, à quatre lieues de Cologne (496). La victoire restait indécise. Clovis, les yeux levés au ciel, s'écria : « Jésus-Christ, que Clotilde prêche comme étant le fils du Dieu vivant, qui viens en secours aux affligés, on dit que tu accordes la victoire à ceux qui espèrent en toi ; je demande ma gloire à ta puissance ; si tu m'accordes la victoire sur mes ennemis, et si j'éprouve cette puissance que le peuple qui croit en ton nom proclame, je croirai en toi, et je serai baptisé en ton nom. J'ai invoqué mes dieux ; mais, j'en ai la certitude, ils se sont éloignés de moi : de là je conclus qu'ils n'ont aucun pouvoir, puisqu'ils ne secourent pas ceux qui leur obéissent. Je t'invoque maintenant, et en toi je veux croire ; seulement, fais que j'échappe à mes ennemis. » Le Dieu de Clotilde donna la victoire à Clovis, qui se fit instruire dans la religion chrétienne.

Clovis et ses deux sœurs, Alboflède et Lanthechilde, reçurent le baptême des mains de saint Rémi, le jour de Noël, l'an 496. Trois mille guerriers franks et un grand nombre de femmes furent aussi baptisés. Il se fit une cérémonie imposante, dont les générations ont toujours conservé le souvenir. Les murs de Saint-Martin-de-Reims avaient été couverts de tapisseries, ornés de rideaux blancs. On avait disposé un baptistère aussi riche qu'élégant. On répandait l'encens, la cire embaumée brûlait, l'église entière ressemblait à un paradis. Saint Rémi oignit Clovis avec une huile consacrée, en lui disant : « Baisse humblement la tête, Sicambre : adore ce que tu as brûlé, brûle ce que tu as adoré. » Clovis devenait ainsi *fils aîné, fils unique de l'Église*. La plupart des Franks de Tournai, qui ne voulurent pas recevoir le baptême, allèrent vers Ragnachaer, chef des Franks de Cambrai. Malgré ces oppositions, le christianisme triomphait, grâce à Clotilde.

Cependant les Burgundes et les Wisigoths contrariaient les projets de Clovis. Il employa contre Gondebaud un prétexte commode. Il voulait le punir de son arianisme et du meurtre commis sur son beau-père. De tous côtés, les guerriers des autres chefs franks établis à Cambrai, à Cologne, à Saint-Omer et au Mans, accoururent vers Clovis pour l'aider à combattre ses nouveaux adversaires. Aussitôt vaincus qu'attaqués, les Burgundes furent soumis à un tribut annuel. Alaric II, roi des Wisigoths, voyant Clovis si belliqueux, envoya vers lui des députés, demanda un rapprochement, et reçut à son tour un ambassadeur, le Romain Paternus, homme d'esprit retors. Il fut décidé qu'un colloque aurait lieu dans une île de la Loire (île Saint-Jean) entre les deux guerriers. Ceux-ci entrèrent et mangèrent, se promirent amitié, et se retirèrent tout disposés à la paix. Mais Clovis marchait sous l'influence de deux principes puissants : l'ambition, car il cherchait à étendre sa domination ; l'honneur, car il s'était proclamé le champion du christianisme contre l'arianisme. Les évêques gallo-romains l'entretenaient dans ces bonnes pensées. A peine avait-il quitté Alaric II, qu'il s'écria, en parlant des Wisigoths : « Je supporte avec grand chagrin que ces ariens possèdent la meilleure partie des Gaules ; marchons avec l'aide de Dieu, et, après les avoir vaincus, réduisons leur pays en notre pouvoir ; nous ferons bien, car il est très-bon. » Les guerriers *approuvèrent* l'allocution. Ils jurèrent de ne point toucher à leur barbe qu'ils n'eussent vaincu les Wisigoths. L'expédition contre Alaric II promettait d'être heureuse ; tous les évêques gallo-romains aidèrent Clovis. Aussi, les historiens contemporains rapportent les merveilles qui précédèrent la rencontre du chef des Franks et du roi des Wisigoths. Une biche indiqua à l'armée franke, qui ne pouvait passer la Vienne, un gué que l'on appela le *Pas de la Biche*. Au haut de l'église Saint-Hilaire de Poitiers, s'alluma la nuit une colonne de feu qui vola au-dessus du camp et vint se poser et se consumer sur la tente de Clovis. Les sorts consultés à Saint-Martin de Tours répondirent favorablement ; les envoyés du chef frank entendirent, à leur entrée dans l'église, ces paroles du psaume XVII : *Vous m'avez revêtu de force pour la guerre ; vous avez supplanté ceux qui s'étaient élevés contre moi ; vous avez mis mes ennemis en fuite, et vous avez exterminé ceux qui me haïssaient.*

Clovis défendit de piller aux environs de Poitiers et près de Tours, ne permettant que de prendre de l'eau et de l'herbe. Un soldat qui avait mis la main sur le foin d'un pauvre, lui dit : « Est-ce que le chef ne nous a pas autorisés à prendre de l'herbe, et rien autre chose ? Cela, ajouta-t-il, c'est de l'herbe. En prenant ce foin, nous ne transgresserons pas ses ordres. » Et comme il enlevait par violence le foin du pauvre, le fait parvint aux oreilles de Clovis, qui frappa soudain le soldat de son épée, en disant : « Où sera la victoire, si saint Martin est offensé ? »

Alaric II fut vaincu à Vouglé, près de la rivière du Clain, à dix milles de Poitiers (507). Les combattants y rivalisèrent d'ardeur et d'acharnement. Le roi des Wisigoths fut tué dans la bataille de la main du chef des Franks, qui mit en fuite l'armée ennemie et fut bientôt attaqué par deux soldats goths, qui le frappèrent simultanément de leurs épieux sans pouvoir percer sa cuirasse. Clovis alla jusqu'à Arles, qu'il assiégea inutilement, Théodoric ayant envoyé d'Italie les secours nécessaires aux habitants de cette ville (508). Dans sa route, Clovis avait été secondé par les évêques catholiques, notamment par Quintianus, prélat de Rhodez, qui, pour cette cause, fut chassé de son siége. Césaire, évêque d'Arles, qui avait entretenu correspondance avec le chef des Franks, fut arrêté et gardé à vue. Clovis eût pris possession du territoire des Wisigoths, dans la Gaule, sans les efforts de Théodoric, dont le général Ibbas sauva d'un même coup, en battant l'armée franke sous les murs d'Arles, la Provence, la Septimanie et l'Espagne. La Septimanie se composait alors du territoire des sept villes épiscopales appartenant au diocèse métropolitain de Narbonne, de Béziers, de Maguelonne, de Nimes, d'Agde, de Lodève et d'Elne.

Voyant s'arrêter l'essor de ses conquêtes du côté de la Provence, Clovis voulut du moins accaparer toutes les petites tribus des Franks qui avoisinaient celle de Tournai. Suivons-le dans son terrible office de bourreau. Dressons la liste de ses meurtres. Il envoya dire en secret au fils du chef de la peuplade franke établie à Cologne, à Chlodéric (Chlodéric), fils de Sighebert (Sigebert) : « Ton père devient vieux ; il boîte de son pied malade (reliquat d'une blessure que Sigebert avait reçue à Tolbiac). Qu'il meure ! son royaume et mon amitié te seront rendus. » Chlodéric envoya des assassins contre son père pour le tuer, pour avoir son royaume. Clovis alors fit dire au parricide : « Je rends grâces à ta bonne volonté, montre, je t'en prie, tes trésors à mes envoyés ; tu les posséderas après. » Chlodéric dit à ceux-ci : « Mon père amassait ces pièces d'or dans ce coffre. » Ils répliquèrent : « Plonge ta main jusqu'au fond pour trouver tout. » Chlodéric, en effet, se baissa complètement ; un des envoyés leva sa francisque et lui brisa la tête.

Après la mort de Sigebert et de Chlodéric, Clovis vint à Cologne, assembla le peuple, osa dire : « Je ne suis point le complice de ces actes. Puis-je répandre le sang de mes parents ? C'est chose défendue. Mais puisque tout cela est arrivé, je vais vous donner un conseil ; vous verrez s'il vous agrée. Venez à moi, prenez-moi pour protecteur. » Les habitants de Cologne manifestèrent leur approbation avec un grand bruit de voix et de boucliers ; ils élevèrent Clovis sur le pavois ; ils le proclamèrent roi.

A la faveur de la guerre et du crime, Clovis grandissait en pouvoir. Il continua son œuvre sanglante et marcha contre Hararik, chef des Morins.... Hararik et son fils furent faits prisonniers et tondus tous deux. Le premier pleurait son abaissement, le second s'écria en montrant un arbre : « Ce feuillage a été coupé sur une tige verte, il ne tardera pas à repousser et à reverdir. Plût à Dieu que l'auteur de nos maux meure aussi vite ! » Clovis eut connaissance de ces paroles. Le père et le fils furent décapités. Après leur mort, le roi des Franks prit leurs terres, leurs trésors et leur peuple.

Ragnachaer était alors chef de la peuplade franke établie à Cambrai. Ses leudes et compagnons reçurent de Clovis des bracelets et des baudriers de faux or (en cuivre doré) ; Clovis les voulait exciter contre Ragnachaer... Celui-ci fut battu et pris avec son frère Rikher. « Pourquoi, lui dit Clovis, t'es-tu laissé enchaîner ? Tu as fait honte à notre famille. Il valait mieux mourir. » En disant ces mots, il leva sa francisque et lui brisa le crâne. Puis il se tourna vers Rikher : « Ton frère n'aurait pas été enchaîné, s'écria-t-il, si tu lui avais porté secours. » Et il le tua aussi d'un coup de francisque.

Clovis fit en outre assassiner Rignomer dans la cité du Mans, et il lui prit tout, trésors et royaume. Beaucoup d'autres chefs, même ses parents les plus proches, reçurent la mort par ses ordres. Quand sa souveraineté se fut étendue sur toute la Gaule, il assembla cependant ses fidèles et prononça cette phrase : « Malheur à moi ! Je reste comme un voyageur parmi des étrangers. Plus de parents qui me puissent venir en aide aux jours de l'adversité ! » Paroles hypocrites, suivant Grégoire de Tours. Clovis usait de ruse. Il voulait savoir s'il avait encore quelque parent à tuer, à dépouiller de son royaume.

Clovis voyait son ambition satisfaite. L'ouest entier de la Gaule appartenait aux Franks, et l'empereur de Constantinople, Anastase, lui avait envoyé les insignes du consulat à Paris, cité qu'il habitait, et dont il avait fait la capitale du *royaume des Franks*. Ces insignes, il les revêtit dans l'église Saint-Martin de Tours. Il plaça sur sa tête un diadème, prit la tunique de pourpre et la chlamyde, et, monté sur un cheval, il jeta lui-même au peuple assemblé des pièces d'or et d'argent. Ce fut un grand jour de fête pour les Franks et pour leur chef. Aucun honneur ne manquait plus à Clovis. Son dernier acte politique date de juillet 511. Autorisés par lui, les évêques de ses États tinrent un concile à Orléans pour régler la discipline de l'Église, pour améliorer les mœurs publiques. Deux mois plus tard, il trépassa à Paris (novembre 511).

QUATRIÈME AGE.

I.

Les fils de Clovis : Thierry, Clodomir, Childebert Ier, Clotaire. — Mort de Chramme. — Mort de Clotaire.

Clovis mort, la monarchie naissante des Franks se serait écroulée si la véritable puissance de la nation eût résidé dans la famille des rois. Mais elle reposait sur l'armée. Le partage de l'empire eut lieu sans diminuer les forces d'une nation qui ne voyait dans son roi qu'un chef militaire, supérieur par sa naissance sans doute, mais qui avait des égaux en bravoure et en intelligence.

Thierry eut pour sa part l'Austrasie ou France orientale, les possessions des Franks sur la rive droite du Rhin, le territoire compris entre ce fleuve, la Moselle et la Meuse, capitale Metz. Dans la Neustrie, ou France occidentale, Clodomir reçut l'Orléanais, le Maine, l'Anjou et le Berry, et se fixa à Orléans. Childebert obtint l'Ile-de-France, le Perche, la Normandie et la Bretagne, et s'établit à Paris ; enfin Clotaire eut la France septentrionale ; il résida à Soissons. La partie de l'Aquitaine qui n'était pas au pouvoir des Wisigoths se divisa entre les quatre frères.

Cependant les Thuringiens, réunis aux Varnes et aux Hérules, avaient formé un royaume qui s'étendait des bords de l'Elbe aux rives du Necker. Baderic, Hermanfroi et Berthaire gouvernaient ces nations (515). Ils étaient frères. Pour régner seul, Hermanfroi poignarda d'abord Berthaire : puis il s'associa avec Thierry pour assassiner Baderic. Hermanfroi, maître de tout le royaume, refuse à Thierry le prix du sang de son frère. La guerre éclate. Les Thuringiens sont vaincus dans deux batailles. On attire Hermanfroi à une conférence, on le précipite du haut des remparts de Tolbiac. La Thuringe est réunie à la monarchie des Franks.

Vers le même temps, les Franks tentaient la conquête de la Bourgogne, Sigismond avait succédé à Gondebaud son père. Le meurtrier de Chilpéric était mort. Clotilde voulait faire expier au fils des crimes du père. « Mes enfants, dit la veuve de Clovis en s'adressant à Clodomir et à ses deux autres fils, faites que je n'aie pas à me repentir de la tendresse avec laquelle je vous ai élevés ; ressentez avec indignation l'injure que j'ai reçue, et vengez avec constance la mort de mon père et de ma mère. »

Ceux-ci obéirent. Clodomir entra le premier en campagne ; Sigismond fut vaincu, pris et massacré. L'année suivante Clodomir périt à la journée de Véseronce. Les Franks évacuèrent le pays, et Godemar fut proclamé roi de Bourgogne (524).

Clodomir laissait trois fils ; mais Childebert et Clotaire se partagent son royaume. Clotilde soustrait pendant huit années ses petits-fils à la fureur de leurs oncles ; puis, abusée par des promesses et des serments, elle a l'imprudence de les leur confier (533). Childebert et Clotaire en égorgent deux. Chlodoald, le troisième, qui a échappé comme par miracle aux assassins à coupe lui-même les cheveux, se voue aux autels, et meurt après avoir bâti le couvent de Saint-Cloud. Délivrés de leurs neveux, les rois de Paris et de Soissons envahissent de nouveau la Bourgogne, et achèvent bientôt de soumettre tout le pays.

Cependant les Franks, appelés en Italie par Justinien et par les Ostrogoths, franchissent les Alpes (539). Théodebald défait successivement les Ostrogoths et les Grecs qui ont payé son alliance. Il ramène en Gaule ses soldats gorgés de butin, cent il meurt au moment où il médite une expédition sur les bords du Danube. Théodebald lui succède.

Après la mort de Théodebald, Clotaire épouse la veuve de ce prince et s'empare de ses domaines, qu'il refuse de partager avec Childebert.

Chramme, fils aîné de Clotaire, secrètement excité à la révolte contre son père par son oncle, se jette sur le Poitou et la Bourgogne, tandis que Childebert envahit la Champagne. Mais Childebert meurt, et Clotaire se venge. Le malheureux Chramme vaincu, malgré l'assistance des Bretons, est brûlé dans une chaumière avec sa femme et ses enfants. Laissons parler ici Grégoire de Tours. « Le roi Clotaire, parvenu à la cinquante-unième année de son règne, se rendit ensuite avec de riches présents aux portes de l'église Saint-Martin. Arrivé à Tours, auprès du sépulcre de cet évêque, il confessa toutes les actions dans lesquelles il avait cru à se reprocher quelque négligence, et priant avec de grands gémissements, il demanda au saint confesseur d'obtenir la miséricorde du Seigneur pour ses fautes, et d'effacer par son intervention tous ses péchés. Lorsqu'il fut de retour, un jour qu'il chassait dans la forêt de Cuise, il fut surpris de la fièvre, et revint à son palais de Compiègne. Comme il était cruellement tourmenté par la douleur, il s'écria : Qu'en pensez-vous ? quel est le roi des cieux qui tue ainsi les rois de la terre ? Dans cette souffrance il expira. Ses quatre fils le portèrent avec beaucoup d'honneur à Soissons, et l'ensevelirent dans la basilique de Saint-Médard. Il mourut un jour après celui qui complétait l'année depuis que son fils Chramne avait été mis à mort (561). »

II.

Les fils de Clotaire : Caribert, Gontran, Sigebert et Chilpéric.

A peine Chilpéric avait fermé les yeux de Clotaire son père, qu'il s'empara de ses trésors, ne voulut pas admettre de partage, et prétendit régner seul. Ses trois frères, Caribert, Gontran et Sigebert se réunirent pour le forcer à ce juste partage. A Caribert échut Paris et la partie de la Neustrie qui s'étend le long de la Seine, plus l'Aquitaine. Gontran, qui obtint la Bourgogne, résida tantôt à Châlons-sur-Saône, tantôt à Orléans. Sigebert reçut l'Austrasie : il prit pour capitale Metz. Chilpéric, se contentant forcément de la plus grande partie de la Neustrie et de la Belgique, s'établit à Soissons.

Sous les fils de Clotaire, les Franks, loin d'étendre leurs conquêtes, eurent peine à conserver leurs possessions. Les richesses et le bien-être les avaient amollis ; ils avaient perdu leur vigueur première, qui répandait partout la terreur. L'amour de la patrie s'éteignit chez eux par degrés. A côté des rois, l'aristocratie songeait déjà à se rendre indépendante. Trahisons, scandales, meurtres, voilà ce qui compose l'histoire de France à cette époque.

En montant sur le trône, Caribert répudia sa femme. Il prit successivement deux sœurs, Marofléde et Marcovelde. En vain l'évêque de Paris l'excommunia : Caribert ne craignit pas les foudres de l'Église, et il épousa avant de mourir une fille du peuple. Plus dissolu encore, Gontran répudia trois femmes, et se laissa dominer par de nombreuses maîtresses. Chilpéric eut plusieurs concubines à la fois. Frédégonde, l'une d'elles, prit sur son amant l'empire le plus absolu. Sigebert, au contraire, avait épousé Brunehaut (Brunehilde), fille du roi des Wisigoths Athanagilde. Il vivait purement, régulièrement ; il faisait honte à ses frères.

L'union ne pouvait exister longtemps entre ces quatre princes. Elle se rompit. Pendant que Sigebert repoussait les Avares, peuples qui apparaissaient aux frontières, Chilpéric se jeta sur ses États, et rançonna rudement la ville de Reims. Sigebert, vainqueur des Avares, revint alors pour punir l'ambitieux Chilpéric, le tailla en pièces dans la Champagne, s'empara à son tour de Soissons, qu'il pilla.

Caribert était mort (566) sans postérité mâle. Ses trois frères se partagèrent assez paisiblement sa succession ; mais comme chacun d'eux voulait avoir dans son lot la ville de Paris, déjà importante, ils convinrent de la posséder par indivis, sous la condition expresse qu'aucun des trois n'y entrerait sans le consentement des deux autres.

Bientôt Chilpéric, dégoûté de Frédégonde, épousa, malgré les menaces et les larmes de cette concubine, Galeswinthe, sœur de Brunehaut. Frédégonde prit sa revanche. Chilpéric ne tarda pas à lui abandonner Galeswinthe, qu'elle fit étrangler, et qu'il épousa elle-même. Frédégonde voua une haine implacable à Brunehaut. Aussi s'éleva-t-il une lutte sanglante entre Chilpéric et Sigebert. Théodebert, fils aîné de Chilpéric, mit à feu et à sang l'Austrasie, depuis Tours jusqu'à Cahors. Sigebert, à la tête des Germains transrhénans, entra à son tour dans le royaume de Chilpéric, pilla, incendia de toutes parts, et força son frère à demander la paix.

Aussitôt que les tribus germaines eurent quitté la Gaule, Chilpéric, à l'instigation de Frédégonde, recommença la guerre et ravagea tout le pays jusqu'à Reims. Sigebert rappela les barbares, força Chilpéric à la retraite, promena çà et là le pillage et l'incendie, et entra en vainqueur dans Paris. Chilpéric s'enfuit à Tournai avec sa femme et ses enfants et demanda vainement la paix à Sigebert, qui, toujours à la tête de ses Germains, marcha vers la ville de Tournai et fut reconnu pour roi par les peuples de Neustrie. Au moment où, élevé sur le pavois, ce prince était salué par les acclamations de la foule, deux assassins le poignardèrent. Le bras de ces hommes avait été armé par Frédégonde. « Allez au groupe qui entoure Sigebert, leur avait-elle dit, feignez de vous joindre à ceux qui l'élèvent sur le pavois, et frappez-le de ces couteaux empoisonnés. Si vous revenez vivants, je vous honorerai merveilleusement vous et votre race ; si vous succombez, je distribuerai, pour la félicité de vos âmes, des aumônes abondantes aux tombeaux des saints. »

Après la mort de Sigebert, les chefs neustriens revinrent à leur souverain légitime, et l'armée austrasienne se retira. Brunehaut, faite prisonnière, fut reléguée à Rouen. Et pourtant Chilpéric ne triompha pas d'une manière complète. Childebert II, fils de Sigebert, a été sauvé par Gonbdeaud. Les Austrasiens le proclament roi, et lui donnent, à cause de son très-jeune âge (il a cinq ans), un tuteur qu'on nomme tour à tour *nourricier du roi, grand juge* ou *maire du palais*. De cette époque date en Austrasie l'affranchissement presque entier des grands. L'autorité royale ne les domine plus sous la minorité de Childebert II. Le roi semble n'être que le chef d'une aristocratie qui demeurera indépendante jusqu'à l'avénement des Carlovingiens.

Un véritable roman est contenu dans l'histoire de ce temps. La prisonnière de Rouen, Brunehaut, inspire une violente passion à Mérowig, fils de Chilpéric. L'évêque Prætextatus marie Brunehaut à Mérowig. La veuve de Sigebert devait ainsi échapper aux persécutions de son ennemie, de la jalouse Frédégonde. Mais le dénoûment du roman est terrible. Chilpéric, apprenant le mariage de Mérowig et de Brunehaut, accourt furieux dans la ville de Rouen. Les époux se réfugient dans une église consacrée à saint Martin. Chilpéric promet alors de ne pas séparer « ceux que Dieu a unis; » puis, maître de son fils, il oublie le serment qu'il a fait, et conduit Mérowig à Soissons. Peu après, à la suite d'un mouvement séditieux qui a éclaté en Neustrie, Chilpéric suppose que son fils n'est pas étranger à la révolte; il ordonne de le *tonsurer* et le confine dans un monastère du Mans. Mérowig s'évade; il se réfugie auprès de Grégoire de Tours, qui refuse de le livrer. Cependant une armée neustrienne s'avance. Mérowig fuit de nouveau, est poursuivi de refuge en refuge, et ne prévient le supplice que par une mort volontaire. Quant à Brunehaut, rendue aux Austrasiens, qui l'ont réclamée avec instance, trop faible pour lutter contre l'aristocratie, elle a recours à la perfidie, au fer, au poison; elle rivalise de cruauté avec Frédégonde, elle exerce, à l'aide de terribles moyens, sa tutelle sur Childebert II (577).

Gontran avait pris parti pour son neveu : il remporte une victoire décisive devant Limoges. Gontran, assassin de ses deux beaux-frères, n'avait plus de fils; il adopte Childebert, en disant : « C'est en punition de mes péchés que je me trouve aujourd'hui privé d'enfants; mais que désormais mon neveu devienne mon fils; qu'un seul bouclier nous protége, qu'une seule lance nous défende. » Les grands de Childebert firent de semblables promesses. Ils envoyèrent à Chilpéric une légation pour lui demander de rendre ce qu'il avait enlevé au royaume d'Austrasie ou de se préparer au combat. Chilpéric, méprisant cette sommation, fit bâtir des cirques à Soissons et à Paris, et y donna des spectacles au peuple. La guerre s'engage, et, après des succès balancés, une trêve est conclue entre Chilpéric et Gontran, trêve sans bonne foi, car le roi de Soissons tombe sous les coups d'un assassin que Frédégonde a armé contre lui. Frédégonde rejette le crime sur Brunehaut.

Chilpéric II, tyran lâche et avare, barbare par instinct, jouet d'une femme plus cruelle encore que lui, avait eu huit enfants. Clotaire II seul lui survit. Mais ce fils n'a que quatre mois; chacun s'apprête à méconnaître l'autorité du souverain légitime : tout le royaume est en proie à l'anarchie. Dans cette extrémité, Frédégonde s'adresse à Gontran. « Que monseigneur, lui écrit-elle, s'en vienne pour recevoir le royaume de son frère. Il ne me reste qu'un petit enfant que je veux déposer entre ses bras et soumettre à son autorité. »

Gontran accourt à Paris, dont les portes sont fermées aux Austrasiens. Toutes les demandes formulées au nom de Childebert restent sans réponse. Alors le roi de Bourgogne se déclare ouvertement le défenseur de Frédégonde et de son fils. Il introduit de saines réformes exigées par les besoins des peuples. Mais il n'ose se montrer en public qu'accompagné d'une nombreuse escorte. Il a peur du poignard. « Hommes et femmes qui êtes ici rassemblés, dit-il un jour au peuple réuni dans une église, je vous conjure de ne pas violer ici la foi que vous m'avez donnée, de ne pas me faire périr comme vous avez fait périr récemment mes frères. Je ne demande que trois ans; mais j'ai besoin de trois ans pour élever mes neveux, que je regarde comme mes fils adoptifs. Gardons qu'il n'arrive qu'à ma mort vous ne périssiez avec ces enfants, puisqu'il ne reste de ma race personne de parvenu à l'âge viril qui vous défende. »

Les grands d'Austrasie et de Neustrie ne tardent pas à s'alarmer de la puissance de Gontran. Ils opposent au roi de Bourgogne un fils adultérin de Clotaire Ier, Gondovald, qui, relégué à Cologne par Sigebert, avait échappé à ses gardiens et s'était réfugié à Constantinople. Rappelé par de nombreux partisans, il revient en Gaule avec des trésors immenses. A peine arrivé, Gondovald est élevé sur le bouclier et présenté aux troupes d'Aquitaine qui le reconnaissent pour roi. Angoulême, Périgueux, Toulouse et plusieurs autres villes lui prêtent serment d'obéissance. Il obtient chaque jour de nouveaux succès. Gontran se rapproche alors de son neveu. Tous deux, réconciliés, se liguent contre l'aristocratie et contre Gondovald. Ce dernier cesse bientôt d'être à craindre. On le trahit et on l'assassine sous les murs de Comminges (585).

Guerres civiles au dedans du pays des Franks, défaites au dehors. De 585 à 588, Gontran combat contre les Wisigoths, et il est battu; il combat contre les Lombards, et il est battu encore. En 590, Childebert II entreprend des expéditions en Bavière et en Lombardie, sans obtenir des résultats heureux. Impatient du joug que lui imposent les grands, le fils de Brunehaut se délivre par le fer et le poison des principaux chefs de l'aristocratie, de ceux qui pendant douze années ont gouverné en son nom. Brunehaut et Gontran lui-même, malgré sa réputation de bonté, applaudissent à des crimes profitables à la royauté. Gontran et Childebert II s'unissent plus étroitement que jamais par le traité d'Andelot (587). Ils veulent régler l'État de la Gaule, mettre fin aux discordes qui depuis si longtemps déchirent le pays. Et les *leudes*, les grands, obtiennent, pour prix d'une soumission équivoque, la possession héréditaire de certains bénéfices. On fixe pour la première fois dans le traité d'Andelot le rang et les droits des différents ordres de l'État.

Gontran meurt (593), et, sans opposition, Childebert II est proclamé roi d'Orléans et de Bourgogne. Il n'appelle pas au partage son cousin Clotaire II. Loin de là, il dépouille le fils de Frédégonde; pour devenir maître d'un triple royaume, il envahit la Neustrie. Son audace est suivie de revers. Son armée est mise en fuite à Droissy par les Neustriens, qui, au dire d'un chroniqueur, se sont cachés sous des branchages, de telle sorte qu'une forêt voisine de Soissons paraît se mouvoir, et que l'épouvante se jette dans les rangs des Austrasiens. Childebert II prend sa revanche en battant les Varnes, peuple voisin des Thuringiens, et qui disparaît de l'histoire; il meurt l'année suivante (595), âgé de vingt-cinq ans, empoisonné par Brunehaut, disent certains historiens, par Frédégonde, disent les autres.

III.

Puissance des maires du palais. — Mort de Frédégonde. — Mort de Brunehaut. — Clotaire II.

Après la mort de Childebert II, trois enfants, dont l'aîné touchait à peine à sa douzième année, furent élevés sur le pavois dans les trois royaumes : Clotaire II, fils de Chilpéric, régna en Neustrie, Theudebert et Thierry, fils de Childebert, furent reconnus, le premier en Austrasie, le second en Bourgogne; trois maires du palais furent élus par le peuple, mais sous l'influence de l'aristocratie : Landeric en Neustrie, Quintrio en Austrasie, et Warnachaire en Bourgogne.

Frédégonde et Brunehaut gouvernaient encore. La veuve de Chilpéric profita de la confusion qui suivit la mort de Childebert pour envahir les États de ses enfants. Les Austrasiens furent défaits à Lafau, entre Soissons et Laon; Clotaire II entra vainqueur à Paris avec sa mère. Mais celle-ci mourut quelques mois après, dans la plénitude de sa puissance.

Frédégonde a laissé une mémoire chargée de crimes; cependant on ne peut nier qu'elle ait eu autant de talent que de perversité; elle triompha de toutes les haines, et au moment où elle descendit dans la tombe, l'aristocratie neustrienne, vaincue dans un combat opiniâtre, reconnaissait par sa soumission complète la supériorité de son génie (597 ou 598).

Une fois délivrée de sa rivale d'ambition et de crimes, Brunehaut redoubla de vigueur. Elle disputa l'autorité aux seigneurs d'Austrasie, et fit assassiner le maire du palais Quintrio, dans l'espoir qu'on ne lui donnerait pas de successeur. Mais, à la nouvelle de ce meurtre, tous les leudes se soulevèrent. Blichilde, épouse de Theudebert, ne pardonnant pas à Brunehaut sa fierté et ses dédains, s'unit aussitôt à ses ennemis. On enleva de Metz la veuve de Sigebert, on la transporta à Arcis-sur-Aube, frontière de la Bourgogne. Alors Brunehaut, seule, à pied, dénuée presque de vêtements et souffrant de la faim, arriva à Châlons-sur-Saône. Le fils de Childebert II, Thierry, l'y reçut avec empressement, et ne tarda pas à suivre en aveugle ses odieux conseils. L'année suivante, les Bourguignons et les Austrasiens, réunis, vainquirent plusieurs fois les Neustriens; à Dormeilles, en Gâtinais, près d'Étampes, ils exigèrent d'eux, pour la paix, le sacrifice de leurs plus riches provinces. Partout et en toute chose, l'influence de Brunehaut se faisait sentir. Elle dégradait Thierry, en l'excitant à la débauche; elle créait, elle abattait à son gré des maires du palais; elle livrait saint Didier à la lapidation; elle exilait saint Colomban, coupable d'avoir adressé des remontrances à Thierry sur les désordres de sa vie; elle osait armer le frère contre le frère : Thierry remit entre ses mains Theudebert et son fils, qu'elle ordonna d'égorger.

Aussi, lorsque Thierry mourut (613), les grands ou leudes d'Austrasie et de Bourgogne se vengèrent cruellement de celle qui les avait humiliés, ruinés et décimés, de celle que le peuple avait haïe, abandonnée depuis le supplice de saint Didier. Ils la livrèrent à Clotaire II, qui la fit mourir avec ses petits-fils, et qui devint seul roi des Franks, comme l'avait été Clotaire Ier. Brunehaut fut attachée par les cheveux à la queue d'un cheval indompté. « Ceux qui firent périr cette reine, remarque Sismondi, n'étaient pas moins féroces qu'elle, et n'avaient pas ses talents. Son zèle religieux ne semble soit par la protection qu'accorda aux missions que le pape envoyait dans la Grande-Bretagne, soit par le nombre prodigieux d'églises et de couvents qu'elle fit bâtir. L'architecture semble avoir été son principal luxe; elle y consacrait les trésors qu'elle amassait par la concussion. Ses monuments, sa puissance et son malheur avaient fait une impression si profonde sur l'esprit des hommes, qu'on lui attribuait ensuite un grand nombre d'ouvrages qui n'étaient pas d'elle. »

CINQUIÈME AGE.

I.

Règne de Dagobert. — Les derniers Carlovingiens.

Clotaire II possédait trois royaumes, mais chacun de ces royaumes avait un maire du palais. Gondoland gouverna la Neustrie, Warnachaire la Bourgogne, Raddon l'Austrasie. La monarchie des Franks n'en reprit pas moins quelque vigueur, plus d'unité que par le passé. Les trois maires du palais, d'accord avec Clotaire II, refrénaient l'aristocratie et le clergé, dont les prétentions portaient atteinte à l'autorité royale. Mais les Austrasiens n'obéissaient qu'avec peine à Clotaire II; ils regrettaient le temps où Metz était capitale, où elle brillait d'un splendide éclat : ils prièrent Clotaire II de leur accorder pour roi son jeune fils Dagobert (622). Celui-ci, âgé d'environ quinze ans, gouverna donc l'Austrasie, sous la tutelle d'Arnolphe, évêque de Metz, et de Peppin, maire du palais. Après quarante-cinq années de règne assez calme, Clotaire II mourut (628) sans avoir partagé son héritage entre ses fils Dagobert et Caribert.

Cette mort faillit renouveler les effroyables guerres civiles. L'empire presque entier reconnut Dagobert, mais les provinces méridionales, par exception, s'armèrent pour faire valoir les droits de Caribert. Tout s'arrangea cependant à l'amiable. Dagobert céda l'Aquitaine à son frère, et resta maître sans conteste dans l'Austrasie, dans la Neustrie et dans la Bourgogne. Caribert choisit pour capitale la joyeuse Toulouse : il défit les Gascons, et étendit ses États depuis la Loire jusqu'aux Pyrénées. Dagobert voulut régner sérieusement. Sa fermeté, ses lumières, sa sagesse, éclatèrent aux yeux de tous : il s'empressa de visiter les différentes parties de son royaume, et dans son voyage politique il montra une supériorité incontestable.

Mais parvenu à l'âge de vingt-quatre ans, Dagobert se livra sans contrainte aux plus honteux dérèglements et s'affranchit de la surveillance importune du maire du palais, Peppin, censeur qu'il éloigna de la cour. En 631, la mort de Caribert le rendit maître de l'Aquitaine, et lui donna une puissance extraordinaire.

Sous Dagobert, l'empire des Franks avait pour bornes, comme sous Clotaire II, à l'ouest l'Océan, au nord l'Elbe, à l'est les Boïens (Bohème) et les Huns (Hongrie), et au sud les Pyrénées. Toutefois, plusieurs peuples compris dans cette vaste étendue étaient plutôt alliés ou tributaires que sujets. Ils reconnaissaient tous la suprématie du roi des Franks.

A l'âge de trente et un ans, Dagobert expira à Saint-Denis (638). Son royaume avait été divisé par lui entre ses deux fils Sigebert II et Hlodovig II (Clovis II). Dagobert fut le dernier roi mérovingien qui ait réellement porté le sceptre. Laissons parler ici un éloquent historien :

La dissolution définitive des Mérovingiens semble commencer avec la mort de Dagobert. Les grands entreprirent, inutilement d'abord il est vrai, de renverser la dynastie mérovingienne. Celle des Carlovingiens apparaît déjà dans l'histoire. Peppin est maire d'Austrasie, puis son fils Grimoald ; et celui-ci, à la mort de Sigebert, essaie en vain de faire roi un de ses propres enfants.

Les trois royaumes étaient réunis encore sous Clovis II (650) ou plutôt sous Erchinoald, maire du palais de Neustrie. Pendant la minorité des trois fils de Clovis, le même Erchinoald, puis le fameux Ebroïn, remplirent la même charge, s'appuyant du nom et de la sainteté de Bathilde, veuve du dernier roi. C'était une esclave saxonne, que Clovis avait faite reine.

Le maire Ebroïn (660-680) voulut raffermir la royauté, quand les grands se fortifiaient de toutes parts. L'Austrasie lui échappa d'abord; elle exigea un roi, un maire, un gouvernement particulier.

Puis les grands d'Austrasie et de Bourgogne, entre autres saint Léger, évêque d'Autun, neveu de l'évêque de Poitiers (tous deux étaient amis des Peppins), marchent contre Ebroïn au nom du jeune Childéric II, roi d'Austrasie. Ebroïn, abandonné des grands neustriens, est enfermé au monastère de Luxeuil. Saint Léger, qui avait contribué à la révolution, n'en profita guère. Childéric le fit enfermer avec Ebroïn. Cependant Childéric rompit bientôt avec les grands. Dans un accès de fureur, il fit battre de verges un d'entre eux nommé Bodilo. Ce châtiment servile les irrita tous. Childéric II fut assassiné dans la forêt de Chelles ; les assassins n'épargnèrent pas même sa femme enceinte et son fils enfant. — Ebroïn et saint Léger sortirent de Luxeuil réconciliés en apparence, mais ils se séparèrent bientôt. Les hommes libres d'Austrasie avaient mis sur le trône un fils de Dagobert Ier ; ils ramenèrent Ebroïn triomphant en Neustrie : il fit tuer saint Léger comme complice du meurtre de Childéric II. Par représailles, les deux Peppin et Martin, petits-fils d'Arnolphe, évêque de Metz et neveu de Grimoald, furent condamner par un conseil et poignarder Dagobert II, le roi des hommes libres, c'est-à-dire du parti allié d'Ebroïn. Ebroïn vengea Dagobert comme il avait vengé Childéric II. Il attira Martin à une conférence et l'y fit assassiner. Lui-même fut tué peu après par un noble frank qu'il avait menacé de la mort. Cet homme remarquable avait défendu avec succès la France de l'ouest et retardé de vingt années le triomphe des grands austrasiens. Sa mort leur livra la Neustrie. Ses successeurs furent défaits par Peppin entre Saint-Quentin et Péronne (687). [Bataille de Testry.]

Cette victoire des grands sur le parti populaire, de la Gaule germanique sur la Gaule romaine, ne sembla pas d'abord entraîner un changement de dynastie. Peppin adopta le roi même au nom duquel Ebroïn et ses successeurs avaient combattu. On peut cependant considérer la bataille de Testry comme la chute de la famille de Clovis. Peu importe que cette famille traîne encore le titre de roi dans l'obscurité de quelque monastère.

Cette race dégénérée est désormais frappée d'impuissance. De quatre fils de Clovis, un seul, Clotaire, laisse postérité. Des quatre fils de Clotaire, un seul a des enfants. Ceux qui suivent meurent presque tous adolescents. Il semble que ce soit une espèce d'hommes particulière. Tout Mérovingien est père à quinze ans, caduc à trente. La plupart n'atteignent pas cet âge.

Rien ne sert de s'appesantir sur ces rois obscurs et *fainéants*, qui résidaient dans les quatre villes principales du royaume des Franks. Sigebert II n'est connu que pour avoir fondé des couvents, que par des actes pieux qui l'ont fait placer parmi les saints. Clovis II, son frère, ayant peu de pouvoir que Sigebert, ne s'expliquent pas sur sa fin. Il devint maire, et passa sa jeunesse, *souillée de toute espèce d'impuretés*, dans les débauches. Il mourut à l'âge de vingt-deux ans d'une manière mystérieuse. Les chroniques du temps ne s'expliquent pas sur sa fin. Elles racontent cependant que la fantaisie lui prit un jour d'avoir dans sa chapelle des reliques de saint Denis. Alors il força le tombeau du martyr, rompit un os du saint bras, et l'emporta ; mais les remords le saisirent. L'idée du sacrilége qu'il venait de commettre le tourmenta si fortement, qu'il tomba en démence et ne s'en releva pas. La reine sainte Bathilde gouverna aussitôt avec son fils aîné Clotaire III, *que les Franks établirent pour roi* (656).

A partir de cette époque, l'influence des femmes sur les affaires publiques devint chez les Franks un fait historiquement remarquable : elles jouèrent un rôle important non-seulement dans l'intérieur du palais, mais dans les assemblées de la nation.

Bathilde, contrairement à Brunehaut et à Frédégonde, n'oublia pas, au milieu des grandeurs, son ancienne condition : elle abolit la *capitation*, racheta de ses propres deniers un très-grand nombre d'esclaves. Ses vertus éclatèrent dans une foule de circonstances, et elles lui valurent le nom de sainte (683).

Peppin d'Héristal, complétement digne d'obtenir la confiance publique, exerça le pouvoir suprême et rendit sa charge héréditaire.

Peppin résida à Cologne ; il craignait de compromettre ses jours, en restant au milieu de ceux qu'il venait de vaincre. Pour se réconcilier avec ses ennemis et satisfaire l'ambition des grands, il créa un grand nombre de ducs, de comtes, etc., en un mot, il donna des forces à l'aristocratie. Il gouverna la France vingt-sept ans sous le nom de quatre rois et laissa le royaume aux mains d'un roi enfant.

Peppin proclama roi de Neustrie l'aîné des fils de Thierry, Clovis III, âgé de dix à douze ans, et continua de régner pour lui comme il l'avait fait pour son père.

Clovis III n'eut vraiment de la royauté que la part de représentation. Il assista à une assemblée tenue à Valenciennes par des seigneurs neustriens, sous l'influence du maire du palais. Dans cette assemblée, la forme de la convocation des armées, la manière de pourvoir à leur subsistance, et les rangs de ceux qui les composaient, furent réglés avec soin. Le principal étendard fut celui que Clovis Ier avait choisi pour combattre les Wisigoths : il consistait en une espèce de bannière, dans la chape de saint Martin de Tours, empreinte de l'effigie de ce saint. On allait la prendre avec pompe sur son tombeau, comme si on l'eût reçue de ses mains. A l'armée, on la gardait sous une tente, avec de grandes précautions. On agissait à son égard de même qu'on eût agi pour la propre personne du saint.

Childebert III succéda à son frère Clovis III ; on l'a surnommé le *Juste*.

Il profita de l'ombre de pouvoir que Peppin lui laissait pour entendre les plaintes de ses sujets, pour juger leurs causes : il fonda beaucoup de monastères, l'œuvre ordinaire des rois de ce temps. Son fils Dagobert III n'avait que trois ans lorsqu'il succéda à son père.

« Peppin, dit Mézerai, l'installa sur le siége royal de Neustrie, du consentement des états. Après que l'enfant a été montré comme président à l'assemblée, qu'il a reçu les dons ou étrennes des Français, qu'on lui a fait bégayer une recommandation générale aux gens en place de défendre l'Église, d'avoir soin des veuves et des pupilles, qu'on a publié devant lui les défenses ordinaires et la marche de l'armée, Peppin le fait conduire dans une maison royale pour y être nourri et entretenu avec abondance et respect, mais sans pouvoir ni fonction. »

Voilà tout ce que l'histoire apprend de positif sur le règne de Dagobert III.

II.

Charles Martel. — Les Maures et les Sarrasins. — Portrait de Charles Martel.

Après la mort de Peppin l'autorité passa dans les mains de sa veuve Plectrude, dont le petit-fils, Théobald, âgé de six ans, devint maire du palais. Charles Martel, que Peppin avait eu d'une concubine, fut emprisonné comme suspect, comme dangereux pour le nouveau gouvernement. Mais la nation se lassa bientôt d'obéir à une femme. On élut un maire sérieux nommé Rainfroi.

Charles Martel parvint alors à s'évader, et les Austrasiens le reçurent à bras ouverts, virent en lui un libérateur.

En vain Rainfroi voulait soumettre l'Austrasie, régénérée par son nouveau chef. Il éprouva plusieurs fois, lui et le roi Chilpéric II, l'invincible supériorité de Charles Martel, qui s'empara enfin de toute l'autorité et défit les Maures (732).

Mort de Roland à Roncevaux.

En 720, les Arabes, après avoir envahi le royaume d'Espagne tentèrent de passer le Rhône. Grâce à Charles Martel, ils furent repoussés, et se tournèrent du côté de Toulouse, qu'ils assiégèrent. Le duc d'Aquitaine, Eudes, défendit contre eux sa capitale, et le général des Sarrasins, Zama, fut tué devant les murs de cette ville.

Battus en différentes rencontres, mais non découragés dans leur entreprise contre le christianisme, les Sarrasins s'emparèrent de Nîmes (725), et poussant vers le nord, ils prirent Autun, ville forte de la Bourgogne.

Charles Martel ne cessa pas d'augmenter la gloire du nom frank. De graves événements se succédaient. Il y eut une invasion des peuples du Nord, des Frisons, des Saxons, etc., invasion plus redoutable pour le pays que celle tentée par les tribus sarrasines. L'abondance, la fécondité de la Gaule, attira de tout temps les Germains.

Charles Martel s'élança contre ces barbares et parvint à les refouler dans leurs provinces, après avoir gagné à sa cause les guerriers auxquels il distribuait les biens des évêques et des abbés de la Neustrie et de la Bourgogne.

Mais pour accomplir une haute œuvre de politique, pour exciter les peuples les uns contre les autres, les Germains contre les Germains, il fallait les convertir au christianisme. Saint Boniface, apôtre de l'Allemagne, fut employé à cette fin. Voici ce qu'on raconte. Le duc des Frisons, Radbod, étant devenu tributaire de Peppin d'Héristal, qui avait voulu déraciner les rites sauvages de ces peuples, parut enfin disposé à recevoir le baptême. Il avait déjà mis le pied dans les fonts, lorsqu'il s'avisa de demander au missionnaire (saint Wulframm) s'il retrouverait dans le paradis dont il lui parlait tant, les âmes de ses ancêtres et des héros de sa patrie. « Que dites-vous? s'écria Wulframm; ceux dont vous parlez sont avec les démons dans les fleuves brûlants de l'enfer, puisqu'ils n'ont pas reçu le baptême! — Alors je ne quitterai pas la compagnie de mes pères, répondit Radbod : là où ils sont, là je veux être! »

Et il sortit de l'eau.

Malgré ces résistances particulières, la conversion de certains peuples germains promettait de s'accomplir. Charles Martel la vit; peut-être eût-il réussi, tant sa force était grande. Mais après avoir régné sans daigner même faire un roi après la mort de Thierry IV (737), Charles Martel expira lui-même en 741.

« Charles Martel, dit M. de Ségur, était né pour son siècle; jamais il ne connut de passion que celle de la gloire; ses jeux étaient des combats, ses palais des camps, ses courtisans des guerriers. Le clergé, enrichi par les rois, lui refusa l'argent que la guerre exigeait; Charles, loin d'imiter son père, qui pour s'élever avait accru la puissance des prêtres, disposa de leurs biens pour affermir son pouvoir et pour sauver l'État. Il savait que la politique doit changer avec les circonstances; respectant la loi et méprisant la superstition, il protégea le pape, triompha des mahométans, combattit l'idolâtrie, défendit l'Église et appauvrit le clergé. Honorant la noblesse et soutenant le peuple contre elle, il ne traitait les grands en compagnons d'armes que lorsqu'ils se montraient braves, fidèles et généreux; la lâcheté ou la rébellion leur faisait perdre leurs biens et leurs dignités.

» L'homme libre le plus obscur était sûr de s'élever au rang des leudes en s'illustrant par les armes. Ce fut ainsi que Charles retendit tous les ressorts de l'État; mais pour dominer une nation si turbulente, il fallait un homme ferme et absolu. Charles le fut peut-être trop dans ses volontés; prompt à récompenser comme à punir, il donna souvent et sans mesure des évêchés à ses généraux, des abbayes à ses capitaines, des cures à ses soldats. Rome le bénit, l'Europe le respecta, les moines le condamnèrent aux feux éternels, et la France l'immortalisa. L'histoire impartiale, en lui laissant une grande partie de la gloire due à son courage, à sa constance, à son activité, dira que Charles fut un héros, mais un héros barbare, et peut-être un besoin du siècle. Il releva la France par ses armes; mais par son despotisme il acheva de faire rétrograder la civilisation; sous lui, les assemblées nationales tombèrent en désuétude; la liberté des Franks s'effaça, et tout ce qui restait de lumières s'éteignit. »

III.

Peppin le Bref, Charles et Carloman.

Charles Martel avait laissé l'Austrasie à son fils aîné Carloman, et à son second fils, Peppin dit le Bref, la Neustrie, la Bourgogne et la Provence.

Le premier ne tarda pas à se faire moine, et sa retraite rendit son frère tout puissant.

Peppin aspira à la couronne, et le pape Zacharie, ayant grand besoin de lui contre l'empereur grec et contre les Lombards, servit adroitement son ambition. Il était assez naturel, d'ailleurs, que l'intendance, la *mairie du palais*, absorbât insensiblement le pouvoir royal. Écoutons ce qu'un historien célèbre pense de cette intendance, d'abord modeste, puis très-audacieuse. « On s'est souvent demandé, dit-il, quelle était précisément cette charge des *maires du palais*, et plusieurs en ont fait un magistrat populaire, institué pour la protection des hommes libres. Nul doute que le maire n'ait fini par être élu, et même de bonne heure, aux époques de minorité ou d'affaiblissement du pouvoir royal. Mais aussi nul doute qu'il n'ait été primitivement choisi par le roi, au moins jusqu'à Dagobert. Le plus grand du palais devint le premier des leudes, leur chef dans la guerre, leur juge dans la paix. Or, à une époque où les hommes libres avaient intérêt d'être sous la protection royale, à devenir antrustions et leudes, le juge des leudes dut peu à peu se trouver le juge du peuple.»

Selon Éginhard, le pape Zacharie, consulté par Peppin sur les rois qui existaient alors en France et qui n'avaient que le nom de rois sans en avoir la puissance, répondit qu'il valait mieux que celui-là fût roi qui exerçait la puissance royale : c'est ainsi que par l'autorité apostolique, Peppin fut constitué vrai roi de France.

La question fut posée au pape en ces termes, en guise de cas de conscience : « Quel est le plus digne de régner, ou celui qui travaille utilement pour la défense de l'État, et fait toutes les fonctions de la royauté sans avoir le titre de roi, ou celui qui porte le titre, et n'est capable d'en faire aucun usage? »

L'intérêt du saint-siège fit prononcer pour le gouvernement contre le roi inutile.

Peppin fut élevé sur le trône et sacré solennellement à Soissons par saint Boniface (752).

Childéric III, dernier successeur de Clovis, fut enfermé dans un couvent à Saint-Omer, où il mourut en 755.

Le nouveau roi paya la faveur du pape avec usure. Étienne II, successeur de Zacharie, se rendit en France pour solliciter le secours de Peppin le Bref contre les Lombards. Alors Peppin se fit confirmer le ceptre par le pontife dans une seconde consécration, et il confirma lui-même la suprématie de l'Eglise. Ensuite il commença une expédition des Franks en Italie, força Astolphe, roi des Lombards, à céder à l'Eglise les provinces gagnées par la conquête, et donna au pape Ravenne et les cinq villes du duché de Rome, qui ont formé le principal patrimoine du saint-siége.

Il est curieux de lire les épîtres adressées par Etienne aux rois des Franks, à Peppin et à ses deux fils : « Ce que vous avez promis en donation à saint Pierre, dit le pape, vous devez le lui livrer. Considérez quel créancier redoutable est saint Pierre, le portier des cieux, le prince des apôtres; hâtez-vous donc de lui livrer tout ce que vous lui avez promis en don, si vous ne voulez demeurer condamné dans la vie à venir et pleurer dans l'éternité... Car, sachez-le, l'acte chirographique de votre donation (c'est-à-dire l'acte de donation signé et scellé de votre main) a été reçu par le prince des apôtres, qui le tient fortement dans sa main. Aussi est-il nécessaire que vous en remplissiez toutes les conditions; autrement il le montrera dans le jugement dernier, lorsque le juste juge viendra, au travers des feux, juger les vivants, les morts et le siècle. »

Prédication de la croisade par Pierre l'Ermite et Urbain II.

Ne croyant point en avoir fait assez encore, Etienne écrivit de nouveau, en 755, aux rois et à la généralité des leudes, en prétendant leur transmettre seulement les ordres de saint Pierre : « C'est moi-même, y est-il dit, Pierre, l'apôtre de Dieu, qui vous tiens pour mes fils adoptifs...; croyez-le fermement, vous qui m'êtes chers, et n'en doutez point, lorsque je vous parle moi-même, comme si j'étais revêtu de ma propre chair, et toujours vivant devant vous. C'est moi aujourd'hui qui vous conjure et qui vous oblige, par les fortes instances... Bien plus, notre Dame, la mère de Dieu, Marie, toujours vierge, se joint à nous pour vous solliciter, vous protester, vous admonester, vous ordonner. En même temps les trônes et les dominations, et toute l'armée de la milice céleste, les martyrs, les confesseurs du Christ, et tous ceux qui plaisent à Dieu, se joignent à nous pour vous exhorter et vous conjurer avec protestation d'avoir pitié de cette ville de Rome que notre Seigneur Dieu nous a confiée; des brebis du Seigneur qui y demeurent, et de la sainte Eglise que Dieu même m'a recommandée. Ne vous séparez point de mon peuple romain, si vous ne voulez pas être séparé du royaume de Dieu et de la vie éternelle. Tout ce que vous demanderez en retour, je vous l'accorderai, ou j'y emploierai du moins tout mon crédit. Je vous en conjure donc, ne permettez point que ma ville de Rome et le peuple qui l'habite soient tourmentés et déchirés par la race des Lombards, si vous ne voulez pas que vos corps et vos âmes soient tourmentés dans le feu inextinguible de l'enfer, par le diable et ses anges pestilentiels. »

Cette lettre produisit sur les esprits des Franks et sur les rois étrangers un effet comparable à celui que produisit un acte de Peppin lui-même. Peppin, informé que les généraux de son armée se raillaient secrètement de sa très-petite taille, commanda un jour qu'on amenât un taureau prodigieusement grand et indomptable, contre lequel il fit lâcher un lion féroce. Le lion se précipitant impétueusement sur le taureau, le saisit par le cou et le renversa par terre. — Allez, dit le roi à ceux qui l'entouraient, allez arracher le taureau à la fureur du lion ou tuer le lion sur le taureau. » Ceux-ci se regardèrent les uns les autres, et, les cœurs glacés d'effroi, purent à peine articuler ces mots : « Seigneur, il n'est pas d'homme qui oserait.... » Peppin se lève de son trône, tire son glaive, descend dans l'arène, tranche d'un coup la tête du lion et d'un autre coup celle du taureau, revient s'asseoir en disant : « Qu'en dites-vous? puis-je être votre seigneur roi? n'avez-vous jamais entendu dire que le petit David vainquit le géant Goliath, qu'Alexandre le Grand, quoique de mince figure, surpassait les plus grands de ses guerriers? Suis-je assez puissant pour être votre seigneur. »

Tous les leudes, en l'entendant, étaient tombés à genoux, et avaient balbutié : « Vous êtes fait, seigneur, pour commander. »

Les autres événements du règne de Peppin furent des expéditions contre les Saxons, les Sarrasins et les Aquitains.

Le duc d'Aquitaine Guaifer, se défiant de la maison de Peppin, avait offert un refuge à Grifo, propre frère du roi, lorsque celui-ci l'avait dépouillé de son héritage.

Peppin, après avoir terminé la guerre d'Italie et affranchi la Septimanie de la puissance des Sarrasins, ne tarda pas à porter la guerre chez le duc d'Aquitaine et à l'accuser d'avoir usurpé les revenus de plusieurs églises, cherchant ainsi à intéresser le clergé à sa querelle.

Après huit ans d'une guerre d'extermination, Guaifer, fils et successeur d'Hunald, qui avait abdiqué et s'était retiré dans un couvent, périt assassiné dans le Périgord par ses propres satellites qu'avait gagnés Peppin; l'Aquitaine désolée passa sous la domination des Franks.

Règne de Louis VI. — Affranchissement des communes. — Lecture publique d'une charte.

A peine était achevée la conquête de l'Aquitaine, que Peppin ressentit les premières atteintes de la maladie qui le conduisit au tombeau. En vain il adressa des prières à saint Martin et à saint Denis; en vain il chargea de riches présents les autels de ces saints vénérés; en vain il distribua aux pauvres d'abondantes aumônes. Rien ne détourna le coup mortel. Peppin expira en 768, dans la dix-septième année de son règne, après avoir partagé son royaume entre ses deux fils, Charles et Carloman, qui, couronnés dès l'an 754 par le pape Etienne III, portaient déjà le titre de rois. Ainsi, le double couronnement qui eut lieu à Noyon pour le premier, et à Soissons pour le second, consacra simplement le partage qui avait été fait par Peppin.

Charles fut appelé à gouverner la Neustrie, la Bourgogne, la Provence et l'Aquitaine; Carloman dut régner sur l'Austrasie et le provinces germaniques. Ce partage jeta entre les deux frères les premiers germes d'une animosité que tous les efforts de la reine Berthe, leur mère, ne purent étouffer (769). Au moment où ils se séparaient pour éviter une rupture, l'Aquitaine se soulevait.

Le vieil Hunald, père du malheureux Guaifer, avait appris, du fond de son couvent, les désastres de son fils et la dévastation de son pays. Il parut tout à coup au milieu de ses anciens sujets, les appela aux armes et à la vengeance, et se trouva à la tête d'une armée nombreuse. Instruit de cette révolte, Charles se dirigea à grandes journées vers l'Aquitaine. Hunald ne put longtemps soutenir une lutte inégale. Son ennemi le poursuivit de forêt en forêt, de caverne en caverne. Enfin, Hunald, livré à Charles, parvint à s'échapper, et trouva un asile chez Didier, roi des Lombards.

La même année Charles répudia sa femme pour épouser la fille de Didier, Désirée, qu'il renvoya à son père après un an de mariage, et qu'il remplaça bientôt par Hildegarde.

Carloman mourut après un règne de trois années (771). Charles se rendit dans les Etats de son frère, et convoqua à Carbonac (Ardennes) une assemblée nationale où il fut reconnu pour successeur de Carloman. Gilberge, veuve de ce prince, protesta vainement, au nom de ses deux fils en bas âge, contre cette usurpation. Elle se réfugia alors avec ses enfants à la cour de Didier, qui brûlait de venger l'outrage fait à sa famille.

SIXIÈME AGE.

I.

Charlemagne. — Guerre contre les Lombards et contre les Saxons. — Charlemagne protège le pape.

Karl-mann (l'homme fort, Charlemagne), d'humeur plus guerrière encore que ses devanciers, avait bâti un château à Fronsac, sur la Dordogne (*Castellum Francioum*), pour contenir les Aquitains, et, lorsqu'il demeura seul maître du pays des Franks, il commença sa carrière de conquérant en faisant la guerre aux Saxons. Cette guerre fut provoquée par le prêtre saint Libuin, qui, vers 772, se présenta aux Saxons dans une de leurs assemblées générales, et essaya de les convertir au christianisme. Ceux-ci étaient païens dans l'âme, et leurs réponses furent des massacres. Charlemagne marcha contre eux, et prit le château d'Ehresburg (Stathergen aujourd'hui, dans l'évêché de Paderborn). Ensuite, ce succès obtenu, il eut d'autres peuples à combattre, notamment les Lombards. La cause de cette nouvelle expédition vint d'un fait personnel à Charlemagne. Il avait épousé, puis répudié, ainsi que nous l'avons dit, Désirée, fille de Didier; de plus, ce prince avait reçu dans son royaume la veuve et le fils de Carloman. Le pape Etienne III, qui ne voulait pas, selon le désir de Didier, sacrer les fils du défunt Carloman, prit le parti de Charlemagne (773). Les Franks déclarèrent la guerre aux Lombards, et leur roi franchit les Cluses de l'Italie sans combattre, bloqua Pavie et Vérone, qui ne tardèrent pas à se rendre (774), tandis qu'il paraissait à Rome, où aucun roi frank n'était encore entré. Alors, comme Didier était prisonnier, comme Adelgise, le fils de Didier, s'était enfui à Constantinople, Charlemagne profita personnellement des conquêtes faites par les Franks, et reçut du pape Adrien le titre de roi des Franks et des Lombards et patrice des Romains.

Cependant les Saxons, acharnés, continuaient les hostilités. Charlemagne, revenu de la Lombardie, s'empara de Siegesburg, où ils avaient mis une garnison (775); les battit à Brunesberg, et passa le Weser. Les Saxons-Westphaliens et les Angariens lui offrirent le serment de fidélité. Un an plus tard, ils se soulevèrent de nouveau, et furent de nouveau soumis. Alors Charlemagne résolut de convoquer un champ de mai à Paderborn même (777), assemblée à la suite de laquelle les Saxons reçurent le baptême. En 778, il fit une campagne au delà des Pyrénées, et soumit la marche d'Espagne jusqu'à l'Ebre, succès peu durable, car bientôt les Navarrois et les Gascons s'unirent aux musulmans, et Charlemagne éprouva une défaite dans la vallée de Roncevaux, où périt le paladin Roland. En cette même année, les Saxons reparurent encore, conduits par Wittikind; ils s'étaient répandus sur les bords du Rhin, ravageant tout sur leur passage. Charlemagne les vainquit à Buckholz, et il y eut une nouvelle soumission (779), après laquelle le vainqueur établit sa domination jusqu'à l'Elbe, et fonda de grands évêchés en Saxe.

Les excellentes relations qui existaient entre le pape et l'empereur faillirent disparaître, parce que le pape fut accusé de vendre aux Sarrasins les esclaves qu'il avait reçus de Charlemagne; mais Adrien reporta l'accusation sur les Lombards, et la bonne intelligence se rétablit entre les deux puissances temporelle et spirituelle. Aussi vit-on bientôt le pape apaiser la haine que Tassillon, duc de Bavière, nourrissait contre les Franks (781). Charlemagne put donc se mettre tout entier à combattre Wittikind. En 782, il assembla le champ de mai à Lippspring (près de Paderborn), pour montrer aux Saxons les forces militaires des Franks. Wittikind ne tarda pas à soulever ses compatriotes, et il battit les lieutenants de Charlemagne (782), au nord du mont Sonnethal, près du village de Munder. Charlemagne entra lui-même en Saxe; Wittikind s'était retiré chez les Normands. L'empereur se fit livrer tous ceux qui avaient pris les armes dans la dernière campagne, et fit trancher la tête à quatre mille cinq cents Saxons, à Verden, sur le fleuve Aller. Cette cruauté devait causer, causa une révolte universelle des Saxons (783), qui aboutit pour eux à une double défaite, la première à Theudenold, (aujourd'hui Dethmold près de la montagne d'Osnegg), la seconde sur les bords de la Hase. Et alors, Charlemagne, irrité contre eux, devint encore plus impitoyable, dévasta leur pays par le fer et la flamme, incendiant les villages des Westphaliens (784). Pendant tout l'hiver de 784-785, il suivit ce système, jusqu'à ce que Wittikind se fût soumis, et que, dans une assemblée à Attigny-sur-Aisne, les Saxons eussent juré de demeurer en paix, et eussent reçu le baptême (785).

Huit ans, la Saxe demeura pacifiée. D'autres soins occupèrent Charlemagne. Le comte Hartrad, Thuringien, irrité contre Fastrade, qui avait, selon lui, fait adopter à son époux des mesures cruelles, voulut rendre son pays indépendant; mais les Thuringiens ne purent résister, et furent punis à la diète de Vorms (786), à cette même diète où les chefs bretons de l'Armorique vinrent se soumettre à Charlemagne.

Le pape Adrien, effrayé du voisinage des Lombards et des Grecs, appela Charles contre eux. Celui-ci alla en Italie (787), pour conquérir le duché de Bénévent. Arigise, qui le gouvernait, envoya son fils Romuald avec des présents considérables vers Charlemagne. Romuald fut retenu prisonnier, et aucun arrangement n'intervint. Le duc Arigise songea donc à se défendre, et parvint à obtenir une pacification honorable. Bientôt Romuald mourut, le 21 juillet 787, et Arigise le 26 août de la même année. Le second fils d'Arigise, appelé Grimoald, était l'otage de Charles, et le pape supplia le roi des Franks de ne pas lui rendre la liberté: il voulait anéantir la maison d'Arigise.

Tassillon, duc de Bavière, vit ses peuples soumis aux lois des Franks (788). Charlemagne pénétra en Pannonie; de ce côté, les Huns et les Avares touchaient la frontière du royaume des Franks. L'Adriatique et la Méditerranée bornaient au sud-est et au sud l'empire de Charlemagne. Cependant les Grecs conservaient en Italie les droits de souveraineté sur Venise, Naples et quelques villes de la Calabre.

Charlemagne ne songeait pas à étendre ses Etats au delà de l'Elbe, lorsqu'il se trouva dans la nécessité de franchir ce fleuve pour aller au secours des Obodrites, ses alliés, contre les Wilses, leurs voisins (789). Son armée était composée de Franks, de Saxons; de Frisons et de plusieurs peuples slaves qui aimèrent mieux partager les dépouilles des vaincus que de défendre leur indépendance. Les Wilses furent soumis dans une seule campagne. Les limites des Franks s'étendirent alors jusqu'à l'Oder.

Les Huns, maîtres de la Pannonie, faisaient de fréquentes incursions en Bavière et dans le Frioul (790); Charlemagne marcha contre ces barbares, les arracha de tous leurs châteaux forts, et se retira sans avoir pu engager contre eux une bataille décisive.

Prêt à entreprendre une nouvelle campagne contre les Huns, il apprit que les Saxons, fatigués de leur soumission et soulevés sur tous les points, avaient taillé en pièces une armée de Frisons commandée par le comte Théodéric; qu'ils avaient brûlé les églises, banni ou massacré les prêtres et les évêques, et qu'ils étaient revenus avec enthousiasme au culte de leurs dieux nationaux. D'un autre côté, les Sarrasins avaient envahi l'Aquitaine, battu Guillaume, comte de Toulouse, et ils s'étaient retirés chargés de butin, emmenant avec eux des milliers de captifs (791).

Charlemagne songe d'abord à punir les Saxons. Il entre en Saxe à la tête d'une armée formidable, tandis que Charles, son fils aîné, pénètre dans ce pays par la frontière occidentale. Pressés de toutes parts, les Saxons s'enfuient dans leurs forêts et dans leurs montagnes. Charlemagne ravage alors pendant plusieurs années ces malheureuses contrées, arrache au sol natal plusieurs milliers de familles saxonnes qu'il transplante en Flandre, en Suisse et dans l'intérieur de la Gaule, et surveille sans cesse un peuple qui nourrit contre les Franks une haine implacable.

Pendant qu'il désole la Saxe, un de ses fils commande une expédition contre les Huns et les Avares (796). Peppin, accompagné du duc de Frioul, se dirige à la tête d'une armée de Lombards et de Bavarois vers la Pannonie. Il traverse le Danube et la Theiss; cerne dans leur *ring* ou camp retranché les Huns, qui défendent avec la fureur du désespoir les dépouilles de l'Orient entassées dans cette enceinte; force tous les obstacles; disperse les ennemis, et revient enrichir la cour de Charlemagne. En outre, Louis d'Aquitaine commande une expédition en Espagne, où les Sarrasins ont reparu. Ce prince profite des discordes des musulmans, reprend la marche d'Espagne, pousse ses conquêtes au nord de l'Ebre, s'empare de Pampelune et de Barcelone, et soumet les îles Baléares. Presque à la même époque, Alphonse II, roi d'Asturie et de Galice, enlève aux Maures plusieurs places, entre vainqueur dans Lisbonne, et envoie des ambassadeurs à Charlemagne pour lui demander des secours d'hommes et d'argent. Louis reçoit l'ordre d'aller vers le roi de Galice.

Charlemagne était occupé aux préparatifs d'une double expédition contre la Saxe et contre la Pannonie, lorsqu'une révolution survenue à Rome le força d'ajourner ses projets. Adrien Ier était mort en 795. Léon III, son successeur, s'était hâté de reconnaître la suzeraineté de Charlemagne. Mais bientôt un complot se forme contre le nouveau pontife (799). Au moment où Léon marche à la tête d'une procession solennelle, les conjurés se jettent sur lui, tentent vainement de lui arracher la langue et les yeux, et le renferment dans un couvent. Le pape, s'étant échappé pendant la nuit, se réfugie auprès de Guineiges, duc de Spolète.

Instruit de tout ce qui s'est passé, le roi des Franks vient au-devant du souverain pontife jusqu'à Paderborn. Ne pouvant accompagner Léon en Italie, il délègue, pour le replacer sur le saint-siège, quatre évêques et plusieurs comtes. Le pape rentre dans Rome aux acclamations unanimes de ses sujets, jette en prison les chefs du complot en attendant le jugement que Charlemagne seul prononcera.

Charlemagne, après avoir pris toutes les mesures nécessaires pour prévenir les incursions des Huns et des Normands, descendit en Italie à la tête d'une nombreuse armée; il entra dans Rome, et il assembla un concile dans lequel Léon repoussa les accusations de simonie dirigées contre lui. Lorsqu'il s'agit de prononcer la sentence, les archevêques, les évêques et les abbés déclarèrent que *personne n'avait le droit de juger le juge de tous les hommes*. Léon se purgea par serment des crimes qui lui étaient imputés. Ses calomniateurs furent exilés.

II.

Charlemagne est sacré empereur. — Sa mort. — Son influence sur le moyen âge. — Les *Capitulaires*. — Première renaissance des lettres.

Le pape voulut récompenser dignement son bienfaiteur. Le jour de Noël (800), au moment où l'invincible roi de France priait sur les marches de l'autel, le front légèrement incliné vers la terre, Léon III plaça sur sa tête une couronne d'or, en prononçant l'ancienne formule que tout le peuple et tout le clergé répétèrent : *A Charles Auguste, couronné par Dieu grand et pacifique empereur des Romains, gloire et longue vie!*

En acceptant le sceptre des empereurs, Charlemagne devint le nouveau chef de l'antique civilisation. Bientôt ses ambassadeurs fixèrent avec Nicéphore les limites des deux empires. Charlemagne resta maître de la Liburnie, de l'Italie, de la Dalmatie, de la Croatie, de la Bosnie et de la Pannonie. Les Grecs conservèrent dans ces provinces les îles et les villes maritimes de la Dalmatie, ce qui leur assurait la domination de l'Adriatique.

Charlemagne, revenant de ses Etats, rencontra à Pavie des ambassadeurs du célèbre Haroun-al-Raschid, calife de Bagdad, qui lui envoyait une horloge sonnant les heures, un étendard de Jérusalem, les clefs du saint sépulcre et sa *bénédiction*.

Après son retour d'Italie, l'empereur se livra presque exclusivement à l'administration de ses vastes États. En 806, il partagea son empire entre ses trois fils. Mais de grands chagrins allaient accabler sa vieillesse. Bientôt son empire s'affaiblit. Les Danois ou les Normands apparaissaient à tout instant sur les côtes du pays des Franks. Témoin un jour de leur audace, Charlemagne s'écria avec douleur : « Si pendant ma vie ces brigands osent braver notre puissance, qui les contiendra après ma mort? »

Pepin expira en 810; son frère le suivit de près dans la tombe (811). Louis d'Aquitaine, appelé à recueillir seul un immense héritage, fut associé à l'empire en 813. « Les grands plaids étant convoqués à Aix-la-Chapelle, selon un chroniqueur, Charlemagne présenta son fils Louis aux évêques, aux abbés, comtes et sénateurs de France, et il leur demanda de le constituer roi et empereur. Tous y consentirent également, déclarant que cela serait bien. Le même avis plut à tout le peuple, en sorte que l'empire lui fut décerné par la tradition de la couronne d'or, tandis que le peuple criait : Vive l'empereur Louis! »

Quelques mois après cette cérémonie, Charlemagne mourut à l'âge de soixante-onze ans, après en avoir régné quarante-sept. Il fut enterré à Aix-la-Chapelle, capitale de son empire.

« Charlemagne, dit Montesquieu, mit un tel tempérament dans les ordres de l'État, qu'ils furent contrebalancés et qu'il resta le maître. Tout fut uni par la force de son génie. L'empire se maintint par la grandeur du chef; le prince était grand, l'homme l'était davantage. Il fit d'admirables règlements; il fit plus, il les fit exécuter. On voit dans les lois de ce prince un esprit de prévoyance qui comprend tout, et une certaine force qui entraîne tout : les prétextes pour éluder les devoirs sont ôtés, les négligences corrigées, les abus réformés ou prévenus; il savait punir, il savait encore mieux pardonner. Vaste dans ses desseins, simple dans l'exécution, personne n'eut à un plus haut degré l'art de faire les plus grandes choses avec facilité, et les difficiles avec promptitude.

» Il parcourait sans cesse son vaste empire, portant la main partout où il allait tomber. Les affaires renaissaient de toutes parts, il les finissait de toutes parts. Il se joua de tous les périls, et particulièrement de ceux qu'éprouvent presque toujours les grands conquérants, c'est-à-dire des conspirations. »

Charlemagne, conquérant et législateur, mit le comble à sa gloire par le soin qu'il donna à l'instruction du peuple et la protection qu'il accorda aux lettres. Il attira à sa cour les hommes les plus savants de son temps, entre autres Clément le Scott, qu'il avait placé à la tête d'une école dans laquelle il faisait élever un grand nombre d'enfants de *haute, de moyenne* et *de basse condition*. Au retour d'une de ses campagnes, il manda par-devant lui les enfants qu'il avait confiés à Clément, et se fit apporter leurs compositions en prose et en vers : les élèves de naissance moyenne et inférieure présentèrent des (ouvrages) devoirs qui passaient toute espérance et qui étaient pleins de science; les nobles n'eurent à montrer que des compositions remplies d'inepties. Alors Charles fit passer à sa droite ceux qui avaient bien travaillé, et leur parla en ces termes : « Grâces vous soient rendues, mes enfants, pour avoir ainsi travaillé selon votre pouvoir à l'exécution de mes ordres et à votre propre avantage! Tâchez maintenant d'atteindre à la perfection, et vous serez toujours dignes de ma considération. » — Puis, tournant vers ceux qui étaient à sa gauche son visage irrité, et portant l'effroi dans leurs consciences, il leur lança ironiquement ces paroles, en tonnant plutôt qu'en parlant : « Quant à vous, nobles, vous, enfants des premiers du royaume, vous, beaux fils délicats et mignards qui comptez sur votre naissance et sur vos grands biens, vous avez négligé l'étude des lettres, sans égard pour mes commandements et pour votre honneur; vous avez mieux aimé vous livrer au jeu, à la paresse, à la débauche ou à des exercices frivoles. » — Et levant au ciel sa tête auguste et sa droite invincible, il s'écria d'une voix foudroyante : « Par le roi des cieux! (c'était son serment ordinaire) je ne fais pas grand cas de votre noblesse et de votre beauté que les autres admirent tant. Et sachez bien que, si vous ne réparez au plus tôt votre négligence, vous n'obtiendrez jamais rien de bon du roi Charles. »

N'étant pas dominé par la superstition, Charlemagne ne se faisait aucune illusion sur la moralité du clergé. Un *capitulaire* adressé en 811 aux évêques sous forme de questions est ainsi conçu : « Nous prierons les gens d'église de nous expliquer nettement ce qu'ils entendent par *quitter le monde*, et en quoi on peut distinguer ceux qui le quittent de ceux qui y demeurent. — Si c'est seulement en ce qu'ils ne portent point les armes et ne sont pas mariés publiquement? — Si celui-là a quitté le monde, qui ne cesse tous les jours d'augmenter ses biens par toutes sortes de moyens, en promettant le paradis ou menaçant de l'enfer, pour persuader aux simples de se dépouiller de leurs biens et d'en priver leurs héritiers légitimes, lesquels sont ensuite réduits à vivre de brigandages? — Si c'est avoir quitté le monde que de suivre la passion d'acquérir jusqu'à corrompre par argent des témoins pour avoir le bien d'autrui et de chercher des avoués et des prévôts cruels, avides et sans crainte de Dieu, » etc.

Charlemagne, doué d'une grande puissance et en possession de moyens extraordinaires pour la diriger, peut nous prouver jusqu'à l'évidence que le plus grand empire, basé seulement sur l'ordre politique, n'opérera jamais des réformes impérissables si les peuples ne secondent les desseins du pouvoir.

Combien d'efforts ne lui fallut-il pas pour subjuguer les Saxons, si vaillants et si pauvres, et dont le seul crime paraît avoir été d'aimer la liberté, l'indépendance et leur religion antique!

Charlemagne employa trente-trois années pour les assujettir, et encore de quels moyens se servit-il? Comme plus tard on voulut soumettre les hérétiques par des *dragonnades* et des *prêches*, Charlemagne croyait dompter les Saxons avec des garnisons et des missionnaires. Sa pensée était plutôt de les opprimer que de les gagner à la nouvelle loi. Il ordonna de les tuer par milliers, et il les fit baptiser en poussant les récalcitrants dans l'Elbe. Ceux qui échappèrent au carnage et à l'eau, furent disséminés dans les pays lointains. On a eu bien raison de dire que les décrets dictés par Charlemagne contre les Saxons étaient écrits *en lettres de sang*.

Le désir de rétablir l'ancien empire romain dominait Charlemagne; il eut l'incroyable bonheur d'être nommé par le pape Léon III empereur de Rome, et d'entendre les Romains déchus crier : Vive Charles, pacifique, empereur, couronné de la main de Dieu!

Charlemagne mit à exécution une pensée plus heureuse que celle de ressusciter l'empire : il chercha à éclairer le peuple, à lui donner l'instruction indispensable pour faire naître les grands hommes. Il institua les écoles pour y faire travailler ses sujets dans la lecture, l'arithmétique et le chant. Lui-même il aimait passionnément la musique d'Église, et il s'attacha à l'importer d'Italie en France. Les professeurs de ces écoles étaient des prêtres, les seuls lettrés de cette époque. On enseignait alors dans les cloîtres seuls, dans des bâtiments voisins des palais épiscopaux.

Avec ses idées de règle et de discipline, Charlemagne créa d'autres institutions non moins utiles que les écoles primaires. Il réunit plusieurs fois à Aix-la-Chapelle ces grands conseils connus sous le nom de *champs de mai*, où les évêques, les seigneurs et les pairs (douze hommes libres, choisis dans chaque comté) délibérèrent sur les *Capitulaires* (ordonnances royales), qui, après avoir été discutés publiquement, recurent force de loi.

Autant que les lumières de ce temps le permettaient, cette législation répondait aux intérêts généraux. Il ne faut pas perdre de vue que l'état social d'alors était militaire et que les peuples devaient supporter de grandes et nombreuses révolutions avant d'atteindre à cet ordre de choses auquel la civilisation moderne arrive insensiblement, ou quelquefois même par des secousses terribles.

Charlemagne étendit son influence sur les conciles; il restreignit les empiétements des évêques, en les exemptant du service militaire, en substituant une donation volontaire à la dîme proprement dite, en réformant les lois monastiques, en abrogeant le droit d'asile dans les couvents, en publiant des lois somptuaires, des règlements monétaires et commerciaux, en établissant des assemblées provinciales où les envoyés royaux (*missi dominici*) devaient recueillir les plaintes du peuple et s'informer si les lois étaient strictement observées et exécutées par ceux auxquels leur garde avait été confiée.

« La gloire littéraire et religieuse du règne de Charlemagne, écrit M. Michelet, tient surtout à trois étrangers. Le Saxon Alcuin et l'Ecossais Clément fondèrent l'école palatine, modèle de toutes les autres qui s'élevèrent ensuite. Le Goth Benoît d'Aniane, fils du comte de Maguelonne, réforma les monastères et y établit uniformément la règle bénédictine. Charlemagne ne donna point à proprement parler une législation nouvelle, mais il fit de louables efforts pour organiser une administration régulière. Quatre fois par an ses inspecteurs parcouraient les provinces, recueillaient les plaintes et l'informaient des abus. »

SEPTIÈME AGE.

I.

Louis le Débonnaire.

Louis le Débonnaire (814-40), qu'on a surnommé le *saint Louis du neuvième siècle*, succède à Charlemagne dans tous ses Etats, excepté en Italie, où règne son neveu Bernard, sous la suzeraineté de la France. Les tribus soumises par Charlemagne trouvèrent en Louis un juge impartial; il accueillit leurs réclamations, il écouta leurs plaintes, il remédia aux abus et aux besoins populaires, partout où cela lui fut possible. Mais lorsqu'il s'agit des droits du souverain, Louis demeura inflexible et cruel.

Bernard, roi d'Italie, se révolta contre son oncle; celui-ci lui fit crever les yeux, et le malheureux Bernard mourut trois jours après cette exécution. Il fut enterré à Milan, et on grava sur son tombeau : *Ci-gît Bernard de sainte mémoire*.

Cependant Louis se repentit bientôt de sa cruauté envers Bernard : il demanda à être exposé à une pénitence publique. Il l'obtint. Cette humiliation volontaire amena politiquement de fâcheuses conséquences. L'opinion générale du temps était que celui qui avait baissé le front devant le prêtre ne pouvait plus commander aux guerriers.

Au reste, les plus grands malheurs de Louis lui vinrent des actes de ses propres fils : après la révolte de son neveu arriva celle de ses propres fils.

Judith de Bavière, seconde épouse de Louis, obtint pour son fils un petit Etat aux confins de la France, de l'Allemagne et de l'Italie. Dès l'an 817, dit un grand écrivain, Louis avait suivi le mauvais exemple de son père, en donnant des royaumes à ses enfants; et n'ayant pas le courage d'esprit de son père ni l'autorité que ce courage donne, il s'exposait à l'ingratitude. Oncle barbare et frère trop dur, il fut un père trop facile.

Ayant associé à l'empire son fils aîné Lothaire, donné l'Aquitaine au second nommé Peppin, la Bavière à Louis, son troisième fils, il lui restait un jeune enfant d'une nouvelle femme.

Une des sources du malheur de Louis le Faible et de tant de désastres plus grands qui depuis ont affligé l'Europe, fut cet abus qui commençait à naître d'accorder de la puissance dans le monde à ceux qui ont renoncé au monde.

Vala, abbé de Corbie, son parent par bâtardise, commença cette scène mémorable. C'était un homme furieux par zèle ou par esprit de faction ou par tous les deux ensemble, et l'un de ces chefs de parti qu'on a vus si souvent faire le mal en prêchant la vertu, et troubler par l'esprit de la règle.

Dans un parlement tenu à Aix-la-Chapelle en 829, parlement où étaient entrés les abbés, parce qu'ils étaient seigneurs de grandes terres, ce Vala reproche publiquement à l'empereur tous les désordres de l'Etat : « C'est vous, lui dit-il, qui en êtes coupable. » Il parle ensuite en particulier à chaque membre du parlement avec plus

de sédition. Il ose accuser l'impératrice Judith d'adultère. Il veut prévenir et empêcher les dons que l'empereur veut faire à ce fils qu'il eu de l'impératrice. Il déshonore et trouble la famille royale, et par conséquent l'État, sous prétexte du bien de l'État même.

Enfin l'empereur irrité renvoya Vala dans son monastère, d'où il n'eût jamais dû sortir. Il résolut, pour satisfaire sa femme, de donner à son fils une petite partie de l'Allemagne vers le Rhin, le pays des Suisses et la Franche-Comté.

Si dans l'Europe les lois avaient été fondées sur la puissance paternelle, les trois esprits eussent été pénétrés de la nécessité du respect filial comme du premier de tous les devoirs, les trois enfants de l'empereur, qui avaient reçu de lui des couronnes, ne se seraient point révoltés contre leur père, qui donnait un héritage à un enfant du second lit.

D'abord ils se plaignirent : aussitôt l'abbé de Corbie se joint à l'abbé de Saint-Denis, plus factieux encore, et qui, ayant les abbayes de Saint-Médard, de Soissons et de Saint-Germain-des-Prés, pouvait lever des troupes, et en leva ensuite. Les évêques de Vienne, de Lyon, d'Amiens, unis à ces moines, poussent les princes à la guerre civile, en déclarant rebelles à Dieu, à l'Église ceux qui ne seront pas de leur parti. En vain Louis le Débonnaire, au lieu d'assembler des armées, convoque quatre conciles, dans lesquels on fait de bonnes et d'utiles lois. L'empereur arme à la fin. On voit deux camps remplis d'évêques, d'abbés et de moines. Mais du côté des princes est le pape Grégoire IV, dont le nom donne un grand poids à leur parti. C'était déjà l'intérêt des papes d'abaisser les empereurs. Déjà Etienne, prédécesseur de Grégoire, s'était installé dans la chaire pontificale sans l'agrément de Louis le Débonnaire. Brouiller le père avec les enfants semblait le moyen de s'agrandir sur leurs ruines. Le pape Grégoire vient donc en France, et menace l'empereur de l'excommunier.

Les évêques du parti de l'empereur se servent de leur droit, et font dire courageusement au pape : « S'il vient pour excommunier, il retournera excommunié lui-même. » Ils lui écrivent avec fermeté, en le traitant, à la vérité, de pape, mais en même temps de frère. Grégoire, plus fier encore, leur mande : « Le terme de frère sent trop l'égalité, tenez-vous-en à celui de pape; reconnaissez ma supériorité : sachez que l'autorité de ma chaire est au-dessus de celle du trône de Louis. » Enfin il élude dans cette lettre le serment qu'il a fait à l'empereur.

La guerre tourne en négociation. Le pontife se rend arbitre, il va trouver l'empereur dans son camp. Il y a le même avantage que Louis avait eu autrefois sur Bernard; il séduit ses troupes ou il souffre qu'elles soient séduites, qu'il trompe Louis ou il soit trompé lui-même par les rebelles au nom desquels il porte la parole. A peine est-il sorti du camp que la nuit même la moitié des troupes impériales passe du côté de Lothaire son fils. Cette désertion arriva près de Bâle, sur les confins de l'Alsace; et la plaine où le pape avait négocié s'appelle encore le *Champ du mensonge*. Alors le monarque malheureux se rend (830) prisonnier à ses fils rebelles, avec sa femme Judith, objet de leur haine. Il leur livre son fils Charles, âgé de dix ans, prétexte innocent de la guerre. Les vainqueurs se contentèrent de faire raser l'impératrice, de la mettre en prison en Lombardie, de renfermer le jeune Charles dans le couvent de Prum, au milieu de la forêt des Ardennes, et de détrôner leur père.

Lothaire, d'autant plus coupable qu'il était associé à l'empire, traîne son père prisonnier à Compiègne. Il y avait alors un abus funeste introduit dans l'Église, qui défendait de porter les armes et d'exercer les fonctions civiles pendant le temps de la pénitence publique. Ces pénitences étaient rares et ne devaient guère que sur quelques malheureux de la lie du peuple. On résolut de faire subir à l'empereur ce supplice infamant sous le voile d'une humiliation chrétienne et volontaire, et de lui imposer une pénitence perpétuelle qui le dégraderait pour toujours.

Louis est intimidé : il a la lâcheté de condescendre à cette proposition, qu'on a la hardiesse de lui faire. Un archevêque de Reims, nommé Ebbon, tiré de la condition servile malgré les lois, élevé à cette dignité par Louis lui-même, dépose ainsi son souverain et son bienfaiteur. On fait comparaître le souverain entouré de trente évêques, de chanoines, de moines, dans l'église Notre-Dame de Soissons. Son fils Lothaire, présent, y jouit de l'humiliation de son père. On fait étendre un cilice devant l'autel. L'archevêque ordonne à l'empereur d'ôter son baudrier, son épée, son habit, et de se prosterner sur ce cilice. Louis, le visage contre la terre, demande lui-même la pénitence publique, qu'il ne méritait que trop en s'y soumettant. L'archevêque le force de lire à haute voix un papier dans lequel il s'accuse de sacrilège et d'homicide. Le malheureux lit posément la liste de ses crimes.

Nous le citons verbalement d'après l'historien Mézerai : « Je suis, lui faisait-on dire, coupable d'homicide et de sacrilège. J'ai violé mes serments, consenti à la mort de mon neveu, fait violence à mes parents, entrepris des guerres sans nécessité, au grand dommage de mon royaume. Je n'ai point écouté les remontrances que des personnes zélées me faisaient pour le bien de mes sujets; je les ai, au contraire, fait arrêter, dépouiller de leurs biens, traîner en esclavage, j'ai fait condamner des absents à mort, violenté les juges pour leur faire rendre des sentences iniques; j'ai rompu l'accord fait avec mes enfants pour le bien de la paix; j'ai contraint mes sujets de se parjurer par de nouveaux serments, et je les ai armés les uns contre les autres pour s'entre-détruire. Enfin, sans nécessité, j'ai fait une expédition guerrière dans le saint temps de carême, et délibéré de faire une assemblée générale dans l'extrémité de mes Etats le jour du jeudi saint, lorsque les chrétiens ne doivent s'occuper qu'à se disposer à célébrer le saint jour de Pâques. »

Dans le procès-verbal qu'on dresse de cette action, on ne daigne pas seulement nommer Louis du nom d'empereur : il y est appelé « noble homme, vénérable homme. »

Louis fut enfermé dans une cellule du couvent de Saint-Médard de Soissons.« S'il n'avait eu qu'un fils, remarque Voltaire, il était perdu pour toujours ; mais ses trois enfants se disputant ses dépouilles, leur désunion rendit au père sa liberté et sa couronne. »

Louis et Peppin, deux de ses fils, s'unissent contre Lothaire et font remonter leur père sur le trône (835).

Lothaire, d'abord exclus d'un nouveau partage, rentre bientôt en grâce.

Après la mort de Peppin (838), il dépouille les fils de ce prince, de concert avec Judith, qui, ayant obtenu la Neustrie pour son fils Charles, y veut ajouter l'Aquitaine, et, pour l'obtenir, convient d'en céder à Lothaire un démembrement.

Louis le Germanique s'élève contre un partage auquel il n'est point appelé, et se révolte une troisième fois.

Il s'associe les Saxons, les Thuringiens, et s'avance vers les Etats du vieil empereur, brisé par le chagrin le plus cuisant, l'ingratitude de ses enfants.

En allant combattre ce fils dénaturé, Louis le Débonnaire meurt près de Mayence (840) en disant : « Je pardonne à Louis : mais qu'il se souvienne qu'il m'a fait descendre dans le tombeau, et que Dieu punit les enfants rebelles. »

II.

Charles le Chauve et Louis le Bègue. — Louis III et Carloman. — Charles le Gros. — Eudes.

Après la mort de Louis le Débonnaire, ses trois fils et son petit-fils Peppin d'Aquitaine s'armèrent les uns contre les autres. L'empereur Lothaire entreprit de dépouiller Charles le Chauve, et forma en même temps des projets contre Louis, roi de Bavière. Mais ces deux frères cadets, unis par un intérêt commun, défirent Lothaire et Peppin à Fontenai en Bourgogne.

Par un nouveau traité de partage entre les fils de Louis, traité conclu à Verdun en 843, Charles le Chauve reçut toute la partie de la Gaule située au couchant de la Meuse, de la Saône et du Rhône, avec la partie de l'Espagne située entre les Pyrénées et l'Ebre : tous ces pays constituèrent le nouveau royaume de France ; la Germanie tout entière, jusqu'au Rhin, fut donnée en partage à Louis le Germanique. Lothaire joignit à l'Italie toute la partie orientale de la France, depuis la mer de Provence jusqu'aux bouches du Rhin et de l'Escaut.

L'empereur Lothaire, après avoir bouleversé l'Europe sans succès et sans gloire, alla se faire moine en 855, et ne vécut dans le cloître que six jours.

A sa mort, ses trois fils, Louis, Lothaire II et Charles, partagèrent son empire. Le premier eut l'Italie, avec le titre d'empereur. Il mourut en 875. C'était le dernier des descendants de Lothaire Ier et Louis de Germanie, l'aîné de ses oncles, devait lui succéder. Mais Charles le Chauve, protégé par le pape Jean VIII, lui avait une armée assez nombreuse, ferma le passage des Alpes à son frère et reçut la couronne impériale des mains du souverain pontife.

Charles le Chauve mourut en 877, et son fils Louis le Bègue disputa, à l'exemple de son père, la couronne impériale aux autres descendants de Charlemagne. Un duc de Spolète et un marquis de Toscane, investis de ces Etats par Charles le Chauve, se saisirent alors du pape Jean VIII pour le forcer à donner l'empire au roi de Bavière Carloman, l'aîné de la race carlovingienne. Le pape s'échappa de Rome, vint en France, sacra empereur Louis le Bègue, et y éleva la puissance du clergé sur les ruines de l'autorité royale.

A Louis le Bègue succédèrent, en avril 879, Louis III et Carloman, ses deux fils. Le duc Boson, beau-père de Carloman, avait travaillé à leur donner la couronne, et ils vécurent paisiblement ensemble. Cependant ce calme dura peu. Le démembrement de la monarchie franke continua : le duc Boson, dont les intrigues avaient gagné le pape et le clergé, se fit élire roi d'Arles ou de Provence. L'Italie tomba au pouvoir de Carloman de Bavière.

Les deux fils aînés de Louis le Bègue étant morts, Louis III le 5 août 882 et Carloman le 6 décembre 884, leur frère Charles, depuis surnommé le *Simple*, devait légitimement être leur successeur. Mais comme il n'avait que cinq ans, on élut roi Charles le Gros, fils de Louis le Germanique, qui était déjà empereur, et qui réunit ainsi sous son sceptre presque toute la monarchie de Charlemagne.

Ce prince était incapable de gouverner un empire immense. Il se déshonora particulièrement dans la guerre avec les Normands qui, depuis 845, avaient déjà plusieurs fois envahi les côtes du pays frank, et porté le fer et le feu au sein du royaume.

Les pirates normands pénétrèrent en 886 jusqu'à Pontoise, brûlèrent cette ville et vinrent assiéger Paris.

Des cris d'indignation s'élevèrent de toutes parts contre Charles le Gros, qui fut enfin déposé à la diète de Tribur (11 novembre 887) et qui mourut l'année suivante dans l'indigence et dans l'abandon.

Les Franks élurent roi Eudes, comte de Paris, fils de Robert le Fort, au mépris des droits héréditaires de Charles surnommé le Simple, fils posthume de Louis le Bègue.

Avec le règne d'Eudes commence une suite de guerres civiles, terminées après un siècle par l'exclusion définitive de la race carlovingienne.

III.

Charles le Simple. — Robert, puis Raoul. — Louis d'Outre-Mer. — Lothaire. — Louis V le Fainéant.

Après la mort d'Eudes (898), Charles le Simple ayant imploré le secours d'Arnolphe, roi d'Allemagne, fut reconnu roi de France. L'acte le plus célèbre de son règne consiste dans la cession faite à Rollon, fils de Rhogenvald, chef des Normands, du territoire qui reçut d'eux le nom de *Normandie*. De cette époque (911) date la fondation du duché de Normandie.

Rollon, qui se nomma Robert aussitôt après son baptême, mourut vers l'année 917, et son fils Guillaume, dit *Longue-Epée*, lui succéda, sans que l'hérédité de son fief lui fût contestée.

De nombreuses révoltes troublèrent la fin du règne de Charles le Simple. Ce prince imbécile n'était que le jouet des seigneurs de son royaume. Ainsi, il donna l'abbaye de Chelles à son favori Haganon, quoique cette abbaye appartînt à Roshilde, belle-mère du comte Hugues le Blanc. Cet acte d'injustice irrita Hugues et Robert, alors les deux plus puissants seigneurs de France. Ils cherchèrent à soulever contre Charles le parti d'Eudes, toujours ennemi de la race de Charlemagne.

De 920 à 923, Charles le Simple perdit en réalité son titre de roi ; Robert, en 922, reçut la couronne des mains des seigneurs.

Herbert, comte de Vermandois, rendit, en 927, à la liberté à Charles le Simple, emprisonné depuis plusieurs années : il voulait l'opposer à Raoul, duc de Bourgogne, qui avait été proclamé roi par Hugues le Grand. Mais, en 928, il l'enferma de nouveau, et Charles le Simple mourut captif à Péronne, en 929. Raoul descendit sept années plus tard au tombeau ; il ne laissa pas d'enfants.

Après la mort de ce dernier, le puissant Hugues le Grand rappela d'Angleterre Louis IV, dit *Outre-Mer*, fils de Charles le Simple. Il lui fit accepter la couronne ; mais il joua avec ce prince le même rôle qu'Eudes, Robert et Raoul avaient joué avec Charles le Simple : il lui imposa sa protection.

Louis IV, lassé d'un joug que Hugues rendait chaque jour plus dur, tenta de s'en affranchir et lui déclara la guerre ; mais il fut fait prisonnier à Rouen (945), et Hugues ne lui rendit la liberté qu'en le forçant à lui céder le comté de Laon, auquel se réduisait presque tout le domaine royal.

Louis d'Outre-mer succomba par suite d'une chute de cheval à Reims, en 951, et Lothaire, son fils, *protégé* par le comte Hugues, lui succéda. Lothaire donna en récompense au puissant seigneur les duchés de Bourgogne et d'Aquitaine. Il n'y avait que cet homme qui eût une force véritable. Lorsque mourut Hugues le Grand, en 956, son fils, Hugues Capet, hérita de ses Etats, de ses dignités, et de son omnipotence.

Cependant Othon II, roi de Germanie, avait offert en fief le duché de Basse-Lorraine à son cousin Charles, frère de Lothaire. Le roi de France en était mécontent ; il surprit en pleine paix l'empereur. Celui-ci, plus heureux dans l'invasion que dans la retraite, fut attaqué par les Français au passage de l'Aisne, et ne put regagner sa frontière qu'au moyen d'une trêve conclue avec Lothaire. Les Français imputèrent à leur roi le salut de l'armée ennemie ; ils lui firent un crime de sa faiblesse ; ils le méprisèrent ; et quoique aucune rébellion n'ébranlât le trône de Lothaire, son pouvoir décrut de jour en jour, et passa tout entier aux mains de Hugues Capet.

Louis V, surnommé *le Fainéant*, succédant à son père, ne porta que le nom de roi ; Hugues Capet, *duc français*, disposa tout pour usurper le trône. Alors, Louis V étant mort en 986, vainement Charles, duc de Lorraine et oncle de Louis, réclama la couronne ; la grande majorité des seigneurs et du peuple se déclara pour Hugues Capet, qui fut sacré roi par Adalbéron, archevêque de Reims (en 987). Avec Louis V finit la race des Carlovingiens ; avec Hugues Capet commença la troisième dynastie dite *capétienne*.

Charles, duc de Lorraine, oncle de Louis V, mourut dans la ville d'Orléans, où Hugues Capet l'avait fait prisonnier ; ses deux fils, bannis de France, trouvèrent un asile en Allemagne.

IV.

État de la France sous les Carlovingiens.

Arrêtons-nous quelques moments pour tracer le tableau de la France, depuis l'avénement des Carlovingiens jusqu'à celui des Capétiens.

Déjà, sous la première race, la concession des terres que les rois détachaient de leurs domaines, et dont ils donnaient pour un temps la jouissance à ceux de leurs sujets qu'ils voulaient récompenser, était un moyen de s'attacher des créatures. En cela consistait la principale force du pouvoir royal. On appelait ces donations *bénéfices*.

Les nouveaux bénéfices, créés par Charles Martel avec des obligations de service et d'hommage plus étroites qu'auparavant, restaient encore révocables. Mais lorsqu'ils devinrent viagers, puis héréditaires, la décadence de l'autorité royale en fut la conséquence inévitable. Les possesseurs des bénéfices en retranchèrent des portions pour les transmettre à d'autres seigneurs qu'ils voulaient mettre dans leurs intérêts. On trouve des preuves nombreuses de ces actes dans les *capitulaires* de Charlemagne.

Pendant l'anarchie qui commence après la mort du grand empereur, des chefs puissants, constamment engagés dans des guerres privées, cherchent à gagner des hommes vaillants auxquels ils imposent des conditions qui les retiennent dans le devoir. Le serment de fidélité qu'ils ont prêté, l'hommage qu'ils ont rendu au souverain, ils l'exigent à leur tour de leurs propres vassaux, qui deviennent eux-mêmes suzerains en concédant une partie de leur arrière-fief à quelque vassal inférieur.

Ainsi se forme cette chaîne féodale, qui d'anneau en anneau s'en va remontant jusqu'au trône.

Dès l'origine de la féodalité, les rois donnèrent, à l'exemple des Romains, des bénéfices militaires aux leudes (grands seigneurs) qui approchaient le plus du trône, qui combattaient à leurs côtés, qui formaient leur conseil, etc., etc. Ceux-ci transmirent par la suite en partage à leurs enfants les biens qui leur avaient été concédés pour un temps, et tout au plus pour la vie.

Chaque bénéficier avait au moins un *séniorat* ou seigneurie : on appelait ainsi une puissance publique attachée au domaine et une supériorité sur les terres voisines du château seigneurial, qui les dominait. Alors s'établit la souveraineté du châtelain sur les manants. Les seigneurs eurent le droit de justice civile et politique dans leur canton : les amendes et quelquefois aussi ce qui appartenait aux proscrits devenaient leur propriété.

Ces grands seigneurs féodaux, d'abord en petit nombre, se multiplièrent bientôt au point de couvrir de leurs fiefs l'Europe presque entière. Les évêques et les moines se firent seigneurs, comme les seigneurs et les militaires devinrent évêques et abbés. Les gens de guerre pillaient le peuple, et les gens d'église levaient un impôt sur les terreurs pieuses des gens de guerre; quelquefois les rois reprenaient les biens du clergé, pour en donner l'usufruit aux chefs militaires.

Quand un souverain avait commis un meurtre, il pouvait se faire absoudre par la fondation d'un monastère ; quand on voulait se défaire d'un roi, on l'enfermait dans un cloître : on le rasait.

Souvent la royauté s'attribuait le droit de nommer les évêques, qui devaient être acclamés par le peuple.

Les prêtres de cette époque étaient encore les seuls dépositaires des connaissances scientifiques, les seuls représentants de la force intellectuelle; dans un état social où la superstition et l'ignorance dominaient, le clergé était un agent nécessaire de l'autorité morale, le conservateur de l'intelligence ; c'était lui aussi qui protégeait, dans mainte circonstance, le peuple contre la tyrannie royale et seigneuriale. A la vérité les dignitaires ecclésiastiques baptisaient leurs biens du nom de *biens des pauvres*, et en prélevaient la plus grande partie; mais les malheureux en recevaient néanmoins quelques miettes.

Charlemagne s'était servi du clergé comme d'un moyen politique; Louis le Débonnaire s'y soumit comme à une puissance; le premier enrichit les papes, afin d'acheter de leur reconnaissance les hommages du peuple; le second en fit des princes temporels. Du règne de Louis le Débonnaire datent les prétentions de la tiare à dominer les couronnes, l'omnipotence théocratique.

Les évêques se croyaient alors tout-puissants *de droit divin*; ils possédaient des richesses immenses; ils étalaient un faste sans pareil. Leur luxe était peu décent, quelquefois même scandaleux : on cite un abbé qui avait à lui seul plus de vingt mille serfs.

Louis le Débonnaire tenta de réformer ces abus, si contraires à la doctrine évangélique; mais il ne réussit qu'à s'attirer la haine implacable du clergé.

Sous les Carlovingiens, la plus stupide barbarie et la superstition la plus grossière régnèrent et firent disparaître les notions les plus simples du droit et de la justice. On croyait que Dieu accomplirait un mira le plutôt que de laisser périr l'homme juste. Pour se laver d'une accusation, il fallait prendre en sa main un fer chaud, ou plonger le bras dans l'eau bouillante, etc., etc. Si l'on subissait ces épreuves, sans qu'il restât aucune trace de brûlure, on était réputé innocent.

Un acquittement s'ensuivait. Dans beaucoup d'autres cas, le *duel* servait pour juger les crimes et vider les différends. Les parties plaidaient en combattant; les femmes et les infirmes confiaient leurs causes à des champions. Tout couvent en avait un pour défendre ses intérêts; cependant le clergé préférait en général les *ordalies* ou épreuves judiciaires. Des cérémonies religieuses précédaient ces épreuves, dont l'usage remonte à la plus haute antiquité.

Pendant le règne de Charles le Chauve, les fonctionnaires royaux, les ducs, les comtes, etc., se rendirent indépendants du pouvoir royal et lui arrachèrent même l'hérédité de leurs fonctions, tout en laissant au roi une puissance illusoire, celle d'être leur chef souverain. Le système politique devait être basé sur la fidélité : néanmoins la force prévalut. Le supérieur se nommait suzerain, l'inférieur vassal.

Le roi seul n'était le vassal de personne.

Le fief consistait en une sorte d'usufruit; le seigneur donnait un fief au vassal; par réciprocité, le vassal était tenu de le suivre à la guerre. En retour de ce service militaire, le seigneur lui garantissait protection et sécurité; mais comme les conventions de ce pacte n'étaient ni bien réglées ni exécutées sincèrement de part et d'autre, aucune obligation sérieuse ne liait le vassal ou le suzerain. L'insubordination dominait ce régime.

Les *roturiers* (rustiques) ou *villains* (villageois) n'étaient pas vassaux, mais seulement sujets du seigneur ; engagés, quelquefois aussi requis par lui, ils devaient marcher sous sa bannière.

Dans cette hiérarchie sociale et politique, les subdivisions se multipliaient à l'infini; chaque degré n'avait d'autorité que sur la classe qui lui était directement subordonnée.

L'élévation des Capétiens au trône est une suite de l'anarchie féodale. Hugues envoya dire un jour à un comte révolté : « Qui t'a fait comte ? — Qui t'a fait roi ? » lui répondit celui-ci.

Au commencement du moyen âge, tout le peuple était devenu *serf*, et sa condition différait peu de celle des brutes. Chacun pouvait frapper impunément, mutiler ou même tuer son serf, sans que le clergé intercédât pour ce dernier. Presque tous les hommes libres avaient renoncé d'eux-mêmes à leurs droits, afin d'être moins tracassés par les grands, qui rançonnaient sans vergogne et jugeaient cruellement le peuple.

L'axiome féodal : *Nulle terre sans seigneur*, s'établissait, et il n'y avait aucun refuge contre ces brigands par position, comme on pourrait qualifier les nobles dans cet état social. Les prêtres et les seigneurs se ruinaient contre à tour, et n'épargnaient pas leurs sujets. La force physique ou l'autorité religieuse pouvaient seules prévaloir. Nulle trace de justice là où tous les différends se vidaient à main armée; les torts se redressaient par le droit du plus fort.

La cavalerie était devenue, ainsi que le port d'armes, le privilège exclusif des grands seigneurs. Un noble et son cheval, couverts d'une armure de fer, faisaient trembler tout un village; les serfs qu'on menait forcément à la guerre combattaient à pied. Accablés de corvées, de tailles, de péages, de taxes de toute espèce imposées par les hommes de guerre ou d'église, humiliés par des droits qui révoltent la nature humaine, ils ne savaient à quel défenseur se vouer, et ne se battaient que pour river leurs fers, pour s'étourdir sur leur situation déplorable.

Les villains ni les bourgeois (les habitants des bourgs ou de la ville) ne pouvaient rien produire qu'au profit de leurs seigneurs, qui venaient souvent vivre chez eux à discrétion, avec leurs hommes, sergents et varlets : ceux-ci étaient des aspirants à la profession d'hommes d'armes ou de chevaliers.

Les seigneurs, de leur côté, se battaient entre eux à outrance; les déclarations de guerre atteignaient les parents, les alliés. Une querelle de famille pouvait ensanglanter tout un canton pour un quart de siècle. L'état de guerre était l'état habituel; tous les châteaux, toutes les abbayes étaient des forteresses, ou plutôt des repaires, où les brigands par profession, comme nous aimons à qualifier les seigneurs d'alors, se renfermaient avec leur butin. La France ressemblait à un vaste champ de bataille, et la guerre permanente finit par lasser la férocité elle-même. On imagina dans un concile d'imposer à ces spadassins furieux ce qu'on appela la *paix de Dieu*. Les évêques ordonnèrent des jeûnes et des pénitences, pendant lesquelles le genre humain pouvait respirer; mais cette paix, ainsi que la *trêve de Dieu*, qui défendait seulement de combattre du samedi soir au lundi matin (la paix de Dieu s'appelait ainsi parce qu'on ne pouvait l'obtenir des hommes), tomba bientôt en désuétude.

On voit par ces moyens que l'autorité cléricale employait pour remédier à la corruption féodale, que l'anathème ne suffisait même pas pour tempérer le féroce orgueil des seigneurs.

Le gouvernement féodal, tout en achevant l'abolition de l'esclavage, ne laissa pas cependant de rendre les peuples malheureux.

Pour donner une idée de la France à l'avénement de Hugues Capet, dit Ségur, il suffit d'esquisser le tableau qu'elle devait offrir aux regards d'un voyageur. Au milieu de la capitale mal bâtie, qui n'était ni pavée ni éclairée, les yeux pouvaient être frappés de la magnificence belliqueuse du prince, qu'entourait un nombreux cortége de grands officiers, de prélats, de chambellans, d'écuyers et de quelques vassaux presque indépendants, dont il était tour à tour l'ennemi ou l'allié. Les affaires traitées à cette cour étaient plutôt des querelles soit avec Rome, soit avec les seigneurs, que des procès. La guerre plus que la justice en décidait l'issue; l'administration des finances se réduisait à celle du domaine. Le roi, sans gardes, n'armait ses soldats que pour combattre, et la force précaire de son armée dépendait de la capricieuse fidélité de ses vassaux. Les plaisirs du monarque étaient alternativement les jeux militaires, la chasse et les spectacles grossiers, où la pudeur n'était pas moins offensée que la raison par les farces indécentes des mimes, des bouffons, des baladins, dont le nombre s'accrut prodigieusement sous l'influence de la reine Constance, femme de Robert, fils de Hugues..... Les églises n'étaient pas plus exemptes de ces souillures que les palais : en effet, ce fut alors que la dépravation du clergé, voulant amuser le peuple au lieu de l'instruire, permit les farces scandaleuses qui portaient les noms de *fêtes de l'âne*, de *fêtes des fous*, extravagances d'autant plus indécentes qu'elles se couvraient d'un voile religieux.

Dans tous les châteaux dont la France était hérissée, le voyageur retrouvait les mêmes usages, la même ignorance, le même orgueil, le même cortège de vassaux, de domestiques titrés, une semblable magnificence en armes, en chevaux, une égale profusion pour la chasse et pour le jeu. Les villes lui présentaient la même absence de police, d'industrie et de liberté. Les grandes routes, mal percées, l'entouraient à chaque pas d'obstacles et de périls de tout genre, causés par des brigands souvent soudoyés par ceux-là mêmes qui auraient dû les punir. Enfin les campagnes, pour la plupart désertes, ne lui montraient qu'un vaste pays à demi sauvage où l'on voyait épars quelques domaines de petits feudataires s'efforçant d'imiter, dans leur rustique manoir, les coutumes orgueilleuses du château, et à grandes distances, sous le nom de villages, des huttes habitées par des hommes dont la vie ne différait pas beaucoup de celle des animaux attelés à leur charrue.

HUITIÈME AGE.

Hugues Capet. — Henri Ier. — Philippe Ier. — Commencement des croisades. — Royaume de Palestine.

Quoique son nom ait retenti dans bien des circonstances graves de l'histoire, Hugues Capet n'est guère illustre que comme fondateur d'une dynastie nouvelle. Des guerres cruelles entre ses grands vassaux et d'affreuses calamités tombèrent sur la France, marquèrent le cours de son règne, qui finit le 24 octobre 996. Ses trois premiers successeurs, Robert, Henri Ier et Philippe Ier, n'exercèrent aucune influence sur leur siècle.

Robert fut excommunié pour avoir épousé Berthe, sa cousine. Rome s'empressa de dissoudre ce mariage et mit le royaume en interdit. Robert s'amenda, devint pieux, et, mort en 1031, laissa une réputation de prince très-charitable.

Son fils, Henri Ier, qui lui succéda, eut d'abord à soutenir une guerre de famille contre sa mère Constance, qui cherchait à élever sur le trône son fils cadet Robert. Mais l'Église se déclara pour Henri, et le célèbre Robert le Magnifique, duc des Normands, lui prêta l'appui de son épée.

Henri, après avoir vaincu son frère, lui accorda le duché de Bourgogne, dont Robert fonda la première maison (1032).

A Henri Ier, mort en 1060, succéda Philippe Ier, son fils, âgé de huit ans. Pendant la minorité de ce prince, les Normands, sous leur duc Guillaume, surnommé depuis le Conquérant, fils bâtard de Robert le Magnifique, conquirent l'Angleterre.

Un mot sur cet événement si remarquable.

Édouard le Confesseur, roi d'Angleterre, étant mort sans laisser d'enfants, la nation anglaise choisit pour roi Harald, fils de Godwin, seigneur puissant et ambitieux, dont la politique cherchait à se frayer depuis longtemps le chemin du trône. Le duc de Normandie soutint de son côté ses droits à ce trône vacant : un testament, vrai ou faux, fut son titre; il accusa Harald d'injustice, d'usurpation et même de parjure. Ce prince avait été, une année auparavant, jeté par une tempête sur les côtes de France; le duc de Normandie l'avait accueilli à sa cour et ne lui avait permis de retourner en Angleterre qu'après lui avoir fait jurer de renoncer à toutes ses prétentions au trône.

Le pape, consulté selon les usages ordinaires, se déclara pour Guillaume. Il lui envoya même un drapeau bénit et un cheveu de saint Pierre, en lançant une bulle d'excommunication contre Harald et contre tous ses adhérents.

La réputation de Guillaume et celle de ses Normands, qui, à cette époque, s'étaient distingués par leurs brillants exploits, leurs aventures guerrières, et qui venaient de conquérir la Pouille et la Calabre, attirèrent sous les drapeaux du duc ambitieux une foule de guerriers. Toutes ses forces réunies composèrent une armée de cinquante mille hommes.

A peu près dans le même temps, Thoston, frère de Harald, secondé par le roi de Norvége, était descendu dans le Northumberland, pour disputer le trône à son frère; mais il avait été battu par Harald (à Stamfordbridge).

Cette bataille décida du sort de l'Angleterre. Guillaume, profitant avec activité de son triomphe, vit Douvres, Cantorbery et la ville capitale lui ouvrir leurs portes; enfin l'archevêque d'York couronna le conquérant roi d'Angleterre.

Tout fut changé ou même détruit dans ce pays par Guillaume. Il distribua les terres en fiefs à ses barons et à ses chevaliers; il ne laissa subsister ni l'ancienne législation, ni l'ancien langage. Combien la France regretta plus tard d'avoir favorisé l'entreprise de son puissant vassal!

Guillaume avait promis, s'il réussissait à conquérir l'Angleterre, de céder la Normandie à son fils Robert. Le jeune prince demanda l'exécution de cette promesse. « Je n'ai point coutume, répondit Guillaume, de me dépouiller avant de vouloir me coucher. »

Dans la guerre qui s'éleva à ce sujet entre Guillaume et Robert, Philippe Ier soutint le fils contre le père. Ne pouvant abaisser par les armes un rival trop redoutable, il crut s'en venger suffisamment par des plaisanteries. Guillaume, malade d'un excès d'embonpoint, gardait le lit. « Quand donc accouchera ce gros homme? » dit un jour Philippe à ses courtisans. Guillaume, naturellement emporté, ayant été informé de ces propos, envoya dire au roi que, dès qu'il serait accouché, il irait après ses relevailles le visiter à Paris avec dix mille lances en guise de cierges.

Ce fut sous le règne de Philippe Ier, que se donna le signal des croisades.

De tout temps et depuis Constantin le Grand, le tombeau de Jésus-Christ, à Jérusalem, avait été le but de pieux et de fréquents pèlerinages. Les Arabes avaient d'abord traité ces pèlerins avec égards; mais déjà sous les califes d'Égypte les chrétiens eurent à souffrir des vexations. Ces mauvais traitements augmentèrent encore après que les Turcs se furent emparés de la Palestine (en 1055).

La plupart des pèlerins succombaient sous les fatigues; ceux qui revenaient faisaient le récit de leurs dangers et de leurs faits glorieux, ils remplissaient les âmes de leurs compatriotes d'une ardente et pieuse émulation.

Telle était la disposition des esprits, quand l'enthousiasme d'un pauvre ermite, Pierre, vint enflammer le zèle de toute l'Europe.

Au milieu de l'agitation générale, l'empereur grec Alexis Comnène invoqua le secours des chrétiens auprès du pape Urbain II. Celui-ci convoqua un concile à Plaisance, pour y exposer les périls de l'Église. Dans ce concile, les Italiens firent éclater leur zèle religieux; mais ils étaient trop divisés, trop occupés de leurs intérêts privés, pour se livrer à un élan belliqueux. Urbain, jugeant avec raison que les Français seraient plus prompts à répondre aux cris de la guerre, vint en France et y convoqua un nouveau concile à Clermont en Auvergne.

Un nombre prodigieux de prêtres, de princes, de seigneurs, de nobles de toutes classes, s'y rendirent; trois cent dix évêques y assistèrent sous la présidence du pape.

Après avoir réglé les affaires de l'Église latine, on traita celles de l'Orient.

On prit la croix à l'envi, et le départ des croisés fut fixé pour la fête de l'Assomption, le 15 août 1096.

L'enthousiasme gagna toutes les classes infimes; un nombre immense de serfs, de cultivateurs, de vagabonds, de femmes et d'enfants, se rassemblèrent et partirent avant le temps fixé. Ils se partagèrent en deux bandes, conduites l'une par Pierre l'Ermite, l'autre par Gaulthier Sans-Avoir. Les croisés commencèrent la guerre contre les ennemis de la foi par la dévastation des pays qu'ils traversèrent, par le massacre des juifs. Presque tous périrent de faim, de fatigue et de misère, avant d'arriver en Terre-Sainte.

La véritable armée des croisés, plus imposante et mieux commandée, s'était rassemblée aux bords du Rhin; elle prit aussi la route de l'Orient sous les ordres de Godefroi de Bouillon.

D'autres armées, sous les ordres de Raymond, comte de Toulouse, sous ceux de Boémond, prince de Tarente et fils de Robert Guiscard, duc de Pouille, et sous les ordres de Robert, duc de Normandie, fils de Guillaume le Conquérant, se réunirent à l'armée principale, et toutes passèrent en Asie mineure au printemps de l'an 1097.

Les croisés, après s'être emparés de Nicée, puis d'Antioche, à la suite de sanglants combats, firent enfin la conquête de Jérusalem, et fondèrent un royaume en Palestine. Ils élurent roi Godefroi de Bouillon (1099), qui mourut l'année suivante, et auquel succéda Baudouin son frère. La féodalité s'organisa dans l'Orient. On créa trois grands fiefs de la couronne de Jérusalem : ce furent les principautés d'Antioche, d'Édesse et le comté de Tripoli; il y eut un prince de Galilée, un marquis de Jaffa, un baron de Sidon et d'autres petits seigneurs.

Il faut le reconnaître, Philippe Ier ne prit part à aucune des grandes entreprises qui signalèrent le temps où il vécut. L'indolence de ce prince formait dans un étonnant contraste avec l'aventureuse activité des Français, aussi mena-t-il une vie reprochable et scandaleuse. Il avait d'abord épousé Berthe, fille du comte Florent de Hollande; se lassant d'elle, il la répudia, puis il enleva Bertrade, femme de Foulques-le-Réchin, comte d'Anjou.

En vain le pape Urbain ordonna la dissolution de ce mariage; Philippe brava même les foudres de l'Église, qui l'excommunia, et se soumit enfin à ne plus porter les marques extérieures de la royauté en associant (1100) son fils Louis à la couronne.

Une frayeur horrible de l'enfer s'empara de Philippe à la fin de ses jours. Il crut réparer tous ses torts par une pratique superstitieuse; il se revêtit de la robe de saint Benoit, sous laquelle il mourut en 1108.

Philippe Auguste enfant égaré dans la forêt de Compiègne.

NEUVIÈME AGE.

I.
Louis VI et Louis VII.

Son fils et successeur, Louis VI, nommé d'abord *l'Éveillé*, puis *le Gros* et le *Batailleur*, comprit mieux que lui l'esprit de son temps. Il soutint avec gloire une guerre contre Henri Ier, roi d'Angleterre, à cause de la Normandie, et il fortifia la puissance royale. Il fonda les communes en France, en donnant à un grand nombre de villes des franchises qui les garantissaient de l'oppression et des brigandages des seigneurs féodaux.

Ce fut à ces communes que les rois de France durent en grande partie la conservation de leur couronne, leur prépondérance en Europe et leurs conquêtes.

On donnait principalement le nom de commune aux villes qui avaient acheté leur liberté et qui jouissaient d'une complète indépendance. C'étaient comme de petites républiques établies sous la suzeraineté du monarque.

Ce fut aussi sous le règne de ce prince que les écoles de Paris acquirent une grande célébrité.

Louis le Gros associa à la couronne son fils Louis VII, surnommé le Jeune, prince dévot et bon, mais vif et jaloux de ses droits et de son honneur. Louis VII succéda à son père en 1137.

L'événement le plus mémorable de ce règne est la seconde croisade prêchée par saint Bernard.

Le roi confia la régence du royaume à Suger, abbé de Saint-Denis, des mains duquel il reçut le fameux oriflamme que les rois de France faisaient porter devant eux dans les batailles; et il partit (1147) à la tête de cent mille Français. Mais cette expédition n'eut pour lui aucun succès; son armée fut tout entière anéantie en Orient; au bout de deux ans, il revint en Europe, n'ayant obtenu que le stérile avantage d'avoir visité le saint sépulcre, rempli de désolation, se croyant déshonoré par sa femme Éléonore d'Aquitaine, qui, dit-on, avait eu des liaisons suspectes avec le prince d'Antioche et un jeune musulman. On vit en Louis, après son retour en Europe, bien moins un roi qu'un moine. Sa femme s'en indigna, le méprisa, et fit casser son mariage (1152) sous prétexte de parenté avec le roi.

Elle épousa bientôt Henri Plantagenet, héritier du trône d'Angleterre, et lui apporta en dot l'Aquitaine (la Guyenne), le Poitou et la Saintonge; la France perdit par ce divorce des provinces qu'elle ne recouvra définitivement qu'après des siècles de combats et de désastres.

A la puissance de Henri Plantagenet vint se joindre l'Angleterre, qu'Étienne lui avait laissée (1154). Il s'assura de la Gascogne, prit le Quercy, et se serait emparé de Toulouse, si le roi de France n'avait pas défendu cette ville.

Louis VII courait les plus grands dangers. Mais la résistance de Thomas Becket et la révolte des fils de Henri contre leur père lui fournirent les moyens de lutter avec avantage.

Thomas Becket, Saxon de naissance, était devenu l'ami et le confident du roi angevin, qui occupait l'Angleterre. Henri II l'avait créé chancelier. Pour dominer sur le chef de l'église anglicane, il le fit archevêque de Cantorbéry. Alors, Thomas Becket changea entièrement son genre de vie, ne voulut plus rien tenir du roi, et se consacra tout entier à son église; il se souvint qu'il était Saxon, et défendit contre le roi les droits du clergé inférieur, composé principalement de la race vaincue et opprimée par les Normands. Il ne tarda pas à être forcé de venir chercher un asile en France (1164), où il fut généreusement accueilli par Louis VII, qui intercéda même auprès du pape en faveur de l'archevêque; mais Alexandre III chercha à ne point irriter Henri II, et garda une prudente neutralité, sans toutefois consentir à la déposition de l'archevêque, que le roi d'Angleterre demandait avec instance.

Cérémonie de l'excommunication.

Les deux rois rivaux combattent et négocient tour à tour. Henri II, que Thomas Becket inquiétait, ne s'assura pas moins de la Bretagne après la mort de son frère, en faisant épouser son fils Geoffroy à Constance, fille du duc Conan. Louis VII soutint la cause des barons aquitains et des vassaux bretons soulevés contre un roi débauché, et obligea celui-ci à conclure la paix de Montmirail (1169), à concéder des apanages à ses enfants, qui durent faire hommage au roi de France.

Dans cette conférence, on tenta une réconciliation entre le roi d'Angleterre et l'archevêque; mais Henri refusa de donner à Thomas Becket le baiser de paix. Une seconde entrevue, près de Fretevat, eut plus de succès, sans toutefois amener de résultat décisif. Ils se virent une troisième fois à Chaumont près d'Amboise; là le roi accorda

HISTOIRE DE FRANCE.

à l'archevêque toutes ses demandes, et le pape, acquiesçant à la requête de Thomas Becket, qui voyait dans cette dérogation à l'usage reçu une lésion des droits de son église, lui donna une bulle d'excommunication. L'archevêque, de retour à Cantorbéry, en fit usage contre les évêques qui avaient prêté leur ministère au couronnement du jeune prince. Henri II, alors en Normandie, entendit avec fureur la relation exagérée qui lui fut faite de la conduite de l'archevêque. Il parla de meurtre. Quatre de ses chevaliers passèrent la mer, et allèrent massacrer l'archevêque dans son église, à l'heure de vêpres, au milieu des chants sacrés, cinq jours après la fête de Noël (1170).

Henri II se trouva dans un grand danger; Louis VII l'accusa du meurtre devant le pape, et l'archevêque de Sens, primat des Gaules, l'excommunia publiquement. Ses trois fils se déclarèrent les vengeurs du saint martyr. Henri le Jeune, dit Court-Mantel, Geoffroy et Richard furent soutenus par les inimitiés nationales des hommes du Midi, par la jalousie de leur mère Éléonore et par la politique intéressée du roi de France.

Henri se tira du péril avec adresse. Pendant qu'il négocie avec le pape et cherche à apaiser, il enferme sa femme Éléonore dans une prison, lève une armée de mercenaires, routiers et Brabançons, bat Louis VII à Verneuil et les révoltés en Bretagne. Puis il se fait flageller publiquement à Cantorbéry, sur le tombeau de Thomas Becket, qu'Alexandre III vient de canoniser. En paix avec l'Église, Henri repasse en France et force Louis VII à lever le siège de Rouen; il obtient quelques nouveaux succès qui amènent la trêve de Mont-Louis et la pacification générale d'Amboise, et il pardonne à ses fils (1174).

Les six dernières années du règne de Louis VII ne furent pas troublées par de nouvelles hostilités. Il mourut de paralysie après le couronnement de Philippe-Auguste (en 1180), son fils, qu'il adorait, qu'un jour il avait pleuré, parce que l'enfant s'était égaré dans la forêt de Compiègne. Philippe avait été sacré sous le nom de Philippe II.

Pendant les préparatifs du sacre, le *prince du royaume* (tel était le titre donné au fils du souverain régnant) avait failli périr. Anquetil a rapporté l'anecdote suivante. Philippe-Auguste chassait dans la forêt de Compiègne. « La nuit arrivant, il errait à l'aventure, et criait de temps en temps pour appeler du secours. Au milieu des ténèbres se présente à lui un grand homme noir, une hache sur l'épaule, soufflant du charbon embrasé dans un vase qu'il tenait. A cet aspect, le jeune prince sent une subite horreur; il ne se déconcerte cependant pas, et ordonne au spectre de le conduire : ce n'était qu'un charbonnier. Arrivé au château, Philippe est saisi d'une fièvre qui le met dans un grand danger. On ne s'entretenait alors que des miracles de saint Thomas de Cantorbéry. Louis le Jeune, qui avait traité le prélat, pendant qu'il était en France, avec beaucoup d'égards, plein de confiance dans son intercession, part pour l'Angleterre, charge son tombeau de présents magnifiques, et, revenant précipitamment dans son royaume, apprend en débarquant l'agréable nouvelle de la guérison de son fils. »

Louis VII ne put assister au couronnement du *prince du royaume*; il ne se trouva pas non plus à la cérémonie de son mariage avec Isabelle, fille de Baudoin V, comte de Hainaut.

II.

Philippe II Auguste. — État de la France sous son règne. — Louis VIII dit *le Lion*

Un des premiers soins de Philippe fut de donner à sa capitale un aspect plus digne du séjour habituel des souverains. Depuis longtemps Paris avait franchi les bornes de son île; il l'entoura d'un rempart, le pava, l'embellit de plusieurs édifices publics.

Par une politique habile, il se déclara le protecteur du peuple en ordonnant que, pour les cas essentiels (*cas royaux*), on pourrait en appeler du tribunal du seigneur au tribunal du roi, et cette mesure, il l'étendit non-seulement à ses domaines, mais encore, autant que cela lui fut possible, à ceux des grands vassaux.

Ces améliorations politiques lui coûtèrent beaucoup de peine.

Une suite de combats et de négociations avec les grands vassaux de la couronne occupèrent les premières années du règne de Philippe-Auguste; les contestations que ce roi avait avec Henri II, roi d'Angleterre, devaient se régler par une entrevue de ces princes *sous l'orme des conférences*, entre Trie et Gisors. Guillaume de Tyr profita de cette réunion pour venir prêcher aux deux cours à la fois une nouvelle croisade (janvier 1187).

On s'arma tout d'abord à la voix du prélat. On brûla de venger les conquérants de l'Europe qui avaient éprouvé de grands revers. Jérusalem et son roi étaient tombés au pouvoir de Saladin. Ce fut de l'enthousiasme : il dura peu.

Jeanne d'Arc.

La paix conclue par les rois de France et d'Angleterre ne fut pas solide, et leurs guerres intestines firent retarder cette expédition commune. En France et en Angleterre, à ce moment, on se préoccupait bien plus de plans ambitieux que de l'honneur chrétien, que de la délivrance de Jérusalem.

Philippe-Auguste, toujours jaloux de son vassal puissant, excita continuellement les enfants de Henri II contre leur père. Celui-ci mourut enfin de chagrin en 1189, après avoir signé un traité humiliant avec son fils Richard, surnommé *Cœur de Lion*, et avec lui le roi de France. Richard et Philippe restèrent étroitement unis, et se disposèrent à partir pour la Terre-Sainte.

Les préparatifs de la troisième croisade s'achevèrent de toutes parts, au milieu d'une fermentation générale.

Philippe-Auguste, après avoir exprimé ses dernières volontés et réglé, pour le temps de son absence, l'administration de son royaume; après avoir pris à Saint-Denis la panetière et le bourdon du pèlerin, se rendit à Vézelay, où il eut une entrevue avec Richard Cœur de Lion. Richard, devenu roi d'Angleterre, ne s'occupa que de tenir le serment qu'il avait fait à l'assemblée de Gisors, celui de marcher contre les infidèles.

Les armées françaises et anglaises se réunirent (1190) dans la plaine de Vézelay et s'avancèrent ensemble jusqu'à Lyon. De là, Philippe prit le chemin de Gênes et Richard celui de Marseille; leurs flottes se dirigèrent ensuite vers la Sicile et entrèrent dans le port de Messine. Les deux monarques eurent dans ce port une nouvelle conférence, et ils voulaient immédiatement remettre à la voile, lorsque le déchaînement des vents contraires les força de passer l'hiver à Messine. Ce séjour devint funeste à leur entreprise commune. Le calme ne sied point aux esprits aventureux.

Toujours jaloux l'un de l'autre, les deux princes s'accusèrent de perfidie et de trahison. Leurs haines et celles de leurs peuples ne furent étouffées pour un peu de temps que par la médiation de quelques hommes sages.

Après de fréquentes discussions, les princes français et anglais, redevenus amis, mirent à la voile pour la Terre-Sainte. Ils avaient solennellement juré sur les reliques et sur l'Évangile « de se soutenir de bonne foi l'un l'autre dans ce voyage. » Au retour, cependant, malgré leurs promesses réciproques, ils se brouillèrent de nouveau au siège de Saint-Jean-d'Acre ou Ptolémaïs.

Philippe-Auguste arriva dans l'Orient avant Richard Cœur de Lion.

Celui-ci l'y rejoignit après un assez long retard, durant lequel il avait conquis l'île de Chypre.

Richard poursuivit en Palestine sa brillante carrière de héros; il se signala par de nombreuses victoires; mais abandonné par les croisés, il fut enfin forcé de traiter avec Saladin et de s'embarquer pour l'Europe. En traversant le territoire du duc Léopold d'Autriche, son ennemi mortel, il se vit emprisonner, puis livrer à Henri VI; mais la chrétienté réclama en sa faveur contre l'empereur d'Allemagne.

La captivité du héros de la croisade indigna la France entière et l'Europe, et la clameur publique obligea Henri VI à lui rendre la liberté. Cette liberté, Richard l'obtint après plus d'un an au prix d'une rançon très-considérable.

La croisade était terminée d'une façon assez malheureuse. Philippe-Auguste était revenu en France y guerroyer contre Richard, jusqu'au commencement de l'année 1199, époque de la mort du Cœur de Lion. De nouveaux embarras survinrent.

Philippe-Auguste avait répudié sa seconde femme, Ingeburge, fille du roi de Danemark, pour épouser Agnès de Méranie, issue du sang de Charlemagne. Le pape Innocent III déclara le divorce avec Ingeburge et le mariage avec Agnès tous deux illégitimes. Il ordonna au roi de reprendre sa première épouse; Philippe refusa d'obéir, et l'interdit fut jeté sur le royaume entier.

Ce fut le peuple qui souffrit le plus de cette mesure. Quand l'interdit papal pesait sur un pays, tout y devenait morne; plus de commerce et plus d'activité. Il semblait donc que la France fût remplie de parias.

Philippe se vit enfin forcé de se soumettre aux ordres du pape, et l'interdit fut levé le 7 septembre 1200.

Pendant ce temps Jean sans Terre, frère de Richard Cœur de Lion, qui finit sa carrière héroïque au siége de Chalu-Chabrol, dans ses guerres en France, s'empara de la couronne d'Angleterre que lui disputait Arthur de Bretagne, son neveu. Le prince Arthur, quoique protégé par Philippe, fut pris par son oncle, et assassiné, dit-on, dans la prison. Ce crime odieux excita une indignation universelle contre Jean, dont le châtiment devint utile à la France.

Le roi d'Angleterre fut cité par Philippe, son suzerain, à comparaître devant ses pairs, pour répondre entre autres accusations portées contre lui du meurtre de son neveu.

Jean ne comparut point; l'assemblée des pairs le condamna à mort comme contumace; la Normandie et la Touraine, qu'il tenait en fief de la France, furent confisquées et réunies à la couronne de son suzerain (1205).

Jean, prince aussi cruel que lâche, eut l'imprudence de se brouiller avec Rome. Rien ne l'y portait, et ses peuples, qui l'avaient en horreur, n'étaient pas disposés à le soutenir. Le pape Innocent III fit prêcher une croisade contre Jean, chargea le roi de France d'exécuter son décret, et envoya à Philippe-Auguste une bulle par laquelle il lui « donnait le royaume d'Angleterre. »

Épouvanté, Jean chercha partout des secours; personne ne répondit à sa requête. Vaincu par les foudres de l'Église, il se soumit enfin au pape en lui faisant hommage de sa couronne. Cette soumission changea la résolution du saint-père, qui envoya son légat Pandolphe en France, et qui défendit à Philippe de passer outre.

Celui-ci méprisa cette défense et fit partir sa flotte; mais une armée navale anglaise l'attaqua et la livra aux flammes. Philippe s'en vengea cruellement. Il organisa un affreux carnage des Anglais lors de leur descente sur la côte de la France.

Bientôt après Jean Sans-Terre brigua l'amitié de Ferrand, comte de Flandre, que d'anciens griefs irritaient contre Philippe-Auguste, et qui se hâta de conclure une ligue avec son parent Othon IV, empereur d'Allemagne, et avec plusieurs autres princes, jaloux de la gloire de Philippe. Cette première ligue européenne envahit la France, et força le peuple à combattre pour l'indépendance de la patrie. Elle amena la bataille de Bouvines (1214). Entre Lille et Tournai, au pont de Bouvines, Philippe rencontra les confédérés, fort supérieurs en nombre. Les légions des communes, et particulièrement de Corbie, d'Amiens, d'Arras, de Beauvais, de Compiègne, se pressèrent autour de l'oriflamme et de l'enseigne royale au champ d'azur et aux fleurs de lis d'or. Déconcertées d'abord, elles revinrent à la charge, et contribuèrent sans nul doute au gain de la bataille. Philippe-Auguste, tiré à terre par des fantassins allemands armés de crochets, courut risque de la vie; mais les Français l'emportèrent. Othon, blessé et mis en fuite, abandonna son char impérial et l'aigle dorée. Les comtes de Flandre, de Boulogne, de Salisbury, ce dernier frère naturel du roi d'Angleterre, furent faits prisonniers. Des réjouissances publiques dans tout le royaume et surtout à Paris célébrèrent ce grand événement.

Une année plus tard (1215), les barons anglais forcèrent le roi Jean à signer la Grande Charte (*Magna Charta*) qui est devenue la base des libertés du peuple anglais. Mais les clauses de cette charte parurent bientôt intolérables à ce roi; il chercha à être délié par le pape du serment qu'il avait prêté. Cette perfidie lui coûta cher. Ses barons, mécontents, offrirent alors la couronne à Louis de France, fils de Philippe-Auguste.

Louis de France, malgré la défense du pape, passa en Angleterre.

On l'y reçut avec enthousiasme, et il s'empara facilement du royaume. Triomphe éphémère. A cette époque le roi Jean Sans-Terre mourut, et ses partisans proclamèrent roi son fils Henri. Louis, abandonné, retourna en France.

Un autre grand événement eut lieu sous le règne de Philippe-Auguste : la quatrième croisade (1202-04) qui se dirigea contre Constantinople même. Les croisés prirent Constantinople (1204) et y fondirent un empire latin, dont Baudouin, comte de Flandre, fut élu empereur.

L'ardeur de guerroyer contre les infidèles ne se ralentit pas. En Orient n'étaient pas tous les hérétiques. L'Europe, la France elle-même en possédait beaucoup. Aussi, en 1208, le pape Innocent III fit-il prêcher une croisade contre les Albigeois et contre leur protecteur, le comte Raymond IV de Toulouse, qui fut dépouillé de ses États par Simon de Montfort, général des croisés.

Rendons hommage à Philippe-Auguste. Il ne prit point de part active dans cette guerre d'extermination : il chercha au contraire à en réparer les désastres. De la Garonne à la Méditerranée, tout était ravagé et détruit. « Hélas ! Toulouse et Provence, s'écrie un contemporain, et toi, terre d'Agen, de Béziers et de Carcassonne, dans quel état je vous ai vues, et dans quel état je vous vois ! »

Philippe-Auguste mourut à Mantes en 1223, après avoir régné glorieusement pendant quarante-trois années.

Jetons un coup d'œil sur son règne. Montrons au lecteur le tableau qu'en a tracé un historien moderne. Cela nous distraira de la guerre et de ses atrocités.

« Le règne de Philippe-Auguste était de beaucoup le plus glorieux que la France eût connu depuis Charlemagne. Ce prince, sans avoir l'éclat chevaleresque de quelques-uns de ses contemporains, était assez brave de sa personne pour mériter les hommages d'une nation belliqueuse; il avait montré du talent, il avait eu du bonheur à la guerre, et il avait par ses conquêtes plus que doublé l'étendue de sa domination. Cependant, ce n'était pas seulement comme guerrier qu'il avait bien mérité de son royaume ; ses travaux publics, ses lois, la protection qu'il avait accordée aux études et la direction nouvelle qu'il avait imprimée à l'esprit national, le signalent également parmi les rois auxquels la France a dû les progrès de son ordre social.

Philippe-Auguste avait aussi singulièrement changé l'apparence matérielle de ses cités et surtout de sa capitale.

Pendant la première période du régime féodal, le pouvoir législatif était comme suspendu en France, puisque le roi n'avait point le droit de faire des ordonnances qui obligeassent ses grands vassaux, et que ceux-ci n'avaient point d'assemblées nationales où ils pussent se lier eux-mêmes. Mais Philippe-Auguste, qui ne se contentait point, comme ses prédécesseurs, d'être maître dans son palais et de s'y livrer sans contrôle à tous ses plaisirs ou à tous ses vices, travaillait à recouvrer son rang de chef de l'aristocratie de France, et de supérieur et d'arbitre de tous les grands vassaux. Il savait bien que ceux-ci n'obéiraient point à sa volonté isolée; mais il tendait à réunir les seigneurs pour s'appuyer de leur puissance et commander ensuite en leur nom : c'est dans cet esprit qu'il avait relevé la juridiction de la cour des pairs, dont on avait à peine remarqué l'existence (l'opinion qui attribue l'institution de la *pairie* à Hugues Capet est mal fondée) dans les règnes précédents : il s'efforça d'avoir des assemblées nationales, telles qu'on en voyait dans les autres royaumes féodaux, afin d'obtenir d'elles des lois qui fussent obéies dans toute la France.

Philippe-Auguste aimait les études et par la protection qu'il accorda aux écoles, il eut une part honorable au mouvement des esprits, qui devaient enfin rendre aux lettres des élèves dignes de les cultiver, et dégager l'esprit humain de ses entraves. Les hommes commençaient à sentir la beauté et le pouvoir des lettres et des sciences. Quoique la naissance seule fit presque toujours obtenir les hautes dignités ecclésiastiques, la cour de Rome avait besoin de gens à talents dans ses divers ministères, et elle offrait ainsi de dignes récompenses aux progrès des hommes studieux. D'ailleurs, une succession de maîtres illustres, formés d'abord à l'école d'Abailard, avait donné de la célébrité à l'enseignement de Paris. On y venait de toutes les parties de France, d'Italie et d'Allemagne, pour étudier les sciences; le langage français commençait à être regardé, même par les étrangers, comme celui du savoir : le droit civil, le droit canon, la médecine et la théologie, étaient les sciences qu'on étudiait avec le plus de zèle, et l'on assurait que la protection et la libéralité de Philippe-Auguste et de son père avaient fait de Paris une seconde Athènes.

Le genre de littérature, cependant, que Philippe-Auguste favorisa le plus fut celui des romans de chevalerie, soit en vers, soit en prose; il se plaisait à les entendre lire ou réciter. Il récompensa les trouvères qui avaient fait preuve, dans ce genre, de fertilité d'invention et de grâce, et il transportait autant qu'il le pouvait dans sa cour et dans son royaume les institutions chevaleresques qu'il y trouvait dans le monde poétique; c'est ainsi qu'il donna une existence historique aux douze pairs du roi Arthur, chevaliers de la Table-Ronde, ou aux douze pairs de Charlemagne, paladins de France. Aux fêtes de Pentecôte de l'an 1209, il arma chevalier son fils Louis, alors âgé de vingt-deux ans, et dans la cour plénière qu'il tint à cette occasion, il imita la splendeur des cours décrites par les auteurs des romans chevaleresques. . . . .

Il aurait été heureux que la protection accordée aux lettres par Philippe-Auguste ne se fût pas étendue aussi aux études théologiques; la science tout comme les savants y auraient gagné : mais Philippe secondait l'esprit du siècle, qui portait les hommes studieux à consacrer presque exclusivement leurs veilles aux subtilités de la théologie, et qui dissipa vainement dans le monde chrétien tant de travaux qui, mieux dirigés, auraient sans doute contribué à rendre les hommes meilleurs ou plus heureux.

Le fils de Philippe-Auguste, Louis VIII, qui lui succéda, ne régna que trois ans.

Il prit aux Anglais le Poitou et mourut au château de Montpensier, en Auvergne (8 novembre 1226), pendant une expédition qu'il avait entreprise pour soumettre les Albigeois. Il donna par testament cent sous à chacune des deux mille léproseries de France, et vingt mille livres aux deux cents hôtels-Dieu.

> Et Mahiu de Montmorency
> Proia-il (pria-t-il) que par sa mercy
> Présist en garde son enfant,
> Et il l'ottroya en pleurant.

Ph. Mouskes, auteur de ces vers, indique combien Louis VIII *tremblait* pour la régence qui allait *suivre* son règne.

DIXIÈME AGE.

I.

Louis IX ou saint Louis. — Portrait de ce prince par Voltaire et par Fénelon. — Influence des croisades.

L'aîné des fils de Louis VIII, Louis IX (ou saint Louis), n'avait que onze ans et demi à la mort de son père; mais sa mère, la reine Blanche de Castille, fut pour le royaume la régente la plus digne qu'on eût pu choisir pendant la minorité de son fils; elle joignit la fermeté et la sagesse à l'art de gagner les cœurs, et elle prit grand soin de l'éducation de ses enfants.

Grâce à elle, la France recueillit au moins les fruits de l'horrible guerre des Albigeois. Le traité de Paris (1229) assura à la couronne la plus grande partie des domaines des comtes de Toulouse.

À l'âge de dix-neuf ans, Louis IX épousa Marguerite de Provence, qui lui apporta vingt mille livres en dot; la sœur de Marguerite épousa à son tour, quelques années après, le roi d'Angleterre, Henri III, qui devint ainsi le beau-frère de saint Louis. Grâce à la reine Blanche encore, Thibaut de Champagne vendit à la France, pour quarante mille livres, les comtés de Blois, Sancerre, Chartres, et la vicomté de Châteaudun.

Parvenu à sa majorité (25 avril 1236), Louis IX eut à lutter contre les grands vassaux auxquels Philippe-Auguste avait déjà porté les plus terribles coups. Plusieurs de ces princes mécontents se liguèrent avec le roi d'Angleterre, qui passa la mer avec une armée formidable, et qui réclama les provinces enlevées à Jean Sans-Terre. Mais les Anglais et leurs alliés furent vaincus par Louis dans les batailles de Taillebourg et de Saintes (1242).

À cette époque, les Mongols avaient envahi la Terre-Sainte, et remporté une victoire sanglante sur les chrétiens et les musulmans que la terreur avait unis. Jérusalem tomba aux mains des féroces vainqueurs.

Le bruit de ce désastre parvint en Europe au moment où saint Louis était fort malade. Au plus fort de son mal, Louis fit le vœu de prendre la croix, en ajournant seulement l'expédition. Aussi, lorsqu'il commença à reprendre des forces, il réitéra son serment, et s'empressa de se préparer à une nouvelle croisade. En vain sa mère, les princes de sa maison et l'évêque de Paris cherchèrent à le détourner de son dessein. Le roi croyait obéir à la volonté du ciel, et, s'occupant sans relâche de la réalisation de son vœu le plus cher, il ne négligeait aucun moyen d'entraîner avec lui toute la noblesse de son royaume. Aucune voix, aucune prière ne l'arrêta. Le 12 juin 1248, il partit pour la croisade.

Après avoir réglé toutes les affaires de ses Etats et laissé la régence à sa mère, le roi Louis prit le bourdon de pèlerin et l'oriflamme à Saint-Denis, et quitta Paris le 18 juin 1248 pour s'embarquer à Aigues-Mortes, ville qu'il venait d'acheter aux bénédictins et que son fils fortifia; Louis voulait avoir un port sur la Méditerranée.

La flotte du roi se composait de vingt-huit vaisseaux, sans compter les navires qui devaient emporter les chevaux et les vivres. Louis était accompagné de la reine Marguerite son épouse, de ses frères Charles duc d'Anjou et Robert comte d'Artois, du sire de Joinville, sixième du nom, qui a écrit une si intéressante chronique de ce règne.

La flotte se dirigea d'abord vers l'île de Chypre, et le roi séjourna à Nicosie, capitale de cette île, jusqu'au printemps de l'année suivante, où l'on arrêta dans un conseil que les armes des chrétiens seraient d'abord dirigées contre l'Égypte.

Louis IX resta cinq mois inactif à Damiette; il en sortit enfin et arriva sans précaution aucune à Mansourah, où il fut environné par les musulmans dans une plaine brûlante. Pour écraser la tête du serpent, selon l'avis de Robert d'Artois, l'armée marcha lentement sur le Caire, harcelée sans relâche par les Sarrasins et par le feu grégeois, passa enfin le Nil à Mansourah, et repoussa les ennemis; mais Robert d'Artois, avec l'avant-garde, se jetta imprudemment dans la ville, malgré les avis des templiers : tous le suivent, tous y périssent. Les mameluks, esclaves guerriers qui faisaient la principale ou plutôt la seule force militaire des soudans d'Égypte, s'étaient ralliés et avaient écrasé les assaillants. Louis IX, qui arrivait à son tour, combattit jusqu'au soir cette milice intrépide : il apprit alors la mort de son frère, le pleura et parut envier son sort. Les jours suivants, les chrétiens, épuisés par des attaques continuelles, allaient être forcés dans leurs retranchements : une épidémie les décimait; il fallait songer à retourner à Damiette. Les malades furent embarqués sur des bateaux; ils furent pris et égorgés : la retraite par terre fut aussi malheureuse. Les barons offrirent de rendre Damiette; le soudan Touaan-Chah voulait le roi pour otage : les chrétiens refusèrent et se mirent en route, pouvant à peine marcher et tenir leurs armes. De Mansourah à Fariskour, ce fut un affreux massacre (1250). Effrayés du nombre de leurs prisonniers, les infidèles les tuaient tous; le roi lui-même tomba entre leurs mains avec ses frères et ses barons.

Le soudan venait de fixer à quatre cent mille livres la rançon de Louis, et promettait de rendre tous les captifs dès qu'il serait remis en possession de Damiette, lorsqu'il fut assassiné à Fariskour par les mameluks, qui mirent à sa place leur chef Ibegb. L'avarice fit taire la férocité de cette milice; le traité s'accomplit, et le roi de France, avec les débris de son armée, eut la liberté de s'embarquer pour la Palestine.

Louis IX conserva, même dans les fers, malgré d'incessantes, d'atroces menaces, la majesté d'un roi, la résignation d'un homme véritablement religieux. La reine Marguerite se montra aussi très-courageuse à Damiette. Elle garda cette ville comme un gage pour la sûreté du roi.

La plupart des seigneurs qui accompagnaient le roi de France retournèrent dans leur pays, mais saint Louis demeura encore quatre ans en Syrie; il y employa ses trésors pour fortifier Tyr, Sidon, et toutes les places de la Palestine qui appartenaient aux chrétiens. Enfin la mort de la reine Blanch (1253) le rappela dans sa patrie. Blanche de Castille fut enterrée près de Pontoise, à Maubusson, abbaye qu'elle avait fondée. Elle avait expiré sous l'habit monastique.

II.

Saint-Louis après la mort de Blanche de Castille.

Après une navigation périlleuse, saint Louis aborda aux îles d'Hyères, traversa la Provence, le Languedoc et l'Auvergne, passa à Vincennes et à Saint-Denis, et entra à Paris le 17 septembre 1254. Les acclamations du peuple pouvaient à peine le distraire de sa douleur. Son premier soin fut de réformer des abus de toutes sortes. Et pourtant, ce roi qui rendait la France heureuse par la sagesse de son gouvernement, se laissa encore entraîner par les préventions de son siècle. L'Orient appelait alors vivement l'attention de ce pieux monarque. Le sultan d'Égypte, Bendoctar, profitait des divisions des chrétiens en Syrie, avait fait de rapides progrès en Palestine. Plusieurs grandes villes étaient tombées en son pouvoir; cent mille chrétiens avaient été massacrés lors de la prise d'Antioche.

A la nouvelle de tant de désastres, Louis se décida à entreprendre une nouvelle croisade. Il s'embarqua encore à Aigues-Mortes le 4 juillet 1270, et arriva peu de jours après dans la rade de Cagliari. Là, dans un conseil de guerre, on adopta le dessein de Charles d'Anjou, roi des Deux-Siciles, qui cherchait à diriger l'expédition contre Tunis, en donnant à son frère de vagues espérances, entre autres celle de faire embrasser au roi de Tunis la religion chrétienne.

En débarquant sur la côte d'Afrique, les croisés, contrairement aux vœux du roi de France, commencèrent les hostilités. Après s'être emparés de Carthage, ils allèrent mettre le siège devant Tunis. Le soleil, les sables brûlants de l'Afrique, et surtout le manque d'eau, épuisèrent l'armée; en huit jours la peste avait éclaté, les morts et les mourants encombrèrent le camp. Un des fils du roi, le jeune Tristan, comte de Nevers, mourut sur son vaisseau. Quand Louis IX apprit cette nouvelle, il était déjà frappé mortellement; il languit quelque temps encore, consacra ses derniers instants à donner de sages instructions à son fils aîné et à pourvoir au soin de son salut; enfin il expira le 25 août 1270, en prononçant ces paroles de David : « Seigneur, j'entrerai dans votre maison, je vous adorerai dans votre saint temple, et je glorifierai votre nom. »

Le jour même de la mort du roi, Charles d'Anjou débarquait en Afrique avec les troupes qu'il avait levées dans son nouveau royaume. Après avoir prêté hommage à son neveu Philippe, et donné un exemple qui fut imité par les grands vassaux, les évêques et les barons, il prit le commandement de l'armée et obtint par plusieurs victoires un traité avantageux. Mohammed acheta la retraite des croisés en s'engageant à payer 210,000 onces d'or pour les frais de la guerre et les arrérages du tribut dû au roi de Sicile, depuis la mort de Manfred; il promit de tolérer l'exercice du culte chrétien dans ses États, de rendre la liberté aux captifs et d'ouvrir ses ports aux marchands occidentaux.

Saint Louis, seul de toute sa race, reçut les honneurs de la canonisation.

Son règne est une des époques les plus importantes de l'histoire de France.

Louis IX raffermit la monarchie en déployant les hautes qualités d'un législateur. Un recueil d'ordonnances rendues par ce prince renferme des lois sages et utiles contre la vénalité des juges, l'avidité des créanciers, la contrainte par corps et les gains usuraires. On désigne ce recueil sous le nom d'*Etablissements de saint Louis*.

Ce roi publia aussi la *pragmatique sanction*, qui devint la base des libertés de l'Église gallicane ou française. Il organisa le parlement (1251) en le constituant en cour de justice; il établit une bibliothèque publique à Paris et créa l'hôpital des Quinze-Vingts, destiné à recevoir quinze fois vingt, c'est-à-dire trois cents aveugles.

« Louis IX, dit Voltaire, paraissait un prince destiné à réformer l'Europe, si elle avait pu l'être, à rendre la France triomphante et policée, et à être en tout le modèle des hommes.....

» Une sage économie ne déroba rien à sa libéralité. Il sut accorder une politique profonde avec une justice exacte, et peut-être est-il le seul souverain qui mérite cette louange. Prudent et ferme dans le conseil, intrépide dans les combats, sans être emporté, compatissant, comme s'il n'avait jamais été que malheureux, il n'est pas donné à l'homme de pousser plus loin la vertu... »

A côté de ces mots tracés par Voltaire, plaçons l'éloge de saint Louis, écrit par Fénelon : « Saint Louis, dit ce prélat, s'est sanctifié en *grand roi*. Il était intrépide à la guerre, décisif dans les conseils, supérieur aux autres par la noblesse de ses sentiments, sans hauteur, sans présomption, sans dureté. Il suivait en tout les véritables intérêts de la nation, dont il était autant le père que le roi. Il voyait tout de ses propres yeux dans les affaires principales. Il était appliqué, modéré, droit et ferme dans les négociations; en sorte que les étrangers ne se fièrent pas moins à lui que ses propres sujets. Jamais prince ne fut plus sage pour policer ses peuples, et pour les rendre tout ensemble bons et heureux. Il aimait avec confiance et tendresse tous ceux qu'il devait aimer; mais il était ferme pour corriger ceux qu'il aimait le plus. Il était noble et magnifique selon les mœurs de son temps, mais sans faste et sans luxe. Sa dépense, qui était grande, se faisait avec tant d'ordre qu'elle ne l'empêchait pas de dégager tout son domaine. »

Citons enfin saint Louis, jugeons-le par lui-même, par les dernières instructions qu'il écrivit pour son fils Philippe. Elles commencent par ces mots : « Beau fils, la première chose que je t'enseigne, c'est que tu mettes tout cœur à aimer Dieu; car sans cela nul ne peut être sauvé... Aie le cœur doux et pitoyable pour les pauvres, et aide-les selon que tu pourras. Maintiens les bonnes coutumes du royaume et détruis les mauvaises. Ne convoite pas le bien de ton peuple et ne le surcharge pas d'impôts. »

Louis IX éclate tout entier dans ces quelques mots.

Maintenant ne convient-il pas de faire connaître les motifs particuliers et les résultats politiques, religieux, commerciaux et industriels des croisades, puisque les croisades se sont terminées sous le règne de saint Louis ?

Il ne faut pas croire que la ferveur religieuse seule ait remué les esprits de cette époque et opéré ce mouvement universel.

Le peuple, d'abord accablé par la misère, vit dans la bannière de la croix l'étendard de sa liberté. Pour stimuler son ardeur, de grands avantages lui sont promis en ce monde et en l'autre : tous les péchés sont remis; il est défendu de poursuivre pour dettes les croisés.

Les clercs et les moines, dégoûtés de la discipline sévère de leur profession, et ennuyés de la solitude du cloître, se lancèrent avec joie dans les contrées lointaines.

Les seigneurs turbulents et ambitieux cherchèrent des aventures ou des conquêtes dans ces expéditions gigantesques.

Non-seulement les croisades sauvèrent pour un temps l'Europe de l'invasion des Turcs qui la menaçaient, mais elles diminuèrent la puissance des grands vassaux, et délivrèrent par conséquent les pays de petits rois et le peuple d'oppresseurs tyranniques.

Un nouvel ordre de choses dut nécessairement découler de cet affaiblissement dans le pouvoir de la noblesse inféodée.

Les affranchissements et l'établissement définitif des communes sont un résultat des croisades, et ce que les comtes, les barons, etc., perdirent en puissance, en domaines et en richesses, ils le gagnèrent en illustration. Les croisades favorisèrent la chevalerie séculière, lui donnèrent un nouveau développement et un nouvel éclat.

Plusieurs ordres religieux et militaires furent fondés par suite des croisades : les chevaliers de Saint-Jean et du Temple, les chevaliers teutoniques.

L'origine des *armoiries* date aussi de cette époque. On les prit d'abord comme signe de reconnaissance au milieu de la mêlée; on les garda ensuite par vanité.

Les *tournois*, quoique antérieurs aux croisades, se multiplièrent notablement pendant leur durée; les promotions de chevalerie étaient ordinairement suivies de ces fêtes militaires. Des cérémonies rigoureuses précédaient la réception d'un chevalier. Il était obligé de se soumettre à de longues épreuves, de faire des jeûnes austères, de passer des nuits à prier, etc.

La chevalerie, instituée primitivement pour la protection de la religion et de ses ministres, pour la défense des veuves, des orphelins et des opprimés, contribua beaucoup à adoucir la barbarie de ces temps de grossière dissolution et de rudesse.

De nouvelles relations commerciales donnèrent de nouvelles jouissances aux habitants de l'Europe. Le contact avec les peuples éloignés fit naître des industries.

Des villes maritimes s'emparèrent du commerce de l'Orient et devinrent puissantes. Telles furent Marseille et les républiques de Venise, de Gênes, etc., dont la grandeur prit sa source dans le mouvement du treizième siècle.

L'agriculture française s'enrichit du mûrier, de la canne à sucre, du blé de Turquie.

Si l'on s'en tient aux seules apparences, il semble que les croisades aient accru la puissance de l'Église; mais au fond elles nous paraissent être, au contraire, le commencement de sa décadence temporelle et spirituelle. Rome, devenue un lieu de passage pour une grande partie des croisés, fut visitée par presque toute l'Europe. On assista au spectacle de ses mœurs et de sa politique, on reconnut souvent l'intérêt personnel dans les débats religieux, et ces considérations, jointes au développement intellectuel des peuples, inspirèrent des sentiments de liberté qui éclatèrent plus tard.

Aussi voit-on, après les croisades, diminuer sensiblement l'effet de ces excommunications terribles qui faisaient trembler les rois et courber la tête des peuples.

Enfin le goût des arts et des lettres commençait à remuer les esprits, jusque-là enchaînés par la misère.

Tout le luxe des arts s'attachait, selon un historien, aux pieux monuments; il ne faut point croire que les manoirs du châtelain, la demeure des bourgeois, et même la cour du suzerain, respirassent cette pompe architecturale qui se fait remarquer dans les églises; le plus souvent une tour crénelée, éclairée par quelques fenêtres à ogives, et des meurtrières étroites et longues, servait de demeure au sire du lieu..... Dans l'intérieur de la tour, un étroit escalier tournant conduisait à de vastes pièces voûtées, les unes destinées aux varlets, les autres à l'hommage des vassaux, les plus reculées aux nobles damoiselles..... Sur un lot de nattes se trouvaient dispersées des chaises de jonc et de bois façonnées en ogive; plus loin le siége à bras qui servait au seigneur pour rendre sa justice et recevoir ses hommages; quelques armoires (ou huches) dessinées en forme de cités féodales avec leurs toits pointus, avec leurs tours étroites et élancées; la table du festin en noyer, une petite Vierge dans une niche, et au-dessus des portes les armoiries du seigneur avec leur cimier et leurs émaux.

Dans les constructions comme dans l'embellissement des monuments d'architecture, on faisait entrer pour beaucoup la sculpture; les siéges de cet âge brillent des ornements les plus nombreux ; ici des groupes des personnages représentant les douze apôtres ou les douze signes du zodiaque; plus loin les images du paradis avec ses délices, les anges jouant du violon, la Vierge de la cithare, puis le tableau de l'enfer avec ses démons, etc., etc... Ce qui manque à ces groupes nombreux, c'est le mouvement, une sorte d'immobilité plus froide encore que la pierre est partout répandue, les traits sont parfaits et réguliers, mais sans âme; c'est le silence au milieu de la foule, c'est la monotonie dans une variété stérile d'objets, c'est la mort enfin dans des sujets où l'artiste s'est proposé la vie.....

Cette insuffisance de l'art ne se montre pas dans les ornements de détails; on y trouve des arabesques ingénieusement dessinées, des fleurs, des fruits parfaitement imités; ce fini se reproduit sur les bois et dans les objets d'orfévrerie...

L'art du peintre se faisait surtout remarquer dans les vitraux. Ces couleurs inaltérables, ce mélange de nuances, bleu, rouge et or, qui représentent comme l'arc-en-ciel le séjour bienheureux, servaient à reproduire les symboles pieux du christianisme, etc.

Tous les tableaux (de ce genre) brillent sur verre et représentent une vivacité de couleurs, une variété de tons capables d'étonner les artistes modernes.

Au fond des manoirs se tissait la tapisserie; c'était une vieille habitude du castel. Dans les longues soirées d'hiver, les nobles dames et damoiselles brodaient les gestes ou les exploits glorieux des chevaliers; la laine et quelquefois la soie reproduisaient les grandes conquêtes de la Palestine, la prise de Jérusalem sous Godefroi de Bouillon, etc., etc.

Ce même fini, cette perfection de travail, se fait remarquer dans les petits ouvrages d'orfévrerie, ou dans l'art de façonner le bois, l'ivoire et l'ébène. On destinait ces œuvres de patience aux châsses de saint...... Lorsqu'on entrait dans quelques églises où de grandes reliques avaient été rapportées de la croisade, ce qui frappait d'abord c'était l'autel, sur lequel se trouvait déposée la pieuse dépouille.

On ne peut se faire une idée du triste état des relations industrielles dans le dixième et onzième siècles. Après l'éclat passager du règne de Charlemagne, la société féodale s'était établie avec tous ses morcellements; toute l'industrie se concentrait dans les cases des serfs; on y tissait une laine grossière en étoffe brune ou noire qui servait à faire des capes et manteaux pour le seigneur, ses dames et sa cour; dans le monastère voisin, les longs loisirs des profès étaient employés à varier la couleur des étoffes par la teinture, etc., etc.

Les papes et les évêques s'élevaient quelquefois contre cet emploi d'un temps qu'on dérobait à la prière, au profit d'un luxe mondain; mais les bons moines trouvaient leur intérêt dans la culture assidue de cette industrie......

Dans les castels, le goût des armes et des fêtes, ces grandes cours plénières, où les barons paraissaient dans tout leur éclat, ces tournois, où les dames venaient parées de leurs plus beaux atours, toutes ces réunions qui devinrent plus fréquentes au commencement du douzième siècle donnèrent quelque impulsion à l'industrie; et les premières croisades, la vue des magnifiques palais de Constantinople, de ces pompes jusqu'alors inconnues aux manoirs de l'Occident, laissèrent aux barons des impressions de luxe et de commodités qu'ils n'avaient point eues auparavant.

Pour y fournir les matériaux des étoffes, il s'était formé des corporations marchandes, dont la nécessité leur a fait accorder de nombreux priviléges pour *le fait des marchandises*, et parmi ces priviléges, le plus important était celui des sauf-conduits à travers les chemins féodaux et l'affranchissement des péages.

Comme il arrive toujours, toutes les transactions commerciales se faisaient dans les foires. Chaque cité, chaque village, les monastères même sollicitaient comme une concession royale ou seigneuriale le droit de tenir à un jour déterminé un marché où se rendaient de tous les points du royaume des marchands et des acheteurs; chaque état avait sa place marquée, les marchandises ne payaient pas de droits, moyennant la légère redevance que l'on acquittait pour habiter sa case. Quelques-unes de ces foires avaient une célébrité lointaine, et attiraient, à raison de leur importance, un plus grand nombre d'étrangers, dans celle de Landit, de Saint-Denis, etc., on voyait des Arméniens, et on était tout ébahi de la quantité d'achats et de ventes qui s'opéraient durant le court espace que les chartes concédaient à ces franchises.

III.

Philippe III, dit *le Hardi*. — Les *Vêpres siciliennes*.

Le fils et successeur de saint Louis, Philippe III, surnommé le Hardi, ne suivit point l'exemple glorieux que lui avait donné son père. Aussi ne laissa-t-il aucun souvenir honorable pour la France.

Ce fut sous son règne que le gouvernement français en Sicile subit un grand échec, un de ces désastres que les temps ne parviennent guère à effacer. L'empereur allemand, Conrad IV, étant mort (1254), le pape Innocent IV offrit à saint Louis, en 1260, les royaumes de Naples et de Sicile, où régnait Mainfroi, fils naturel de l'empereur Frédéric II.

Le roi de France refusa d'accepter cette couronne pour lui-même, mais il permit à son frère, Charles d'Anjou, d'entrer en négociation avec le pape Innocent pour conclure cette affaire. Charles d'Anjou quitta la France avec une armée considérable, et, après six années de combat, il conquit la couronne de Sicile en triomphant à la bataille de Bénevent (1266), bataille où périt Mainfroi.

Charles d'Anjou, ambitieux et cruel, commença par faire condamner à mort et exécuter le jeune Conradin, fils de Conrad IV, petit-fils de Frédéric II, héritier légitime de ses Etats italiens; puis il accabla ses nouveaux sujets, il leur imposa son effroyable tyrannie. La vengeance aussitôt couva dans les cœurs. Jean de Procida ourdit une conspiration, après s'être assuré de l'appui de l'empereur grec, Michel Paléologue, et du roi d'Aragon, don Pèdre III. Voyant que la rage secrète dont les habitants de la Sicile étaient animés n'attendait qu'une occasion pour éclater, Jean de Procida parcourut les campagnes, sous l'habit de moine, pour tromper les espions de Charles qui cherchaient ses traces; il fomenta le mécontentement et souffla partout l'esprit de sédition et de vengeance contre les Français.

Il alla voir Pierre, roi d'Aragon, gendre de Mainfroi, que Charles avait dépouillé; il en obtint de grandes sommes d'argent, avec lesquelles il gagna des conjurés.

Pierre d'Aragon équipa une flotte, et, feignant d'aller contre l'Afrique, il se tint prêt à descendre en Sicile, et revint à Palerme dans le plus grand secret.

Le lundi de Pâques (1283), au son des cloches de vêpres, des attroupements se forment dans Palerme : on s'émeut, on sonne le tocsin, on crie : *Meurent les tyrans!* Tous les Français sont massacrés en Sicile, les uns dans les églises, les autres sur les places publiques, d'autres dans leurs maisons.

Les historiens parlent de plus de huit mille personnes égorgées.

Il n'y eut qu'un gentilhomme français de sauvé dans le carnage; Guillaume de Porcelet. Une petite ville, Sperlinga, fut la seule qui donna asile à quelques fugitifs. Cette exception est consacrée dans une inscription ainsi conçue :

CE QUI PLUT AUX SICILIENS, LES HABITANTS DE SPERLINGA SEULS
N'Y TROUVÈRENT PAS LEUR PLAISIR.

Le pape Martin IV, qui soutenait vivement la cause de Charles, déclara don Pèdre déchu de la couronne d'Aragon et nomma Charles de Valois, second fils de Philippe, successeur de ce prince. En même temps, il prêcha une croisade contre le roi d'Aragon, croisade que le roi de France entreprit en 1284; mais cette expédition fut très-malheureuse pour les Français. Leur roi revint malade en France et expira dans le cours de l'année (6 octobre 1285).

Charles d'Anjou, don Pèdre et le pape Martin ne tardèrent pas à suivre Philippe III. Le fils du premier fut enfin couronné roi de Naples, sous le nom de Charles II; mais il lui fallut renoncer au royaume de Sicile et céder l'Anjou et le Maine au comte de Valois, frère de Philippe III.

IV.

Philippe IV, dit le Bel. — Procès des Templiers. — Les parlements. — Commencements du tiers état.

Le règne de Philippe IV, surnommé le Bel, fils et successeur de Philippe III, fait époque dans l'histoire de France. De ce règne date l'admission du tiers état dans les assemblées de la nation; on voit naître les parlements; l'abolition du duel en matière civile est ordonnée.

Mais aucun prince n'employa des moyens plus iniques et plus odieux que Philippe IV pour grossir son trésor.

Quoique peu belliqueux, il montra dans toutes ses négociations un talent remarquable, et il prouva particulièrement son habileté dans ses querelles avec Edouard Ier, roi d'Angleterre.

Edouard Ier, à la mort d'Alexandre III, roi d'Ecosse, avait donné le gouvernement de ce royaume au faible Jean Baliol, avec le dessein de s'en emparer bientôt lui-même. Philippe, jaloux du succès d'Edouard, le fit citer comme son vassal (pour l'Aquitaine) devant le parlement de Paris, en alléguant pour prétexte les troubles occasionnés par les rivalités entre quelques matelots des deux nations.

Le roi d'Angleterre, indigné, suscite contre la France Adolphe de Nassau, roi des Romains, et Gui de Dampierre, comte de Flandre. Philippe, de son côté, saisit la Guyenne et soutient les Ecossais contre les Anglais. Il fait ensuite alliance avec les Flamands révoltés, et engage Albert d'Autriche, fils de Rodolphe de Habsbourg, à s'armer contre Adolphe de Nassau, qui est tué dans une bataille (1298). Il invite par des promesses flatteuses le comte de Flandre à se remettre à sa discrétion. Celui-ci se rend avec confiance auprès du roi, qui ordonne de le jeter en prison, s'empare des Etats et envoie aux Flamands le comte de Saint-Paul pour gouverner.

Philippe IV fait d'abord marcher contre les rebelles une formidable armée, sous le commandement du comte d'Artois, qui perdit en 1302 la célèbre bataille de Courtrai, où il fut lui-même tué avec une foule de seigneurs. Quatre mille éperons dorés restèrent aux ennemis, comme monument de leur victoire. Le roi, s'écriant : « N'aurons-nous jamais fini? je crois qu'il pleut des Flamands, » marcha alors deux fois en personne contre les Flamands. Il n'eut pas de succès : il conclut enfin (1314) un traité, par lequel il reconnut l'indépendance de ce peuple. En revanche, les Flamands lui abandonnèrent la Flandre française jusqu'à la Lys avec les villes de Lille et de Douai. Le nouveau comte de Flandre, Robert de Berthume, fut mis en liberté. Quant à la Guyenne, elle avait été vendue au roi d'Angleterre.

Ces guerres coûtaient des sommes énormes. Pour se procurer de l'argent pour pouvoir lutter contre l'Angleterre et la Flandre, Philippe IV avait porté la main sur les immenses biens du clergé; il avait commencé à lever des décimes sur le peuple, de son autorité propre.

Le pape Boniface VIII décida, à l'encontre de ces actes, que les clercs ne devraient rien payer au roi sans permission expresse du souverain pontife. La querelle devint chaude des deux parts. Philippe envoya au pape Boniface VIII une lettre qui commençait ainsi :

« Philippe, par la grâce de Dieu, roi des Français, à Boniface, prétendu pape, peu ou point de salut!

» Que Votre Grande Fatuité sache que nous ne sommes soumis à personne pour le temporel, etc. »

Le prestige papal s'évanouissait; le mépris éclatait; on n'était pas loin de la raillerie ou de l'indifférence.

Philippe fit brûler une bulle du pape, et convoqua une assemblée générale (1302) où les députés des villes furent appelés à côté des barons et des évêques (voici les premiers états généraux).

Guillaume de Nogaret, procureur du roi, porta une accusation formelle contre le chef de l'Eglise; les états généraux en appelèrent au concile futur et au futur pape. Boniface VIII ne céda pas. Il excommunia le roi et le déclara déchu de la couronne. Mais Guillaume de Nogaret se rendit secrètement en Italie, et s'empara de la personne même du saint père à Anagni. Boniface VIII, parvenu à se réfugier à Rome, mourut un mois après.

Après sa lutte contre le pape, Philippe le Bel persécuta les *Templiers*.

L'ordre des Templiers avait été établi à Jérusalem en 1118 par Hugues de Payens, par Geoffroi de Saint-Omer et par sept gentilshommes français, qui firent vœu de chasteté et d'obéissance entre les mains du patriarche, et qui promirent d'employer leur vie et leurs biens à la défense de la Terre-Sainte. Le roi de Jérusalem, Beaudouin II, leur avait assigné un logement dans une maison voisine du Temple, d'où ils furent appelés *Templiers*.

Ils s'étaient signalés par de brillants exploits, sous les drapeaux des rois de Jérusalem, et avaient acquis de grandes richesses dans tous les royaumes de l'Europe.

Ces immenses biens excitèrent la convoitise de Philippe et furent la cause principale de l'abolition et de la perte de l'ordre des Templiers.

Philippe les fit accuser par Nogaret des crimes les plus atroces, des excès les plus épouvantables (ils étaient dénoncés par quelques délateurs, d'adorer une idole à longue barbe, portant des moustaches, et dont les yeux étaient deux escarboucles; de se livrer aux vices les plus infâmes). A une certaine époque, disait-on, ils avaient saisi une mère qui venait d'accoucher, l'avaient accablée d'outrages, l'avaient grillée, avaient mangé son enfant. Pour prouver leur incontinence, leurs ennemis citaient cet adage devenu populaire : « Boire comme un Templier. »

Les Templiers furent tous arrêtés par un ordre secret, en un seul jour, dans le royaume entier (le 13 octobre 1307).

A la première interrogation qu'on fit subir aux cent quarante Templiers, il n'y en eut que trois qui nièrent absolument les crimes qu'on leur imputait; mais comme ces aveux avaient été extorqués par la *question* la plus épouvantable, même dans les annales de l'inquisition, la grande majorité des Templiers rétractèrent leurs confessions, et soutinrent qu'on les leur avait arrachées à force de tourments.

Cependant le procès, instruit d'abord par les deux autorités réunies, les évêques et les magistrats, passa bientôt à l'arbitrage des créatures royales, et cinquante-neuf chevaliers furent livrés au tribunal séculier, dont les juges étaient décidés d'avance à condamner.

On les fit brûler vifs et à petit feu hors de la porte Saint-Antoine, dans un champ voisin de l'abbaye du même nom (1309), sans leur accorder le temps nécessaire pour la défense et les délais judiciaires.

« L'ordre des Templiers, dit l'historien des croisades, rencontrant partout au lieu de juges des ennemis acharnés, ne trouva que dans son propre sein de courageux défenseurs. Ces nobles chevaliers opposaient aux reproches violents, aux accusations invraisemblables de leurs adversaires, un dévouement à la religion prouvé pendant deux siècles par des exploits des Templiers, par leur sang versé sous le fer des musulmans, par les chaînes qu'ils avaient portées chez les Sarrasins, enfin par leurs statuts, par leurs aumônes et par l'éclatante renommée qu'ils leur avaient méritée, en Asie et en Europe, tant de sacrifices, de courage et de charité. Ranimés par ces plaidoyers éloquents, une foule de Templiers bravaient les tortures; mais cette fermeté irritait les juges sans les éclairer. Les condamnés épouvantèrent leurs bourreaux par l'héroïque courage qu'ils firent éclater sous le poids des chaînes, dans les angoisses des tourments et au milieu des flammes des bûchers. »

Enfin, le 22 mars 1312, le pape Clément V cédant aux instances de Philippe, donna, dans un concile rassemblé et tenu à Vienne, une bulle qui cassait, supprimait et annulait l'ordre des Templiers.

Le 18 mars de l'an 1314, Jacques de Molay, grand maître de l'ordre, et quelques chefs du Temple comparurent devant deux légats du souverain pontife.

On lut à ces chevaliers leurs aveux antérieurement faits, et on les somma de les renouveler.

Le grand maître, auquel on avait refusé le ministère d'un avocat, s'avança intrépidement; il s'imputa qu'à une basse envie les basses calomnies dont son ordre était la victime, et auquel, ajouta-t-il franchement, on ne pouvait reprocher avec raison qu'un zèle ardent pour maintenir ses privilèges.

Quand on lui montra un bûcher dressé au milieu de la place du palais, et sur lequel lui et ses compagnons devaient subir le supplice le plus cruel : « Cet horrible spectacle, dit-il avec intrépidité, ne me forcera point à confirmer un premier mensonge par une seconde imposture; il est temps d'assurer le triomphe de la vérité; je jure à la face du ciel et de la terre que toutes les imputations de vices et d'impiété faites aux Templiers sont des calomnies infâmes; notre ordre est pur, vertueux, orthodoxe. Je suis digne de mort pour l'avoir accusé, en cédant aux sollicitations du pape et du roi. Que ne puis-je expier ce forfait par un supplice plus terrible que le feu, afin d'obtenir la pitié des hommes et la miséricorde de Dieu. »

A demi consumé par les flammes, le grand maître cita le roi et le pape au tribunal de Dieu, dans un an. La mort de Philippe dans l'année et celle de Clément V dans quarante jours (époque fixée), donnèrent à cette prédiction une importance historique.

La compassion du peuple recueillit les cendres des victimes et les honora comme des reliques.

« Cet ordre illustre, écrit M. Michelet, dont saint Bernard avait dressé les statuts, qui pendant longtemps avait continué la croisade presque à lui seul, on l'extermine d'un seul coup... Ces hommes farouches, habitués aux guerres sans quartier des assassins de Syrie, en avaient, disait-on, adopté les mœurs et les croyances. Tout porte à croire cependant que les infamies dont on les accusa étaient les crimes de quelques-uns et non de tous. Peut-être leurs juges accueillirent-ils trop facilement les ressemblances extérieures qui se trouvaient entre les Templiers et les sectes musulmanes les plus odieuses. La procédure fut atroce. Les juges arrachèrent des aveux par la torture, et brûlèrent comme relaps ceux qui osèrent ensuite les rétracter. »

Le règne de Philippe le Bel fut marqué par d'importantes innovations.

On se rappelle en effet qu'à l'occasion de la querelle du roi avec Boniface VIII, la première convocation des états généraux eut lieu (1302).

Jusqu'ici nous avons vu le peuple, d'abord serf ou vilain, soumis à un seigneur, sans aucun droit civil ni politique, puis s'émancipant, devenant membre de la commune, et recouvrant les droits de citoyen. Maintenant, son importance s'est accrue : il s'est rendu nécessaire aux rois, et nous allons le voir prendre part au gouvernement de l'Etat et exercer quelques droits politiques.

Pour la première fois depuis les premiers rois carlovingiens, le peuple apparaît dans une assemblée de la nation, et se trouve appelé à former, sous le nom de *tiers état*, un troisième ordre qu'on ne connaissait pas encore, et qui, avec le progrès des temps et le triomphe de la démocratie, dominera les autres.

Le rôle échu au peuple, au commencement des assemblées représentatives, est sans doute de peu d'importance : il se réduit au vote des impôts et au droit de pétition, c'est-à-dire au droit d'adresser au souverain des doléances qui sont rarement écoutées. Le peuple est encore forcé de s'attacher au trône, sans abri inévitable contre les deux autres ordres. Mais l'influence générale des états généraux doit être plus efficace dans l'avenir que dans le présent.

Lorsque la royauté se fut organisée, lorsqu'elle fut devenue assez forte pour dominer les trois ordres, il s'observa : elle se passa des états généraux; ou bien, si un moment de crise ou un embarras financier l'y obligeaient, elle les convoquait. « Les diètes, a dit un vieil historien de France, sont un bon moyen de traire des impôts. » La royauté eut toujours soin de tenir les états généraux en laisse. Si la nécessité exigeait quelques concessions, le roi s'exécutait de bonne ou de mauvaise grâce ; mais ces concessions n'étaient que momentanées.

Aussi voyons-nous ces assemblées, le plus souvent insignifiantes, devenir quelquefois terribles. Dans tous les cas, leur effet moral est réel. Elles ont été une protestation contre la servitude politique ; elles ont provoqué la proclamation de certains principes qui devaient être appliqués plus tard, passer dans les faits, et donner au peuple français sa liberté et l'exercice de sa souveraineté.

L'existence des états généraux n'était pas bien assurée ; ils se perpétuèrent cependant jusqu'à Louis XIII (1614). Deux siècles après, ils reparurent dans tout leur éclat.

Alors le tiers état tout-puissant détruisit la puissance politique de ses anciens adversaires, et domina à son tour la royauté et la noblesse.

Philippe le Bel rendit le premier le parlement sédentaire ; et introduisant dans ce corps, composé d'abord uniquement de chevaliers et de gentilshommes, des gens de loi chargés d'expliquer le code romain, il créa une nouvelle noblesse de robe, qui dans les conseils éclipsa bientôt la noblesse d'épée. Il porta encore une grande atteinte à l'aristocratie féodale, en nommant des pairs à volonté. Le règne de Philippe le Bel inaugura l'un des siècles les plus féconds en transformations sociales. Le vice principal de son administration fut l'altération des monnaies, ce qui lui donner au roi le surnom de *faux monnayeur*, nom répété en tous lieux avec des imprécations et des menaces populaires. En effet, sous Philippe le Bel la valeur des espèces varia continuellement ; le commerce s'en ressentit, et les transactions furent souvent interrompues, toujours difficiles. La misère générale augmentant, on crut y remédier par des ordonnances contre l'usure, par des confiscations, par des exactions sans nombre exercées sur les lombards et sur les juifs, qui possédaient alors le monopole du commerce et prêtaient à un taux exorbitant.

Comme l'avidité de l'or fut l'unique pensée de ce monarque, qui sentait que l'argent seul il pouvait atteindre son but, en épuisant les autres et en se fortifiant lui-même, l'*alchimie* prit naissance à cette époque : on demanda au charbon des richesses ! On chercha la pierre philosophale !

Bientôt parut une loi somptuaire (1294), loi curieuse par les détails. Philippe IV s'y occupe de chaque condition, et ses dispositions nous font connaître les mœurs et les coutumes du temps. On lit dans cette loi somptuaire : « Nulle bourgeoise n'aura char ; nul bourgeois ne vêtira hermine, étoffe d'or ou d'argent. Les nobles ne pourront avoir que quatre robes par an. Les étoffes coûteront vingt-cinq sous l'aune pour les hauts barons jusqu'à six sous pour les écuyers. Les bourgeois en pourront acheter à dix sous, etc.

Elle ne reçut que peu ou point d'exécution, absolument comme une des plus mémorables ordonnances de Philippe le Bel, celle qui défendit pour toujours les duels en matière civile.

Mais des améliorations positives, efficaces, signalèrent ce règne. Ne devons-nous pas à Philippe IV la réunion de Lyon à la France ? Par son mariage ne fit-il pas pour la France l'acquisition de la Champagne ?

V.

Louis X *le Hutin*. — Affranchissements. — Philippe V dit *le Long*. — Charles IV *le Bel*.

Philippe le Bel n'était plus depuis 1314 ; son fils aîné Louis X surnommé *le Hutin*, prince qui portait déjà la couronne de Navarre par suite de la mort de sa mère, héritière de ce royaume, succéda au *faux monnayeur*.

Les institutions financières de Philippe avaient excité un mécontentement général dans toute la France, et ce ne fut que par plusieurs concessions et en sacrifiant Enguerrand de Marigny, ministre des finances de son père, que Louis X parvint à apaiser l'indignation et la fureur du peuple.

Il mourut le 5 juin 1316, ne laissant qu'un fils posthume, nommé Jean, qui ne vécut que peu de jours, du 15 au 19 novembre.

L'événement le plus notable de son règne consista dans l'affranchissement d'une grande partie des serfs des campagnes (1315). On lut dans une ordonnance royale : « Comme, selon le droit de nature, chascun doit naistre frank ; et comme par aucuns usages ou coutumes, moult de personnes de nostre commun pueple soient encheues en lieu de servitudes...., moult nous déplaist, nous considérants que notre royaume est dit et nommé le royaume des Franks, et voullants que la chose en vérité soit accordant au nom.... par délibération de notre grant conseil, avons ordené et ordenons que généraument, partout nostre royaume, de tout comme il puet appartenir à nous et à nos successeurs, telles servitudes soient ramenées à franchises......, franchise soit donnée à bonnes et convenables conditions...... que les autres seigneurs, qui ont hommes de corps prennent exemple à nous de eux remener à franchise...... »

Le roi commença l'affranchissement dans ses domaines, et peu à peu les seigneurs suivirent son exemple.

On ne faisait qu'un jeu de mots quand on disait : *Selon le droit de nature, chacun doit naître frank* ; le roi vendit la liberté aux paysans, comme il avait été vendue à la bourgeoisie.

Beaucoup d'entre eux, accoutumés à l'esclavage, voulaient y rester, trouvant que la liberté ne valait pas, dans ces temps-là, le prix auquel on la mettait. Mais le besoin d'argent faisait commettre et réparer tant d'injustices ! On vendit aux juifs leur retour, et on les pilla.

Philippe V, dit *le Long*, frère de Louis le Hutin, déjà en possession de l'autorité royale, s'empara de la couronne en faisant décréter par les états généraux que les femmes seraient à jamais exclues du trône de France. Louis X avait regretté, bientôt après, cette loi fondamentale. Son fils unique mourut, et ses quatre filles ne pouvant pas parvenir au trône, son sceptre passa en 1322 à son frère Charles IV, dit le Bel.

Du temps de Charles le Bel, s'établit à Toulouse l'académie des *Jeux floraux*, la première société littéraire connue en Europe, et qui a servi de modèle à tant d'autres. Quelques habitants de la ville, amateurs des belles lettres, dit la chronique, invitèrent les poètes de la langue d'oc (les troubadours) à se rassembler à Toulouse, et promirent une *violette d'or* à celui qui réciterait les meilleurs vers. L'idée plut à la ville, qui l'adopta, fit célébrer chaque année à ses frais ces tournois littéraires. Telle fut l'origine de ces jeux qui se célèbrent jusqu'à nos jours le 1er mai, et dont Clémence Isaure, dame toulousaine, fut la première protectrice.

VI.

Philippe de Valois. — Guerres de Flandre. — Guerre avec l'Angleterre — Prise de Calais. — La peste noire.

Les rois mouraient vite et comme fatalement.

Charles le Bel expira en 1328 sans héritier mâle, et les pairs décidèrent alors que Philippe de Valois, descendant de Philippe III par une branche cadette, succéderait au trône, et qu'en vertu de la loi salique, Édouard III, roi d'Angleterre, qui prétendait à la couronne de France comme fils d'Isabelle, sœur du dernier roi, serait exclu.

Philippe VI, prince ambitieux et guerrier, avait besoin de la noblesse ; ses ennemis naturels étaient les marchands de Flandre, qui venaient de se soulever contre Louis de Nevers, comte français.

Toute la noblesse de France prit donc les armes ; les gens d'Ypres et de Bruges, quoique abandonnés des Gantois, s'avancèrent jusqu'à Cassel. Ils avaient un coq sur leurs étendards avec cette devise :

Quand ce coq chantera,
Le roi Cassel prendra.

Ils furent cependant défaits : les vainqueurs prirent et pillèrent Cassel. La Flandre entière fut réunie à la France.

C'était certainement alors un grand roi que le roi de France, dit avec raison M. Michelet. Il venait de replacer la Flandre sous le joug français. Il avait reçu l'hommage du roi d'Angleterre pour ses provinces françaises. Ses cousins régnaient à Naples et en Hongrie. Il protégeait le roi d'Ecosse. Il avait autour de lui comme une cour de rois, ceux de Navarre, de Majorque, de Bohême. Le dernier, le fameux Jean de Bohême, de la maison de Luxembourg, dont le fils fut empereur sous le nom de Charles IV, déclarait ne vouloir vivre qu'à Paris, *le séjour le plus chevaleresque du monde*. Il voltigeait par toute l'Europe, mais revenait toujours à la cour du grand roi de France. Il y avait là une fête éternelle, toujours des joutes, des tournois, la réalisation des romans de chevalerie, le roi Arthur et la Table Ronde.

Rien pourtant n'était au fond moins chevaleresque que la politique de Philippe de Valois. Il avait commencé par dispenser les seigneurs de payer leurs dettes. Il avait essayé de s'emparer de la Bretagne, en donnant au duc d'Orléanais en échange. Mais les Bretons ne se laissèrent pas donner. Philippe fit du moins épouser à son neveu, Charles de Blois, la jeune héritière de Bretagne. Il avait encore bien d'autres projets ; il eût voulu chasser Édouard III de ses provinces de France, le détrôner en Angleterre, et ceindre la couronne impériale. Sa conduite à l'égard de l'empereur était singulièrement machiavélique. Tout en négociant avec lui, il empêchait le pape de l'absoudre. Le pape était son sujet, son esclave, ni le gouvernait par la crainte. Il avait menacé Jean XXII de le faire poursuivre comme hérétique par l'université de Paris. Benoît XII avoua en pleurant aux ambassadeurs impériaux que le roi de France l'avait menacé de le traiter plus mal que ne l'avait été Boniface VIII, s'il absolvait l'empereur. Le même pape se défendit avec peine contre une nouvelle demande de Philippe, qui eût assuré à toute-puissance et l'abaissement de la papauté. Il voulait que le pape lui donnât pour trois ans la disposition de tous les bénéfices de France, et pour dix le droit de lever les décimes de la croisade par toute la chrétienté. Devenu collecteur de cet impôt universel, Philippe eût partout envoyé ses agents, et peut-être enveloppé l'Europe dans le réseau de l'administration et de la fiscalité française.

Le premier signal de la résistance contre cette puissance menaçante partit de la ville de Gand. Les Gantois, qui sans doute se repentaient de n'avoir pas soutenu ceux d'Ypres et de Bruges à la bataille de Cassel, se soulevèrent et prirent pour chef un brasseur, nommé Jacquemart Arteveld. Soutenu par les corps des métiers, principalement par les foulons, Arteveld organisa dans la Flandre une vigoureuse tyrannie. Son allié naturel était Édouard III. Mais les Flamands hésitaient à se liguer avec l'ennemi du royaume, à déclarer la guerre à leur suzerain. Ils s'étaient même engagés à payer deux millions de florins au pape s'ils attaquaient le roi de France ; ils craignaient de payer. Arteveld, pour les tirer de leur hésitation, décida Édouard à se porter lui-même pour roi de France (1339).

L'intérêt du roi d'Angleterre était de brusquer la guerre ; celui du roi de France de la faire traîner en longueur. Plus riche et plus puissant, il voulait user, ruiner son ennemi. On le vit pendant six années refuser constamment la bataille à Édouard, même à ses moindres lieutenants, et cela, lorsqu'il avait une armée immense où se trouvaient quatre rois, six ducs, trente-six comtes, quatre mille chevaliers. Cette guerre ignoble mangeait les peuples et déshonorait la France.

Une longue suite de guerres désastreuses entre l'Angleterre et la France commença.

Les premières hostilités éclatèrent en 1338. Édouard, qui prit alors le titre de *roi de France*, vainquit les Français dans la bataille navale de l'Écluse (1340).

La guerre continua les années suivantes, mais mollement, sans amener de résultats décisifs. Les deux concurrents se faisaient en Bretagne une guerre moins directe : l'Écosse était pour Édouard, la Bretagne pour Philippe.

Le besoin de nouvelles ressources, besoin causé par la prolongation de la lutte, donna lieu (en 1346) au premier signe de vie nationale. La défaite de la flotte française ayant rendu Philippe plus docile, les États purent obtenir le redressement de quelques abus. Ce fut aussi en 1346, qu'Édouard poussé par le hasard plus qu'en Normandie, y débarqua. Ne rencontrant aucun obstacle, il s'avança en ravageant tout sur son passage jusqu'aux portes de Paris.

Philippe VI ne pouvait se refuser au combat : il rassembla huit mille cavaliers et soixante mille fantassins, parmi lesquels six mille archers génois.

Édouard, pressé enfin par l'armée française, passe la Somme et se campe près du village de Crécy. Là il s'arrête et fait face. Philippe marche à lui, ordonne l'attaque sans vouloir entendre les archers génois, qui déclarent que la corde des arcs est trempée de pluie, et qu'elle ne peut faire aucun service. On se bat, et les Français, quoique supérieurs en nombre aux Anglais, sont vaincus.

Jean de Luxembourg, roi de Bohême, vieillard aveugle, avait voulu combattre dans cette bataille à côté du roi de France : il y perdit la vie. Il exigea obstinément que deux chevaliers, attachant son cheval aux leurs, le conduisissent aux ennemis : c'était bien là de la valeur chevaleresque! Philippe VI fut réduit à implorer l'hospitalité.

On dit que les Anglais se servirent à Crécy de quelques pièces de canon, et que cette machine, encore inconnue aux Français, contribua beaucoup à leur victoire. Simple conjecture. Quoi qu'il en soit, Édouard, malgré l'avantage inespéré qu'il remporta, ne se sentant pas en état de tenir la campagne, voulut du moins en profiter. Il s'empara de la ville de Calais, afin d'avoir sur la France une porte toujours ouverte.

Il fallait venir au secours de Calais. Rien ne réussissait au roi Philippe. Il n'amena une nouvelle armée devant cette ville que pour la voir prendre (1347).

Mort de la reine Blanche.

Édouard éprouva néanmoins de sérieuses difficultés. Il voulut punir les Calaisiens de leur vigoureuse résistance. Pour y parvenir, il fit changer le siége en blocus, et la ville fut bientôt en proie à la famine. Il y avait déjà un an qu'elle en endurait les horreurs, lorsque la nécessité la força enfin à demander à capituler. Alors, au lieu d'admirer leur courage, Édouard, irrité de leur opiniâtreté, exigea avant tout que six des principaux habitants fussent livrés à sa discrétion. Cet ordre cruel excita le sublime dévouement d'Eustache de Saint-Pierre. « *J'ai*, dit-il, *si grand espérance d'avoir pardon de Notre-Seigneur, si je meurs pour sauver ce peuple, que je veux être le premier.* » À l'instant, trois de ses parents se joignirent à lui; puis trois autres citoyens imitèrent ce noble exemple. Ils vinrent s'offrir en victimes pour sauver leurs concitoyens; ils vinrent présenter à Édouard les clefs de la ville et s'exposer au courroux du vainqueur.

Édouard ordonne de les conduire au supplice. Ils allaient être décapités. Il fallut les sollicitations des chevaliers anglais, les prières de la reine, qui, avertie de ce trait admirable, accourut de l'Écosse, où elle avait gagné une grande bataille, pour empêcher Édouard de faire exécuter son odieuse sentence.

Le roi d'Angleterre s'émut enfin, et pardonna à l'héroïsme. Il chassa toutefois les Calaisiens de leur ville, qu'il repeupla d'Anglais. Calais est resté plus de deux siècles au pouvoir de nos voisins d'outre-Manche (1348).

La prise de cette place importante amena une trève entre les deux monarques.

Vers ce temps de triste mémoire, à ses malheurs particuliers la France vit se joindre un fléau bien plus terrible encore que la guerre. Une peste affreuse, qu'on appela la *peste noire*, partie du fond de l'Orient, pénétra en Europe, et emporta un nombre effroyable de victimes. Pendant plusieurs mois, il sortit au moins cinq cents morts par jour de l'Hôtel-Dieu de Paris. Le midi de la France se dépeupla presque : le découragement monta à son comble. Des fanatiques nommés *flagellants* parcoururent alors les campagnes en se fouettant jusqu'au sang pour apaiser la colère céleste (1350).

Dans ces malheureuses circonstances mourut Philippe de Valois, consumé par le chagrin et haï de ses sujets, car ce prince, quoique courageux et habile, savait peu régner. L'altération des monnaies, des impôts excessifs, principalement celui qui pesait sur le sel (la gabelle), lui avaient attiré la haine du peuple. Il avait acquis, vers 1350, du Dauphin Humbert II la province du Dauphiné, d'où les princes aînés de France ont pris depuis le titre de *Dauphin*.

VII.

Jean II le Bon. — Les *Jacques* et les *Malandrins*.

Philippe de Valois expira en 1350 à Nogent-le-Rotrou, et son fils, Jean le Bon, prince imprudent et d'un caractère emporté, lui succéda.

Jean II ordonna de tuer, sans aucune forme de procès, le connétable comte d'Eu, accusé vaguement de trahison, et il se fit un ennemi mortel du roi de Navarre, Charles, surnommé le Mauvais, qui était son gendre, qui, descendant d'une fille de Louis X, bravait son suzerain par des intrigues continuelles.

Loin de céder, Jean voulut qu'on emprisonnât le roi de Navarre à la cour du dauphin Charles en Normandie. Plusieurs d'entre les seigneurs qui avaient été arrêtés avec lui furent même exécutés.

Mais Philippe de Navarre, frère de Charles, et quelques grands du royaume, s'unirent aussitôt au roi d'Angleterre et le reconnurent pour souverain de la France.

Édouard III, se proclamant le vengeur des gentilshommes exécutés, envoya une armée formidable en Normandie, et le prince de Galles, surnommé le prince Noir, qui était entré en France par la Guienne, porta le fer et le feu au cœur du royaume.

L'armée française s'assemble, sous le commandement du roi Jean, dans les plaines de Chartres, et atteint le prince Noir. Jean l'attaque imprudemment à Maupertuis, essuie une déroute complète, et est fait lui-même prisonnier, aux environs de Poitiers. Les Anglais le conduisent de Poitiers à Bordeaux, puis à Londres, où il passe quatre ans.

La captivité du roi Jean fut, en France, le signal d'une guerre civile; des factions se formèrent de tous les côtés.

Le dauphin Charles (depuis le sage roi Charles V) ne fut déclaré régent du royaume que pour le voir révolté à peu près complétement contre lui. Le roi de Navarre, que le dauphin avait fait sortir de prison, arriva à Paris pour y attiser encore le feu de la discorde. Cette capitale présenta alors l'image des désordres les plus compliqués. Ce ne furent que prétentions diverses, que haines déchaînées, que conflits d'ambitions épouvantables[1]. En même temps, les provinces se virent aussi ravager par la *Jacquerie*. Les paysans s'insurgeaient et s'armaient contre la noblesse.

Cependant, les états généraux de 1359 livraient au régent les dernières ressources de la France. Charles sut rendre inutile une expédition formidable qu'Édouard conduisait en personne, l'arrêta court, l'empêcha d'aller à Reims se faire couronner roi de France, et l'amena à renouer les négociations. Par le traité qui fut signé à Brétigny, près de Chartres, le 8 mai 1360, Édouard renonçait à toutes ses prétentions sur la couronne de France et sur l'ancien héritage des rois Plantagenets. La France livrait aux Anglais Calais, le Ponthieu et toutes les provinces de l'ancien duché d'Aquitaine en pleine souveraineté. Une rançon de trois millions d'écus d'or, payables en six années, était fixée pour la mise en liberté du roi Jean. Mais la plupart des provinces cédées et ses vassaux abandonnés à la domination anglaise devaient chercher à secouer le joug, aussitôt que les circonstances le leur permettraient; et l'épuisement de la France rendait impossible le payement intégral de cette énorme somme.

La fin de la guerre laissait sans ressource les bandes d'aventuriers bretons, languedociens, navarrais, italiens, anglais et gascons surtout qui parcouraient la France. Ils vécurent de meurtre et de pillage.

Revenue de son premier effroi, la noblesse se rallia et écrasa les Jacques du Beauvoisis, du Soissonnais et de la Picardie; mais cette insurrection donna aux peuples des campagnes le sentiment de leur force; elle leur apprit que ces armes qui leur avaient servi pour d'odieuses vengeances, pouvaient être mieux employées à une défense légitime. Les Jacques restèrent prêts à combattre, mais contre les routiers et les Anglais. Un certain Guillaume Lalouette et son valet de ferme, le Grand-Ferré, montrèrent, entre autres, la plus héroïque intrépidité.

La noblesse, qui triompha des Jacques, eut moins de succès en face des aventuriers. Jacques de Bourbon, Pierre, son fils, et le jeune comte de Forez, furent tués à Brignais (1261), près de Lyon, par les

---

[1] On peut lire, dans notre *Histoire de Paris*, les détails sur les bouleversements de cette capitale pendant la captivité du roi Jean.

Tard-Venus et les Malandrins dans un combat qui ressemblait à une bataille régulière. Alors les *grandes compagnies*, soit isolément, soit ensemble, sous le commandement de chefs tels que l'Archiprêtre, le Chevalier-Vert, le Petit Meschin et Aymerigot Tête-Noire, dévastèrent la France sans obstacle et sans pitié. On suivait leur marche à la lueur des incendies. Les habitants des campagnes se réfugiaient dans les églises, leurs seuls asiles. Les bourgeois fermaient les villes et faisaient le guet sur les remparts.

Considérée politiquement, la *Jacquerie* fut un mouvement national contre l'invasion anglaise, et un des premiers effets de l'affranchissement des serfs sous Louis le Hutin; elle apprit aux paysans qu'ils pouvaient se battre aussi bien que les seigneurs, et leur donna la conscience de leur force. Les *compagnies franches*, que le grand Duguesclin mena plus tard en Castille et contre les Anglais, étaient toutes composées de *Jacques* (nom de mépris qu'on donnait aux paysans réunis spontanément en corps).

La reine d'Angleterre demande grâce pour les habitants de Calais.

Les armées nationales en France datent de cette époque, car après les désastres de Crécy, etc., il ne resta plus assez de nobles pour défendre la patrie.

Jean, en quittant Londres, avait laissé dans cette ville ses trois fils cadets, que le gouvernement anglais considérait comme otages; mais l'un d'eux, le duc d'Anjou, s'étant enfui avant le payement de la rançon, le roi, selon ses promesses, retourna à sa place, et mourut à Londres, le 8 avril 1364, à l'âge de quarante-quatre ans, laissant une réputation de bonté et d'intégrité.

VIII.

Charles V dit *le Sage*. — Institution des *Lits de justice*. — Le connétable Bertrand Du Guesclin.

Charles V, qui avait gouverné la France pendant la captivité de son père, négligea à son avénement de convoquer les états. Il les remplaça par une sorte d'assemblée composée de prélats, de nobles et d'officiers municipaux, pour obtenir ainsi un simulacre d'adhésion à la levée des impôts. Au reste, on verra reparaître rarement les états. La royauté, qui avait éprouvé la force de l'opinion représentative, en eut peur; ce fut le *parlement* qui s'empara du pouvoir politique échappé pour quelque temps aux états non convoqués.

Sous le règne précédent, les états généraux votaient des subsides, à condition que les impôts seraient également répartis, et que divers abus seraient réformés, entre autres celui de la *pourvoierie*, espèce de corvée que le roi exigeait du peuple pour les besoins de sa maison dans les lieux où il passait.

Sous la lieutenance du dauphin Charles, les états généraux convoqués avaient aussi accordé des subsides; mais il avait fallu, par compensation, que la royauté cédât aux demandes présentées par Etienne Marcel, prévôt des marchands de Paris. Ces demandes étaient presque démocratiques. La formation d'un conseil de régence choisi dans les trois ordres, la nomination d'officiers pris dans la bourgeoisie pour surveiller la levée de l'impôt, etc., en résultèrent. La masse des gouvernés, on le voit, voulait entrer pour quelque chose déjà dans le gouvernement.

Charles, devenu roi, crut remplacer les états généraux en instituant les *lits de justice*, où furent admis les grands officiers, quelques prélats, des députés de la bourgeoisie et de l'Université. Pour donner des gages de l'intérêt qu'il portait à ses sujets, il assura le repos du peuple par des ordonnances qui défendaient les guerres privées, et qui réglaient la force et la discipline des armées; il interdit aux nobles de se faire adjuger les fermes de l'Etat, et voulut que la justice fût rendue gratuitement aux pauvres. Il fixa d'une manière invariable le prix des monnaies, si souvent altérées sous les règnes précédents, protégea l'agriculture, le commerce, révoqua les domaines aliénés depuis Philippe le Bel, régla les régences et les apanages, et établit la majorité des rois à quatorze ans.

La marine, négligée depuis saint Louis, l'occupa sérieusement; les beaux-arts et les lettres furent encouragés; une foule d'églises et de palais embellis ou construits d'après ses ordres, par exemple les châteaux de Vincennes et de Saint-Germain, signalèrent sa supériorité d'intelligence. Ce ne fut pas tout encore. Le *sage* Charles V fonda la Bibliothèque Nationale, qu'il plaça dans la *tour de la librairie* du Louvre, et la porta à neuf cents volumes, quand il y fit traduire les principaux ouvrages de l'antiquité. « On ne saurait trop honorer la science, disait-il, et tant qu'elle sera cultivée, le royaume continuera en prospérité. »

Philippe de Valois après la bataille de Crécy.

Mais ce qui contribua le plus à la gloire de ce règne, ce fut l'existence simultanée d'un prince habile, éclairé, d'un homme de guerre tout à fait hors de ligne, Bertrand Duguesclin. Grâce à l'épée de Bertrand Duguesclin, les Anglais, en 1379, ne possédaient plus en France que quelques villes maritimes. Cet illustre guerrier avait délivré le pays des *grandes compagnies* en les dirigeant vers l'Espagne. Homme de simplicité antique, il avait honoré par ses actes la carrière militaire, jusqu'alors encombrée d'ambitieux et de pillards.

Avant de rendre le dernier soupir, Bertrand Duguesclin rassembla autour de son lit ses compagnons d'armes, et il leur recommanda d'épargner dans la guerre les laboureurs, les femmes, les vieillards, les enfants. Paroles nobles et dignes d'un héros. Après avoir adressé à ses compagnons ces recommandations, qu'ils lui promirent de suivre, Bertrand Duguesclin se tourna vers son ami Olivier de Clisson et lui dit : « Je vous prie de rendre au roi l'épée qu'il me commit quand il me nomma connétable; vous lui direz que je regrette amèrement de ne pas lui rendre plus longtemps service. Si Dieu l'eût permis, j'avais

bon espoir de lui vider son royaume de ses ennemis d'Angleterre. »
— « On sait, dit Voltaire, quels honneurs son roi rendit à la mémoire de Bertrand Duguesclin. Il fut le premier dont on lit l'oraison funèbre, et il n'y a que lui et le vicomte de Turenne qui aient été enterrés dans l'église destinée aux tombeaux des rois de France. Son corps fut porté avec les mêmes cérémonies que ceux des souverains. Quatre princes du sang le suivaient. Ses chevaux, selon la coutume du temps, furent présentés dans l'église à l'évêque qui officiait et qui les bénit en leur imposant les mains. Ces détails sont peu importants, mais ils font connaître l'esprit de chevalerie. L'attention que s'attiraient les grands chevaliers célèbres par leurs faits d'armes s'étendait sur les chevaux qui avaient combattu sous eux.

» Charles suivit bientôt Duguesclin (1380). On le fait encore mourir d'un poison lent, qui lui avait été donné il y a plus de dix années, et qui le consuma à l'âge de quarante-quatre ans, comme s'il y avait dans la nature des aliments qui pussent donner la mort au bout d'un certain temps... Le véritable poison qui tua Charles V était une mauvaise constitution. »

Ce prince rendit l'âme au château de Beauté sur Marne, le 15 septembre 1380, à l'âge de quarante-quatre ans.

On fait monter les trésors que Charles amassa jusqu'à la somme de dix-sept millions de livres de son temps. Il est certain qu'il avait accumulé des richesses, et que tout le fruit de son économie fut ravi et dissipé par son frère, le duc d'Anjou, dans sa malheureuse expédition de Naples.

Charles V était grand clerc, fort ami des philosophes et des lettrés. Il compte parmi les meilleurs rois de France : aucun crime ne charge sa mémoire. Les philosophes avec lesquels Charles V aimait à s'entretenir étaient surtout les astrologues. Son astrologue en titre, Thomas de Pisan, avait été appelé tout exprès de Bologne. Le roi lui donnait cent livres par mois. Ces hommes, quels que fussent leurs moyens de prévoir, ne se trompaient pas trop. Ils étaient pleins de finesse et de sagacité. Charles V donna un astrologue à Duguesclin en lui remettant l'épée de connétable.

De ce règne date l'invention des cartes à jouer, qui devaient distraire la démence du successeur de Charles V.

« L'apparente restauration de la France par Charles V, dit M. Michelet, ne pouvait guérir aucun de ses maux..... La disproportion des besoins et des ressources restait la même. On eut plus rarement recours à l'altération des monnaies : cette forme timide de banqueroute ne rapportait pas assez ; on y substitua des impôts ; impôts terribles, meurtriers, qui arrachaient au peuple le pain de la bouche ; la famine du jour payait la fête du lendemain. Aussi de grandes, de sanglantes révoltes, d'atroces justices du peuple !

» Toutefois, au milieu de ces tragédies, la France commençait à se connaître, à prendre conscience de soi. Une guerre immense mêlait les populations de toutes les provinces. La nation ne pouvait encore être une, du moins elle ne fut plus guère divisée qu'en deux moitiés que séparait la Loire....

» Dans ces révolutions, il n'y eut plus de vaines tentatives, plus de républiques communales, plus d'états soi-disant généraux. Au-dessus de l'esprit local s'éleva l'esprit national. La nationalité s'éveilla par la haine de l'étranger. La vie ne fut plus seulement dans les villes, les campagnes y participèrent. Le paysan comprit qu'il était Français, et il délivra la France. Ce que n'avaient pu faire ni les nobles, ni les bourgeois, ni les armées mercenaires, le paysan le fit..... C'est l'Angleterre qui apprend à la France à se connaître elle-même. Elle est son guide impitoyable dans cette douloureuse initiation. Au moment où l'injustice est consommée, où l'Anglais se fait roi, alors la France se sent France ; elle proteste devant Dieu qu'elle n'a pas mérité de périr. Cette protestation ne peut sortir ni des grands, ni du roi, ni des villes : tous sont souillés ; elle sort du peuple, du peuple des campagnes. »

IX.

Charles VI. — Les Bourguignons et les Armagnacs.

L'avénement de Charles VI, âgé de onze ans à la mort de Charles V, se signala par l'établissement de nouveaux impôts. Mais le peuple en était tellement surchargé qu'on osa à peine les annoncer. Ainsi l'on vit un homme monter à cheval, sonner de la trompette : et quand les curieux s'assemblaient, il disait le mot fatal et s'enfuyait à toute bride à travers les malédictions et les pierres qui pleuvaient sur lui.

Le peuple ne put pas et ne voulut pas donner d'argent.

Les bourgeois de Paris pillèrent l'arsenal et s'armèrent, faute de mieux, de maillets de plomb pour assommer les receveurs des impôts. On les appela *maillotins*.

Rouen aussi se révolta. Le duc d'Anjou y fit entrer Charles VI par la brèche et traita les habitants comme des vaincus.

Au nord, la Flandre n'était pas plus tranquille. Loin de là, tout faisait craindre de longues guerres. Les Flamands, conduits par Philippe Artevelde, fils du fameux brasseur de Gand, Jacquemart Artevelde, s'étaient insurgés de nouveau contre leur comte. Ils furent châtiés : vingt-six mille d'entre eux, horriblement massacrés, restèrent sur le champ de bataille de Rosebecque (novembre 1382). Philippe Artevelde fut trouvé sous un monceau de morts, et l'on pendit son cadavre à un arbre. La ville de Courtrai, où se conservaient les éperons des chevaliers français tués dans la bataille de ce nom, en 1302, fut livrée au pillage.

Paris reçut aussi un châtiment terrible, et paya cher sa révolte ; on dépouilla les habitants de la capitale de leurs franchises ; on confisqua les biens des bourgeois, et un grand nombre d'entre eux, même, furent mis à mort. Parmi ces derniers se trouvait l'avocat général Jean Demarets, vieillard de soixante-dix ans, et d'une intégrité à toute épreuve. « Maître Jean, lui disait-on en le menant au supplice, criez merci au roi, afin qu'il vous pardonne. » Demarets répondit : « J'ai servi le roi Philippe son grand aïeul, le roi Jean, et le roi Charles son père, bien et loyalement, à Dieu seul veux crier merci. » Paroles magnanimes s'il en fut jamais ! s'écrie Chateaubriand. Il n'y a que le patriotisme pour en inspirer de semblables !

Qu'allait-il arriver ? Les trois oncles paternels de Charles VI, les ducs d'Anjou, de Berry et de Bourgogne, également incapables, se disputèrent sa tutelle et la régence. Ils étouffèrent à l'envi les heureuses dispositions du prince ; ils régnèrent à sa place pour mettre à exécution les projets les plus déplorables. Le duc d'Anjou était mort en voulant conquérir le royaume de Naples. Les ducs de Berry et de Bourgogne entreprirent de conquérir l'Angleterre. Quinze cents vaisseaux, cinquante mille chevaux furent rassemblés à l'Écluse. Les préparatifs les plus minutieux, le luxe le plus extravagant, ne servirent qu'à rendre la honte plus complète. Les lenteurs du duc de Berry, la jalousie du duc de Bourgogne, retardèrent l'expédition jusqu'à l'hiver. Alors les tempêtes et les feux des Anglais consumèrent toute cette flotte avant même qu'elle eût mis à la voile. L'année suivante, une nouvelle tentative n'eut pas plus de succès.

Enfin Charles VI prit lui-même les rênes du gouvernement (1388), mais dans une expédition contre le duc de Bretagne, il tomba inopinément en démence. En traversant la forêt du Mans, une apparition mystérieuse se présente au roi ; aussitôt sa raison s'égare ; il tire son épée et menace ceux qui l'entourent. Cet événement imprévu sauve le duc de Bretagne. Ramené au Mans sur une charrette de bouvier, le roi retombe au pouvoir de ses oncles, qui s'emparent du gouvernement. Ils chassent Clisson et proscrivent les autres ministres, gens de médiocre naissance, que les princes appelaient insolemment les *marmousets*.

Cet état maladif du roi, tantôt un peu calmé, tantôt fort aggravé, fut le commencement d'une nouvelle période pendant ce règne désastreux. Les factions des princes, qui s'étaient partagé de nouveau le gouvernement, accablèrent le peuple, ruinèrent le pays. La reine Isabeau de Bavière, femme de Charles VI, princesse sans pudeur et sans vertus, immola tout à ses passions insatiables, et foula aux pieds tous ses devoirs de femme, de mère, et à plus forte raison ceux de reine.

Après la mort de Philippe, duc de Bourgogne (1404), le duc d'Orléans, frère du roi et amant de la reine, devint le maître absolu de la France pour peser sur elle plus que jamais. D'un autre côté, *Jean Sans-Peur*, le nouveau duc de Bourgogne, plus dangereux que son père, s'élève contre le duc de Berry, enflamme la rage du peuple en parlant du salut, du bien public, et se fait assassiner, en 1407, le duc d'Orléans dans une rue de Paris. Le sang appelle le sang. Ce meurtre doit amener de terribles conséquences. Le jeune duc Charles d'Orléans, soutenu par son beau-père, le duc d'Armagnac, brûle du désir de venger son père. Les deux partis se combattent, se font une guerre acharnée ; Bourguignons et Armagnacs s'entr'égorgent, se signalent par leurs excès ; Paris est inondé de sang, et les deux branches rivales mettent la monarchie aux abois, la monarchie que tout conspire à faire tomber en décadence.

Dans la lutte, le duc de Bourgogne était soutenu par les bouchers, qui avaient à leurs ordres une armée de valets, gens habitués au sang. L'*écorcheur* Caboche dirigeait ce parti. Cet homme fut d'abord l'instrument des vengeances du duc de Bourgogne, dont il devint plus tard il devint le maître. Voici les *Bourguignons*. Quels gens formaient le parti des *Armagnacs*? Les soldats gascons venus avec le comte d'Armagnac rançonnaient sans pitié les paysans des environs de Paris ; ils leur coupaient le nez et les oreilles, et les renvoyaient avec dérision en leur disant : « Allez vous plaindre à votre fainéant de roi ; allez chercher votre captif, votre idiot. » Férocité de part et d'autre : les *Bourguignons* et les *Armagnacs* n'obéissaient qu'à de viles passions.

Les Armagnacs se trouvant trop faibles pour résister au duc de Bourgogne, qui était maître de la personne de Charles VI, eurent recours aux Anglais ; ils leur offrirent de démembrer le royaume de France et de leur en donner une moitié : ils se réservaient le gouvernement de l'autre moitié.

Le pauvre roi, incapable d'exercer lui-même le pouvoir, ne jouissait que par intervalles de quelques lueurs de raison. Ces moments lucides ne lui servaient qu'à sanctionner les actes les plus tyranniques, les abus les plus odieux. Pendant que les ducs d'Orléans et de Bourgogne se jouaient tour à tour de l'autorité royale ; pendant que la guerre civile dévastait les provinces de la France, Henri V, roi d'Angleterre, jugeant le moment propice pour fondre sur notre pays, débarqua en Normandie avec une armée, prit Honfleur et passa la Somme.

Une armée française sous le commandement du connétable d'Albret, une armée trois fois plus nombreuse que celle des Anglais se mit en marche, et attaqua les ennemis dans la plaine d'Azincourt (25 octobre 1415). La cavalerie française se développa dans une plaine étroite, fraîchement labourée, inondée par des torrents de pluie. Les archers anglais, comme à Crécy et à Poitiers, visèrent à loisir ces masses compactes. Les Français furent accablés. Huit mille gentilshommes périrent dans cette bataille; les ducs d'Orléans et de Bourbon y furent faits prisonniers avec une foule de seigneurs du premier rang. Henri d'Angleterre ordonna d'égorger presque tous les captifs. Azincourt acheva l'œuvre de Crécy, de Poitiers et de Nicopolis. La haute aristocratie fut exterminée. Dès lors la noblesse inférieure obtint toute la renommée militaire, Duguesclin, Clisson, Dunois, Xaintrailles, Barbazan, Desquerdes, Bayard. Cette seconde aristocratie devait disparaître à son tour dans les guerres d'Italie et dans les guerres de religion.

Henri V poursuivit ses ravages jusqu'au centre de la France; la plus grande partie de la Normandie fut conquise par ses armes. Et la guerre civile se renouvela entre le parti des Bourguignons et celui des Armagnacs.

Le comte d'Armagnac, depuis étroitement uni au nouveau dauphin (plus tard Charles VII), ne règne à Paris que par la terreur; il ne ménage pas même la reine Isabeau, qu'il fait reléguer à Tours à cause de ses débauches. Mais celle-ci se ligue avec le duc de Bourgogne, qui s'empare de Paris en 1418, après des combats où le connétable, le chancelier, et plusieurs autres hauts personnages du royaume et un très-grand nombre de citoyens sont massacrés.

Les princes semblent enfin comprendre la nécessité de s'entendre, et Jean Sans-Peur conjure le dauphin de faire la paix. Le dauphin lui donne rendez-vous au pont de Montereau. Le peuple espère beaucoup en une réconciliation. Espérance vaine! Dans cette entrevue (1419), le duc de Bourgogne est assassiné par un officier du dauphin, et ce meurtre rend la paix impossible, ou du moins l'ajourne pour un long temps.

Philippe le Bon, qui succéda à Jean Sans-Peur, offrit, pour venger la mort de son père, et de concert avec Isabeau, la couronne à Henri V, roi d'Angleterre. Isabeau donna en outre sa fille Catherine en mariage au souverain anglais, devenu le successeur futur de Charles VI. La cérémonie nuptiale eut lieu à Troyes (1420). Là fut conclu le malheureux traité par lequel la succession à la couronne de France fut accordée à Henri V, chargé de gouverner en qualité de régent pendant les années que Charles VI vivrait encore. Afin de légitimer en quelque sorte ce marché honteux, on appela un châtiment exemplaire sur la tête du dauphin Charles qui, âgé de seize ans, fut condamné par le parlement pour avoir ordonné l'assassinat du duc de Bourgogne. Le jeune prince fut déclaré déchu de ses droits au trône.

Henri V mourut à Vincennes en 1422, pleuré comme un père par le peuple: il laissa ses couronnes à son fils Henri VI, qui n'avait encore que neuf mois. Henri V s'était attaché à réprimer avec sévérité la licence des nobles et des gens de guerre. La mort de Charles VI arriva deux mois après celle du roi d'Angleterre. Charles VI avait régné, si cela peut se dire régner, quarante-deux ans, toujours en tutelle, soit comme enfant, soit comme insensé. Odette de Champdivers l'avait longtemps distrait dans sa folie. On l'appelait *la Petite Reine*. Elle eut de ce prince une fille qui fut mariée par Charles VII au prince de Belleville.

X.

Charles VII. — Jeanne d'Arc.

Depuis la malheureuse journée d'Azincourt, depuis les revers de Poitiers et de Crécy, la France était en proie à l'invasion étrangère, rien ne pouvant relever, pour ainsi dire, le moral du pays. Aussi Alain Chartier, écrivain de ce temps, secrétaire intime du dauphin, et qui le suivit sur la Loire, exprime cet état de détresse dans des termes vigoureux. Il n'y avait pour un homme de bien un seul lieu de paix dans tout le territoire de la France, sinon derrière les murailles de quelques places fortes; car « *des champs, on n'en pouvait entendre parler sans effroi,* » et toute la campagne semblait être devenue comme une « *mer* » où il ne régnait d'autres lois que celle de la force et « *où chacun n'a de seugnerie qu'à proportion qu'il a de force.* »

Tous les corps avaient prêté serment de fidélité au duc de Bedford, frère de Henri V, déclaré régent pendant la minorité de Henri VI. Le Dauphiné, le Languedoc, l'Auvergne, le Bourbonnais, le Berry, le Poitou, la Saintonge, la Touraine, l'Orléanais, une partie du Maine et de l'Anjou, composaient les possessions du dauphin; le reste était au pouvoir des Anglais, auxquels l'alliance avec le duc de Bourgogne semblait promettre encore d'autres conquêtes.

Le duc de Bretagne avait embrassé le parti du dauphin, devenu Charles VII, prince doux, mais faible, oubliant ses devoirs de Français au sein des plaisirs, ne pouvant se passer de favoris et de ministres adulateurs. Parmi les courtisans de Charles VII, ceux qu'on le força à disgracier ne furent pas remplacés par de meilleurs. Le connétable de Richemont en fit mourir deux (le président Louvet et Giac), sans s'inquiéter beaucoup de la faveur dans laquelle ils étaient auprès du roi. Celui-ci eut tout le regret possible de s'être mis sous la tutelle d'un directeur si énergique, et les mésintelligences de la cour allèrent empirant la situation du pays. Georges de la Trémouille, nouvelle créature de Charles, le brouilla avec Richemont, trop absolu, mais nécessaire à la conservation de l'État.

Tout semblait contribuer à la ruine d'un monarque qui ne voulait pas régner. On rapporte qu'un jour, le brave la Hire venant prendre des ordres, trouva Charles tout occupé de préparatifs de fête. Celui-ci lui ayant demandé ce qu'il en pensait: « Je pense, répondit la Hire, qu'on ne peut perdre un royaume plus gentiment. » Charles se contentait de sa *royauté de Bourges*, sur laquelle l'Angleterre ne cessait de plaisanter.

Mais le bâtard d'Orléans, le comte de Dunois, homme qui semblait être né pour le salut de la France, battit enfin les Anglais et leur fit lever le siège de Montargis. Ce fut une première secousse, qui en amena promptement d'autres. Bedford, après avoir repassé en Angleterre, revint avec un renfort de troupes, força le duc de Bretagne à se soumettre aux Anglais et le décida à se frayer, par la conquête d'Orléans, un chemin dans les provinces françaises du sud.

Bientôt le salut ou la perte du royaume dépendait du siège d'Orléans, que les Anglais pressaient avec vigueur. Les assiégés défendent vaillamment cette place. Mais leurs efforts ne suffisaient pas: la disette d'argent était telle, que le trésor du roi se réduisait à quatre écus. Charles VII se décida à la retraite. Les instances de la vertueuse reine Marie d'Anjou le détournèrent de cette funeste résolution; Agnès Sorel, sa maîtresse, ranima l'esprit abattu du monarque.

Une jeune fille, née de parents pauvres, d'honnêtes laboureurs de Domremi, village du diocèse de Toul, près Vaucouleurs (frontière de Champagne et de Lorraine), une jeune fille, connue sous le nom de la *Pucelle d'Orléans*, crut entendre une *voix* qui lui donnait des conseils, entre autres celui d'aller en France.

La *voix* continuant de se faire entendre à elle plusieurs fois la semaine, avec une certaine régularité, et plus particulièrement à certaines heures (vers midi), et le conseil de s'en aller guerroyer devenant chaque fois plus impérieux, la pauvre enfant ne pouvait plus rester tranquille en sa demeure.

Après avoir lutté intérieurement pendant trois ou quatre ans, Jeanne, à l'imagination vive, échauffée par le récit des horreurs de la guerre, devint susceptible de ces mouvements qui mettent une âme hors d'elle-même. Elle se crut inspirée par les apparitions de saint Michel, de sainte Marguerite et de sainte Catherine. Elle quitta son pays natal, sous prétexte d'aller voir un oncle qui demeurait aux environs de Vaucouleurs, et se fit conduire auprès du commandant de cette ville, Robert de Baudricourt.

Celui-ci l'accueillit rudement et la traita de visionnaire: « Il fallait que son oncle, disait-il, la ramenât chez son père, et lui donnât des *soufflets.* »

La simplicité et l'attitude ferme de Jeanne ne laissèrent pourtant pas de faire une certaine impression sur l'esprit peu crédule de Robert. Les habitants de Vaucouleurs, touchés de sympathie pour Jeanne, se mirent en frais, lui procurèrent un équipement, des habits d'homme. Son oncle lui acheta un cheval.

Robert de Baudricourt, après avoir adressé à Jeanne quelques plaisanteries de militaire, l'aida à monter à cheval et lui donna un sauf-conduit pour s'en aller vers le dauphin. « Va, lui dit-il en la voyant partir, et advienne que pourra. »

On la présenta au roi (1429), qui était alors à Chinon: il la fit examiner.

Magistrats, docteurs, prêtres, tous, après beaucoup d'interrogations, reconnurent qu'il y avait du merveilleux dans cette fille, et résolut de tirer parti d'une ressource si imprévue. Le roi agréa Jeanne, qui commença de remplir son rôle dans tout son sérieux, qui s'apprêta à exécuter les desseins de Dieu, que *sa voix* ne cessait de lui annoncer.

La Pucelle, armée de pied en cap, une bannière à la main, conduisant les Français de la part de Dieu, les remplit de l'ardeur et de la confiance qui la pénétraient elle-même.

Dès son début, elle persuada les autres, étant elle-même fortement persuadée. Elle combattait en héroïne, mais en se faisant scrupule de donner la mort. Il faut pourtant convenir qu'elle tenait moins à ménager le sang des Anglais que celui des Bourguignons. Cela venait de ce que dans son enfance elle ne connaissait au village qu'un Bourguignon, qu'elle n'aurait pas été fâchée, convient-elle se disait ouvertement, qu'il eût la tête coupée, *si toutefois Dieu l'avait eu pour agréable*. Parlant d'une certaine épée prise sur un adversaire bourguignon, elle assurait qu'elle s'en servait parce que c'était une bonne épée de guerre, et propre à donner de *bonnes buffes et de bons torchons*.

Dirigée par les conseils du comte de Dunois, Jeanne parvint dans l'espace de quelques mois jusqu'aux murs d'Orléans. En huit jours, l'armée ennemie, chassée de tous ses postes et des forts qu'elle occupait, fut contrainte de s'éloigner avec précipitation des remparts de la ville, qu'une procession solennelle parcourut avec des chants religicux (8 mai 1429). La Pucelle entreprit ensuite de conduire Charles VII à Reims, au milieu de la France anglaise, à travers mille obstacles, malgré deux armées commandées par Suffolk et Talbot. Le roi hésita, puis céda à l'entraînement universel. Jeanne d'Arc fait prisonnier Suffolk, enlève aux Anglais Beaugency, défait et prend Talbot à Pathay, et, de conquête en conquête, arrive à Reims, où elle entre à côté du roi, qui y est sacré le 11 juillet.

Ce succès immense, cette cérémonie imposante servirent moralement la cause de Charles VII. Le désir de voir triompher le roi légitime naquit dans tous les cœurs lassés de la domination étrangère. Dès l'année 1430, une conspiration se trama à Paris en faveur de Charles VII. Bedford la découvrit et la réprima par des supplices. Qu'importait? Le sang ne pouvait qu'aigrir les ressentiments.

Jeanne avait assisté en habit militaire à la cérémonie du sacre. Elle avait porté en cette circonstance la bannière qui guidait les armées françaises dans les batailles; et lorsqu'on lui avait demandé pourquoi elle la gardait aussi dans l'église, elle avait répondu : « Il est juste qu'elle soit à honneur, puisqu'elle a été à la peine. »

Pleine de prévoyance, Jeanne d'Arc fit introduire dans Orléans des renforts pour rendre la garnison invincible. Son *gentil roi* couronné, elle crut avoir rempli sa mission. La paysanne voulut retourner dans son village ; mais on ne le lui permit pas. Elle combattit alors avec une triste résignation : il semblait qu'elle n'eût plus foi en elle-même. Elle se mit en marche cependant de Reims à Paris (août 1429) ; lorsque elle arrivait avec le roi du côté de la Ferté-Milon, le peuple se porta en foule à sa rencontre en criant : « Noël ! »

La Pucelle, qui était à cheval entre le comte de Dunois et l'archevêque de Reims, leur dit : « Voilà un bon peuple. Plût à Dieu que je fusse assez heureuse, quand je finirai mes jours, pour pouvoir être inhumée dans cette terre. » Sur quoi l'archevêque lui dit : « O Jeanne ! en quel lieu avez-vous espoir de mourir? » Et elle répondit : « Où il plaira à Dieu, car je ne suis pas plus assurée du temps ni du lieu que vous ne le savez vous-même ; et fasse le bon Dieu, mon Créateur, que je pusse retourner maintenant, laissant là les armes, et m'en aller pour servir mon père et ma mère, en gardant leurs brebis avec ma sœur et mes frères, qui auraient grande joie de me revoir. »

Cette fois encore le roi lui fit enjoindre expressément de rester à l'armée ; les généraux insistèrent pour qu'elle ne les quittât pas. Blessée devant Paris, l'héroïque fille vit son astre pâlir, et les *conseils de la voix* lui semblèrent moins clairs que par le passé, depuis Vaucouleurs jusqu'à Reims.

Dès ce moment bien des obstacles s'opposent aux vues de la Pucelle. Elle déplore les tergiversations de ceux qui l'entourent et qui l'aident; elle ne rencontre plus cette exécution prompte et énergique des manœuvres stratégiques, indispensable au succès. L'inspiration s'en va-t-elle? Peut-être ; et pourtant le courage de Jeanne ne faiblit jamais!

Après mainte difficulté, après maint revers, elle osa faire une sortie devant Compiègne, assiégé par les Bourguignons. La Pucelle tomba au pouvoir de l'ennemi. Quel coup porté à la France ! Les Anglais entonnèrent des refrains de victoire, et chantèrent un *Te Deum*. Ils ne savaient mieux faire ; ils avaient encore présentes à la mémoire les défaites que Jeanne d'Arc leur avait causées.

Aussitôt l'héroïne prisonnière est transportée à Rouen dans une cage de fer; on lui donne un cachot dans la grosse tour du château; on lui choisit pour juges une cour ecclésiastique, ignorante ou vénale.

En effet, l'inquisition qui la condamna fut plus que sévère, impitoyable ; l'évêque de Beauvais, Cauchon, qui conduisit tout le procès, joignit à l'atrocité de l'interrogatoire des raisons rusées et captieuses. Les autres juges, principalement les théologiens praticiens, se montrèrent fort curieux, par exemple, de savoir sous quelle forme Jeanne avait vu saint Michel : « Portait-il une couronne? avait-il des habits? n'était-il pas *tout nu*? » A quoi la Pucelle répondit ingénument, et en les déconcertant : « Pensez-vous donc que Dieu n'ait pas de quoi le vêtir? » Lorsqu'ils revinrent de nouveau sur la question du costume de l'archange saint Michel, elle coupa court, en disant que l'archange, quand il lui apparaissait, était en l'habit et la forme d'un *très-vrai prud'homme*.

Déjà, quelque temps auparavant, lors de l'arrivée de Jeanne à Poitiers, un des docteurs du lieu avait absolument voulu savoir de quel idiome se servait l'archange en lui parlant. La Pucelle avait répondu : « Il parle un meilleur français que vous. »

Rien ne pouvait troubler cette sublime fille, *si simple*, d'ailleurs, *que tout au plus savait-elle son Pater et son Ave*. On lui demanda par quels maléfices elle se faisait suivre des chevaliers : « Je disais, répondit-elle : Entrez hardiment parmi les Anglais, et j'y entrais moi-même. »

Jeanne d'Arc, pour crime d'avoir été la personnification la plus belle du patriotisme français, se vit condamnée d'abord comme *hérétique* à une prison perpétuelle (23 mai 1431), ensuite comme relapse au supplice du feu. Elle fut brûlée sur la place du Vieux-Marché, à Rouen, le 30 mai 1431. Jeanne parut sur le bûcher, coiffée d'une mitre et garrottée. Elle fit une courte prière et parla de Dieu et de son roi, qui l'oubliait, avec de si touchantes paroles, qu'elle arracha des larmes à ses juges et à ses bourreaux. Puis elle demanda un crucifix. Un Anglais tailla avec un bâton, elle la prit et la baisa comme elle put : « Comme on avait voulu la donner en spectacle au peuple, écrit Chateaubriand, le bûcher était très-élevé, ce qui rendit le supplice plus douloureux et plus long. Lorsque Jeanne sentit que la flamme allait l'atteindre, elle invita le frère Martin à se retirer, avec un autre religieux, son assistant. La douleur arracha quelques cris à cette pauvre jeune et glorieuse fille. Les Anglais étaient rassurés : ils n'entendaient plus cette voix que sur le champ du martyre. Le dernier mot que Jeanne prononça au milieu des flammes fut Jésus, nom du consolateur des affligés et du Dieu de la patrie. Quand on présuma que la Pucelle était expirée, on écarta les tisons ardents, afin que chacun la vît. Tout était consumé hors le cœur, qui se trouva entier. »

Charles VII apprit la mort de Jeanne d'Arc avec une indifférence impardonnable ; il ne fit rien pour la venger ; il attendit vingt-cinq ans avant d'ordonner que la mémoire de l'héroïne-martyre fût réhabilitée.

De quelque point de vue qu'on envisage cette touchante figure de Jeanne d'Arc, on la trouve toujours digne d'admiration et de compassion.

Jeanne d'Arc doit-elle être regardée comme un être purement héroïque, sublime, inspiré, comme elle disait, par *une voix surhumaine*? Ou bien faut-il renoncer à toute analyse de ce personnage phénoménal?

On pourrait admettre, sans heurter les idées adoptées par la science, que Jeanne n'était pas *possédée du démon*, qu'elle n'avait pas, comme certaines gens l'ont prétendu, *l'imagination trop enflammée*, mais qu'elle se trouvait simplement dans *l'état d'hallucination*.

L'idée qu'on se fait de la fille de Domremi est celle d'une jeune personne religieusement exaltée, et qui portait en soi une empreinte originale. Toujours seule à l'église et aux champs, s'entretenant avec la pensée qui la dominait et le ciel vers lequel ses yeux se tournaient, elle devait s'être identifiée avec la France, elle doit s'être initiée à la mission que sa *voix* lui imposait. Dans les documents publiés sur son procès[1], on remarque ces phrases :

« La chaumière de son père, à Domremi, touchait à l'église. Un peu plus loin, on arrivait, en montant, à la fontaine des Grosseilliers, sous un hêtre séculaire appelé le *Beau Mai*, l'arbre des *Dames* ou des *Fées*.

« Ces *fées* auxquelles les juges de Jeanne d'Arc attachaient tant d'importance pour la convenance de commerce avec les malins esprits, et qu'elle connaissait à peine de nom, exprimant pourtant l'idée de mystère et de religion qui régnait en ce lieu, l'atmosphère de respect et de vague crainte qu'on y respirait. Plus loin encore, était le *Bois Chesnu* (le bois des chênes), d'où, suivant la tradition, devait sortir une femme qui sauverait le royaume perdu par une femme (par Isabeau de Bavière). Jeanne savait cette tradition de la forêt druidique et se la redisait en se l'appliquant tout bas. A certains jours de fête les jeunes filles du village allaient à l'arbre des *Dames* porter des couronnes et des gâteaux et faire des danses. Jeanne y allait aussi et ne dansait pas...... Mais du jour où l'ennemi apporta dans la vallée le meurtre et le ravage, son inspiration alla s'éclaircissant et se réalisant de plus en plus. Son idée fixe se projetait hors d'elle comme une prière ardente et lui revenait en écho : c'était la voix d'ailleurs qui lui parlait comme celle d'un être supérieur, d'un être distinct d'elle-même et que dans sa simplicité et sa modestie elle adorait. Ce qui est touchant et vraiment sublime, c'est que l'inspiration première de cette humble enfant.... ce fut l'immense pitié qu'elle ressentait pour cette terre de France et pour le dauphin persécuté qui en était l'image. Nourrie dans les idées du temps, elle s'était peu à peu accoutumée à entendre des *voix* et à les distinguer comme celles des anges de Dieu et des saintes qui lui étaient les plus connues et les plus chères.... Interrogée dans son procès sur la doctrine que lui enseignait saint Michel, son principal patron et guide, elle répondait que l'ange qui l'excitait « lui racontait la calamité et la pitié qui était au royaume de France. »

Répétons-le, Jeanne d'Arc, c'est la personnification du patriotisme français sous les traits charmants de la femme, c'est l'idéal de l'héroïsme. Ah ! comment Voltaire a-t-il pu contempler une pareille figure, pour chercher l'inspiration d'un poème burlesque, obscène ! Son œuvre n'est-elle pas un crime de lèse-nation ? Aujourd'hui encore, lorsque le voyageur se promène sur la place du Vieux-Marché, à Rouen, il regarde la statue commémorative de la Pucelle ; sa poitrine se serre, et il est tenté de s'écrier : « Un roi de France a laissé brûler Jeanne d'Arc! un grand écrivain français a tenté de souiller le nom de cette victime : lequel des deux fut le plus coupable? »

XI.

Règne de Charles VII après la mort de Jeanne d'Arc.

Le supplice de la Pucelle d'Orléans ne porta pas bonheur aux Anglais. Il marqua, au contraire, le terme de leur domination détes-

---

[1] Extrait des Documents sur le procès de Jeanne d'Arc, par M. J. Quicherat.

tée. L'armée de Henri VI fut battue à Gerberoy (10 mai 1435) et laissa reprendre Chartres par Dunois, tandis que le roi Charles, sortant enfin de son indolence permettait à Richemont, rentré en grâce, de chasser ses indignes favoris. Richemont ramena dans le parti du roi l'inconstance de son frère, le duc de Bretagne, et négocia avec le duc de Bourgogne, qui se montrait plus traitable depuis que les conseillers du meurtre de son père avaient été écartés. Philippe le Bon avait d'ailleurs d'anciens ressentiments contre les Anglais. Le frère de Bedford, Glocester, se l'était aliéné en épousant l'héritière de Hainaut et de Hollande et en lui disputant cette succession; les deux rivaux s'étaient haïs au point de se défier en combat singulier. Les Anglais se promettaient d'envoyer le duc boire de la bière en Angleterre.

Le roi d'Angleterre perdit successivement toutes ses conquêtes, et l'administration du royaume de France se régularisa; des changements importants dans l'état politique et dans les mœurs nationales s'opérèrent.

On créa une *gendarmerie* ou cavalerie permanente et un corps de fantassins *archers*. Avant cette institution, quand on ne pouvait payer les *soudards*, on leur abandonnait quelques communes pour garnison : on appelait cela *vivre sur le peuple*. On établit une *taille* perpétuelle, c'est-à-dire un impôt permanent qui devait assurer la solde régulière des troupes royales, sans l'autorisation des états.

Charles VII, dit Philippe de Commines, fut le premier qui gagna ce point d'imposer des tailles à son plaisir sans le consentement des estats de son royaume. Et à ceci consentirent les seigneurs de France pour certaines pensions qui leur furent promises pour les deniers qu'on lèverait en leurs terres. Les barons et les capitaines furent désormais rendus responsables des excès de leurs soldats.

Quelques princes du sang, entre autres les ducs de Bourbon et d'Alençon et une partie des seigneurs nobles entreprirent une rébellion, connue sous le nom de la *Praguerie*, et cherchèrent à recouvrer leurs droits immodérés; mais, affaiblis dans les guerres précédentes, ils n'étaient plus de force à lutter. On les repoussa avec énergie.

En 1442, Charles VII, après avoir délivré la Champagne des ravages des *aventuriers*, fit le siège de Pontoise, et s'empara de cette ville malgré les efforts du nouveau régent de France, le duc d'York. La pacification du Poitou, de l'Anjou, de la Saintonge et d'autres provinces du Midi, fut accomplie la même année. Mais le sang allait couler encore. La trêve avec l'Angleterre ayant été rompue en 1448, Dunois commença les hostilités par la prise du Mans. Dunois marchait de victoire en victoire. Charles VII lui ordonna de conquérir la Normandie; Rouen se soumit au roi de France; la plupart des autres villes capitulèrent, et en 1450, la province de Normandie tout entière fut réunie à notre pays.

Au midi, la noblesse française combattait les Anglais avec le même bonheur. Dunois acheva la soumission de la Guyenne par la capitulation de Bayonne et de Bordeaux. Mais cette dernière ville était si fortement attachée au parti anglais, que dès que Talbot parut avec ses troupes, elle lui ouvrit les portes. Seulement, quand le vieux général eut été tué près de Castillon, toute résistance cessa dans le midi de la France. En 1453, les ennemis ne possédaient plus que Calais sur notre territoire. Tout indiquait le terme de la longue et sanglante lutte qui avait si longtemps existé entre la France et l'Angleterre.

Philippe le Bon, duc de Bourgogne, pardonnant enfin à Charles VII la mort de son père, lui rendit, par le traité d'Arras (1435) la supériorité que l'autorité de la Bourgogne avec ses ennemis lui avait fait perdre. Les Français réunis purent s'opposer aux prétentions de l'étranger et chasser les Anglais de presque toutes les provinces.

Alors Paris élargit ses portes pour recevoir Charles VII (1437), qui reçut le surnom de *Victorieux* et de *Restaurateur de la France*. La fin du règne de ce prince fut assez heureuse pour le royaume, quoique très-malheureuse pour lui-même, dont les derniers jours furent troublés par les intrigues du dauphin Louis, qui lui succéda en 1461.

A ces intrigues, se joignit un procès célèbre, à l'affliction de Charles VII n'eut pas de bornes.

Jacques Cœur, riche marchand de Bourges, avait souvent aidé de sa fortune le roi de France, qui, pour le récompenser, le nomma directeur de ses finances, sous le titre d'*argentier du roi*. Cet homme, doué d'une haute intelligence et d'une probité peu commune, trouva le moyen de subvenir à toutes les dépenses de la guerre sans faire augmenter les impôts. Quelques seigneurs, jaloux de ses richesses, l'accusèrent d'un crime odieux et réussirent. Jacques Cœur fut condamné à mort. Charles VII lui fit grâce de la vie, mais tous ses biens furent confisqués, et ses ennemis se partagèrent honteusement ses dépouilles.

Quant aux intrigues du dauphin, elles achevèrent Charles, qui avait d'abord traité avec douceur son fils Louis, toujours disposé à se révolter contre l'autorité paternelle.

Le dauphin ne craignit pas de s'associer à l'aristocratie et de prendre une part active à la guerre de la *Praguerie*, s'armant ainsi contre son père, contre l'auteur des principales institutions avec lesquelles il devait un jour lui-même porter de terribles coups à la féodalité.

Dès l'abord, Charles se contenta de reléguer Louis dans le Dauphiné, où il demeura plusieurs années. Mais quand l'expulsion des Anglais eut affermi sa puissance, il se montra plus sévère et ne put goûter la paix qu'il avait donnée à son royaume.

Des dissensions et des chagrins domestiques, la crainte que lui inspirait l'ambition de son fils, qui avait cherché un asile chez le duc de Bourgogne, emplirent d'amertume les dernières années de la vie de Charles VII. Ces tourments altérèrent sa santé; il tomba dans la langueur et le dépérissement, et expira au milieu des plus cruelles angoisses qui puissent déchirer le cœur d'un père : on lui persuada que le dauphin voulait l'empoisonner, et cette affreuse idée entra dans son esprit affaibli. Il se laissa, dit-on, mourir de faim.

Remarquons, en terminant le règne de Charles VII, qu'il avait réparé dignement dans son âge mûr les faiblesses et les fautes de sa jeunesse. Il trouva son royaume envahi et il sut le conquérir; en proie à la licence des gens de guerre, il les réduisit à la discipline. Il réforma les mœurs du clergé, corrompues par le malheur des temps; et la pragmatique sanction de Bourges, en ratifiant les décrets du concile de Bâle qui restreignaient la puissance papale, confirma et garantit la charte des libertés de l'Eglise gallicane (1438). Elle rétablit l'élection des évêques, abolit les *réserves* et les *annates*, et arrêta l'abus des appels à la cour de Rome.

En même temps, l'Université fut organisée sur de nouvelles bases; on commença à rédiger les *Coutumes de chaque province*. Les parlements, établis à l'imitation de celui de Paris, pour étendre la juridiction royale, purent être alors regardés par le peuple comme des assemblées protectrices qu'il implorait en l'absence des états, et qui gagnaient toujours en considération et en puissance. Le commerce commença à fleurir, et l'invention de l'imprimerie (1440) répandit partout les lumières de l'intelligence.

ONZIÈME AGE.

I.

Louis XI depuis son avénement au trône jusqu'à la trêve de Senlis.

A la nouvelle de la mort de son père, Louis sort de sa retraite et s'empresse de venir prendre possession du sceptre qu'il convoite depuis vingt ans.

Fils dénaturé et père méfiant, mais ferme en ses desseins, Louis XI accrut considérablement le pouvoir royal, en diminuant l'autorité des possesseurs de grands fiefs, dont plusieurs périrent sur l'échafaud. Aussi, le peuple, plus heureux quand il n'a qu'un seul maître, vit son sort amélioré sous ce règne si fatal aux grands.

Mais ne l'oublions pas, le règne de Charles VII avait préparé et fait pressentir celui de Louis XI. Tous les matériaux étaient prêts; Louis XI les mit seulement en œuvre. Il fit tourner au profit de la royauté, par sa politique adroite, les droits qu'aurait pu, sous un roi moins rusé, revendiquer la démocratie.

Louis XI opéra de grandes choses avec de petites gens; il prit ses ministres et ses conseillers parmi les hommes du peuple, souvent parmi ceux de la plus basse extraction.

Ce n'est pas qu'il ménageât beaucoup le peuple lui-même, car souvent il fit jeter *à l'eau dans un sac la jeune liberté bourgeoise* : cependant les masses, tout en le méprisant, lui restaient attachées. Louis XI, immolant l'aristocratie, flattait la passion démocratique contre laquelle il avait si longtemps lutté. L'intrigue et la corruption furent toujours ses armes. Forcé de combattre la féodalité, qui voulait relever encore la tête sous le beau nom de *Ligue du bien public*, ligue dont nous allons parler, et qui, cette fois, tant les temps étaient changés, croyait devoir chercher un abri sous une enseigne populaire, il ne voulut la vaincre qu'en semant la division entre les ligueurs et en violant la foi des traités. Il promettait tout, et quand le danger et les circonstances étaient passés, il ne tenait rien. Lors de la cérémonie du sacre, à Reims, le duc de Bourgogne, qui l'y accompagna, se jeta aux pieds du nouveau roi, et le pria de pardonner à tous ceux qui l'avaient offensé. Louis XI le promit devant l'autel, mais avec la ferme intention de ne pas tenir sa parole.

Ce fut Louis XI, aussi superstitieux que cruel, qui établit l'*Angelus*, en commémoration de la mort de son frère, le duc de Guyenne, à qui il avait été obligé de céder cette province pour le détacher de la ligue du bien public. On soupçonna, non sans fondement, Louis XI d'avoir fait empoisonner ce seigneur.

Dès le mois de décembre 1464, la ligue formidable se forma contre le roi. Le comte de Charolais, véritablement duc de Bourgogne depuis que son père était tombé dans un état voisin de l'imbécillité, en était l'âme. Il ne pardonnait pas à Louis XI de lui avoir retiré la lieutenance générale de la Normandie après la lui avoir donnée, et d'avoir essayé d'introduire la gabelle en Artois et en Bourgogne. Après lui, on remarquait le duc de Bretagne, le duc Jean de Calabre, le duc de Bourbon, le duc de Nemours, le comte d'Armagnac, le sire d'Albret, le comte de Dunois, une foule d'autres. Le danger était grand. Les villes gardaient une neutralité hostile pour le roi. Paris même, malgré les flatteries de Louis XI, n'était pas fort éloigné de seconder les projets des conjurés qui déclaraient s'armer pour le *bien public*. Les seigneurs s'entendaient à Notre-Dame par leurs agents. Mais il y eut peu d'accord dans l'exécution. Louis XI se porta d'abord au centre, où il accabla le duc de Bourbon, et lui imposa la trêve de Riom. Il revint à temps pour présenter la bataille au comte de Charolais, qui s'était avancé rapidement sur Paris, et n'avait pas encore opéré sa jonction avec le duc de Bretagne. A cette bataille de Montlhéry (16 juillet 1465), les deux partis prirent la fuite.

Cependant les princes se réunirent à Etampes, et amenèrent cinquante mille hommes devant Paris. Tout le monde était d'avis de leur ouvrir les portes. La fermeté des lieutenants de Louis XI maintint seule la ville dans le devoir. Les confédérés avaient déjà gagné la Normandie à leur parti; Louis XI s'effraya, et sans attendre la dissolution de la ligue, il négocia avec elle.

Par les traités de Conflans et de Saint-Maur, il abandonna au comte de Charolais Boulogne, Guines, Péronne et d'autres places; le Ponthieu, le Vimeu, les villes de la Somme, ces dernières moyennant rachat, à son frère Charles de Berry, qui avait prêté l'appui de son nom à la Normandie; à tous des châteaux, des seigneuries, des pensions (1465). On décida que trente-six commissaires seraient nommés pour travailler à la réforme des abus.

Liége et Dinant s'étant révoltés de nouveau contre le duc de Bourgogne, le roi profita de l'occasion pour reprendre la Normandie. Il nomma seul les commissaires du bien public et éluda toutes les réformes projetées, convoqua les états généraux à Tours (avril 1468), et fit annuler par eux les principaux articles du traité de Conflans. Il donna à son frère une pension au lieu d'apanage, et tourna tous ses efforts contre une nouvelle ligue formée par le duc de Bretagne et le comte de Charolais, devenu duc de Bourgogne.

Louis XI transporta en Bretagne l'invasion que les Bretons avaient faite en Normandie, et obligea le duc, par le traité d'Ancenis, à renoncer à l'alliance du duc de Bourgogne. Les perfides conseils de la Balue l'amenèrent à l'entrevue de Péronne. Louis XI y joua gros jeu. Quelque temps après son arrivée, les Liégeois, soulevés par ses émissaires, se révoltèrent. Le duc de Bourgogne ne put contenir sa rage en apprenant qu'ils retenaient prisonnier leur évêque, Louis de Bourbon, et qu'ils avaient mis en pièces l'archidiacre. Le roi de France craignit un moment pour sa vie ou du moins pour sa liberté. Mais il se tira de ce mauvais pas à force de concessions, promit de donner en apanage à son frère la Champagne et la Brie, renonça à exercer aucun droit souverain dans les provinces françaises qui appartenaient au duc de Bourgogne, reconnut les alliances de ce prince avec l'aristocratie française en France, avec la Savoie et l'Angleterre au dehors, enfin l'accompagna au siége de Liége, où il assista à la ruine de cette ville et au massacre des habitants (1468). Le duc de Bourgogne, pour comprimer les cités flamandes par la terreur, ôta à Gand ses privilèges. La cession de l'Alsace et d'une partie de la Suisse que Sigismond d'Autriche lui donna en gage, lui ouvrit une communication facile avec ses provinces de Belgique.

En punition de sa perfidie, la Balue fut enfermé à Loches dans une cage de fer. Le duc de Nemours et le comte d'Armagnac furent accablés au midi; le duc de Bretagne fut obligé de subir la volonté de Louis XI; l'assemblée des notables à Tours annula le traité de Péronne et renvoya le duc de Bourgogne devant le parlement (1469).

Les rébellions, néamoins, se succédèrent. Une ligue plus redoutable que celle du bien public se forma parmi les seigneurs, auxquels se joignirent les rois d'Angleterre et d'Aragon. On stipula le démembrement du royaume : « J'aime tant le bien du royaume de France, disait le duc de Bretagne, qu'au lieu d'un roi j'en voudrais six. » D'après cette ligue, les Anglais s'adjugeaient la Normandie et la Guienne, et le duc de Bourgogne obtenant la Champagne, les mécontents devenaient maîtres de l'ouest. Louis XI n'avait plus qu'à abdiquer. La France redevenait féodale; le progrès reculait de deux siècles.

La mort du duc de Guienne rompit la ligue (mai 1472). Louis XI fut accusé, ainsi que nous l'avons déjà dit, d'avoir fait empoisonner son frère. Il étouffa la procédure commencée contre un moine soupçonné d'être l'auteur du crime, et il envahit le vaste apanage de la Guienne. Le midi fut contenu; mais Charles le Téméraire se jeta en Picardie, signala sa cruauté à Nesle, échoua devant Beauvais, défendu héroïquement par Jeanne Hachette... Jeanne monta sur la muraille à la tête de plusieurs autres femmes, arracha l'étendard qu'y plantait déjà un soldat bourguignon, et ranima par ce trait de courage les assiégés, qui repoussèrent les ennemis. Les historiens varient sur le véritable nom de cette héroïne. Les uns l'appellent Jeanne *Fouquet* ou *Fourquet*, les autres Jeanne *Lainé*; il paraît que le nom de Hachette lui vient d'une hache ou *hachette* dont elle aurait été armée au moment du siége.

Inspirée par le souvenir de Jeanne d'Arc, Jeanne Hachette n'eut pas sa fin tragique : elle mourut à peu près ignorée.

En Normandie, où il entra après l'échec du siége de Beauvais, Charles le Téméraire ne put s'emparer ni de Dieppe ni de Rouen, perdit l'espérance d'être aidé par les Bretons qui déposèrent les armes, et se décida à accéder à la trêve de Senlis (11 novembre 1472).

II.
Louis XI depuis la trêve de Senlis jusqu'à sa mort.

A partir de la trêve de Senlis, qui ne fut définitivement rédigée que le 22 mars 1473, trêve d'ailleurs peu importante en elle-même, commença une nouvelle période dans le règne de Louis XI. Les événements favorisèrent ce roi; il triompha presque facilement de l'aristocratie féodale qui jusqu'alors lui avait résisté.

Dans le cours des années 1473, 1474, 1475, on vit Louis XI obtenir en expectative le Roussillon et la Cerdagne du roi d'Aragon, Jean II, tuer le comte d'Armagnac à Lectoure, emprisonner Nemours et d'Alençon, soutenir René de Vaudemont en Lorraine, prendre l'Anjou au vieux roi René, gagner le sire de Beaujeu, frère du duc de Bourbon, et Louis, duc d'Orléans, en leur donnant en mariage ses deux filles Anne et Jeanne. Cette politique, tantôt violente, tantôt rusée, ne trouva plus d'opposition dans le duc de Bourgogne, qui, pour justifier son surnom de Téméraire, avait conçu de gigantesques projets, avait voulu rétablir l'ancien royaume de Lorraine, formé après la mort de Louis le Débonnaire, et qu'il espérait composer, outre ses Etats, de la Lorraine, de la Provence, du Dauphiné et de la Suisse. Charles ambitionnait plus que le titre de roi, il aspirait à devenir empereur d'Allemagne. Il s'était fait déclarer héritier de la Gueldre par le duc Arnould, et s'affermissait du côté du Bas-Rhin. Mais la résistance des Suisses et des princes allemands, ainsi que les intrigues de Louis XI, lui préparaient d'insurmontables obstacles.

Charles le Téméraire intervint dans la querelle des deux prétendants à l'archevêché de Cologne, et assiégea Neuss (1474). Mais il fut forcé de se retirer devant une armée de cent mille hommes qu'amenèrent contre lui les princes de l'Empire. Louis XI s'empara définitivement du Roussillon, et les Bourguignons, défaits dans l'Artois, perdirent plusieurs places de Picardie.

Tout danger n'était point passé pour la France. De nouvelles difficultés s'élevèrent encore. Menacé par Édouard IV d'Angleterre, allié de Charles, Louis XI acheta la paix par le traité de Péquigny-sur-Somme (1475), qui prit le nom de *trêve marchande*, et il continua dans l'intérieur du royaume son système de guerre contre toutes les libertés au profit du despotisme royal.

L'Anjou et le Maine furent incorporés aux domaines de la couronne, qui fit encore l'acquisition de la Provence par la mort de Charles, neveu du roi René, et de la Bourgogne par la mort de Charles le Téméraire. Les ennemis du duc de Bourgogne s'étaient unis pour l'écraser; ses bonnes villes étaient épuisées d'hommes et d'argent, sa noblesse décimée et lassée. Abandonné de tous, Charles le Téméraire laissa croître sa barbe et ses ongles, vécut seul et farouche, ne changea plus de vêtements.

René de Vaudemont, enfant, soutenu par les subsides de Louis XI, entra dans son duché de Lorraine et reprit Nancy, qu'il avait été forcé de quitter. Charles s'obstina au siége de cette ville; au lieu de se retirer dans le Luxembourg, il le voulut point fuir devant un enfant. La veille du combat, son favori Campo-Basso le trahit, coupa la retraite aux vaincus. Les trois mille hommes que le duc possédait furent anéantis, et lui-même trouva la mort dans cette funeste journée (5 janvier 1477). Quelques jours après, on retrouva son corps nu, mutilé et sanglant, dans un étang glacé. On le reconnut à son anneau, et on le transporta à Nancy. Le jeune duc René lui faire à son ennemi mort de magnifiques funérailles.

Louis XI, en apprenant la mort de Charles, fit vœu d'une balustrade d'argent au tombeau de saint Martin de Tours. Affreux mélange de manque de cœur et de dévotion superstitieuse!

Il réussissait toujours dans l'exécution de ses plans politiques. Mais, au milieu de ses succès, il était malheureux : il avait peur de la mort. Vers la fin de sa vie employée aux ruses de toutes sortes, le vieux roi alla s'enfermer dans le château du Plessis-lez-Tours; il s'y entoura de grilles, de cages de fer, de chausse-trapes, de gibets, de chaînes qu'il appelait ses *fillettes*. Il se plut à avoir des exécutions sanglantes. Il entretenait à sa cour des empiriques, des astrologues, qui essayaient sur lui, disent les chroniques, de terribles et de merveilleuses médecines. Toujours aux pieds de François de Paule, il se confessait, demandait la rémission de ses péchés, qu'il excusait en alléguant les nécessités de la politique, et demandait avec larmes la prolongation d'une existence valétudinaire. Cet homme, qui craignait tant la mort, expira néanmoins avec une certaine fermeté. Il mesura lui-même son cercueil, et laissa à son fils des instructions sur l'art de régner (août 1483).

C'est à Louis XI qu'on doit l'établissement des postes et des courriers, dont il se servit, dit un écrivain, comme d'un moyen d'espionnage et de haute police. On lui doit aussi l'institution de l'*ordre de Saint-Michel*, destiné à récompenser toute espèce de mérite.

Sur les promesses du pape Pie II, qui lui fit espérer qu'il mettrait René d'Anjou sur le trône de Naples, il abolit la pragmatique sanction, et écrivit au pape : « Selon que vous me l'avez demandé, nous rejetons de toutes les terres de notre obéissance cette pragmatique, quoique la plupart des hommes instruits s'efforcent de nous détourner de ce dessein. » Mais le pape n'ayant pas accompli sa promesse, Louis XI ne tint pas rigoureusement à l'abolition de cette loi fondamentale. L'an 1477, il fit exécuter Jacques d'Armagnac, duc de Nemours, accusé du crime de lèse-majesté, avec un raffinement de cruauté digne de Tibère : il ordonna que les jeunes enfants de ce prince malheureux fussent placés sous l'échafaud du patient pour y être arrosés du sang de leur père.

Et ce roi était incessamment couvert de reliques et d'images, portait à son bonnet une Notre-Dame de plomb, lui demandait pardon de ses assassinats, et en commettait toujours de nouveaux ! le crime chez lui passait en habitude.

Terrible pour les seigneurs, dont plusieurs, outre le duc de Nemours, Saint-Pol et Charles de Melun, portèrent leurs têtes sur l'échafaud, il détruisit les éléments désordonnés de cette féodalité puissante qui luttait encore contre l'autorité royale, et finit d'asseoir la monarchie triomphante sur les ruines de l'aristocratie.

Le travail constant de sa vie fut l'abaissement de la haute noblesse et la centralisation du pouvoir dans sa personne; tout ce qu'il fit, en bien et en mal, vient de cette préoccupation, tend vers ce but; il visait, comme l'écrit un historien, à mettre les rois *hors de pages*, et il y a réussi. En caressant les bourgeois, qu'il visitait dans leurs familles et qu'il admettait à sa table, en se rendant populaire de toutes les manières, à force de ruses hypocrites, il n'avait d'autre intention que d'opposer le peuple aux grands et de rester seul en face des masses livrées à elles-mêmes.

Ce prince, qui un jour s'écria : « Je porte tout mon conseil dans ma tête, » voulait faire comprendre jusqu'à quel point il suffisait à sa tâche; il choisit pour ministres son barbier, son tailleur et son chirurgien. Ses prédécesseurs s'étaient entourés de tout l'éclat du luxe; il affecta au contraire une simplicité extrême dans ses vêtements. Il portait habituellement un pourpoint de drap gris très-grossier, montait un petit cheval de fort mince apparence, et ne se faisait suivre que par un seul écuyer. En cet équipage, il allait souvent demander un dîner à quelque marchand, pour s'insinuer dans les intérieurs, et flatter aussi la classe bourgeoise.

Initié dans sa jeunesse, pendant qu'il était en révolte contre son père, aux intrigues des nobles, il tourna contre eux leurs confidences lorsqu'il fut monté sur le trône, et s'en servit pour les déjouer ou les écraser. « On ne sait pas dissimuler, disait-il, ne sait pas régner. »

Il fut le créateur de la *politique* qu'avant lui remplaçait la force, et il accomplit par les négociations ce qu'il n'avait pu accomplir par les armes.

Sous le point de vue social, il mérite attention, car il créa l'administration, les manufactures, favorisa l'exploitation des mines, seconda le commerce en faisant venir de Grèce et de l'Italie un grand nombre d'ouvriers pour fabriquer des étoffes de soie, d'or et d'argent, en France; par lui protégea l'imprimerie, dont on voulait punir les inventeurs comme *sorciers* (1470), et qui devint un des plus puissants agents de la liberté du monde. Il releva les communes, en leur donnant un pouvoir suffisant pour réprimer les vexations des seigneurs; il rendit permanents les offices de judicature, songea à établir l'uniformité des coutumes et l'égalité des poids et mesures, institua les parlements de Grenoble, de Bordeaux et de Dijon, fonda les académies de Caen et de Besançon, etc., etc., ordonna la plantation des mûriers en France et l'éducation des vers à soie.

Louis XI reçut le surnom de *Restaurateur de la monarchie*; il fut le premier roi de France qui exigea qu'on le traitât de *majesté*, mot qu'il aurait inventé lui-même, et porta le titre de roi *très-chrétien*, qu'il justifia peu par sa conduite antichrétienne.

Charles VII n'avait levé, par an, que dix-sept cent mille francs de taxes; Louis XI, par des augmentations successives, les porta à près de cinq millions (aujourd'hui plus de 23 millions). Cette charge énorme pesait tout entière sur le peuple. Mais, au moins, comme le dit Comines, Louis XI prenait tout et dépensait tout. Sévère et économe pour lui-même, il n'était prodigue que pour assurer la grandeur de la France ou pour la délivrer de ses ennemis. Charles VII n'avait guère que 25,000 hommes de troupes régulières; Louis XI en entretint le double et en outre un corps de 6,000 Suisses, infanterie brave et disciplinée, quoique mercenaire, et dont la renommée s'était répandue en Europe par les défaites du duc de Bourgogne. Nul souverain n'avait une artillerie plus redoutable. Le royaume, couvert de places fortes, pouvait repousser l'invasion de l'étranger. Tel était l'état florissant de la France quand Louis XI mourut. Armée, ressources financières, industrie, manufactures, administration civile et judiciaire, relations extérieures, tout avait reçu de Louis XI une impulsion vigoureuse et durable. Louis XI n'établit pas la royauté absolue, mais plutôt une monarchie limitée. Il préluda à l'œuvre qu'accomplit, deux cents ans après, le cardinal de Richelieu.

Déjà la délivrance du joug féodal avait contribué au développement des idées; mais vers la fin du quinzième siècle, époque à laquelle nous sommes arrivés, plusieurs causes puissantes portèrent la civilisation à une hauteur inconnue jusqu'alors : l'invention de l'imprimerie, la prise de Constantinople, la découverte de l'Amérique et du cap de Bonne-Espérance, enfin les actes des nations européennes qui, devenues plus fortes par la concentration du pouvoir, ne tardèrent pas à se mêler pour se disputer la primauté politique; tous ces grands événements qui se réunissent autour de l'an 1500, pour changer la face de la société, ont fait assigner à cette époque la fin du moyen âge et le commencement de l'âge de la renaissance.

III.

Charles VIII. — Expéditions d'Italie.

Charles VIII, fils de Louis XI, n'avait pas encore touché à sa quatorzième année lorsqu'il succéda à son père (1483-1498).

Louis XI avait ordonné par son testament que sa fille aînée, au préjudice de la reine mère Charlotte de Savoie, exercerait la tutelle de son frère. Le duc d'Orléans, Louis, héritier présomptif de la couronne, prétendit aussi au gouvernement du royaume. Les états généraux durent décider la question. Ils s'assemblèrent à Tours (en 1484) et délibérèrent, non par *ordres*, mais par *nations de France*, Bourgogne, Normandie, Aquitaine, Langue d'Oc, Langue d'Oïl.

La présidence du conseil de régence fut confiée au duc d'Orléans. Celui-ci néanmoins ne pouvait agir sans l'autorisation du roi, dont la volonté dépendait de sa sœur, Anne de Beaujeu, qui conserva la tutelle de l'*ignorant* Charles VIII. « Nous opinons et nous prions, disaient les députés de Normandie, que M. et madame de Beaujeu continuent d'avoir le soin, la garde et le gouvernement de la personne du roi. » Les états réglèrent ensuite les impôts, qu'éprouvèrent une forte réduction, surtout pour la Normandie. D'accord avec les deux autres ordres, le clergé demanda le rétablissement de la pragmatique sanction. La noblesse réclama les hauts emplois et une foule de privilèges dont le temps semblait avoir fait justice. Le tiers état priait le roi de dégager les domaines de la couronne qui étaient aliénés, de protéger le peuple contre les exactions tyranniques des collecteurs et les excès des gens de guerre; de supprimer les charges inutiles et les pensions de faveur; de réduire les traitements et d'interdire le cumul. Les trois ordres demandèrent à l'unanimité l'abolition des cours prévôtales, et la suppression des droits énormes qui entravaient le commerce. Ils exprimèrent le vœu que les états généraux fussent convoqués tous les deux ans. Ces états généraux, un peu turbulents dans la discussion, méritèrent bien de la France, et ne déplurent qu'aux *Orléanistes*.

Mécontent, Louis d'Orléans organisa une ligue avec les grands. Ceux-ci, lorsqu'ils ne sentirent plus peser sur eux la main vigoureuse de Louis XI, s'agitèrent pour ressaisir leur ancienne puissance : ils firent cause commune avec les ennemis de la France, Maximilien d'Autriche et Richard III d'Angleterre. Anne de Beaujeu sut triompher de tous les dangers, diviser les mécontents et dissiper la redoutable ligue. Le duc d'Orléans, assiégé dans Beaugency par la Trémouille, fut obligé de capituler et de recevoir garnison dans toutes les villes de son apanage.

Ainsi se termina cette guerre, appelée la *guerre folle*.

Mais la France n'était pas encore hors de péril. Dunois, que l'on avait exilé, et qui venait de rentrer secrètement en France, organisa une nouvelle révolte, dont les principaux chefs furent le duc d'Orléans, les ducs de Bretagne, de Lorraine, de Bourbon, d'Angoulême, le roi de Navarre et Maximilien. C'était un autre appel pour le *bien public*.

L'habile régente, toujours active, fit échouer les attaques couvertes et les manèges secrets. Le duc d'Orléans, vaincu par la Trémouille dans la bataille décisive de Saint-Aubin-du-Cormier (1488), fut pris et enfermé à la tour de Bourges. Son allié, le duc de Bretagne, François II, enveloppé dans les mêmes revers, fut obligé de subir une paix humiliante (traité de Sablé, 20 août 1488) et mourut de chagrin quelques jours après l'avoir signée. Son héritière, Anne, l'une des deux filles qu'il avait laissées, donna sa main et ses Etats à Charles VIII, et ce mariage dota la nouvelle reine, ou mieux la France, d'une riche province.

Charles VIII, affranchi de la tutelle de sa sœur et ayant pris en mains les rênes du gouvernement, inaugura l'exercice de son autorité en délivrant le duc d'Orléans, l'admit dans ses conseils : il n'eut pas de sujet plus fidèle. Le duc d'Orléans sacrifia l'ambition à la reconnaissance, fit taire un moment son amour pour Anne.

Le roi ne tarda pas à être sollicité par quelques seigneurs napolitains, à être appelé par les vœux de la plupart des Etats italiens, qui gémissaient sous un gouvernement oppressif. Son imagination, d'ailleurs, se laissa enflammer par la gloire des armes. Se livrant imprudemment à de trompeuses espérances et à son ardeur belliqueuse, il ne rêva que conquêtes et essaya de réaliser ses rêves. L'occasion s'offrit. Il avait des droits sur la seconde maison d'Anjou en Italie.

Divisée en plusieurs petits Etats, l'Italie était alors la contrée la plus riche de l'Europe; et Naples, opprimée par son souverain, attendait un libérateur dans Charles VIII, qui avec cette expédition d'Italie ouvrit à la France une vaste carrière de gloire et d'infortunes. Anne de Beaujeu s'opposa vainement à cette guerre imprudente.

Pour prévenir l'opposition de l'Espagne et de l'Autriche, Charles VIII rendit à Ferdinand le Catholique le Roussillon, et céda à l'empereur Maximilien l'Artois et la Franche-Comté. Maximilien était furieux de l'affront que Charles lui avait fait en rejetant la main de sa fille Marguerite, pour épouser Anne de Bretagne. Après avoir accompli ces sacrifices réels, espérant par là acheter une neutralité douteuse, Charles franchit les monts, traversa sans le moindre obstacle toute la longueur de la Péninsule, et arriva jusqu'à Rome, dont il prit possession à la lueur des flambeaux. Continuant sa marche, il s'avança, opéra son entrée à Naples, et y fut accueilli avec enthousiasme.

Bertrand du Guesclin.

Mais les États de l'Italie ne purent voir sans une secrète inquiétude s'établir au milieu d'eux une domination étrangère, et pendant que Charles VIII s'occupait de tournois et de fêtes, une ligue générale se forma contre les Français, qui se virent bientôt environnés de leurs ennemis.

A la nouvelle du péril qui le menaçait, Charles, craignant de se laisser enfermer, se hâte de reprendre le chemin de la France; il laisse plus de la moitié de ses troupes pour garder sa conquête. En descendant les Apennins, il rencontre à *Fornoue*, au sud-ouest de Parme, l'armée des confédérés, quatre fois plus forte que la sienne, qui lui barre le passage. Sans s'étonner du nombre de leurs ennemis, les Français poussent en avant et combattent avec une valeur sans égale. Ils perdent néanmoins tous leurs bagages, et la couronne du roi reste dans la mêlée. Les Italiens répètent avec terreur qu'ils ne peuvent résister à la *furie française*.

Dans cette éclatante journée de Fornoue, où, avec une poignée de braves, il avait dispersé quarante mille Vénitiens, Charles VIII ne parvint à obtenir que la possibilité de battre en retraite. Les Français laissés à Naples ayant indisposé les habitants, Ferdinand le Catholique y fit passer des troupes, sous la conduite du fameux Gonzalve de Cordoue, le *grand capitaine*. Alors, les troupes françaises, attaquées de toutes parts, résistèrent d'abord, mais finirent par succomber. Bien peu revirent leur patrie, et l'Italie, conquise au prix de tant d'argent et d'hommes, ne resta guère qu'un an au pouvoir de la France.

« Ces expéditions étaient un voyage qui fut conduit de Dieu, tant à l'aller qu'au retourner, car le chef et les conducteurs ne servirent de guère, » comme le remarque Comines.

Charles VIII eût voulu réparer les désastres brillants de ses armées. Mais le trésor public était épuisé; mais l'armée française était décimée. La mort surprit Charles à l'âge de vingt-huit ans (7 avril 1498).

Les Italiens, se croyant délivrés, demandèrent à Savonarole, qui avait regardé Charles VIII comme le *fléau de Dieu*, envoyé pour punir les péchés de l'Italie, comment il justifierait ses sinistres prédictions. Un moine franciscain, désirant prouver, disait-il, que Savonarole était un imposteur, et qu'il n'avait le don ni des prophéties ni des miracles, offrit de passer avec lui dans un bûcher ardent. Au jour marqué, lorsque le bûcher était dressé et tout le peuple dans l'attente, les deux parties firent des difficultés, et une grande pluie qui survint mit le comble à la mauvaise humeur du peuple. Savonarole fut arrêté, jugé par les commissaires du pape Alexandre VI, et brûlé vif. Lorsqu'on lui lut la sentence par laquelle il était retranché de l'Eglise : « *De la militante,* » répondit-il se flattant d'appartenir, dès lors, à l'*Eglise triomphante*.

Charles VIII avait été très-mal élevé : à peine savait-il lire et écrire quand il monta sur le trône; mais il se forma en peu de temps et prit même du goût pour les lettres. Philippe de Comines trace ainsi brièvement son portrait : « Il ne fut jamais que petit homme de corps et peu entendu; mais il était si bon qu'il n'est point possible de voir meilleure créature. »

Dans le temps trop court qui s'écoula entre son retour d'Italie et sa mort, Charles s'adonna au soin de ses États et aux réformes de l'administration. Il s'occupa d'architecture, se fixa à Paris et organisa sur un plan régulier le *grand conseil*, qui auparavant suivait la cour. Il commença l'utile travail de la *rédaction des Coutumes*, travail projeté par ses deux prédécesseurs, et qui ne fut achevé que sous Charles IX. Il voulait réformer la discipline ecclésiastique et s'opposer au cumul des bénéfices.

Il se plaisait, comme saint Louis, à rendre lui-même la justice à ses sujets; « *il avoit mis sus audience publique, où il escoutoit tout le monde, et par espécial les pauvres. Il ne se faisoit pas grandes expéditions à cette audience; mais au moins estoit-ce tenir les gens en*

Charles VI et Odette de Champdivers.

crainte, et par espécial ses officiers, dont aucuns il avoit suspendu pour pilleries. » Charles VIII avait le cœur noble et généreux. Sa bonté et son affabilité l'avaient rendu cher à ses sujets et lui avaient fait pardonner ses entraînements. Placé entre Louis XI, *restaurateur de la monarchie*, et Louis XII, *père du peuple*, Charles s'efface devant ces deux grandes figures et nous intéresse moins par la gloire de son règne que par ses qualités personnelles. Son budget s'éleva à un sixième de moins que celui de son père.

IV.

Louis XII le Père du Peuple.

Charles VIII n'ayant point laissé de postérité, la couronne passa de droit sur la tête du duc d'Orléans, qui prit le nom de Louis XII, qui était le petit-fils de Louis d'Orléans, frère de Charles VI et de Valentine Visconti. La jeunesse de ce prince avait été fort orageuse; l'adversité le métamorphosa complètement. Aussi les Français reconnaissant en lui un sincère attachement pour son peuple, oublièrent bientôt ses anciens torts; seulement, ils ne purent voir sans douleur l'injustice, la dureté avec lesquelles il renvoya Jeanne, fille de Louis XI, pour épouser la veuve de son prédécesseur.

Un motif politique faisait agir Louis XII, et il fut poussé à cette union autant par le désir de conserver à la France le duché de Bretagne que par amour pour Anne. On stipula dans le contrat que les droits d'Anne seraient intacts; que Louis resterait étranger au gouvernement de la province; que, si la reine mourait sans enfants, le roi conserverait pendant sa vie la possession de la Bretagne, qui passerait ensuite aux plus proches héritiers de la fille de François II.

Assisté du cardinal George d'Amboise, son ministre et son ami, Louis XII consacra les deux premières années de son règne à la réforme des abus. Malgré les sages et sévères règlements de Charles V et de ses successeurs pour maintenir la discipline militaire, les soldats regardaient le brigandage comme un de leurs privilèges. Le roi commença par leur assurer une paye. La même ordonnance leur assigna des garnisons fixes avec défense expresse de sortir de leurs quartiers, et protégea les habitants des villes et des campagnes contre les vexations des gens de guerre. La peine capitale atteignit tout soldat qui rançonnerait un bourgeois ou un paysan. Cinq gens d'armes payèrent de leur tête une infraction à cette ordonnance : la discipline triompha. De graves abus s'étaient glissés dans l'administration de la justice; à la faveur de transactions clandestines, des hommes de mœurs suspectes et de capacités équivoques envahissaient les magistratures. Le récipiendaire subit désormais de sérieux examens. Une commission de censure fut établie dans le parlement « pour informer sur la conduite des membres irrévérencieux, nonchalants, contrevenant aux ordonnances, ou faisant chose dérogeant à l'honneur et à la gravité de la cour, les réprimander, et punir par amendes, suspension ou interdit. » Cette commission se réunit tous les quinze jours, le mercredi : de là le mot de mercuriales. Le roi ne fit présenter deux fois par un le registre de ses délibérations. Louis accorda des honoraires aux juges pour les rendre inaccessibles à la corruption. Il simplifia, abrégea les procédures, qu'éternisait la cupidité des gens de loi ; il modifia la discipline ecclésiastique. L'université protesta contre un édit qui la dépouillait d'une partie de ses vieux privilèges; les vingt mille écoliers menacèrent la tranquillité publique. Louis accourut de Blois à Paris, apaisa le tumulte et pardonna.

Au milieu de ces soins intérieurs, Louis XII n'en songea pas moins aux conquêtes. Voulant faire valoir ses droits sur le Milanais, il passa les Alpes comme Charles VIII. On eût dit qu'il soufflât du côté de l'Italie un vent fatal qui donnait le vertige.

Le Milanais fut aisément soumis en vingt jours. Les Lombardo-Vénitiens bénirent le gouvernement paternel de Louis, qui réduisait les impôts, qui instituait à Milan un parlement formé sur le modèle des parlements français. Mais Louis XII dut s'éloigner de la Lombardie pour rentrer dans son propre royaume. Trivulce, nommé gouverneur, fit oublier, par la dureté de son administration, les bienfaits de son maître. Le mécontentement devint général : dix mille Suisses balayèrent les garnisons, et rentrèrent dans Milan, évacuée par les Français, mais bientôt reprise par eux.

Maître du Milanais, Louis convoita le royaume de Naples. Les circonstances étaient favorables. La lutte de Venise contre la Turquie,

la faiblesse et les divisions de Florence, le dévouement de la cour de Rome à la cause française, tout semblait rendre facile cette conquête. Le roi d'Espagne, jaloux et perfide, proposa à Louis XII de faire communément la guerre. Louis s'y prête. Leurs armes réunies s'emparent bientôt de Naples; mais alors l'Espagnol, se tournant contre les Français, qu'il surprend, les bat en plusieurs rencontres, à Cerignoles et à Seminara, et finit par les chasser.

Ce fut dans les guerres de Naples que commença à se distinguer le célèbre chevalier Bayard, surnommé le *chevalier sans peur et sans reproche*.

Cependant l'orgueil des Vénitiens avait excité le mécontentement de tous leurs voisins; il se forma contre eux une grande ligue, dite de Cambrai (1508). Louis XII, Ferdinand le Catholique, et le pape Jules II lui-même, allié des Français, sans cesser d'être leur ennemi, s'armèrent contre Venise, qui depuis dix ans s'élevait au milieu des ruines de l'Italie. Cette fière république eut d'abord recours à des négociations qui demeurèrent sans effet. Elle s'efforça ensuite, mais en vain, de soulever l'Angleterre contre la France, la Turquie contre l'Empire. Venise, abandonnée à ses propres ressources, ne recula point devant le danger. Elle compta sur la division de ses ennemis.

Entrevue du camp du Drap-d'Or.

Louis XII commença le premier les hostilités. Il se couvrit de gloire à la journée d'Agnadel (1509), où La Trémouille prononça ces mots: *Enfants, le roi vous voit.* Les Vénitiens, dépossédés de toutes leurs conquêtes, se concentrèrent dans leur métropole. Le roi de France s'empara de Caravaggio, de Bergame, de Brescia, en un mot de toute la partie du territoire que lui assignait le traité de Cambrai, et vint jouir à Paris de son triomphe.

Jules II, qui, par l'intervention française, avait repris Cervia, Rimini, Ravenne et Faenza, changea bientôt de politique à l'égard de Venise. Il se réconcilia avec elle. L'investiture du royaume de Naples, accordée par le pape à Ferdinand le Catholique, détacha ce prince de la ligue. Les Suisses aussi, humiliés par Louis XII, s'armèrent pour défendre Venise. « Ainsi, dit un historien, les choses avaient bien changé depuis le traité de Cambrai : ce n'était plus l'Europe liguée contre Venise, c'était d'un côté la famille italienne, et les deux partis aux prises, l'un l'Italie, de l'autre l'Allemagne, le parti étranger et le parti national, à la tête duquel le pays s'était placé. »

Jules II avait juré d'expulser les Français de l'Italie. Après avoir tenté inutilement de prévenir un éclat, Louis réunit à Tours un concile national pour s'éclairer sur la conduite qu'il avait à tenir avec le pape. Le clergé gallican non-seulement autorisa le roi à repousser la force par la force, mais encore vota un subside de cent mille écus pour les frais de l'expédition, et suspendit tout envoi de fonds à Rome. La guerre éclata. Jules II, bloqué dans Bologne, fut délivré par une armée vénitienne. Il assiégea la Mirandole, dirigea lui-même les travaux du siège, et, malgré son grand âge, entra, porté en litière, par la brèche, dans la ville qui avait capitulé (20 janvier 1511).

Ce succès fit gémir Louis XII, qui proposa une réconciliation repoussée avec hauteur par le pape : celui-ci organisa la *sainte ligue*, qui unit Venise, au pape Ferdinand d'Aragon, pour travailler à l'expulsion des Français. Seize mille Suisses à la solde du pape envahirent la Lombardie et s'avancèrent jusqu'aux portes de Milan, tandis que l'armée des confédérés marchait sur Bologne. Alors parut à la tête des Français un héros de vingt-deux ans, Gaston de Foix, duc de Nemours et neveu de Louis XII, Gaston, *le preux des preux*. Avant de recevoir les renforts qu'il attendait de France, l'intrépide général força les Suisses à la retraite, délivra Bologne, battit les Vénitiens, prit et pilla Brescia, et mourut enfin au milieu de son triomphe de Ravenne.

La prise de Brescia commença les malheurs de la France. L'Histoire du chevalier Bayard porte, à propos de ce fait : « *Il n'est rien si certain que la prinse de Bresse fust en Italie la ruine des François, car ils avoient tant gaigné dans cette ville que la plupart s'en retourna et laissa la guerre.* »

La mort de Gaston de Foix entraîna avec elle la mort de la fortune de la France. La ligue reprit l'offensive, et les hostilités ne se ralentirent qu'à l'instant où le fougueux pape Jules II expira. Les Vénitiens, effrayés par l'ambition de Maximilien, se détachèrent de la confédération; Léon X, successeur de Jules II, inclina à la paix; Ferdinand le Catholique enfin signa à Orthez une trêve avec Louis XII (1er avril 1513). La guerre n'en continua pas moins, funeste pour la France, dont la gendarmerie fut honteusement défaite par les Suisses sous les murs de Novare (6 juin). Les revers se succédèrent. Les Français prirent la fuite, malgré les efforts de Bayard, dans la journée de Guinegates (appelée à cause de ce fait *journée des éperons*), devant une armée d'Autrichiens et d'Anglais réunis. En Bourgogne, vingt mille Suisses assiégeaient Dijon. La Trémouille sauva cette ville aux dépens de l'honneur : il fit aux Suisses des promesses qu'il ne voulait pas tenir, et signa un traité que le roi désavoua. « *Sans cette honneste défuisie*, selon un chroniqueur, *le royaulme de France estoit lo s affolé.* » Tournai ouvrit ses portes aux Anglais (septembre).

L'année suivante, la reine Anne descendit au tombeau. Louis XII traita avec Rome, l'Espagne et l'Angleterre; puis il maria sa fille aînée Claude avec François d'Angoulême, et épousa lui-même Marie, sœur de Henri VIII d'Angleterre. Il avait cinquante-trois ans alors, et était d'une santé fort délicate. Il oublia son âge auprès de Marie, et trouva la mort au bout de deux mois et demi de mariage. « Le bon roi, à cause de sa femme, dit l'Histoire de Bayard, avait changé du tout sa manière de vivre : car où il se soulait (avait l'habitude de) dîner à huit heures, il convenait qu'il dînât à midi; où il soulait se coucher à six heures du soir, souvent se couchait à minuit. »

Jamais roi ne fut plus vivement regretté que Louis XII. Chéri de son peuple, il recevait partout les noms d'ami, de bienfaiteur, de père. Toutefois cette vie si belle, si chère, si glorieuse pour la France, a eu des taches. Son divorce fut une injustice révoltante, un acte d'ingratitude et de déloyauté, la vénalité des charges, une mesure imprudente et odieuse. Rien ne saurait l'excuser d'avoir couvert de son patronage l'infâme César Borgia. Quoi qu'il en soit, « il mourut, dit Brantôme, en titre le plus beau et le plus honorable que jamais porta roy de France, qui estoit celui de père du peuple, et bien-aymé du peuple : si bien qu'il a laissé après luy, partout le peuple de France, que quand il est surchargé et accablé de grandes tailles, il crie toujours : Qu'on nous règle, et remette seulement sous le règne de ce bon roy Louis XII. »

Saint-Gelais a fait aussi l'éloge de ce roi. « *Il ne courut oncques, dit-il, du règne de nul si bon temps qu'il a fait durant le sien.* »

Examinons sa vie, et rapportons quelques paroles et quelques traits de ce prince.

Né avec un jugement droit et un cœur sensible, Louis XII avait reçu de la reconnaissance de ses sujets le titre glorieux de *Père du peuple*. S'il eût eu plus de pénétration, il n'eût pas été si souvent la dupe de voisins perfides, dont quelques-uns se faisaient même gloire de leur mauvaise foi. Louis reprochait à Ferdinand le Catholique, par la bouche de son ambassadeur, de l'avoir trompé deux fois : « *Il en a menti, l'ivrogne*, répliqua Ferdinand, *je l'ai trompé plus de dix.* »

A son avénement au trône, le roi diminua les tailles de moitié et supprima certains impôts, que, malgré les guerres d'Italie, il refusa toujours de rétablir. Il protégea surtout les laboureurs et les artisans. Il s'empressa de faire rendre à tous une bonne et exacte justice; il voulut que tous les juges fussent choisis parmi les gens de loi : jusqu'à son règne, on en prit une partie parmi les chevaliers. Il veilla avec une constante sollicitude au maintien des lois, et quelquefois, monté sur sa petite mule, il alla au palais s'asseoir parmi les juges, assister aux débats, entendre leurs décisions.

A la cour de Louis XII on faisait des railleries sur l'ordre qu'il mettait dans ses finances : « *J'aime mieux*, disait-il alors, *voir les courtisans rire de mon avarice que le peuple pleurer de mes dépenses.* » Il n'était pas, cependant, âpre à l'argent. En montant sur le trône, il renonça au droit de *joyeux avénement* (300,000 livres). Si les courtisans le plaisantaient, c'était parce qu'il leur fermait le trésor royal. Il vendit les offices de finance, deux offices de judicature, non pour en profiter, mais pour alléger le fardeau des tailles. Double eût été ce tort si Louis XII eût agi en cela par cupidité.

Il acheva d'organiser le *grand conseil* érigé par Charles VIII en compagnie permanente, substitua un parlement à l'échiquier de Normandie, et donna un parlement à la Provence (1501). Les commissions particulières furent abolies. Nul ne put être distrait de ses juges naturels. Les lois furent placées au-dessus de la volonté royale par l'édit de 1499, qui maintenait leur exécution malgré *les ordres contraires que l'importunité pourrait arracher au monarque*.

Comme on vantait en sa présence les talents oratoires de deux fameux légistes : « Oui, dit-il, ce sont d'habiles gens; je suis seulement fâché qu'ils fassent comme les mauvais cordonniers, qui allongent le cuir avec les dents : rien n'offense plus ma vue que la rencontre d'un procureur chargé de ses sacs. » Mézeray raconte « qu'ayant un jour trouvé deux conseillers du parlement qui jouaient à la paume, il leur fit de grands reproches de ce qu'ils profanaient la dignité d'un si auguste sénat, et les menaça de leur ôter leurs charges et de les mettre au rang de ses valets de pied s'ils y retournaient. » Il avait pour axiome favori « qu'un bon pasteur ne saurait trop engraisser son troupeau. » On assure qu'ayant de mourir Louis XII dit à ses confidents, en regardant le duc d'Angoulême (depuis François Ier) : « Hélas! nous travaillons en vain; ce gros garçon gâtera tout. » Le duc d'Angoulême était aussi dissipateur que Louis XII était économe.

La réforme des ordres religieux fixa l'attention du roi. On réduisit le nombre des moines; leurs désordres furent sévèrement punis et prévenus par de fréquentes inspections, par l'application rigoureuse de règlements tombés en désuétude. La *pragmatique sanction* ne fut pas rétablie par un acte public et légal; mais, religieusement observée, elle assura les libertés de l'Église gallicane.

Louis XII recueillit le fruit de ses travaux et de sa persévérance : la prospérité du royaume fut la récompense de ses louables efforts. Laissons parler ici un auteur contemporain : « Pour commencer par la population, on ne peut douter qu'elle ne soit aujourd'hui beaucoup plus grande qu'elle ne fut jamais : et cela se peut évidemment connaître aux villes et aux champs, puisque aucunes et plusieurs grosses villes, qui étaient à demi vagues et vides, aujourd'hui sont si pleines, qu'à peine y peut-on trouver lieu pour bâtir maison neuve, et par tout le royaume se font bâtiments grands et somptueux. Par les champs aussi, on connaît bien évidemment la multiplication du peuple, parce que plusieurs lieux et grandes contrées qui restaient incultes, en bois ou en landes, sont actuellement cultivés et couverts de villages.... Les meubles, les habillements et manières de vivre sont plus somptueux que jamais; par où l'on voit la richesse du royaume..... Aussi est l'entre-cours des marchandises, tant par terre que par mer, fort multiplié; car toutes gens, excepté les nobles, lesquels encore je n'excepte pas tous, se mêlent de marchandise, et pour un gros et riche négociant que l'on trouvait du temps du roi Louis XI, à Paris, à Rouen et à Lyon, on en trouve aujourd'hui plus de cinquante... »

V.

François Ier. — Guerres dans le Milanais.

A vingt ans, François Ier, cousin de Louis XII, monta sur le trône; le roi défunt n'avait pas laissé d'enfant mâle. La reine Marie déclara qu'elle n'était pas grosse. Reconduite honorablement en Angleterre, elle y prit le titre de *duchesse-reine*.

Louis XII avait été le roi du peuple; François Ier fut celui des gentilshommes. Une joie générale, parmi la noblesse surtout, éclata à l'avénement de ce prince, arrière-petit-fils de Louis, duc d'Orléans, assassiné sous Charles VI par le duc de Bourgogne, et de Valentine de Milan, par Jean, comte d'Angoulême, leur second fils, qui avait épousé Marguerite de Rohan.

A peine François Ier eut ceint la couronne, qu'il fut possédé du malheureux désir de conquérir le Milanais. La guerre avec l'Italie était alors regardée comme une guerre nationale. Le jeune roi s'y livra avec enthousiasme. En vain l'épuisement du trésor de l'État s'opposait aux dépenses de l'armement. Pour ne pas braver le peuple, en rétablissant les anciens impôts supprimés par Louis XII, François Ier suivit les conseils que lui donna le chancelier Duprat : il multiplia les charges de judicature, et les vendit. Cette ressource, loin d'être suffisante, souleva des plaintes dans le parlement. On n'en tint compte. Plusieurs impôts, alors rétablis, achevèrent les sommes nécessaires pour guerroyer. François Ier fit enlever la grille d'argent dont Louis XI avait orné l'église de Saint-Martin de Tours; elle pesait 6,776 marcs deux onces. Le roi s'engagea à payer, après la guerre, à titre d'indemnité, la somme de 250,000 livres aux chanoines de Saint-Martin, qui voulurent que cette transaction fût enregistrée par le parlement.

Il renouvela ses alliances avec l'Angleterre, Venise, le duc de Ferrare, le marquis de Saluces et le doge de Gênes; il conclut un traité particulier avec Charles de Luxembourg (Charles-Quint), qui lui fit hommage pour les comtés de Flandre, d'Artois et de Charolais, et prit à sa solde 10,000 Basques et 20,000 landsknechts allemands.

Par contre, le pape, l'empereur, Ferdinand, Florence, le duc de Milan et les Suisses, s'unirent pour fermer aux Français l'entrée de l'Italie. Mais Maximilien, selon sa coutume, temporisa, et l'armée vénitienne tint en échec les troupes combinées du pape, des Espagnols et des Florentins.

Les préparatifs terminés, François Ier, après avoir confié la régence du royaume à sa mère, Louise de Savoie, se dirigea vers les Alpes, franchit la Durance, remonta l'Argentière, traversa héroïquement le plateau des hautes Alpes, et déboucha dans les plaines du marquisat de Saluces. Voici comment Gaillard, l'historien de François Ier, décrit cette marche : « L'armée s'engage dans les montagnes, du côté de Guillestre, trois mille pionniers la précèdent; le fer et le feu lui ouvrent une route périlleuse à travers les rochers; on remplit des vides immenses avec des fascines et de gros arbres; on bâtit des ponts de communication dans les lieux inaccessibles aux bêtes de somme; on traîne l'artillerie à force de bras; les soldats aident les pionniers, les officiers aident les soldats, tous indistinctement manient la pioche et la cognée, poussent aux roues, tirent les cordages. On brave la mort qui semble ouvrir mille tombeaux dans ces vallées profondes que l'Argentière arrose, et où des torrents de glace et de neiges fondues par le soleil se précipitent avec un fracas épouvantable. On arrive enfin à une dernière montagne où l'on voit avec douleur tant de travaux et tant d'efforts près d'échouer. La sape et la mine avaient renversé tous les rochers qu'on avait pu aborder et entamer; mais que pouvaient-elles contre une seule roche vive, escarpée de tous côtés, impénétrable au fer, presque inaccessible aux hommes? Navarre, célèbre ingénieur qui l'avait plusieurs fois sondée, commençait à désespérer du succès, lorsque des recherches plus heureuses lui découvrirent une veine assez tendre qu'il suivit avec la dernière précision : le rocher fut entamé par le milieu, et l'armée, introduite au bout de huit jours dans le marquisat de Saluces, admira ce que peuvent l'industrie, l'audace et la persévérance. »

Les Suisses, repliés sur Milan, rencontrèrent les Français à Marignan, et engagèrent un combat terrible qui se prolongea très avant dans la nuit. L'action recommença le lendemain (14 et 15 sept. 1515). Enfin, les Français triomphèrent dans cette *bataille de géants*, suivant l'expression du vieux maréchal de Trivulce. Les Suisses rentrèrent dans leurs montagnes. François Ier se fit armer chevalier par Bayard, sur le champ de bataille : *Autant vaille*, dit Bayard en frappant du plat de son épée le cou du monarque à genoux, *que si c'était Roland ou Olivier, Godefroi ou Baudouin son frère!* Puis après, par manière de jeu cria hautement, l'épée en la main dextre : *Tu es heureuse d'avoir aujourd'hui, à un si vertueux et si puissant roi, donné l'ordre de la chevalerie; certes, ma bonne épée, vous serez moult bien comme relique gardée, et sur toutes autres honorée, et ne vous porterai jamais, si ce n'est contre Turcs, Sarrasins ou Maures.*

Milan ne tarda pas à capituler; toutes les villes de la Lombardie se soumirent. Par un traité (à Viterbe, octobre 1515), le pape reconnut François Ier pour duc de Milan et rendit Parme et Plaisance, dont s'était emparé Jules II après la mort de Gaston de Foix. Il ne fut pas difficile de conclure la paix avec les Suisses; les canons de Marignan retentissaient encore à leurs oreilles. En 1516, le traité *de la paix perpétuelle* se signa à Fribourg. Mais, pour obtenir l'amitié du pape, François Ier fit des sacrifices : il s'engagea à maintenir dans Florence l'autorité des Médicis, donna le duché d'Urbin à Laurent et remplaça la pragmatique sanction par le concordat. Dans ce dernier acte, on arrêta que les élections canoniques seraient abrogées, que le roi nommerait aux évêchés et aux bénéfices, que le pape donnerait les bulles d'investiture, que les grâces expectatives seraient supprimées, et les réserves modifiées, etc. On rétablit secrètement les annates. L'université, le parlement, le clergé, protestèrent hautement, violemment, contre un traité qui brisait les libertés de l'Église gallicane. Le parlement ne l'enregistra qu'après une résistance de plus de deux années, *et du très-exprès commandement du roi plusieurs fois répété.* « La bataille de Marignan et le concordat paraissaient avoir résolu deux grandes questions européennes : le duché de Milan appartenait au roi de France, et l'Église gallicane se rattachait au saint-siège au moment où tant d'autres Églises étaient sur le point de s'en séparer[1]. »

La France attendait impatiemment son roi, l'arbitre tout-puissant de l'Italie, le vainqueur des Suisses, appelés *dompteurs de princes*. François Ier revint après avoir confié au connétable de Bourbon le gouvernement du Milanais, et avoir licencié une bonne partie des troupes, si onéreuses pour le trésor public. Les victoires coûtent tant d'argent et de sang !

Ferdinand, le vieux roi d'Espagne, cherchait encore à soulever une nouvelle coalition contre la France, lorsque la mort vint déjouer son odieux projet (23 janvier 1516). Cette même année, François Ier céda (traité de Noyon) à Charles d'Autriche, si célèbre depuis sous le nom de Charles-Quint, ses droits sur le royaume de Naples, droits qui avaient été bien fatals à notre pays.

Demandons-nous ici, car le moment en est venu, quels furent les résultats généraux des guerres d'Italie?

1° Cette lutte développa le système politique en Europe, et en opposant l'une à l'autre les deux plus fortes puissances du continent, fit mieux sentir le besoin et les avantages de l'équilibre européen.

2° Les relations entre les peuples devinrent plus fréquentes et plus étroites; les idées se multiplièrent, et les armées *régulières* et *permanentes*, connues en Europe depuis la fin du règne de Charles VII, firent disparaître les restes des *milices féodales*.

3° Nos rapports continuels avec l'Italie contribuèrent à infiltrer chez nous l'amour des arts et des lettres. Nos soldats combattaient sur la terre de Virgile, pour recueillir les souvenirs de l'antiquité.

Ainsi la France, en perdant sa domination fragile sur l'Italie,

[1] M. Filon, Histoire du seizième siècle.

conserva du moins son indépendance et augmenta sa valeur politique et intellectuelle.

Aux guerres d'Italie, terminées en 1516, succéda la rivalité entre François Ier et Charles-Quint, qui commença en 1519. Lorsque l'empire fut vacant par la mort de Maximilien Ier, les rois de France, d'Espagne et d'Angleterre demandèrent la couronne impériale. Les électeurs craignirent de se donner un maître : ils offrirent le sceptre de Charlemagne à Frédéric, dit *le Sage*, électeur de Saxe. Frédéric trouva le fardeau trop lourd : il s'employa à le faire porter par Charles Ier d'Espagne, qui devint alors Charles-Quint. Le roi de France s'était mis sur les rangs pour obtenir l'empire, sans espoir de réussir; Henri VIII d'Angleterre, n'entrevoyant aucune chance de succès, avait bientôt renoncé à ses prétentions. Charles-Quint élu, François Ier, blessé à vif dans son ambition et dans son amour-propre, car les électeurs donnaient la couronne impériale au roi d'Espagne parce qu'ils regardaient celui-ci comme le plus capable de défendre l'Allemagne contre les Turcs, conçut une haine profonde contre ce heureux rival. François Ier et Charles-Quint, qui, avant l'élection, avaient fait assaut de courtoisie l'un pour l'autre, ne semblèrent plus vivre que pour se haïr et se combattre. Le premier réclamait Naples pour lui, la Navarre pour Henri d'Albret; l'empereur revendiquait le fief impérial du Milanais et le duché de Bourgogne. Leurs ressources à tous deux étaient égales. L'empire de Charles, plus vaste que la France, n'était point arrondi comme elle. Ses sujets étaient plus riches, mais son autorité plus limitée. La gendarmerie française n'avait pas moins de réputation que l'infanterie espagnole. La victoire appartiendrait donc à celui qui mettrait le roi d'Angleterre dans son parti. Henri VIII disait avec raison et prenait pour devise : *Qui je défends est maître*. Les rivaux firent des pensions au cardinal Wolsey, son premier ministre; ils demandèrent Marie, sa fille, l'un pour le dauphin, l'autre pour lui-même.

Une entrevue eut lieu entre François Ier et Henri VIII, entre Ardres et Guines. On nomma cette assemblée *Camp du Drap d'Or*, « tellement, remarque Martin du Bellay, témoin oculaire, que plusieurs y portèrent leurs moulins, leurs forêts et leurs prés sur leurs épaules. » Là, François Ier s'appliqua à éblouir Henri VIII par sa magnificence, à le charmer par ses manières aimables, par *son parler franc et ouvert*. Mais Charles-Quint, craignant les effets de cette entrevue, avait cru devoir la prévenir, s'il ne pouvait la rompre : comme il allait par mer se faire couronner en Allemagne, il passa par Douvres, et s'assura qu'entre les deux rois il ne se traiterait rien de contraire à ses intérêts. Tout alla selon les vœux du *politique* empereur. L'entrevue se passa en fêtes, en tournois, en réceptions splendides, et les affaires sérieuses y eurent peu de part. Charles-Quint promit la tiare au cardinal Wolsey, *véritable roi d'Angleterre*, et le combla d'honneurs et de largesses. Il en résulta le traité de Bruges (1521), par lequel Henri VIII accepta la cause de l'empereur, qu'épousa aussi le pape Léon X.

Abandonné de ses deux alliés, François Ier compta sur ses propres forces. Plutôt chevalier que diplomate, il en appela à son épée des conséquences nulles du *Camp du Drap d'Or*. Il y avait quelque témérité à agir ainsi. Au moment où le rival de Charles-Quint songeait à pénétrer en Italie, la France était en danger. François Ier avait fait un passe-droit au connétable de Bourbon, l'un de ceux qui avaient grandement contribué à la victoire de Marignan. Charles, comte de Montpensier et dauphin d'Auvergne, tenait de son épouse, petite-fille de Louis XI, le duché de Bourbon, les comtés de Clermont, de la Marche et d'autres domaines. C'était le plus puissant seigneur du royaume. A la mort de sa femme, la reine-mère, Louise de Savoie, avait voulu se marier au connétable, et elle en avait éprouvé un refus. De là une haine qui prenait sa source dans l'amour dédaigné. Louise disputa sa riche succession au connétable : elle obtint de son fils une provisionnel que les biens seraient mis en séquestre. Bourbon, désespéré, prit la résolution de passer à l'empereur (1523). « Un demi-siècle apparavant, observe un historien, on n'aurait eu aucune idée de déloyauté. Les seigneurs les plus accomplis de la France, Dunois et Jean de Calabre, étaient entrés dans la *ligue du bien public*. Récemment encore, on avait vu en Espagne don Pedro de Giron, mécontent de Charles-Quint, lui déclarer en face qu'il renonçait à son service, et prendre le commandement des communeros. Mais ici il ne s'agissait point d'une révolte contre le roi, en France, elle était impossible; il s'agissait d'une conspiration contre l'existence même de la France que Bourbon tramait avec les étrangers. Il avait promis à Charles-Quint d'attaquer la Bourgogne dès que François Ier aurait passé les Alpes, de soulever cinq provinces où il se croyait le maître; le royaume de Provence devait être rétabli en faveur du connétable, et la France, partagée entre l'Espagne et l'Angleterre, eût cessé d'exister comme nation. Il put jouir bientôt des malheurs de sa patrie. Devenu général des armées de l'empereur, il vit fuir les Français devant lui à la Biagrasse; il vit le chevalier Bayard frappé d'un coup mortel et couché au pied d'un arbre, « le visage devers l'ennemi, ainsi qu'il avait dit Bayard qu'il avait quand pitié de lui, le voyant en cest estat, pour avoir esté si vertueux chevalier. Le capitaine Bayard lui fit response : « Monsieur, il n'y a point de pitié en moy, car je meurs en homme de bien. Mais j'ai pitié de vous, de vous veoir servir contre vostre prince et vostre patrie et vostre serment. »

Bourbon espérait qu'à sa première apparition en France, ses vassaux viendraient se ranger avec lui sous les drapeaux de l'étranger. Il comptait sans l'honneur national : on ne l'appuya pas; les impériaux furent repoussés au siége de Marseille; ils ne sauvèrent leur armée épuisée que par une retraite ou plutôt par une fuite. Au lieu d'accabler les impériaux en Provence, François Ier aima mieux les devancer en Italie. C'était plus chevaleresque, mais moins habile. Ne faut-il pas quelquefois reculer pour vaincre? Il s'obstina au siége de Pavie (1525). Il s'affaiblit en détachant douze mille hommes vers le royaume de Naples. Ses troupes mercenaires suisses s'enfuirent; ses landsknechts furent écrasés avec la *Rose Blanche*, leur colonel. Tout le poids de la bataille tomba sur le roi et sa gendarmerie. La Palice et La Trémouille furent portés par terre; le roi de Navarre, Montmorency, et une foule d'autres furent faits prisonniers. François Ier se défendit à pied : son cheval avait été tué sous lui; son armure était toute faussée de coups de feu et de coups de piques. Un des gentilshommes français qui avaient suivi Bourbon, l'aperçut et le sauva. François ne voulut point se rendre à un traître; il fit appeler le vice-roi de Naples, qui reçut son épée à genoux. Il écrivit le soir, assure-t-on, un seul mot à sa mère : « *Madame, tout est perdu, fors l'honneur.* »

Quinze jours après cette désastreuse journée, il ne restait pas un seul Français en Italie. François Ier fut transféré à Madrid, où il subit une dure captivité. Charles-Quint espérait obtenir une plus forte rançon de son prisonnier en le maltraitant. Non-seulement il exigea de lui plus que le roi de France ne pouvait donner, mais il refusa de le voir jusqu'à ce que les bases du traité de paix fussent arrêtées. Il ne se départit de ce système peu généreux dont s'émut toute l'Europe, que lorsqu'il craignit que François ne lui échappât par la mort. Le savant Érasme, sujet de Charles-Quint, avait osé lui écrire en faveur de son captif.

On s'épouvanta en France; on y maudit ceux qui avaient mal conseillé le *roi-soldat;* on y chanta des noëls. Dans l'un d'eux le poëte disait :

O la faulse canaille, ils ont le roy trompé,
Au point de la bataille n'ont point voulu frapper;
Le noble roy de France ils ont abandonné.
Monsieur de la Palice, la Trimoille aussi
Estoyent nobles gens d'armes, noblement ont frappé.

Dans un autre se trouvaient ces vers :

Monsieur de la Palice est mort,
Mort devant Pavie;
Un quart d'heure avant sa mort
Il était encore en vie !...

Éloge remarquable de l'intrépidité du maréchal. Cet éloge a traversé plus de trois siècles pour venir jusqu'à nous sous forme de chanson enfantine.

Cependant *tout n'était pas perdu*. Ferme et intelligente, Louise de Savoie fit oublier un instant ses mauvaises passions, ses énormes fautes. Elle réunit ce qui restait de l'armée d'Italie, leva de nouvelles troupes, couvrit les frontières de France, profita des ressentiments du cardinal Wolsey « qui n'était pas devenu pape », rattacha par conséquent Henri VIII de l'alliance de l'empereur, traita enfin avec les Vénitiens, le saint-père et les autres États italiens, alarmés de la puissance croissante de Charles Quint et comprenant déjà qu'il fallait établir en Europe un système d'équilibre. Les choses étant dans cet état, François Ier devait rejeter avec fermeté toute proposition de céder aucune province, résigner la couronne à son fils, et attendre que Charles-Quint se lassât de garder un prisonnier désormais sans importance. Il eut d'abord la pensée, et il remit à sa sœur un acte qui appelait le dauphin au trône. Mais bientôt la captivité et l'idée de céder l'autorité lui devinrent également insupportables, et il signa le traité de Madrid, avec l'intention arrêtée de ne pas l'observer (14 janvier 1526). Le roi renonça à ses prétentions sur l'Italie, promit de faire droit à celles de Bourbon, de céder la Bourgogne, de donner ses deux fils en otage, et de s'allier par un double mariage à la famille de Charles-Quint.

Que François Ier achetait cher la liberté ! Ce traité, exécuté ou non, ne pouvait échapper à la honte. Revenu en France, comptant désormais parmi ses alliés Henri VIII, le pape, Venise, Florence, Gênes, Milan même, qui regardaient les Français comme leurs libérateurs, le roi fit déclarer par les états de Bourgogne qu'il n'avait pas le droit de céder aucune partie du royaume.

Charles-Quint réclama l'exécution du traité de Madrid, et accusa François Ier de perfidie. A quoi celui-ci répondit chevaleresquement « qu'il en avait menti par la gorge », le sommant « d'assurer le champ, » lui laissant le « choix des armes, » pour vider la querelle. Mais Charles-Quint laissa perdre à rompre des lances : il faisait la guerre. « Le duel, dit du Bellay, n'eut lieu qu'entre les deux armées. »

La pauvre Italie, désarmée, gémissait alors sous les coups d'une soldatesque féroce. Dix mois entiers, Milan ressentit la froide barbarie des Espagnols, des troupes mal payées de Charles-Quint. Alors treize ou quatorze mille Allemands passèrent les Alpes sous Georges Frondsberg, luthérien furieux, qui portait à son cou une chaîne d'or « destinée à étrangler le pape. » Bourbon et Leyra les conduisaient. Clément VII, qui avait traité avec le vice-roi de Naples, et qui voyait pourtant approcher l'armée de Bourbon, chercha à s'aveugler lui-même; il licencia ses meilleures troupes à l'approche des impériaux, croyant peut-être que Rome sans soldats leur inspirerait du respect. Dès le matin du 6 mai, Bourbon donna l'assaut (1527). « Il avait mis une cotte d'armes blanche pour être mieux vu des siens et des ennemis, dit Michelet. Dans une si odieuse entreprise, le succès pouvait seul le relever de ses propres yeux; s'apercevant que ses fantassins allemands le secondaient mollement, il saisit une échelle, et il y montait lorsqu'une balle l'atteignit dans les reins; il sentit bien qu'il était mort, ordonna aux siens de couvrir son corps de son manteau et de cacher ainsi sa chute. Ses soldats ne le vengèrent que trop. Sept à huit mille Romains furent massacrés le premier jour; rien ne fut épargné, ni les couvents, ni les églises, ni Saint-Pierre même : les places étaient jonchées de reliques, d'ornements d'autel, que les Allemands jetaient, après en avoir arraché l'or et l'argent. Les Espagnols, plus avides et plus cruels encore, renouvelèrent tous les jours pendant près d'un mois les affreux abus de la victoire; on n'entendait que les cris des malheureux qu'ils faisaient périr dans les tortures pour leur faire avouer où ils avaient caché leur argent. Ils les liaient dans leur maison, afin de les retrouver quand ils voulaient recommencer leur supplice. »

L'Europe s'indigna du sac de Rome. François Ier, saisissant l'occasion, fit entrer des troupes en Italie. Lautrec marcha sur Naples. Mais le roi de France commit une imprudence grave, il mécontenta le Génois Doria, la fleur des marins de l'époque, si expérimenté, « qu'il semblait, selon Montluc, que la mer redoutast cet homme. » Doria prit en main la cause de Charles-Quint. Il fallut entamer des négociations avec l'empereur; il fallut conclure le traité de Cambrai, appelé *Paix des dames* (1528), traité ménagé par Louise de Savoie et par Marguerite d'Autriche. François Ier conserva la Bourgogne. Il renonça à tout droit de suzeraineté sur la Flandre et l'Artois et à ses prétentions sur l'Italie; il abandonna ses alliés, paya deux millions d'écus d'or pour la rançon de ses fils, et s'engagea à épouser Éléonore, reine douairière de Portugal.

VI.

Règne de François Ier après le traité de Cambrai.

François Ier ne tarda pas à faire alliance offensive et défensive avec Soliman, pendant que Charles-Quint, essayant de purger l'Europe des pirates barbaresques, s'emparait de Tunis, délivrait de l'esclavage et ramenait dans leurs pays, à ses frais, plus de quinze mille chrétiens. Il négocia avec les protestants d'Allemagne, avec Henri VIII, qui avait répudié la tante de l'empereur, qui avait rompu avec le saint-siége. Ces avances aux réformés allemands et anglais ne servirent pas à François : on ne se fiait pas à lui, qui brûlait à Paris les protestants. Aucune idée ne vint de ces deux côtés au vainqueur de Marignan. Il n'en renouvela pas moins la guerre en Savoie, n'en menaça pas moins le Milanais (1536). Charles Quint, fidèle à sa politique, trompa son rival par de perfides promesses, se prépara secrètement à la défense, puis se rendit à Rome; et là, en face du pape, des cardinaux et des ambassadeurs de toute l'Europe, il éclata en invectives contre François Ier, qu'il provoqua à un combat singulier. « Je lui offre, disait-il, pour épargner le sang chrétien, le combat corps à corps, à pied ou à cheval, dans une île, sur un pont ou à bord d'une galère, l'épée ou au poignard. » Et ces mots : « Si j'étais à la place du roi de France, j'irais tout à l'heure, les mains liées, la corde au cou, implorer la miséricorde de mon ennemi. »

On le voit, Charles-Quint éprouvait alors « ce vertige de la prospérité qui trouble les têtes les plus fortes : l'abaissement de la France. La soumission de l'Italie, la retraite de Soliman devant les aigles impériales, la défaite récente de Barberousse, suivie de la prise de Tunis, tout cet enchaînement de succès l'avait enflé d'un fol orgueil, et il ne put retenir cette saillie arrogante d'un cœur ébloui de lui-même et enivré de l'encens des flatteurs[1]. »

Les effets suivirent de près ces menaces. A la tête d'une armée de cinquante mille hommes, et pendant que ses généraux envahissaient le Languedoc et la Picardie, l'empereur entra sur le territoire de la France. Mais François Ier, dont l'âge et le malheur avaient mûri l'esprit, imposa à ses lieutenants un nouveau plan de campagne. Point de grandes batailles; une guerre défensive; deux camps retranchés, l'un sous les murs d'Avignon où commande Montmorenci, l'autre près de Valence où se trouve le roi, préparent à l'ennemi d'insurmontables barrières. Tout le pays que doit traverser l'empereur est ravagé; les provisions et les fourrages sont enlevés ou livrés aux flammes, les places démantelées, à l'exception de Marseille et d'Arles; les moulins brisés, les puits comblés. La Provence n'offre qu'un désert couvert de ruines.

---
[1] *Ragon*, Histoire des Temps modernes.

Ce système impitoyable obtient un plein succès. La faim, les maladies, les fatigues enlèvent à l'empereur 20,000 hommes. Repoussé d'Arles et de Marseille, il se porte sur le camp d'Avignon; intimidé, il bat en retraite; son armée repasse les Alpes en désordre : Charles-Quint « va enterrer en Espagne son honneur mort en France. » Ses généraux n'ont pas été plus heureux dans le Languedoc et dans la Picardie.

« Les impériaux apprirent à cognoistre, s'écrie Dubellay, ce que c'estoit que d'avoir affaire aux François en leur patrie, défendant leurs femmes, enfants, maisons et églises. » Le roi triomphait, mais son triomphe fut troublé par la mort presque subite du dauphin.

Le pape se fit médiateur entre les deux ennemis (trêve de Nice, 12 juin 1538). Un mois après, Charles et François se virent à Aigues-Mortes, où ils se traitèrent *comme frères*, parce que la guerre les avait également épuisés. Le premier, qui avait contracté une dette de plus de sept millions de ducats, ne trouvait à emprunter dans aucune banque, même à quatorze pour cent; ses soldats se révoltaient: il les licenciait en partie. Le second était fort embarrassé aussi. Les dépenses, en France, surpassaient les ressources. Charles VII avait eu dix-sept cents hommes d'armes. François Ier eut jusqu'à trois mille, sans compter six mille chevau-légers, et souvent douze ou quinze mille Suisses. Charles VII levait moins de deux millions d'impôts; Louis XI en leva cinq; François Ier près de neuf.

Une trêve entre les deux anciens compétiteurs à l'Empire devait être de courte durée. Charles, en effet, méritait les titres de « grand trompeur et manqueur de foi, » François Ier celui de « dernier chevalier. » Gand s'étant révolté contre l'empereur, celui-ci avait passé par la France pour réprimer la rébellion, et il avait promis au roi de donner l'investiture du Milanais au duc d'Orléans, son second fils. Promesse non tenue. D'autre part, deux envoyés français, traversant l'Italie pour se rendre auprès de Soliman, avaient été tués par ordre du gouvernement impérial. Nouveau sujet de guerre. Cette fois l'Europe, mécontente de voir les Français se battre en compagnie des Turcs, des infidèles, s'unit à Charles-Quint. La France déploya une énergie incroyable. Deux grandes armées marchèrent ensemble contre ses ennemis; la bataille de Cérisoles (14 avril 1544) fut gagnée sur l'empereur, qui signa, à treize lieues de Paris, un traité par lequel François renonçait à Naples, Charles à la Bourgogne; le duc d'Orléans devait être investi du Milanais (traité de Crépy, 1544). Les rois de France et d'Angleterre ne tardèrent pas à faire la paix, et moururent tous deux la même année (1547), celui-ci le 29 janvier, celui-là le 31 mars à Rambouillet. François Ier avait pour devise une salamandre dans le feu avec les mots : *Nutrico et exstinguo*, je nourris et je brûle.

François Ier, qui joua le principal rôle dans la lutte qui avait pour but la monarchie universelle de l'Europe, fut en bien comme en mal un prince remarquable. Il eut, comme le remarque un historien moderne, de brillants défauts pour lesquels la France a eu de tout temps trop de faiblesse. Sa galanterie alla jusqu'à la débauche, sa magnificence jusqu'à la profusion, son courage jusqu'à la témérité. Il fut violent, capricieux, livré à d'indignes favoris; au besoin même, perfide et injuste, et toujours absolu dans ses volontés. *Tel est notre bon plaisir*, fut la formule que le premier il osa écrire en tête de ses édits, et il la pratiqua en réglant les impôts à sa guise, en évitant d'assembler les états généraux, en interdisant au parlement toute intervention dans les affaires publiques. Mais il eut le goût des choses de l'esprit; il aima les lettres, les arts et les sciences; et malgré son despotisme, il n'est pas déplacé dans ce grand siècle qui vit le réveil de l'esprit humain. Il appela de l'Italie Léonard de Vinci, André del Sarto, Cellini, le Primatice, pour lui bâtir des châteaux et décorer ses palais de Fontainebleau, de Chambord, de Meudon, et forma ces illustres élèves, l'honneur de l'école française, Jean Goujon, Philibert Delorme, Cousin et Germain Pilon. Il voulait que celui qui fut presque le Voltaire de ce temps, Erasme, vînt professer à Paris, au collège de France, où il avait institué des cours gratuits pour le haut enseignement, et il fonda l'Imprimerie royale dite nationale, il organisa la Bibliothèque du roi, et il laissa Rabelais écrire son audacieuse et bouffonne satire.

Les actes publics avaient jusqu'alors été rédigés en latin, il les fit écrire en français; la langue nationale, sévère avec Calvin, élégante avec Marot, commença son premier grand âge littéraire. Le roi lui-même faisait des vers qui n'étaient point sans grâce, et sa sœur Marguerite tenait école de bel esprit.

Il avait organisé les légions provinciales; il créa aussi une marine, creusa le port du Havre et essaya de fonder quelques colonies dans l'Amérique récemment découverte.

Louis XII en montant sur le trône avait réuni au domaine royal les possessions de la maison d'Orléans; François Ier son comté d'Angoulême, et par confiscation les vastes apanages du connétable de Bourbon, par hérédité les États du duc d'Alençon. Il n'y avait plus que deux grandes maisons féodales, celle de Bourbon et celle d'Albret, qu'un mariage réunit en 1548, et d'où sortit Henri IV. Au-dessous paraissaient encore les maisons de la Tour, de Clèves, de Lorraine, d'où sortent les Guises, les Montmorency, de la Trémouille, de Châtillon (Coligny), etc., mais toutes dans l'intérieur du royaume, dociles et soumises. La royauté, comme disait François Ier,

s'était mise *hors de pages*. La féodalité, en effet, avait moins perdu en terres qu'en autorité. Là où les seigneurs avaient conservé leurs fiefs, ils avaient été dépouillés de leurs privilèges, et ils ne gardaient plus de leur ancienne indépendance que quelques droits de justice et de vasselage.

Neuf parlements, à Aix, Bordeaux, Dijon, Grenoble, Paris, Rennes, Rouen, Toulouse et dans la principauté de Dombes, étaient comme autant de centres d'attraction monarchique. Au nom de la loi, ils poursuivaient les crimes, comme au nom de l'ordre public, les sénéchaux, les baillis et prévôts réprimaient les violences. Si quelque province lointaine échappait à cette double surveillance, les commissaires royaux venaient y tenir les *grands jours*, où toute plainte était accueillie et justice sévère aussitôt faite. Il n'y avait plus de château fort qui pût résister, plus de troupe féodale qui osât tenir les champs contre la bannière du roi; car la *taille perpétuelle* fournissait au prince la solde de mercenaires étrangers, Suisses ou lansknechts allemands, et, à côté des compagnies nobles de gendarmerie, il a déjà placé les *légions provinciales*, premier germe de cette armée du peuple, de cette infanterie nationale, dont les victoires sous Condé et Turenne annoncèrent les merveilleux exploits sous la République et l'Empire.

Un événement immense, qui prépara pour l'avenir un grand développement intellectuel, signale le règne de François Ier, c'est la *réformation religieuse*. En 1517, Martin Luther en Allemagne et Jean Calvin en Suisse attaquèrent les abus de l'Église romaine, secouèrent l'autorité papale et fondèrent pour la discipline et le dogme une nouvelle église. Les partisans de Luther, luthériens, prirent plus tard le nom de *protestants*, parce qu'ils protestèrent contre la condamnation de leurs principes prononcée à la diète de Spire.

François Ier parut d'abord répugner à combattre les nouvelles doctrines par les supplices; mais dans la suite, alarmé de leurs progrès, surtout de ceux de Calvin, qui bientôt dépassa Luther, il les abandonna à la rigueur des parlements. La persécution, loin d'éteindre la réforme, augmenta la force du protestantisme, qui sortit des bûchers assez puissant pour livrer des batailles et soutenir les guerres suivantes.

Il établit la discipline de la gendarmerie par cette ordonnance :

« Chaque lance sera désormais composée de neuf chevaux. Les compagnies ne pourront séjourner plus d'un jour ailleurs que dans les villes murées où les bourgeois, armés pour leur défense commune, sont en état de repousser ou du moins de constater la violence. Il ne sera permis à aucun homme d'armes, écuyer ni valet, de se répandre dans les villages voisins sous prétexte d'y acheter des provisions : ils recevront des officiers municipaux les vivres et les ustensiles nécessaires au prix qui sera réglé par des commissaires. Les officiers municipaux, chargés de fournir la subsistance d'une compagnie, ne demanderont point aux villages voisins, pour avoir droit de les rançonner, des denrées ni des productions que le sol leur refuse, du vin à ceux qui n'ont point de vignobles, du bois à ceux qui habitent des prairies. Le capitaine résidera au moins pendant quatre mois, en temps de paix, au quartier de sa compagnie : pendant son absence, le lieutenant ne pourra s'absenter sous aucun prétexte. Lorsqu'il s'agira de délivrer la paye à la compagnie, le commissaire fera publier à son de trompe, quatre jours auparavant, que tout marchand ou bourgeois à qui il peut être dû ait à se présenter, et il commencera par les payer, sous peine de punition corporelle et de la perte de son emploi. La même proclamation aura lieu, et avec plus de solennité encore, toutes les fois que la compagnie changera de quartier. Le commissaire l'accompagnera jusqu'au lieu de sa nouvelle destination : s'il observe quelques désordres, il en avertira le capitaine ou le lieutenant; et si ceux-ci négligeaient d'en faire justice, il en informera le connétable ou les maréchaux. Indépendamment du commissaire, le prévôt des maréchaux établi dans la province suivra la compagnie, accompagné de ses archers : il s'informera des pilleries ou malversations qui auront été commises; il arrêtera tous ceux qui s'écarteront du grand chemin pour se répandre dans les villages voisins. Tout homme d'armes, archer, page ou valet, portera sur ses habits la livrée et l'écusson de son capitaine, afin qu'on le sache en le voyant à qui l'on peut s'adresser pour avoir justice. Quiconque sera surpris sans la livrée ou l'écusson de son capitaine sera cassé pour cette seule faute, quand bien même sa conduite serait irréprochable : s'il est prouvé qu'il a quitté la livrée et l'écusson à dessein de n'être pas reconnu en commettant quelque violence, il sera puni corporellement. Qu'aucun homme d'armes ne puisse avoir ni page ni valet âgé de moins de dix-sept ans; qu'il ne mène avec lui ni femme ni fille : que celles qui suivront la troupe marchent à pied. Permis à quiconque en rencontrera une à cheval de la faire descendre et de s'emparer de la monture. »

Voilà le fond de la discipline militaire, telle qu'elle s'est conservée, à quelques variantes près, jusqu'à la révolution de 1789.

Quant aux parlements, ils acquièrent à la fin du quinzième siècle et au commencement du seizième siècle une importance véritable, quoique mystérieuse encore, la royauté brillante de Charles VIII, de Louis XII et de François Ier ne laissant guère de place aux droits des peuples. Cette importance n'échappa pas à la pénétration de Michel Suriano, ambassadeur vénitien, qui se trouvait à Paris en 1561. « La nation, dit-il, est partagée en trois ordres, d'où viennent les trois états du royaume : le premier est le *clergé*, le second la *noblesse*; le troisième n'a pas de nom spécial; mais comme il se compose de gens qui ont mille professions différentes, on peut le désigner sous le nom général de *peuple*.

» Le *clergé* comprend beaucoup de personnes du tiers état et beaucoup d'étrangers, à qui les services rendus ou bien la faveur du roi ont acquis des bénéfices ecclésiastiques; mais la noblesse en forme la partie la plus remarquable. Les puînés des grandes maisons ayant peu de part dans l'héritage paternel, qui est presque tout dévolu aux aînés, embrassent l'état ecclésiastique pour obtenir tout à la fois richesse et crédit.

» Sous la dénomination de nobles on comprend ceux qui sont exempts de tout impôt, et qui doivent seulement prêter leurs services personnels en temps de guerre:

» Parmi eux il faut compter les princes et les barons.

» Le tiers état comprend les lettrés qu'on appelle hommes de robe longue, les marchands, les artisans, le peuple et les paysans. Celui des hommes de robe qui est président ou conseiller, ou décoré de quelque fonction semblable, est anobli par sa charge, et on le traite comme un noble pendant toute sa vie. Les marchands, aujourd'hui, étant les maîtres de l'argent, sont choyés et caressés; mais ils n'ont aucune préséance ni dignité, car toute espèce de trafic est regardé comme indigne de la noblesse. Ainsi, ils sont rangés dans le tiers état; ils payent les impôts tout comme les non-nobles et les paysans, dont la classe est la plus rudement traitée par le roi que par les privilégiés. L'empereur Maximilien disait que le roi de France était le roi des ânes, parce que son peuple portait pendant la paix toutes sortes de poids sans se plaindre.

» Tous les trois états servent à leur manière le royaume. Celui du peuple a dans les mains quatre offices importants, et je ne sais pas si cela lui vient d'une loi ou d'une ancienne coutume, ou bien de ce que les nobles ne daignent pas y toucher. Sa première charge est celle de grand chancelier, qui entre dans tous les conseils, garde le sceau royal, et sans l'assentiment duquel rien ne peut se délibérer, ou rien de décidé ne pourrait se mettre à exécution. Le second office est celui des secrétaires d'État, lesquels, chacun dans leur sphère, expédient les affaires, gardent les papiers, sont les dépositaires des secrets les plus graves. Le troisième office est celui des présidents, des conseillers, des juges, des avocats et de tous ceux à qui la justice criminelle et civile est confiée dans tout le royaume. Le quatrième est celui des trésoriers, des percepteurs, des receveurs généraux, des receveurs en détail, qui administreint tous les revenus et toutes les dépenses de la couronne. Il s'ensuit que le peuple possédant tous ces importants offices par lesquels s'acquièrent la réputation et la fortune; que la dignité de grand chancelier et toutes les innombrables charges judiciaires se donnant aux hommes lettrés et aux hommes de robe, tout le monde veut envoyer aux études quelqu'un de sa famille, et voilà pourquoi le nombre des étudiants est plus grand en France que partout ailleurs : Paris à lui seul en renferme plus de quinze mille. Depuis quelque temps les princes eux-mêmes envoient leurs enfants à l'étude, notamment les puînés, non pas pour les destiner à ces emplois, mais pour les faire entrer dans l'église, parce qu'à présent on ne donne plus avec autant de facilité les sièges épiscopaux à des ignorants. Plût à Dieu pour le bien de la chrétienté on eût pris ce soin-là plus tôt!

» Le gouvernement est entre les mains des nobles et des prélats.

» Voilà ce que j'avais à dire du nombre et du caractère des populations en France et des services que la couronne retire des trois états. Chacun de ces états faisant son devoir sans envier les autres, en contribuant pour sa part au bien du pays, en aidant le roi l'un par le conseil, l'autre par l'argent, le troisième en lui consacrant sa vie, ils ont rendu la France invincible et formidable au reste du monde. »

Dans un autre endroit de sa correspondance, l'intelligent Vénitien décrit ainsi la cour de France : « Sa Majesté dépense pour son entretien et celui de sa cour 300,000 écus, dont 70,000 sont destinés pour la reine. Le roi veut 100,000 écus pour la bâtisse de ses logements. La chasse, y compris les provisions, chars, filets, chiens, faucons et autres bagatelles, coûte plus de 150,000 écus. Les menus plaisirs, tels que banquets, mascarades et autres ébattements, coûtent 100,000 écus. L'habillement, les tapisseries, les dons privés, en exigent autant. Les appartements des gens de la maison du roi, des gardes suisses, français, écossais, plus de 200,000. Je parle des hommes. Quant aux dames, les appointements absorbent, à ce qu'on dit, presque 300,000 écus. Ainsi on croit fermement que la personne du roi, y compris sa maison, ses enfants et les présents qu'il fait, coûte un million et demi d'écus par an. Si vous voyiez la cour de France, vous ne vous étonneriez pas d'une telle dépense. Elle entretient ordinairement six, huit, dix, et jusqu'à douze mille chevaux. Sa prodigalité n'a pas de bornes; les voyages augmentent les dépenses du tiers au moins, à cause des mulets, des charrettes, des litières, des chevaux, des serviteurs qu'il faut employer, et qui coûtent le double de l'ordinaire. »

Les remarques de Michel Suriano s'appliquent surtout aux règnes de Charles VIII, de François Ier et de Henri II.

Comment François Ier n'aurait-il pas vécu au sein d'un luxe éblouissant? Prince de plaisirs continuels, de faciles amours, d'aventures fréquentes, pouvait-il échapper aux charges réelles de la galanterie? Que d'or il lui fallait répandre pour apaiser ses scandales, pour couvrir ses débauches! Parmi ses nombreuses maîtresses, on cite principalement Anne de Pisseleu, duchesse d'Étampes, qui lui fit signer le honteux traité de Crespy, et Françoise de Foix, comtesse de Châteaubriand, sœur de Lautrec. Quelques historiens prétendent, sans toutefois en fournir les preuves, qu'il abusa de Diane de Poitiers, fille du seigneur de Saint-Vallier, qui était venue se jeter à ses pieds pour lui demander la grâce de son père, condamné à mort. Ce fait appartient plus au drame ou au roman qu'à l'histoire. Diane de Poitiers fut, on le sait, pendant un long temps, la maîtresse de Henri II; et porta le titre de duchesse de Valentinois.

DOUZIÈME AGE.

I.

Henri II. — Mort de Charles-Quint. — Les Guise apparaissent.

Lorsque Henri II monte sur le trône, le mouvement de la *Renaissance* a eu lieu et se continue. Ce prince, né à Saint-Germain-en-Laye le 31 mars 1518, commence de régner le 31 mars 1547 à l'âge de vingt-neuf ans, et est sacré à Reims le 25 juillet par Charles de Lorraine, archevêque de cette ville. Ce règne est marqué à ses débuts et à sa fin par un combat singulier de différent genre. Dans le premier, duel entre Jarnac et la Châtaigneraie, favori du roi, la Châtaigneraie perd la vie; dans le second, tournoi fatal, Montgommery blesse mortellement Henri II. Sombre rapprochement à faire dans un temps où le sang ruisselle, où les guerres de religion déchirent déjà le royaume. Mais n'anticipons pas sur les événements.

En apprenant la mort de François Ier, Charles-Quint s'écria : « Quel prince la France vient de perdre! Je ne sais quand la nature en pourra produire un semblable. » L'empereur exagérait les vertus du rival qu'il n'avait plus à craindre. François Ier mort, la rivalité de la France et de Charles-Quint ne fut pas morte : Henri II continua l'œuvre de son père, travailla à maintenir au dedans le pouvoir absolu, à empêcher au dehors la rupture de l'équilibre européen, à persécuter la réforme en France, et à la soutenir en Allemagne.

Et d'abord il destina la jeune Marie Stuart pour épouse à son fils; puis il envahit le territoire de Boulogne, qu'il racheta par un traité (1519); enfin il étouffa, par la main terrible du connétable Anne de Montmorency, une révolte fomentée en Guyenne par les Anglais. Homme barbare que ce connétable! Les soldats se gardaient des *patenostres de monsieur, le connétable;* car on les récitant vous murmurant il disait : « Allez-moi prendre un tel; attachez celui-là à un arbre; faites-moi passer celui-ci par les piques tout à cette heure, ou les arquebuses tout devant moi; taillez-moi en pièces tous ces marauds qui ont voulu tenir ce clocher contre le roi; brûlez-moi ce village; boutez-moi le feu partout à un quart de lieue à la ronde. »

Henri II eût manqué à son devoir s'il eût laissé Charles-Quint continuer paisiblement ses succès. L'Allemagne après avoir vaincu les protestants à Muhlberg, gouverner le Milanais et le royaume de Naples, s'emparer même de l'Italie centrale, Henri II le comprit. Son armée va sauver Parme, et se déclara protecteur des princes de l'Empire, tout en accomplissant la conquête de Metz, de Toul et de Verdun, tout en occupant la Lorraine et prenant l'Alsace, si promptement qu'on pouvait penser qu'il ne tarderait pas à reculer jusqu'au Rhin les frontières de la France. Pour lui résister avec avantage, Charles-Quint se réconcilia avec les protestants, auxquels il rendit la liberté religieuse et les droits politiques, et il amena cent mille hommes devant Metz. Henri II, que la défection de ses alliés mettait en un péril extrême, ne succomba pas. Charles-Quint échoua devant François de Guise : son armée serait morte de faim sans la générosité des vainqueurs.

La guerre devient alors épouvantable. L'empereur se venge de sa dernière défaite, ravage la Picardie, détruit complètement Thérouane, commet des horreurs dans Hesdin (1553); par représailles, les Français ensanglantent le Hainaut, le Brabant, le Cambrésis et l'Artois. Notre marine bat la flotte impériale dans la Méditerranée. De Thermes prend une partie de la Corse. Au combat de Renti (1554), les Français sont encore victorieux; mais Strozzi, commandant de nos troupes en Toscane, éprouve une défaite à Marciano (3 août). Quel acharnement dans la lutte! Elle n'a pas moins de vigueur à Pavie. Montluc défend Sienne huit mois; Brissac prend Casal. Par malheur, les Hollandais détruisent une de nos flottes (1555). Henri II semble l'emporter néanmoins sur Charles-Quint, qui, lassé de l'inconstance de la fortune, abdique et se retire dans un monastère (6 février, 7 septembre 1556). Une trêve de cinq ans est conclue. Le roi de France reste en possession de ses conquêtes. Philippe II hérite des royaumes de Charles-Quint, qui abandonne forcément à son frère Ferdinand la couronne impériale.

Philippe II était par sa position l'ennemi naturel de la France : sa puissance effrayait nos rois. Il possédait l'Italie, les Pays-Bas, l'Espagne, le Mexique et le Pérou. Henri, allié du pape Paul IV, rompit bientôt la trêve pour envoyer une armée en Italie, une autre en Flandre. Les Guise, branche cadette de la maison de Lorraine, revendiquaient le royaume de Naples comme héritiers de René d'Anjou. Le duc fut mis à la tête de l'expédition, mais le pape ne fournit pas d'armée auxiliaire; aucune puissance italienne ne se déclara pour Guise. Le duc d'Albe usa de l'impétuosité du Lorrain, temporisa, l'obligea à revenir en France. En Flandre, le connétable de Montmorency, ayant voulu dégager Saint-Quentin, fut battu complétement par Philibert Emmanuel; il ne resta qu'une centaine d'hommes de toute l'infanterie; le connétable et les principaux officiers furent faits prisonniers (1557). Sans la jalousie de Philippe II, envieux de la gloire militaire de ses généraux, Paris aurait succombé devant le duc de Savoie. Il n'en fut pas ainsi. La France put se reconnaître; Guise, investi du titre de lieutenant général du royaume, entreprit de réparer d'une manière brillante la défaite de Saint-Quentin; il vint assiéger soudainement Calais, pendant l'hiver, pour punir les Anglais des secours qu'ils fournissaient à l'Espagne, emporta la citadelle et la ville (janvier 1558), se saisit peu après de Thionville, pendant que Tavannes et de Thermes reprirent Guines, Oye, Dunkerque, et pénétrèrent jusqu'en Flandre. A Gravelines, de Thermes éprouva une défaite que compensèrent le mariage du dauphin François avec Marie Stuart, et la mort de Marie Tudor d'Angleterre.

Cependant Montmorency, prisonnier des Espagnols, fit entamer des négociations qui se terminèrent par la paix de Cateau-Cambrésis. De toutes ses possessions, la France ne garda que Calais (pour huit ans, sauf rachat), les trois évêchés de Lorraine, quelques places de Savoie, Turin, Pignerol et Chivas, etc. Le royaume se trouva garanti contre les invasions étrangères du côté de l'Angleterre, de l'Allemagne et de l'Italie. Philippe II obtint pour tous ses alliés, l'évêque de Liége, les Génois, le duc de Mantoue, le duc de Savoie, des restitutions ou des dédommagements.

Les deux rois rivaux se proposèrent même de sceller leur réconciliation par un double mariage. Elisabeth, fille de Henri II, dut épouser le roi d'Espagne; Marguerite, sœur du roi de France, s'unit au duc de Savoie. Ce fut au milieu des fêtes données à l'occasion de ce second mariage que Henri II trouva la mort.

De Thou, un peu crédule sur l'astrologie judiciaire, rapporte que Luc Gauric, fameux astrologue, avait prédit le genre de mort dont devait finir Henri II, et l'époque où elle arriverait. Gassendi rapporte lui-même la prédiction de Gauric, qui déclarait que si ce prince pouvait surmonter les périls dont il était menacé, la soixante-troisième et la soixante-quatrième année de son âge, il vivrait heureux jusqu'à soixante-neuf ans dix mois.

Henri II mourut le 10 juillet 1559.

Les divertissements d'alors étaient les combats à la barrière, les tournois, les joutes et les tours de force. Brantôme raconte avec admiration comment le duc de Nemours, monté sur un roussin, que l'on nommait le Réal, descendait au grand galop les degrés de la Sainte-Chapelle de Paris. Cette démonstration de vigueur et d'adresse dont les guerriers faisaient parade était un reste de ce qui se passait du temps où les armes à feu n'existaient pas encore. La mort de Henri II a aboli les tournois.

Sous son règne, le luxe qu'on avait remarqué à la cour de François Ier ne diminua en rien. La noblesse fut prodigue, quitta parfois ses châteaux pour venir au Louvre étaler l'élégance de ses habits. Toutefois, plus les provinces étaient éloignées du séjour royal, moins les mœurs de la cour y pénétraient. « Voyez, s'écrie Montaigne en parlant de la féodalité au seizième siècle, voyez aux provinces éloignées de la cour, nommons Bretagne, par exemple, le train, les subjects, les officiers, les occupations, le service et cérémonie d'un seigneur retiré et casanier, nourri entre ses vassaux, et voyez aussi le vol de son imagination; il n'est rien de plus royal : il entend parler de son maître une fois l'an, comme du roi de Perse, et ne le reconnoît que par quelques vieux cousinages que son secrétaire tient en registre. »

Henri II mena une vie moins licencieuse que celle de son père. Diane de Poitiers l'occupa presque uniquement: Il avait pris pour devise une lune naissante, c'est-à-dire un croissant, en faveur de sa maîtresse, avec ces mots : *Donec totum impleat orbem*. Il épousa Catherine de Médicis, fille unique et héritière de Laurent de Médicis, duc d'Urbin, et de Madeleine de la Tour d'Auvergne, nièce de Clément VII. Catherine était, selon de Thou, « d'un génie vaste et d'une magnificence qu'elle porta jusqu'à l'excès. »

Depuis Henri II, le premier de nos rois qui ait honoré les maréchaux de France du titre de *cousin*, aucun de ceux qui ont possédé cette dignité n'a été commandée par autre que par un connétable ou par un prince du sang. Depuis le traité de Cateau-Cambrésis, où M. de l'Aubespine fut qualifié *secrétaire d'Etat*, les secrétaires des finances ont pris le titre de *secrétaires d'Etat*. A dater de ce règne, ils prêtèrent serment entre les mains du roi.

Les persécutions contre les luthériens commencèrent. Le nombre des réformés augmenta. En 1559, il n'y avait qu'une église réformée en France; en 1561; il y en eut plus de deux mille. Parfois huit ou dix mille protestants se rassemblaient dans un champ. « Alors le ministre montait sur une charrette où sur des arbres annoncelés, dit Michelet, le peuple se plaçait sous le vent pour mieux recueillir la parole, et ensuite, tous ensemble, hommes, femmes et enfants, entonnaient des psaumes. Ceux qui avaient des armes veillaient alentour, la main sur l'épée. Puis venaient les colporteurs qui déballaient des catéchismes, de petits livres et des images contre les évêques et le pape. Ils ne s'en tinrent pas longtemps à ces assemblées: Non moins intolérants que leurs persécuteurs, ils voulurent exterminer ce qu'ils appelaient l'*idolâtrie*. Ils commencèrent à renverser les autels, à brûler les tableaux, à démolir les églises. Dès 1561, ils sommèrent le roi de France d'abattre les images de Jésus-Christ et des saints. »

II.

François II.

Le jeune François II, *faible de corps et d'esprit*, âgé de seize ans seulement, devint roi de France au moment où il y avait quarante-deux millions de dettes, un royaume épuisé par la guerre étrangère, menacé de la guerre civile, une cour scandaleusement corrompue, et la triste perspective de guerres religieuses.

Trois factions se disputèrent l'autorité : Antoine de Bourbon, roi de Navarre, et Louis, son frère, prince de Condé, dirigeaient la première. Le connétable de Montmorency marchait à la tête de la seconde: François, duc de Guise, et Charles, son frère, cardinal de Lorraine, commandaient la troisième. Catherine de Médicis ne forma pas un quatrième parti ; elle préféra les dominer tous, s'élever sur leurs ruines. Mais les Guise lui livrèrent ses ennemis; elle se déclara bientôt pour eux et plutôt les laissa faire. Les princes lorrains, oncles de Marie Stuart, éloignèrent de la cour les Bourbons et les Montmorency. Maîtres du pouvoir, ils diminuèrent les impôts, licencièrent une partie des troupes, révoquèrent des aliénations du domaine royal, supprimèrent une foule de pensions de faveur, etc. Puis, par un retour presque soudain, ils prodiguèrent à leurs partisans pensions, bénéfices, dignités, et se déclarèrent les chefs du parti catholique. Leur autorité n'eut pas de bornes. La cour était à Fontainebleau. Les solliciteurs accouraient de toutes parts pour présenter au roi ou à ses ministres requêtes et placets. Fatigué de leurs importunités, le cardinal de Lorraine fit élever en face du château une potence, et publier à son de trompe que tout solliciteur qui resterait plus de vingt-quatre heures dans la ville serait pendu.

De leur côté, les Bourbons, Antoine, roi de Navarre, et Louis, prince de Condé, profitèrent du mécontentement général. Ils s'associèrent aux calvinistes, à Coligni, aux Anglais, qui venaient la nuit négocier avec eux à Saint-Denis. Ils conspirèrent. Les protestants marchèrent en armes sur Amboise, pour s'emparer de la personne du roi (1560). Mais ils furent dénoncés aux Guise, et massacrés sur les chemins. Quelques-uns, qu'on avait réservés pour les exécuter devant le roi et toute la cour, trempèrent leurs mains dans le sang de leurs frères déjà décapités, et se levèrent au ciel contre ceux qui les avaient trahis. Cette scène funèbre sembla porter malheur à tous ceux qui en avaient été témoins. Douze cents protestants périrent.

Dans la conspiration d'Amboise, « il y avait plus de malcontentement que de huguenoterie, » selon les expressions d'un contemporain. Une fois les conjurés découverts et punis, les Guise devinrent plus puissants que jamais. « Les présidents et les conseillers du parlement, dit de Thou, firent assaut à l'envi les princes de Lorraine d'éloges ; le parlement en corps viola l'usage, et abaissa sa dignité jusqu'à écrire au duc de Guise, et à l'appeler, par une lâche flatterie, le conservateur de la patrie. » François de Guise avait été proclamé lieutenant général du royaume.

Alors les princes lorrains résolurent d'établir en France l'inquisition, l'inquisition telle que Philippe II l'avait constituée en Espagne. Un chancelier célèbre, Michel de l'Hospital, répondit par l'édit de Romorantin (mai 1560), où on lisait : « Interdisons à nos cours de parlement, baillis, sénéchaux et autres juges, d'entreprendre aucune connoissance du crime d'hérésie, et de n'en mêler aucunement, sinon qu'ils soient requis par les juges d'église de leur prêter et bailler secours pour l'exécution de leurs ordonnances et jugements. » Mais cet édit, qui, dans la pensée du chancelier, devait empêcher la guerre civile, ne calma pas les protestants, mécontents les catholiques. La Normandie, la Provence, le Dauphiné, Lyon, se soulevèrent. On convoqua dès lors les notables à Fontainebleau. L'amiral Coligni présenta à François II, à genou une fois, une pétition des religionnaires contre lesquels le cardinal de Lorraine se déchaîna. L'Hospital, Montluc, évêque de Valence, Marillac, archevêque de Vienne, obtinrent la réunion d'un concile national et la suspension des édits rigoureux contre les protestants jusqu'à la convocation des états généraux. « Les persécutions, qui avaient pesé sur la réforme depuis tant d'années, cessèrent tout à coup, et le chancelier entrevit un moment cette paix religieuse qu'il voulait affermir par des lois durables. »

Il était trop tard. L'Hospital s'abusait. Déjà les protestants, soulevés dans le Midi, avaient pris quelques villes. Le prince de Condé fut arrêté, le roi de Navarre gardé à vue. On condamna le premier à mort. Mais François II ayant expiré le 5 décembre 1560, après dix-sept mois de règne, la face des choses changea. L'arrêt ne reçut pas d'exécution.

III.

Charles IX jusqu'au massacre de la Saint-Barthélemy.

A François II succéda Charles IX. Catherine de Médicis prit en mains les rênes du gouvernement. Elle fit des promesses au roi de Navarre, alimenta les discordes, et, de sa propre autorité, tira Condé

Jeanne Hachette au siège de Beauvais.

de prison. « Ce prince et le duc de Guise se réconcilièrent et s'embrassèrent en sa présence, avec la résolution bien déterminée de se détruire l'un l'autre; et bientôt s'ouvrit la carrière des plus horribles excès où l'esprit de faction, la superstition, l'ignorance, le fanatisme et la démence aient jamais porté les hommes[1]. » Elle maintint les Guise à la cour, rappela le connétable de Montmorency, et se vit confirmer la régence qu'elle s'était attribuée par les états généraux qui s'ouvrirent à Orléans le 13 décembre 1560. Dans ces états, qui furent ajournés, l'Hospital fit adopter une ordonnance célèbre sous le nom d'*ordonnance d'Orléans*, qui rétablissait les élections ecclésiastiques, supprimait les annates, astreignait les prélats à la résidence, contenait la puissance des nobles dans de justes bornes, abolissait les taxes arbitraires, réglait par un tarif uniforme les frais de justice et créait de nouveaux magistrats chargés de veiller à l'observation des lois.

Le maréchal de Saint-André, le connétable et le duc de Guise craignirent pour leur crédit : ils formèrent une association connue sous le nom de *triumvirat*. Philippe II en devint l'âme. Au même temps, les calvinistes s'unirent contre les catholiques. La France allait être en proie à la guerre civile. Dans les états généraux qui se rouvrirent à Pontoise, et terminèrent leurs opérations à Saint-Germain, la majorité des députés réclama la tolérance religieuse. Malheureusement le colloque de Poissy (9-26 septembre 1561) envenima les haines. L'Hospital avait en vain espéré de rapprocher les deux cultes. En janvier 1562 seulement, il triompha de l'opposition violente du parti catholique en faisant rendre un édit qui permit aux réformés d'avoir des temples dans les faubourgs de toutes les villes. Les protestants furent mis sous la protection des lois. Quiconque

[1] *Voltaire*, Histoire du Parlement.

troubla leurs assemblées subit une amende de mille écus d'or. Les religionnaires durent rendre les églises, les maisons, les terres dont ils s'étaient emparés.

Dominé par les Guise, le parlement n'enregistra cet édit de tolérance qu'en déclarant « qu'il cédait à la volonté absolue du roi, qu'il n'approuvait pas la religion nouvelle, et que l'édit ne serait que provisoire. »

Cependant la paix se rétablissait; les calvinistes et les catholiques recueillaient déjà les heureux fruits de l'ordonnance d'Orléans. Les ambitieux s'alarmèrent. Les agents de l'Espagne, de la cour de Rome, et les triumvirs cherchèrent à ranimer le mécontentement. A Vassy, en Champagne , quelques gens de la suite du duc de Guise insultèrent les réformés de la ville, puis les massacrèrent (1562). « Ce fut là, selon de Thou, le premier son de la trompette guerrière qui, dans toute la France, appelait les séditieux à prendre les armes. » Après ce massacre, « au lieu d'apaiser cette guerre civile naissante, le parlement, où le parti des Guise dominait toujours, rendit plusieurs arrêts par lesquels il proscrivait les protestants, ordonnait à toutes communautés de prendre les armes, de poursuivre et de tuer tous les novateurs qui s'assembleraient pour prier Dieu en français. Le peuple, déchaîné par la magistrature, exerça sa cruauté partout où il fut le plus fort. A Ligueil, en Touraine, il étrangla plusieurs habitants, arracha les yeux au pasteur du temple, et le brûla à petit feu. Cormeri, Loches, l'Ile-Bouchard, Azai-le-Rideau, Vendôme furent saccagés, les tombeaux des ducs de Vendôme mis en pièces, leurs corps exhumés, dans l'espérance d'y trouver quelques joyaux, et leurs cendres jetées au vent. Ce fut le prélude de cette Saint-Barthélemy qui effraya l'Europe dix années après, et dont le souvenir inspirera une horreur éternelle [1]. »

Guise entra triomphant dans Paris. Catherine de Médicis appela Condé au secours du roi contre les *triumvirs*. Celui-ci, avec ses coreligionnaires, s'empara d'Orléans, et fut nommé *Protecteur* du royaume. Mais son pouvoir, devenu immense, alarma la reine-mère, qui se rejeta dans la faction des Guise. Condé fut déclaré coupable de lèse-majesté, et négocia alors avec les protestants d'Allemagne.

La guerre éclata sur tous les points. Les catholiques prirent et pillèrent Rouen, devant laquelle périt le faible roi de Navarre. Condé fut battu complétement par Guise dans les plaines de Dreux. Guise assiégea Orléans. Un gentilhomme angoumois, Poltrot de Méré, l'assassina pendant le siége (18 février 1563). Ainsi, les calvinistes qui, dans nos troubles, tramèrent le premier complot , la conspiration d'Amboise, donnèrent également le premier exemple de l'assassinat. Les coréligionnaires de Poltrot se rendirent, autant que possible, complices de son crime par la joie et les éloges avec lesquels ils l'accueillirent. Guise avait dit à son assassin : « Or çà , je veux vous montrer combien la religion que je tiens est plus douce que celle de ceux qui vous faites profession : la vôtre vous a conseillé de me tuer sans m'ouïr, n'ayant reçu de moi aucune offense; et la mienne me commande que je vous pardonne, tout convaincu que vous êtes de m'avoir voulu tuer sans raison. »

Après la mort du duc de Guise , les deux partis s'arrêtèrent; réunis sous le même drapeau, ils reprirent le Havre, que Condé avait livré aux Anglais un an auparavant. La reine-mère traita, à Amboise, avec les protestants. Elle se vit obligée , par l'indignation des catholiques, selon un illustre historien, de violer ou peu s'en faut tous les articles du traité. Condé et Coligni essayèrent en vain de s'emparer du jeune roi ; défaits à Saint-Denis, les deux partis redoutables, ils imposèrent à la cour la paix de Longjumeau (1568), surnommée *boiteuse et malassise*, laquelle confirma celle d'Amboise. Une tentative de Catherine pour saisir les deux chefs décida une troisième guerre. Toute modération sortit des conseils du roi avec le chancelier l'Hospital. Les protestants prirent la Rochelle pour place d'armes, au lieu d'Orléans; ils se cotisèrent pour payer leurs auxiliaires allemands, que le duc de Deux-Ponts et le prince d'Orange leur amenaient à travers toute la France. Malgré leur défaite de Jarnac et de Moncontour (1569), malgré la mort de Condé et la blessure de Coligni, la cour n'en fut pas moins obligée de leur accorder une troisième paix (Saint-Germain, 1570). Leur culte devait être libre dans deux villes par province; on leur laissait pour places de sûreté la Rochelle, Montauban, Cognac et la Charité. Le jeune roi de Navarre devait épouser la sœur de Charles IX (Marguerite de Valois). On faisait même espérer à Coligni de commander les secours que le roi voulait, disait-on, envoyer aux protestants des Pays-Bas. Les catholiques frémirent d'un traité si humiliant après quatre victoires; les protestants eux-mêmes, y croyaient à peine, ne l'acceptèrent que par lassitude.

IV.

Règne de Charles IX depuis la Saint-Barthélemy jusqu'à sa mort.

La troisième paix, dite de Saint-Germain, n'empêcha pas de massacrer des protestants à Rouen et à Orange en 1571. Rien de loyal dans les promesses de Catherine de Médicis. Coligni parut à la cour;

[1] *Voltaire*, Histoire du Parlement.

un synode tenu à la Rochelle rédigea la confession regardée aujourd'hui encore comme la règle des protestants. Mais malgré ces arrangements une sombre catastrophe était inévitable. Un jour le duc d'Albe avait prononcé devant Catherine de Médicis les mots de *Vêpres siciliennes*. Elle se les rappela le 24 août 1572, jour de la Saint-Barthélemy. Elle imita le despotisme implacable de Philippe II, qui frappait chaque jour les protestants avec fureur. Sans conviction religieuse, elle se para du manteau de la religion pour accomplir une œuvre toute politique.

Le faible et honteux gouvernement de la France, dit M. Michelet, ne voulut pas rester en arrière. L'exaspération des catholiques était devenue extrême, lorsqu'aux noces du roi de Navarre et de Marguerite de Valois ils virent arriver dans Paris ces hommes sombres

Louis XI aux pieds de saint François de Paule.

et sévères qu'ils avaient souvent rencontrés sur les champs de bataille, et dont ils regardaient la présence comme leur honte. Ils se comptèrent et commencèrent à jeter des regards sinistres sur leurs ennemis. Sans faire honneur à la reine-mère d'une dissimulation si longue et d'un plan si fortement conçu, on peut croire que la possibilité d'un tel événement avait été pour quelque chose dans les motifs de la paix de Saint-Germain. Cependant un crime si hardi ne serait pas entré dans leur résolution s'ils n'eussent craint un instant l'ascendant de Coligny sur le jeune Charles IX. Sa mère et son frère, le duc d'Anjou, qu'il commençait à menacer, ramenèrent à eux par la peur cette âme faible et capricieuse, où tout se tournait en fureur, et lui firent résoudre le massacre des protestants aussi facilement qu'il aurait ordonné celui des principaux catholiques. Le 24 août 1572, sur les deux à trois heures de la nuit, la cloche de Saint-Germain-l'Auxerrois sonna, et le jeune Henri de Guise, croyant venger son père, commença le massacre en égorgeant Coligny. Alors on n'entendit plus qu'un cri : *Tue! tue!* La plupart des protestants furent surpris dans leurs lits. Un gentilhomme fut poursuivi la hallebarde dans les reins jusque dans la chambre et la ruelle de la reine de Navarre. Un catholique se vanta d'avoir racheté des *massacreurs* plus de trente huguenots pour les torturer à plaisir. Charles IX fit venir son beau-frère et le prince de Condé, et leur dit : *La messe ou la mort.* On assure que, d'une fenêtre du Louvre, il tira avec une arquebuse sur les protestants qui fuyaient sur l'autre côté de l'eau. Le lendemain une aubépine ayant refleuri dans le cimetière des Innocents, le fanatisme fou ranimé par ce prétendu miracle, et le massacre recommença. Le roi, la reine-mère et toute la cour allèrent à Montfaucon voir *ce qui restait du corps de l'amiral.* Il faut ajouter l'Hospital aux victimes de la Saint-Barthélemy. Lorsqu'il apprit l'exécrable nouvelle, il voulait qu'on ouvrît la porte de sa maison aux *massacreurs* qui viendraient ; il n'y survécut que six mois, répétant toujours : *Excidat illa dies ævo !*

Une chose aussi horrible que la Saint-Barthélemy, c'est la joie qu'elle excita. On en frappa des médailles à Rome. Philippe II félicita la cour de France. Il croyait le protestantisme vaincu. Il associait la Saint-Barthélemy et le massacre ordonné par le duc d'Albe au glorieux événement de la bataille de Lépante, dans laquelle les flottes de l'Espagne, du pape et de Venise, commandées par don Juan d'Autriche, fils naturel de Charles-Quint, avaient, l'année précédente, anéanti la marine ottomane. Les Turcs vaincus sur mer, les Mauresques réduits, les hérétiques exterminés en France et aux Pays-Bas, semblaient frayer la route au roi d'Espagne vers cette monarchie universelle à laquelle son père avait en vain aspiré.

« Le roi Charles, oyant le soir du même jour et tout le lendemain
» conter les meurtres et tueries qui s'y étaient faits des vieillards,
» femmes et enfants, tira à part maître Ambroise Paré, son premier
» chirurgien, qu'il aimait infiniment quoiqu'il fust de la religion, et
» lui dit : Ambroise, je ne sçay ce qui m'est survenu depuis deux ou
» trois jours, mais je me trouve l'esprit et le corps grandement esmeus, voire toute ainsi si j'avais la fièvre, me semblant à tout moment, aussi bien veillant que dormant, que ces corps massacrez se
» présentent à moy les faces hydeuses et couvertes de sang, je vou» drois que l'on n'y eust pas compris les imbéciles et innocents. »
Dès lors il ne fit plus que languir, et dix-huit mois après un flux de sang l'emporta (1574).

Le crime avait été inutile. Dans plusieurs villes les gouverneurs refusèrent de l'exécuter. L'histoire a conservé la noble réponse du vicomte d'Orthès, gouverneur de Bayonne, à Charles IX :

« Sire, j'ai communiqué le commandement de Votre Majesté à ses habitants et gens de guerre de la garnison ; je n'ai trouvé que de bons citoyens et de fermes soldats, mais pas un bourreau. C'est pourquoi eux et moi supplions très-humblement Votre Majesté de vouloir employer en chose possible, quelque hasardeuse qu'elle soit, nos bras et nos vies. » — « Sire, dit Saint-Héran, j'ai reçu un ordre sous le sceau de Votre Majesté de faire mourir tous les protestants qui sont dans ma province (Auvergne). Je respecte trop Votre Majesté pour ne pas croire que ces lettres soient supposées, et si, ce qu'à Dieu ne plaise, l'ordre est véritablement émané d'elle, je la respecte encore trop pour

Diane de Poitiers demande la grâce de son père.

lui obéir. » Nous aimons à citer de pareils traits, qui deviennent des preuves de courage insigne, dans les moments suprêmes, quand la tyrannie et la superstition des princes ne se feraient pas scrupule d'ajouter des crimes aux crimes, de tuer ceux qui leur résistent, pour se donner raison.

Qui n'aurait cru le protestantisme écrasé par la journée du 24 août 1572 ? Les catholiques pensèrent avoir remporté un triomphe définitif. Mais les Calvinistes, se jetant dans la Rochelle, dans Sancerre et d'autres places du Midi, s'y défendirent en désespérés. L'horreur qu'inspirait la Saint-Barthélemy leur donna des auxiliaires en créant parmi les catholiques le parti modéré, qu'on appelait celui des *politiques.* Le nouveau roi, Henri III, qui revint de Pologne pour succéder à son frère, était connu pour un des auteurs du massacre. Son propre frère, le duc d'Alençon, s'enfuit de la cour avec le jeune roi de Navarre, et réunit ainsi les *politiques* et les calvinistes.

V.

Règne de Henri III jusqu'aux états de Blois.

Le 30 mai 1574 était mort Charles IX, accablé par ses souvenirs; il était mort dans les bras de sa nourrice, huguenote, qui seule le consolait à l'instant suprême. Les princes et les seigneurs de la cour avaient tous quitté son convoi à l'église de Saint-Lazare; il n'était resté pour l'accompagner jusqu'à Saint-Denis que Brantôme, quatre autres gentilshommes de la chambre et quelques archers de la garde.

Henri III fut sacré à Reims le 15 février 1575 par Louis, cardinal de Guise. Quand on lui mit la couronne sur la tête, il dit assez haut qu'elle le blessait. Elle lui roula par deux fois de la tête, comme si elle eût voulu tomber : « ce qui fut, selon l'Estoile, remarqué et interprété à mauvais présage. »

Pour prédire des malheurs dans les circonstances où Henri III montait sur le trône, il n'y avait pas besoin d'être astrologue *mirifique*. L'état des partis en France ne laissait pas d'effrayer les hommes les plus habiles. Catherine de Médicis se désolait en voyant que les massacres n'avaient rien produit. On avait versé des flots de sang; il fallait en verser encore. Calvinistes, catholiques, *politiques*, tout cela nourrissait une ambition démesurée, tout cela voulait gouverner à l'encontre de Henri III, de Catherine.

Ce règne se nomme le *règne des favoris*. Henri III et ses *mignons* oubliaient les intérêts du royaume pour se livrer au luxe et à la débauche. Jamais la royauté n'était descendue si bas en France. La versatilité d'Henri III, celle du duc d'Alençon, son frère, qui se mit à la tête des protestants français et ensuite de ceux des Pays-Bas, décida le parti catholique à chercher un chef hors de la famille royale. Par le traité de 1576, le roi avait accordé aux calvinistes la liberté du culte dans toute la France, excepté à Paris; il leur avait accordé plusieurs villes de sûreté (Angoulême, Niort, la Charité, Bourges, Saumur et Mézières). Ce traité détermina la formation de la Ligue (1577), dont les associés juraient de défendre la religion, *de remettre les provinces aux mêmes droits, franchises et libertés, qu'elles avaient au temps de Clovis, de procéder contre ceux qui persécuteraient l'union, sans acception de personnes, enfin de rendre prompte obéissance et fidèle service au chef qui serait nommé.*

Depuis longtemps les Guises avaient conçu l'idée de la Ligue, idée que la mort du duc François de Guise fit abandonner. Henri de Guise, déjà célèbre par le combat de Château-Thierry, où il reçut un coup de pistolet au visage, ce qui lui valut le surnom de *Balafré*, adopta le projet de François et fut chef de la *Ligue*, association catholique se recrutant chaque jour de nouveaux adhérents, ayant Paris pour centre et pour auxiliaire Philippe II, dont les agents parcouraient la France.

Henri III se déclara roi de la Ligue. Il croyait devenir par là le maître de l'association; il entrevoyait les desseins de *son cousin de Guise*, qui disait « que les descendants de Hugues Capet avaient régné jusque-là illégitimement et par une usurpation maudite de Dieu; que le trône appartenait aux princes lorrains, vraie postérité de Charlemagne. »

La mort du frère du roi encouragea ces prétentions (1584). Henri n'ayant point d'enfant, et la plupart des catholiques repoussant du trône le prince hérétique (Henri de Navarre), auquel revenait la couronne; le duc de Guise et le roi d'Espagne, beau-frère de Henri III, s'unirent pour détrôner le roi, sauf ensuite à se disputer ses dépouilles. Ils n'eurent que trop de facilité pour le rendre odieux. Henri III avait prodigué les ressources de l'État à ses *mignons*; il avait fait faire de magnifiques funérailles à Caylus et à Maugiron, tués en duel. Joyeuse et d'Espernon, deux autres de ses favoris, avaient obtenu le titre de ducs et pairs. Aux noces de Joyeuse, le roi avait dépensé douze cent mille écus, lui en avait promis quatre cent mille autres. Les tailles, élevées à trente-deux millions, dépassaient de vingt-trois millions celles du dernier règne. Le roi organisait des processions de pénitents et se promenait d'église en église dans les oratoires qu'il avait fait construire; chaque jour il inventait des modes extravagantes; il apprenait la grammaire et allait par *les rues et les maisons de Paris prendre les petits chiens damerets*. Guise pouvait bien dire qu'un roi manquait à la France.

La création du *Conseil des Seize* à Paris[1], fortifia la Ligue. Henri III donna à Guise ses soldats pour combattre les reîtres; il chargea son *mignon* Joyeuse d'observer le roi de Navarre en Guyenne. Joyeuse, à Coutras (1587), perdit la bataille et eut la tête cassée d'un coup de pistolet; Henri de Béarn, vainqueur, s'y fit remarquer par sa bravoure, par sa clémence envers les vaincus. Les catholiques, irrités, ne mirent plus de bornes à leur enthousiasme pour Guise, qui venait de repousser les Allemands. Les événements se précipitèrent. Le prince

[1] Voir notre *Histoire de Paris*, au règne de Henri III.

de Condé mourut empoisonné à Saint-Jean-d'Angély; Marie Stuart eut la tête tranchée à Fotheringay.

Chaque parti éprouvait des pertes immenses. Henri III, beau-frère de Marie Stuart, ne pensa pas à la venger; Henri de Guise, cousin de la malheureuse reine d'Écosse, ne s'y employa pas non plus. Il voulait occuper le trône. « La France, a-t-on dit, était folle de cet homme-là, car c'était trop peu dire amoureuse. » Depuis ses succès sur les Allemands, alliés du roi de Navarre, le peuple l'appelait le *nouveau Gédéon*; le *nouveau Machabée*; les nobles le nommaient *notre grand*. Il vint à Paris pour en être le maître; toute la ville cria : *Vive le duc de Guise! Hosannah filio David!* Il brava le roi dans son Louvre, à la tête de quatre cents gentilshommes. Les prêtres lorrains voulurent jeter Henri III dans un couvent; la duchesse de Montpensier, sœur du duc de Guise, montra les ciseaux d'or qui devaient lui servir à tondre le *Valois*. Les Parisiens élevèrent des barricades (4 mai 1588).

En ce moment grave, Catherine de Médicis usa de toute son habileté; elle amusa par des négociations le duc de Guise, qui différa de prendre le Louvre. Henri III se sauva à Chartres. Maître absolu dans Paris, Guise envoya au roi une députation de Parisiens pour le forcer à se dépouiller lui-même de la couronne. Marie de Médicis, se riant de la loi salique, voulant voir sa fille, mariée au duc de Lorraine, devenir reine de France, fit rendre à Rouen un édit qui accordait d'immenses avantages à la Ligue; comblait Guise de charges et d'honneurs, et excluait de la couronne tout prince non catholique (juillet 1588).

Le roi convoque les états généraux à Blois. C'est là que Guise espère détrôner son cousin.

Mais les dentelles insolentes des députés aux états de Blois, et l'audace du duc de Guise parvenue à son comble, forcent enfin le roi à se défaire de ce prince, qui était devenu trop puissant pour qu'on pût lui donner des juges. Ce n'était point une terreur panique que la crainte des entreprises qu'il pouvait former : il se trouvait dans des circonstances pareilles à celles dont Pepin profita. Henri III ne ressemblait pas mal aux derniers rois de la première race, et le prétexte de la religion eût fort bien pu susciter quelque pape de l'humeur de Zacharie : « Le seul obstacle qu'il y eût, dit le Laboureur, était le droit de succession, plus établi en faveur des branches collatérales du sang royal dans la troisième race que dans les deux premières; le grand nombre des princes, la puissance du roi de Navarre et la valeur du prince de Condé son frère, dont on peut dire, politiquement parlant, que la guerre qu'entretint leur contre-poids aux affaires, et que les guerres civiles de son temps furent comme une nuée, où il cacha les excès de la maison royale. »

Il se joua une tragédie sanglante, préparée dans le mystère par Henri III, qui agit sans Catherine. Le jeudi, 22 décembre 1588, le duc de Guise se mettant à table pour dîner, trouva sous sa serviette un billet dans lequel il était écrit : « Donnez-vous de garde, on est sur le point de vous jouer un mauvais tour. » L'ayant lu, il écrivit au bas : *On n'oserait*, et il le rejeta sous la table. « Voilà, dit-il, le neuvième d'aujourd'hui. » Malgré ces avertissements, il persiste à se rendre au conseil; et comme il traverse la chambre où se tiennent les *quarante-cinq gentilshommes ordinaires*, le duc de Guise est massacré le 23 décembre, et le cardinal de Guise, son frère, le lendemain 24. Le cardinal de Bourbon est prisonnier; on manque d'arrêter le duc de Mayenne, qui se trouvait à Lyon. Le roi fit une bien plus grande faute de ne point marcher droit à Paris, et de renvoyer les principaux chefs de la Ligue. Catherine de Médicis mourut à Blois, au milieu de tous ces troubles, accablée de dettes, le 5 janvier suivant. Elle recommanda au roi, en mourant, de se réconcilier avec le roi de Navarre. La mort de cette princesse, qui avait fait tant parler d'elle, ne causa pas le moindre bruit. Ainsi mourut Isabelle de Bavière; ainsi mourut la duchesse d'Angoulême, mère de François Ier : comme si de temps en temps le ciel se plaisait à étouffer la mémoire des ambitieux!

Catherine de Médicis, selon l'Estoile, « était adorée et révérée à Blois comme la Junon de la cour. Elle n'eut pas plutôt rendu le dernier soupir, qu'on n'en fit pas plus de compte que d'une chèvre morte. »

« On a tant de fois peint le caractère de cette femme, écrit Chateaubriand, que je ne présente plus qu'un lieu-commun sale. Une seule remarque reste à faire. Catherine était Italienne, fille d'une famille marchande élevée à la principauté d'une république : elle était accoutumée aux orages populaires, aux factions, aux intrigues, aux empoisonnements, aux coups de poignard; elle ne pouvait avoir aucun des préjugés de l'aristocratie et de la monarchie française... Elle ne connaissait pas nos lois et s'en souciait peu... Elle était incrédule et superstitieuse, ainsi que les Italiens de son temps. Elle n'avait, en sa qualité d'incrédule, aucune aversion contre les protestants. Elle les fit massacrer par politique. Enfin, si on la suit dans toutes ses démarches, on s'aperçoit qu'elle ne vit jamais dans le vaste royaume dont elle était souveraine qu'une Florence agrandie, que les émeutes de sa petite république, que les soulèvements d'un quartier de sa ville natale contre un autre quartier, la querelle des Pazzi et des Médicis, dans la lutte des Guise et des Châtillon. »

On publia contre sa mémoire plusieurs pièces de vers. Ceux-ci devaient lui servir d'épitaphe :

> La reine, qui cy-gît, fut un diable et un ange,
> Toute pleine de blâme et pleine de louange;
> Elle soutint l'État, et l'État mit à bas;
> Elle fit maints accords, et pas moins de débats;
> Elle enfanta trois rois et cinq guerres civiles,
> Fit bâtir des châteaux et ruiner des villes;
> Fit bien de bonnes lois et de mauvais édits :
> Souhaite-lui, passant, enfer et paradis.

VI.

Henri III depuis les états de Blois jusqu'à sa mort.

L'*énervé* Henri III avait eu un terrible mouvement de forces. Qu'allait-il résulter de la tragédie de Blois? A la nouvelle du meurtre des Guise, Paris et une partie du royaume se soulèvent contre le roi. On perce avec des aiguilles des images en cire qui représentent Henri III. Le peuple prend aussitôt le deuil, et les prédicateurs de la Ligue déclarent déchu du trône le tyran, l'Hérode que le pape Sixte-Quint a excommunié. Une assemblée complaisante nomme chef de la Ligue et lieutenant général du royaume le duc de Mayenne, frère du duc de Guise. Des processions parcourent les rues, demandant à Dieu l'extermination de la race des Valois. Henri III ne sait d'abord comment résister à ce déchaînement des passions religieuses. Il cherche, et ne trouve de salut que dans un rapprochement avec le *huguenot*, le *Béarnais*, le roi Henri de Navarre. Les deux princes se voient et s'embrassent à Plessis-lez-Tours; ils s'unissent contre Mayenne, le repoussent de Tours, et avec un renfort de quinze mille Suisses, ils viennent assiéger Paris, c'est-à-dire frapper la Ligue au cœur. Après quelques avantages remportés par des détachements de leur parti, et ayant sous leurs ordres le maréchal de Biron et le duc d'Épernon, ils avaient pris la ville de Pontoise.

Les choses en étaient là lorsque Jacques Clément, frère jacobin, poignarda Henri III, le 1er août 1589, à huit heures du matin, dans le village de Saint-Cloud. Jacques Clément, âgé de vingt-deux ans, était né au village de Sorbonne, près de Sens. Il avait été élevé dans le couvent des Dominicains de cette ville. Le corps de Henri III fut déposé à l'abbaye de Compiègne jusqu'en 1610, époque où on le porta à Saint-Denis.

La personne de Jacques Clément fut couverte de bénédictions à Rome. Le pape Sixte-Quint compara son crime à l'action de Judith. En France, on montra aussi une joie immense. Le parlement de Toulouse ordonna qu'une procession solennelle aurait lieu tous les ans le jour de l'assassinat du roi. De nombreux libelles, imprimés avec le privilège de la sainte union ou Ligue, furent publiés, soit pour glorifier l'assassin, soit pour poursuivre la mémoire de Henri III. Tels furent : — *le Testament de Henri de Valois*, — *les Grâces à Dieu pour la justice du cruel tyran*, — *le Martyre de frère Jacques Clément, contenant au vray toutes les particularités les plus remarquables de la sainte résolution et très-heureuse entreprise à l'encontre de Henri de Valois.* Le portrait de l'assassin fut exposé dans Paris et dans toutes les villes fidèles à la Ligue. Il portait pour inscription les vers suivants :

> Un jeune jacobin, nommé Jacques Clément,
> Dans le bourg de Saint-Cloud une lettre présente
> A Henri de Valois, et, vertueusement,
> Un couteau fort pointu dans l'estomac lui plante.

On plaça le portrait de l'assassin sur les autels. Il fut question de lui élever une statue dans l'église Notre-Dame; on délibéra même en Sorbonne pour savoir si on ne demanderait pas sa canonisation.

Comme Henri III avait déclaré en mourant Henri de Navarre son successeur, la Ligue ne douta pas que les volontés du *Valois* ne fussent méprisées. Elle s'inquiétait peu du *Béarnais*. Elle croyait avoir cause gagnée.

La Ligue, on l'a remarqué, est peut-être l'événement le plus singulier qu'on ait jamais lu dans l'histoire, et Henri III le prince le plus malhabile de n'avoir pas prévu qu'il se mettait dans la dépendance de ce parti en s'en rendant le chef. Les protestants lui avaient fait la guerre comme à l'ennemi de leur secte, et les ligueurs l'assassinent à cause de son union avec le roi de Navarre, chef des huguenots. Suspect aux catholiques, aux huguenots par sa légèreté, et devenu méprisable pour tous par une vie également superstitieuse et libertine, il parut digne de l'empire tant qu'il ne régna pas : Caractère d'esprit incompréhensible, dit M. de Thou, en certaines choses au-dessus de sa dignité, et en d'autres au-dessous même de l'enfance. Aucun des règnes précédents n'a fourni plus de volumes, plus d'anecdotes, plus d'estampes, plus de pièces fugitives, etc. Il y a dans tout cela bien des choses inutiles; mais comme Henri III vivait au milieu de son peuple, aucun détail des actions de sa vie n'a échappé à la curiosité : et comme Paris était le théâtre des principaux événements de la Ligue, les bourgeois qui y avaient la plus grande part conservaient soigneusement les moindres faits qui se passaient sous leurs yeux; tout ce qu'ils voyaient leur paraissait grand, parce qu'ils y participaient, et nous sommes curieux sur parole de faits dont la plupart ne produisaient peut-être pas alors un grand bruit dans le monde.

Dans la personne de Henri III finit la race des Valois, qui avait commencé à régner en 1328, et dont il ne resta de mâle que Charles, duc d'Angoulême, fils naturel de Charles IX. Chose singulière encore : Françoise de Nargonne, femme de ce duc, et par conséquent bru de Charles IX, ne mourut qu'en 1713, c'est-à-dire près de cent quarante ans après la mort de son beau-père.

Parmi les libelles ou pièces satiriques ou épigrammes publiés sous le règne de Henri III, nous choisirons quelques productions devenues très-populaires.

Cette comparaison de Catherine et de Jézabel est attribuée à Edmond Augier, jésuite :

> L'on demande la convenance
> De Catherine et Jézabel;
> L'une ruine d'Israël,
> L'autre ruine de la France;
> L'une étoit de malice extrême,
> Et l'autre est la malice même;
> Enfin le jugement est tel.
> Par une vengeance divine,
> Les chiens mangèrent Jézabel :
> La charogée de Catherine
> Sera différente en ce point,
> Car les chiens n'en voudront point.

On n'épargna pas la mère, on n'épargna pas le fils. Dans les premiers jours de septembre 1576, on afficha sous le nom du *peuple de Paris* le placard suivant :

« Henri, par la grâce de sa mère, inerte roi de France et de Pologne imaginaire, concierge du Louvre, marguillier de Saint-Germain-l'Auxerrois, basteleur des églises de Paris, gendre de Colas, gaudereonneur des collets de sa femme et friseur de ses cheveux, mercier du palais, visiteur des étuves, gardien des quatre mendiants, père conscript des blancs battus (flagellants) et protecteur des capucins... »

Les moqueries contre le roi n'avaient pas de bornes. Le mercredi 4 février 1579, Henri III, revenant de Chartres, alla descendre à la foire Saint-Germain; il fit emprisonner quelques écoliers qui s'y promenaient avec de longues fraises de papier, et qui, pour tourner en ridicule le roi et ses mignons, si bien *frisés et gaudéronnés*, criaient en pleine foire : *A la fraise, on connaît le veau!*

Les prédicateurs firent et publièrent l'anagramme du mot Henri de Valois. C'était *Vilain Hérode*. Rien n'égalait la fureur des ligueurs : Le 10 janvier 1589, ils imaginèrent d'organiser une procession composée de tous les petits enfants tant filles que garçons de la ville. Ils s'assemblèrent dans le cimetière des Innocents, au nombre d'environ cent mille, tous les pieds nus, et portant chacun un cierge à la main. Ils sortirent du cimetière en procession, et furent jusqu'à l'abbaye de Sainte-Geneviève-du-Mont. Avant d'entrer dans l'église, ils jetèrent leurs chandelles par terre, et en les éteignant ils maudissaient le roi de cette manière : *Dieu permette que bientôt la race des Valois soit ainsi entièrement éteinte!*

Henri III, avouons-le, avait mérité ces moqueries, ces perpétuels manquements de respect. Sa conduite était si ridicule! Louis XI avait présenté l'image de la cruauté superstitieuse; Henri III offrit celle de la superstition libertine. Donnons des exemples. « En 1584, le roi vint à Orléans, où il arriva à pied, accompagné de quarante-sept frères pénitents des plus jeunes et dispos pour bien aller à pied, etc., etc. En entrant dans la ville le duc d'Aumale portait une grande croix de bois, que chacun prenait à son tour. » Pendant son séjour dans la ville, Henri fut toujours vêtu en pénitent. On fit une grande procession où il se trouvait au milieu des capucins, des minimes et des pénitents blancs et bleus, *se flagellant par le chemin et chantant en chœur les heures de Notre-Dame*. Il toucha les écrouelles, et s'amusa dans des fêtes nocturnes et joyeusetés. La même année, on vit le roi, le chancelier, les courtisans et les ministres, marchant deux à deux dans les rues de Paris, couverts d'un grand sac de toile depuis le haut de la tête jusqu'aux pieds, ceints d'une grosse corde, et tenant chacun une discipline à la main pour se flageller les épaules. »

Henri III portait un grand chapelet à tête de mort, qu'il récitait le long des rues et au milieu des bals. Il l'appelait *le fouet de ses grandes haquenées*.

Parmi les faiblesses de prince, qu'on en montra de nombreuses, il en est une qu'il poussa à un très-haut point, la passion des cérémonies. Aussi a-t-on dit avec raison de Henri III que son suprême talent était de faire le roi et de n'en jamais quitter la dignité ni le personnage. On le consultait dans toutes les occasions où il s'agissait de l'étiquette, et ses décisions restèrent la base du *cérémonial français*. — Ce fut lui qui institua un nouveau cérémonial pour la cour, et qui créa, le 2 janvier 1585, la charge de *grand maître des cérémonies*. On dut à la dévotion de Louise de Lorraine, sa femme, l'origine de l'illumination des rues de Paris. Elle établissait dans tous les coins des madones, des anges, des crucifix, devant lesquels on allumait des lampes et des chandelles. Cette lumière utile donna l'idée d'éclairer les rues, alors mal gardées, obscures et périlleuses.

Rendons cette justice à Henri de Valois, qu'il fonda quelques institutions utiles. L'idée de créer une maison de soldats invalides appartient à Philippe-Auguste; mais ce fut Henri III qui l'accomplit. Il fonda, en 1575, dans la rue de Lourcine, une *maison royale et hospitalière* pour les officiers et les soldats âgés ou infirmes, et leur donna une décoration qu'ils portaient sur la poitrine. La première chaire de théologie de Navarre, fondée et occupée par le fameux René Benoît, date de son règne. Il créa la charge de *secrétaire du cabinet,* érigea l'office de colonel général de l'infanterie française en charge de la couronne, reçut par un édit la réformation du calendrier grégorien, fit reviser la coutume de Paris, et institua l'*ordre du Saint-Esprit*, le 1er janvier 1579, en mémoire de ce qu'il avait été élu roi de Pologne, de ce qu'il était parvenu à la couronne de France le jour de la Pentecôte. Cet ordre prit soudain un caractère politique. Par le serment qu'ils prêtaient, les nouveaux chevaliers s'attachaient au roi, et s'éloignaient également du parti protestant et de la Ligue.

Sous Henri III parurent les premières bombes de guerre. A cette époque encore, l'usage des éventails s'introduisit en France, ainsi que le goût pour les ballets sérieux ou comiques, pour les arlequinades, pour les chants en musique, importés de Venise par Antoine Baïf. A la cour et à la ville les jeux ne cessèrent pas; on joua à la prime, aux dés, au bilboquet, etc.

VII.

Règne de Henri IV jusqu'à la prise de Paris.

Henri de Béarn (Henri IV), roi de Navarre, naquit à Pau le 13 décembre 1553. Il avait droit à la couronne de France comme descendant de Robert, comte de Clermont, qui était fils de saint Louis et qui avait épousé l'héritière de Bourbon. A la mort de Henri III il touchait à sa trente-sixième année. En lui a commencé la branche de Bourbon. Roi par droit de naissance, il lui fallut devenir roi par droit de conquête, car la Ligue était forte de l'appui du pape et de Philippe II d'Espagne. Aux états de Blois, il avait publié un manifeste qui annonçait ses intentions conciliantes; il n'en fut pas moins abandonné d'un grand nombre de catholiques, auxquels Vitry et d'Épernon donnèrent l'exemple de la défection. Forcé de lever le siége de Paris, il se dirigea vers Dieppe pour recevoir des secours qu'il attendait d'Élisabeth. Mayenne le suivit de près avec trente mille hommes. Henri IV était dans un dénûment extrême, il avait tout au plus six mille hommes. Ses conseillers voulaient qu'il passât en Angleterre. Mais, plus énergique, le maréchal de Biron décida le roi à repousser Mayenne du faubourg de Polet et du camp d'Arques. Fortifié d'une foule de gentilshommes, il vint à son tour attaquer Paris (1589). L'arrivée de Mayenne l'obligea à se retirer, mais Mayenne ne pouvait lutter avec avantage contre lui. Henri IV, selon le mot de Sixte-Quint, *n'était pas plus longtemps au lit que le duc de Mayenne était à table, et il usait plus de bottes que l'autre n'usait de souliers.* Mayenne fit proclamer roi de France, sous le nom de Charles X, le cardinal de Bourbon, oncle de Henri IV. Il espérait ainsi fortifier son parti. Il fut battu à Ivry-sur-l'Eure (14 mars 1590). Henri IV avait dit à ses troupes avant le combat : « Vous trouverez toujours mon panache blanc au chemin de l'honneur et de la victoire. » Il frappa rudement les Espagnols, mais épargna les Français par patriotisme et les Suisses par politique. De là il vint bloquer Paris, désolé par les Seize et par les soldats espagnols. Autant la Ligue y était terrible, autant la générosité du Béarnais éclata. Comme on lui reprochait de laisser passer les bouches inutiles : « Je ressemble à la vraie mère de Salomon, répondit-il ; j'aimerais mieux n'avoir point de Paris que de l'avoir déchiré en lambeaux. »

Le prince de Parme arriva alors des Pays-Bas avec quinze mille hommes. Le siége de Paris fut levé, mais le prince se borna à prendre Corbeil, puis retourna dans son gouvernement : il était mécontent de Mayenne et de la Ligue, qui s'affaiblissait en se divisant. Déjà les Seize avaient vu le duc de Mayenne restreindre leur autorité. Ils cherchaient à lui opposer son neveu, le jeune duc de Guise. Pour briser la résistance du parlement, ils persécutèrent les magistrats, condamnèrent et pendirent le même jour le président Brisson et les deux conseillers Larcher et Tardif. Mayenne arriva en toute hâte et réprima les Seize en ordonnant de pendre quatre d'entre eux (1591). Sur ces entrefaites, Philippe II obtint excommunication de Henri IV par le nouveau pape Grégoire XIV, et il manda au duc de Parme de venir délivrer Rouen que le roi avait investi, et qui fut obligé de lever le siége (1592). La mort délivra la même année Henri de cet habile adversaire, pendant que Lesdiguières repoussait le duc de Savoie de la Provence et du Dauphiné, passait les Alpes et conduisait ses détachements jusqu'à Turin. D'Épernon rentra dans le parti du roi avec un grand nombre de seigneurs, et les ligueurs les plus modérés formèrent au sein de la Ligue un parti qui se montra disposé à reconnaître Henri IV pourvu qu'il abjurât.

La Ligue dépérissait : l'apparition de la *satire Ménippée* acheva de la discréditer. « En 1593, dit le président Hénault, parut le *Catholicon d'Espagne ;* l'année suivante on y ajouta l'*Abrégé des états de la Ligue*, et le tout fut appelé *satire Ménippée.* M. Le Roi, aumônier du jeune cardinal de Bourbon et depuis chanoine de Rouen, fut seul l'auteur du Catholicon ; pour l'Abrégé des états, plusieurs y travaillèrent ; Passerat et Rapin, deux poëtes fameux, en composèrent les vers. M. Gillot, conseiller au parlement de Paris, dont nous avons un éloge en latin de Calvin, fit la harangue du cardinal légat. Florent Chrétien, homme d'esprit, composa la harangue du cardinal de Pellevé. On est redevable au savant Pierre Pithou de la harangue de M. d'Aubray, qui est la meilleure de toutes ; et l'on doit encore à Rapin la harangue de l'archevêque de Lyon et celle du docteur Rose, grand maître du collège de Navarre et évêque de Senlis. Peut-être que la satire Ménippée ne fut guère moins utile à Henri IV que la bataille d'Ivry. »

Cependant les états de Paris avaient été convoqués par Mayenne (avril 1593), qui y fit rejeter lui-même les prétentions de l'ambassadeur d'Espagne, « demandant la couronne de France pour une fille de Philippe II. » Dans cette assemblée, on entendit Villeroy prononcer une harangue qui retraçait la position malheureuse de la France à cette époque.

« ....Après, dit-il, considérons nos villes, lesquelles étaient devant la guerre très-riches et très-opulentes. Nos adversaires en ont pris plusieurs dont les gens étaient très-affectionnés au party, qui on est maintenant affaibli d'autant, et celles qui nous sont demeurées, combien qu'elles soient les principalles, sont toutefois remplies de tant de partialitéz et affections, et si chargées d'impositions et de corvées extraordinaires, mises sus autant par nous - mêmes comme par ceux qui nous font la guerre, qu'elles sont très-misérables et très-nécessiteuses. Les habitants y sont sans commerce, privés du payement de leurs rentes, de la jouissance de leurs héritages, et sans justice de leurs debtes, ayant mangé et consommé leurs réserves et biens de leurs magasins. La justice qui souloit y présider n'y est pas quasi recognaissable, tant elle y a esté maltraictée, et encore outrée de regret ; les ministres et officiers d'icelle y sont sans authorité et sans guiges, vivant en grande crainte et pauvreté, avec leurs familles, après avoir tout vendu et souffert pour y durer comme ils ont fait jusques à présent. Bref, tout y regorge de confusion, de divisions, nécessité, frayeur et mescontentement, principalement en ceste noble ville de Paris, la constance de laquelle est certainement admirable et doit servir de consolation et d'exemple à toutes les autres. Elle est, messieurs, la capitalle du royaume, le vrai throsne de nos roys, le premier et principal siège de leur justice, etc.... »

Exact était le tableau. Tout le peuple gémissait, tout le peuple attendait avec impatience la fin des discordes civiles. Mayenne ouvrit des conférences à Suresnes avec les catholiques royalistes, et le parlement, à l'encontre des prétentions de Philippe II, maintint la loi salique.

Henri IV abjura le calvinisme, dans l'église de Saint-Denis, le 26 juillet 1593. Bien qu'on ne doive pas suspecter la sincérité de sa conversion, il est fâcheux qu'il ait écrit à Gabrielle d'Estrées, à propos de ce grand acte : « C'est dimanche que je ferai le saut périlleux. » Cette abjuration porta le dernier coup à la Ligue, malgré la résistance de Rome. Vitry, gouverneur de Meaux, avait donné l'exemple de la soumission au roi l'année précédente, et avait laissé les clefs de cette ville aux principaux habitants, qui se rendirent au Béarnais. D'Alincourt lui remit Pontoise ; le maréchal de la Chastre, Orléans et Bourges ; et Ornano, la ville de Lyon. Enfin, la capitale lui ouvrit ses portes le 22 mars 1594. Henri IV entra dans Paris au milieu de la joie publique ; il accorda une capitulation aux Espagnols, pardonna à tout le monde, et le soir même, fit la partie de madame de Montpensier. Villars lui remit Rouen, et le parlement de Tours, celui que présidait Achille de Harlay, revint siéger à Paris.

Henri IV, protestant, avait eu contre lui des haines implacables, les provinces traitèrent avec Henri IV catholique. Ce ne fut qu'après sa conversion que les habitants de Saint-Malo consentirent à écouter les propositions de ce prince. Il y eut une sorte de capitulation, un *cahier d'articles.* Il y est dit que les habitants resteront catholiques, « et qu'il ne se fait aucuns exercices d'aultre religion, ez villes faux-bourgs et trois lieues à la ronde de Saint-Malo. — Que le roy pardonne et remet auxdits habitants tout ce qui a été fait par eux pendant et à l'occasion des présents troubles. — Que ladite ville et tous lesdits habitants seront gardés et maintenus aux franchises, droits et libertez de la province de Bretagne, en leurs anciens et particuliers privilèges, franchises et libertez, et, en ce faisant, les droicts, dons et octrois à eux accordés par ses prédécesseurs roys seront confirmés et en tant que de besoing sera de nouveau concédé. — Que le trafficq et commerce, libre soit et demeure en ladite ville, avec toutes personnes de quelque nation, party ou pays qu'ils soient, et, de plus, qu'il soit permis auxdits habitants faire leur trafficq et négoce de marchandises en tout pays et royaumes quelconques. — Que la fonte d'artillerie soit par Sa Majesté permise auxdits habitants, en ladite ville, pour le service et maintien d'icelle ville et chasteau, et des navires et vaisseaux du port. — Accordé, attendu que c'est un port de mer, et néanmoins, s'adresseront au grand maître de l'artillerie pour luer faire délivrer les pouvoirs nécessaires. — Signé à Paris, le 28 octobre 1594. »

VIII.

Règne de Henri IV depuis la prise de Paris jusqu'à sa mort.

A peine Henri IV était entré dans Paris, que Jean Châtel commit un attentat sur sa personne. Cet assassin ne lui fit qu'une légère blessure à la lèvre. On le punit de mort. Elève des jésuites, Jean Châtel fut la cause de leur bannissement. Ils revinrent néanmoins en France peu d'années après. Rien des haines survécurent à l'abjuration du roi, haines de cultes, haines d'ambition.

En 1595, la guerre civile fit place à la guerre étrangère. Le roi tourna contre les Espagnols l'ardeur militaire de son royaume. Dans la mémorable année 1598, Philippe II fléchit enfin; tous ses projets avaient échoué, ses trésors étaient épuisés, sa marine presque ruinée. Par le traité de Vervins, il renonça à ses prétentions sur la France (2 mai), et transféra les Pays-Bas à sa fille (6 mai). L'Angleterre et les Provinces-Unies s'alarmèrent de la paix de Vervins et resserrèrent leur alliance; Henri IV avait mieux vu que rien n'était plus à craindre de Philippe II (mort le 13 septembre). Le roi de France termina les troubles intérieurs en même temps que la guerre étrangère, en accordant la tolérance religieuse et des garanties politiques aux protestants (édit de Nantes, avril). L'édit de Nantes fut rédigé sur les mémoires dressés par le président de Thou et par Calignon, chancelier de Navarre.

Après le traité de Vervins et l'édit de Nantes, Henri IV s'occupa de réprimer les conspirations des seigneurs et de préparer l'abaissement de la maison d'Autriche, qui, par la mort de Philippe II, devint l'adversaire naturelle de la France. Il fit annuler son mariage avec Marguerite de Valois et épousa à Lyon Marie de Médicis (1600). Il combattit le duc de Savoie, qui avait repoussé la médiation du pape, et obtint la cession de la Bresse, du Bugey et du pays de Gex, en échange du marquisat de Saluces. Comme il s'efforçait de consolider la monarchie, il découvrit une conspiration tramée par le maréchal de Biron, le comte d'Auvergne et le duc de Bouillon. Le duc de Savoie, les Espagnols, la maison d'Autriche, devaient unir les conjurés à rendre tous les grands gouvernements indépendants de la couronne, et à créer des principautés souveraines. Biron fut abandonné à une commission judiciaire. Sa tête tomba (31 juillet 1602). Trois ans après (1606), le duc de Bouillon, fier de l'impunité qu'il avait obtenue, se mit à la tête d'un nouveau complot pour livrer une partie de la France aux Espagnols. Le roi craignit de ranimer, par des supplices, de vieilles haines que le temps seul pouvait éteindre. On sacrifia quelques coupables obscurs. Bouillon céda à Henri IV la place de Sedan.

Pour abaisser la maison d'Autriche, ce qui, ainsi que nous l'avons dit, était la préoccupation du vainqueur d'Ivry, il se hâta d'agir. « Son projet était, suivant plusieurs écrivains, de former un corps appelé *la république chrétienne*, lequel aurait divisé l'Europe en quinze parties; mais cela a bien l'air d'une chimère. Henri IV se bornait vraisemblablement au traité de Brussol qu'il avait passé avec le duc de Savoie, par lequel il lui fournissait seize mille hommes pour s'emparer du duché de Milan, en dédommagement de la dot modique qu'il avait reçue de Philippe II en épousant sa fille, et au traité de Hall par lequel le roi fournissait dix mille hommes aux héritiers du duc de Juliers pour les aider à se mettre en possession de ses Etats; le reste de ses troupes, qui pouvaient monter à vingt-quatre mille hommes, il les destinait à profiter, du côté des Pyrénées, de l'embarras où était l'Espagne, dont il avait tant de raisons de se venger[1]. » Une vingtaine de millions, destinés à la réalisation de ce vaste projet, étaient enfermés dans les caves de la Bastille. Henri IV se flattait presque de fonder une paix perpétuelle en Europe. Le poignard d'un assassin anéantit toutes ces espérances. Qu'on lise la relation de cet événement tracé par une plume contemporaine.

« Le vendredi 14 du mois de mai 1610, jour triste et fatal pour la France, le roy, sur les dix heures du matin, fut entendre la messe aux Feuillans : au retour, il se retira dans son cabinet, où le duc de Vendôme, son fils naturel, qu'il aimoit fort, vint lui dire qu'un nommé La Brosse, qui faisoit profession d'astrologie, lui avoit dit que la constellation sous laquelle Sa Majesté étoit née le menaçoit d'un d'un grand danger ce jour-là : ainsi, qu'il l'avertit de se bien garder. A quoi le roy répondit en riant à M. de Vendôme : « La Brosse » un vieil matois qui a envie d'avoir de votre argent, et vous un jeune » fol de le croire. Nos jours vont comptez devant Dieu. » Et sur ce le duc de Vendôme fut avertir la reine, qui pria le roy de ne pas sortir du Louvre le reste du jour. A quoi il fit la même réponse.

» Après dîné, le roy s'est mis sur son lit pour dormir; mais ne pouvant recevoir de sommeil, il s'est levé triste, inquiet et rêveur, et a promené dans sa chambre quelque temps, et s'est jeté derechef sur le lit. Mais ne pouvant dormir encore, il s'est levé; et a demandé à

[1] *Abrégé chronologique de l'Histoire de France*, par le président Hénault.

l'exempt des gardes quelle heure il étoit. L'exempt des gardes lui a répondu qu'il étoit quatre heures, et a dit : « Sire, je vois Votre Majesté triste et toute pensive; il vaudroit mieux prendre un peu l'air : » cela la réjouiroit. — C'est bien dit. Hé bien, faites apprêter mon » carrosse; j'irai à l'Arsenal voir le duc de Sully, qui est indisposé, » et qui se baigne aujourd'hui. »

» Le carosse étant prêt, il est sorti du Louvre, accompagné du duc de Montbazon, du duc d'Epernon, du maréchal de Lavardin, Roquelaure, La Force, Mirabeau et Liancourt, premier écuyer. En même temps il chargea le sieur de Vitry, capitaine de ses gardes, d'aller au palais faire diligenter les apprêts qui s'y faisoient pour l'entrée de la reine, et fit demeurer ses gardes au Louvre. De façon que le roy ne fut suivi que d'un petit nombre de gentilshommes à cheval, et quelques valets de pied. Le carosse étoit malheureusement ouvert de chaque portière, parce qu'il faisoit beau temps, et que le roy vouloit voir en passant les préparatifs qu'on faisoit dans la ville, son carosse entrant de la rue Saint-Honoré dans celle de la Ferronnerie, trouva d'un côté un chariot chargé de vin, et de l'autre côté un autre chargé de foin, lesquels faisoient embarras; il fut contraint de s'arrêter, à cause que la rue est fort étroite, par les boutiques qui sont bâties contre la muraille du cimetière des Saints-Innocents. »

» Dans cet embarras, une grande partie des valets de pied passa dans le cimetière pour courir plus à l'aise et devancer le carrosse du roy au bout de ladite rue. De deux seuls valets de pied qui avoient suivi le carrosse, l'un s'avança pour détourner cet embarras, et l'autre s'abaissa pour renouer sa jarretière, lorsqu'un scélérat sorti des enfers, appelé François Ravaillac, natif d'Angoulême, qui avoit eu le temps, pendant cet embarras, de remarquer le côté où étoit le roy, monte sur la roue dudit carrosse, et d'un couteau tranchant des deux côtés lui porte un coup entre la seconde et la troisième côte, un peu au-dessus du cœur, qui a fait que le roi s'est écrié : « Je suis blessé ! » Mais le scélérat, ne s'effrayer, a redoublé et l'a frappé d'un second coup dans le cœur, dont le roy est mort, sans avoir pu jeter qu'un grand soupir. Ce second a été suivi d'un troisième, tant le parricide étoit animé contre son roy, mais qui n'a porté que dans la manche du duc de Montbazon.

» Chose surprenante ! nul des seigneurs qui étoient dans le carrosse n'a vu frapper le roy : et si le monstre d'enfer eût jeté son couteau, on n'eût sçu à qui s'en prendre. Mais il s'est tenu là comme pour se faire voir, et pour se glorifier du plus grand des assassinats. »

On avait attenté bien souvent à la vie de Henri IV.

« Dès l'an 1584, le capitaine Michau vint expressément des Pays-Bas pour l'assassiner... Rougemont fut sollicité pour le même effet, et en eut dessein en l'an 1589... Barrière, en 1593, osa bien entreprendre sur sa personne... Jean Châtel, en 1594, le blessa d'un coup de couteau... En 1597, Davennes, Flamand, et un laquais lorrain, furent exécutés pour un semblable dessein, que plusieurs autres ont encore eu, tous sans effet par la spéciale protection de Dieu; et maintenant, après tant de dangers heureusement évités, après tant d'entreprises contre sa personne, lorsqu'il est florissant et victorieux, et qu'il semble être au-dessus de toute puissance humaine, Dieu, tout à coup, par un conseil secret, l'abandonne, et permet qu'un misérable ver de terre, un insensé sans conduite et sans jugement, le mette à mort... Cinquante-six ans auparavant ce funeste accident, à pareil jour que celui auquel il arriva, le 14 de mai 1554, le roi Henri II ayant trouvé de l'embarras en la rue de la Ferronnerie, qui l'avait empêché de passer, fit une ordonnance par laquelle il enjoignait de faire abattre toutes les boutiques qui sont du côté du cimetière des Saints-Innocents, afin que le chemin fût plus ouvert pour le passage des rois ; mais un mauvais démon empêcha l'effet de cette prévoyance... Camerarius, mathématicien allemand et de réputation, fit imprimer un livre, plusieurs années avant la mort du roi, dans lequel, entre plusieurs nativités, il mit la sienne, en laquelle il lui prédisait une mort violente par l'attentat des siens... Cinq ans avant ce parricide aussi, les habitants de Montargis envoyèrent au roi un billet qu'un prêtre avait trouvé sous la nappe de l'autel en disant la messe, qui désignait l'an, le mois, le jour et la rue où cet assassinat devait être commis... »

» Cinq ou six mois avant la mort du roi, on manda d'Allemagne à M. de Villeroy qu'il courrait très-grande fortune le 14 de mai, jour auquel il fut tué. De Flandre on écrivit, du 12 de mai, à Roger, orfèvre et valet de chambre de la reine, une lettre par laquelle on déplorait la mort du roi, qui n'arriva que le 14... Plusieurs semblables lettres de même date furent écrites à Cologne et en d'autres endroits d'Allemagne, de Bruxelles, d'Anvers et de Malines... Et, plusieurs jours avant sa mort, on disait à Cologne qu'il avait été tué d'un coup de couteau; les Espagnols, à Bruxelles, se le disaient à l'oreille l'un de l'autre; à Maestricht, un d'entre eux assura que s'il ne l'était encore il le serait infailliblement... Le premier jour du mois de mai, le roi voyant planter le mai, il tomba par trois fois; sur quoi il dit au maréchal de Bassompierre à quelques autres qui étaient avec lui : « Un prince d'Allemagne ferait de mauvais présages de cette chute, et ses sujets tiendraient sa mort assurée; mais je ne m'amuse pas à ces superstitions. » Quelques jours auparavant, La Brosse, médecin du comte de Soissons, qui se mêlait de mathématiques et d'astrologie, donna avis qu'il se donnât de garde du 14 mai, et que s'il voulait il tâcherait de remarquer l'heure particulière qui lui était plus dangereuse, et lui désignerait la façon, le visage et la taille de celui qui attenterait sur sa personne. Le roi, croyant que ce qu'il lui disait n'était que pour lui demander de l'argent, méprisa cet avis et n'y ajouta pas de foi. Un mois auparavant sa mort, en plusieurs occasions il appela sept ou huit fois la reine madame la régente. Environ ce temps, la reine étant couchée auprès du roi, elle s'éveilla en crise et se trouva baignée de larmes. Le roi lui demanda ce qu'elle avait; après avoir refusé longtemps de le lui dire, elle lui confessa qu'elle avait songé qu'on le tuait; ce dont il se moqua, lui disant que songes étaient mensonges. Pendant la cérémonie du couronnement, la pierre qui couvre l'entrée du sépulcre des rois se cassa d'elle-même [1]. »

IX.

Portrait de Henri IV. — Particularités de ce règne. — Revue du douzième âge du peuple français.

Voyons donc quel fut celui qui dut conquérir son trône, auquel tant de gens s'opposèrent, et dont l'assassinat parut à quelques-uns encore une punition du ciel. Lorsque la nouvelle de la mort de Henri III, son prédécesseur, avait été connue à Toulouse, on y avait remercié publiquement Dieu de cette catastrophe, et l'on avait fait serment d'égorger le premier qui parlerait de Henri IV. Ce prince avait confondu « la Ligue, Mayenne et l'Ibère. » Quand il expira, la majorité de la nation eut des regrets sincères. Bien des préventions disparurent. On le jugea favorablement; Anne de Rohan publia son éloge en vers:

Regrettons, soupirons cette sage prudence,
Cette extrême bonté, cette rare vaillance,
Ce cœur qui se pouvait fléchir et non dompter,
Vertus de qui la perte est pour nous tant amère,
Et que je puis plutôt admirer que chanter,
Puisqu'à ce grand Achille il faudrait un Homère.

Jadis pour ses hauts faits nous élevions nos têtes :
L'ombre de ses lauriers nous gardait des tempêtes.
Qui combattait sous lui méconnaissait l'effroi.
Alors nous nous prisions, nous méprisions les autres,
Étant plus glorieux d'être sujets du roi
Que si les autres rois eussent été les nôtres.

Maintenant notre gloire est pour jamais ternie :
Maintenant notre joie est pour jamais finie.
Près du tombeau sacré de ce roi valeureux
Les lis sont abattus, et nos fronts avec eux.

. . . .

Mais parmi vos douleurs, parmi tant de misères,
Reine, au moins gardez-nous ces reliques si chères,
Gages de votre amour, espoir en nos malheurs.
Étouffez vos soupirs, séchez votre œil humide;
Et, pour calmer un jour l'orage de nos pleurs,
Soyez de cet État le secours et le guide.

O muses! dans l'ennui qui nous accable tous,
Ainsi que nos regrets, nos malheurs sont extrêmes :
Vous pleurez de pitié quand vous songez à nous,
Vous pleurez de douleur en pensant à vous-mêmes.

Hélas! puisqu'il est vrai qu'il a cessé de vivre,
Ce prince glorieux, l'amour de ses sujets,
Que rien n'arrête au moins le cours de nos regrets,
Où vivons pour le plaindre, ou mourons pour le suivre.

Ces vers, dont la flatterie n'avait point été bannie sans doute, peignaient assez bien l'enthousiasme des partisans du roi défunt; ils exprimaient l'espoir que l'on fondait sur l'habileté de Marie de Médicis, nommée tutrice de Louis XIII, et régente de France. Toutefois, les ennemis acharnés du *prince huguenot* levaient la tête assez pour que plusieurs historiens les aient accusés de complicité dans la mort de Henri IV. Nous voulons parler des jésuites, expulsés d'abord, puis rappelés. On verra leurs projets ambitieux dès les premières années de Louis XIII.

Deux hommes bien distincts existaient dans Henri IV, l'homme politique et l'homme privé, celui-ci adonné au plaisir, celui-là préoccupé du bonheur de la France. L'homme politique, Voltaire nous le dépeint avec exactitude : « Il mit tous ses soins à policer, à faire fleurir ce royaume qu'il avait conquis : les troupes inutiles sont licenciées; l'ordre dans les finances succède au plus odieux brigandage; il paye peu à peu toutes les dettes de la couronne sans fouler les peuples. Les paysans répètent encore aujourd'hui qu'il voulait qu'*ils eussent une poule au pot tous les dimanches*, expressions triviales, mais sentiment paternel. Ce fut une chose bien admirable que, malgré l'épuisement et le brigandage, il eût, en moins de quinze ans, diminué le fardeau des tailles de quatre millions de son temps, que tous les autres droits fussent réduits à la moitié; qu'il eût payé cent millions de dettes. Il acheta pour plus de cinquante millions de domaines; toutes les places furent réparées, les magasins, les arsenaux remplis, les grands chemins entretenus : c'est la gloire éternelle de Sully et celle du roi, qui osa choisir un homme de guerre pour rétablir les finances de l'État, et qui travailla avec son ministre.... La justice est réformée, et ce qui était beaucoup plus difficile, les deux religions vivent en paix, au moins en apparence. L'agriculture est encouragée; *le labourage et le pâturage*, disait Sully, *voilà les deux mamelles dont la France est alimentée, les vraies mines et trésors du Pérou*. Le commerce et les arts, moins protégés par Sully, furent cependant en honneur; les étoffes d'or et d'argent enrichissent Lyon et la France. Henri établit des manufactures de tapisseries de haute lice en laine et en soie rehaussée d'or : on commence à faire de petites glaces dans le goût de Venise. C'est à lui seul qu'on doit les vers à soie, les plantations de mûriers. Malgré les oppositions de Sully, Henri fait creuser le canal de Briare, par lequel on a joint la Seine et la Loire. Paris est agrandi et embelli : il forme la place Royale : il restaure tous les ponts. Le faubourg Saint-Germain ne tenait point à la ville, il n'était point pavé, le roi se chargea de tout. Il fit construire et beau pont où les peuples regardent aujourd'hui sa statue avec tendresse. Saint-Germain, Monceaux, Fontainebleau, et surtout le Louvre, sont augmentés et presque entièrement bâtis. Il donne des logements dans le Louvre, sous cette longue galerie qui est son ouvrage, à des artistes en tout genre, qu'il encourageait souvent de ses regards comme par des récompenses. Il est enfin le vrai fondateur de la Bibliothèque royale. Quand don Pèdre de Tolède fut envoyé par Philippe III en ambassade auprès de Henri, il ne reconnut plus cette ville qu'il avait vue autrefois si malheureuse et si languissante : *C'est qu'alors le père de la famille n'y était pas*, lui dit Henri, *et aujourd'hui qu'il a soin de ses enfants, ils prospèrent.* »

Ajoutons quelques détails. En 1594, les besoins du commerce ayant donné de grands développements aux entreprises des voitures publiques, Henri IV créa l'office de *commissaire général et surintendant des coches publics du royaume*. La même année, il confia l'administration financière à un *conseil de finance*, composé de huit membres. L'innovation ne fut pas heureuse; la charge de *surintendant* fut rétablie et donnée à Sully. En 1611, à la retraite de ce dernier, la *surintendance* fut supprimée, les finances furent confiées à une direction de trois administrateurs, bientôt réduits à deux. Henri IV écrivait à propos du *conseil* : « Je me suis donné huit mangeurs au lieu d'un seul, que j'avais auparavant; ces coquins, avec cette prodigieuse quantité d'intendants qui se sont fourrés avec eux, par compère et par commère, mangent le cochon ensemble, et ont consommé plus de cent mille écus, qui étaient somme suffisante pour chasser l'Espagne de la France. » Il rendit un édit portant règlement sur le fait des tailles!, par lequel il déclara que la profession des armes n'anoblirait plus celui qui l'exercerait. Il reconnut par déclaration officielle l'importance de l'ouvrage de Pithou *Sur les libertés de l'Église gallicane*. Un autre édit anoblit, *ipso facto*, les chefs des compagnies de dessèchement. Henri IV fonda le jardin botanique de Montpellier avec une école de jardinage. Il eut un établissement dans l'Acadie, au Canada; la ville de Québec s'éleva. Il réunit ses biens patrimoniaux à ceux de la couronne.

Quant à l'établissement des manufactures de soie, voici pourquoi et comment il s'en occupa. Sous les règnes précédents, l'achat des soies écrues et des soieries manufacturées faisait sortir annuellement du royaume environ quatre millions, somme alors considérable. Le roi ayant agréé l'épître du livre de De Serres, *Cueillette de la soie*, demanda à l'auteur un traité particulier sur cette matière, d'après lequel il ordonna aussitôt de planter des mûriers blancs dans tous les jardins de ses maisons royales. L'année suivante, il l'envoya lui-même dans nos provinces méridionales avec le sieur de Colonces, surintendant général des jardins de France, pour acheter des plants. Ils en achetèrent en effet quinze à vingt mille, qui furent acclimatés dans le jardin des Tuileries. Le monarque tira d'Espagne des œufs de vers à soie, et il consacra l'orangerie de ce même jardin tant à élever des vers qu'à préparer et à manufacturer la soie qu'ils produisaient. Il favorisa de tout son pouvoir les entreprises nouvelles qui pouvaient avoir lieu en ce genre par tout son royaume, et nomma des commissaires chargés spécialement d'y étendre la culture du mûrier, et d'encourager les manufactures de soie.

Les clercs et les nobles avaient seuls le droit, alors, de porter des vêtements de soie; les prélats, les gens de guerre et les hauts gentilshommes de porter sole sur soie : la couleur, comme l'étoffe, distinguait aussi les divers états. Les ménétriers ne pouvaient s'habiller que de bleu ou de vert; les bateliers étaient tenus de porter un bas de chausse d'une couleur et un bas de chausse d'une autre; les bourgeois s'habillaient tout en noir; les hauts dignitaires ecclésiastiques, les nobles, en écarlate; les classes du peuple, en blanc; cependant les grands seigneurs empruntaient souvent la couleur blanche au peuple, mais ils portaient du velours blanc avec des bottes de même couleur.

Parmi les femmes, il n'y avait aussi que celles qui appartenaient à

[1] Mémoires du cardinal de Richelieu.

la noblesse qui portassent de la soie; on les reconnaissait seulement à leurs cachelets, cache-nez, cache-cols, et surtout à la largeur de leurs vertugadins : les dames de la cour avaient seules le privilége de porter des *caleçons* ou *hauts-de-chausses* : les bourgeoises ne pouvaient coiffer leurs têtes roturières que de chaperons en drap, les femmes nobles faisaient border les leurs en soie; dans la Lorraine, on distinguait même les femmes de nobles des femmes d'anobles en ce que ces dernières ne pouvaient laisser paraître leurs cheveux. Enfin, on reconnaissait encore aux diamants la qualité des femmes : les princesses et les duchesses seules les portaient par double rangée à la tête; seules, elles pouvaient enrichir de plus de cinq diamants les couvertures de leurs livres de messe, tandis que les autres femmes de nobles ne pouvaient dépasser cette limite réglementaire.

Henri IV fonda en partie la ville de Quillebœuf, que l'on appela *Henriqueville*, nom qui ne lui est pas resté. On remarque qu'il a fait démanteler beaucoup de châteaux forts : celui de Montaigu, près de Châlon; celui de Lavardin, celui de Vendôme, etc. On remarque encore sous son règne la création de plusieurs régiments : du *Bourg*, de *Belzunce*, de *Talaru*, de l'*Hostel*, de *Vaubecourt*, d'*Aquitaine*, d'*Artois*, etc.

Comme homme privé, Henri IV nous offre un type très-particulier dont les principaux traits ont été indiqués avec esprit par le *conteur* Tallemant des Réaux, qui a écrit : « Si ce prince fût né roi de France, et roi paisible, probablement ce n'eût pas été un grand personnage; il se fût noyé dans les voluptés, puisque, malgré toutes ses traverses, il ne laissoit pas, pour suivre ses plaisirs, d'abandonner les plus importantes affaires. Après la bataille de Coutras, au lieu de poursuivre ses avantages, il s'en va badiner avec la comtesse de Guiche, et lui porte les drapeaux qu'il avoit gagnés. Durant le siége d'Amiens, il court après madame de Beaufort sans se tourmenter du cardinal d'Autriche, depuis l'archiduc d'Albert, qui s'approchoit pour tenter le secours de la place..... Il n'étoit ni trop libéral ni trop reconnoissant. Il ne louoit jamais les autres, et se vantoit comme un Gascon. En récompense, on n'a jamais vu un prince plus humain ni qui aimât plus son peuple; d'ailleurs il ne refusoit point de veiller pour le bien de son État. Il a fait voir en plusieurs rencontres qu'il avoit l'esprit vif et qu'il entendoit raillerie. J'en rapporterai quelques exemples.

» À la Rochelle, le bruit étoit parmi la populace qu'un certain chandelier avoit une *main de gorre*, c'est-à-dire une mandragore : or, communément on dit cela de ceux qui font bien leurs affaires. Le roi, qui n'étoit alors que roi de Navarre, envoya quelqu'un à minuit chez cet homme demander à acheter une chandelle. Le chandelier se lève et la donne. « Voilà, dit le lendemain le roi, la *main de* » *gorre*. Cet homme ne perd pas l'occasion de gagner, et c'est le » moyen de s'enrichir. »

» Il étoit amateur de bons mots : un jour passant par un village où il fut obligé de s'arrêter, pour y dîner, il donna ordre qu'on lui fit venir celui du lieu qui passoit pour avoir le plus d'esprit, afin de l'entretenir pendant le repas. On dit que c'étoit un nommé Gaillard. « Eh bien, dit-il, qu'on l'aille quérir. » Le paysan étant venu, le roi lui commanda de s'asseoir vis-à-vis de lui, de l'autre côté de la table où il mangeoit : « Comment t'appelles-tu? dit le roi. — Sire, répon- » dit le manant, je m'appelle Gaillard. — Quelle différence y a-t-il » entre gaillard et paillard? — Sire, répond le paysan, il n'y a que » la table entre deux. — Ventre-saint-gris! dit-il alors, le roi en » riant. Je ne croyois trouver un si grand esprit dans un si petit » village. »

» Il étoit larron naturellement, il ne pouvoit s'empêcher de prendre ce qu'il trouvoit; mais il le renvoyoit. Il disoit que s'il n'eût été roi il eût été pendu. »

À ces traits qui caractérisent le prince qui « fut dernier bon roi en France, » ajoutons quelques anecdotes. Lorsqu'il mit une chambre de justice contre les financiers : « Ah! s'écria-t-il, ceux qu'on taxera ne m'aideront plus! » Il connaissait les défauts de son temps, il disait : « Pour s'accommoder au siècle, il faut avoir plutôt la réputation de brutal que celle d'homme qui a connaissance des bonnes lettres. » On rapporte le fait suivant : Antoine Arnauld, procureur général et conseiller de Catherine de Médicis, fut si célèbre que Henri IV et Sully voulurent l'entendre. C'est dans cette circonstance qu'après avoir entendu M. Anne Robert, adversaire de M. Arnauld, Henri IV dit : « Ventre-saint-Gris, il a raison; » et après avoir entendu M. Arnauld : « Ventre-saint-Gris, il a raison aussi. Je ne croyais pas le métier de juge si malaisé. » Mû d'une affection charitable et paternelle envers son peuple, et voulant procurer les moyens d'obtenir justice aux veuves, orphelins, pauvres gentilshommes, marchands, laboureurs, et généralement à tous ceux qui seraient dépourvus de conseil et d'argent, on dit l'un et l'autre, il ordonna par un arrêt de son conseil d'État du 6 mars 1610 que dans toutes les cours, tant souveraines que subalternes, il serait commis des avocats et procureurs pour les pauvres, en tel nombre qu'il serait avisé en son conseil, selon la grandeur ou nécessité de chaque cour ou siége, lesquels seraient tenus d'assister de leur conseil, industrie, labeur et vacation. Sa mort en empêcha l'exécution.

Le règne de Henri IV est l'un des plus intéressants de l'histoire. Il termine le douzième âge du peuple français. Avant de nous occuper de Louis XIII, arrêtons-nous un moment sur le mouvement intellectuel de la *Renaissance*, déjà un peu commencé sous Louis XI, pour aboutir au dix-septième siècle. Pendant le douzième âge, le peuple français vit naître en son sein une foule de personnages célèbres, dont la liste seule parle éloquemment :

Monstrelet, chroniqueur, né en Flandre vers	1408
Le cardinal de la Balue, conseiller de Louis XI, né en Poitou.	1491
Villon, poëte, né à Paris, mort vers la fin du xve siècle.	
Olivier de la Marche, chroniqueur, né en Bourgogne.	1501
Gaguin, historien, né en Artois.	1502
Octavien de Saint-Gelais, de Cognac, évêque et poëte, traducteur de Térence.	1502
Nicolle Gilles, historien, secrétaire de Louis XII.	1503
Jean Molinet, historien et poëte.	1507
Philippe de Commines, historien, né près de Lille.	1509
Claude de Seyssel, historien, né à Aix en Savoie.	1520
Jean Marot, père de Clément Marot, et poëte.	1524
Fleurantes de la Marck, dit l'Adventureux, historien.	1537
Budé, érudit.	1540
Guillaume du Bellay, historien et général.	1543
Etienne Dolet, savant.	1544
Bonaventure Despériers, de Bourgogne.	1544
Clément Marot, poëte, de Cahors.	1544
Jean Lemaire, historien et publiciste de Louis XII.	1547
P. Gringoire, de Lorraine.	1547
Marguerite, reine de Navarre.	1549
Alciat, jurisconsulte, né à Milan; professa en France.	1550
Rabelais, né à Chinon.	1553
Mellin de Saint-Gelais, poëte d'Angoulême.	1558
Jules Scaliger, né à Padoue, mais naturalisé Français.	1558
Tiraqueau, jurisconsulte.	1558
Jean Fernel, médecin de Clermont en Beauvoisis.	1558
Robert Estienne, érudit et imprimeur.	1559
Martin du Bellay, historien.	1559
Joachim du Bellay, poëte, né près d'Angers.	1560
Jean du Bellay, cardinal.	1560
Jean Calvin de Noyon.	1564
Turnèbe, des Andelys, érudit.	1565
Charles Dumoulin, de Paris, jurisconsulte.	1565
Nostradamus, de Provence, astrologue.	1566
Denis Lambin, de Montreuil-sur-Mer, érudit.	1572
Pierre Ramus, du Vermandois, philosophe.	1572
Jean Goujon, de Paris, sculpteur.	1572
Jodelle, de Paris, auteur dramatique.	1573
Michel de l'Hospital, chancelier.	1573
Danès, de Paris, érudit.	1577
Remi Belleau, de Nogent-le-Rotrou, poëte.	1577
Philibert Delorme, de Lyon, architecte.	1577
Montluc, évêque de Valence.	1579
Christophe de Thou, premier président du parlement.	1582
Gui du Four de Pibrai, avocat général au parlement.	1584
Ambroise Paré, chirurgien, né à Laval.	1584
Muret, de Muret en Limousin, érudit.	1585
Ronsard, poëte, né près de Vendôme.	1585
Jean Cousin, né près du Mans, peintre.	1590
Germain Pilon, né près du Mans, sculpteur.	1590

Au progrès des lettres s'allie naturellement la liberté d'examen, l'esprit de réformation. Parmi les hommes célèbres que nous venons de citer, beaucoup contribuèrent à attiser la grande querelle entre le catholicisme et le protestantisme, entre la monarchie et la démocratie (si l'on peut donner ce dernier nom à l'esprit d'opposition politique qui germa pendant les règnes de Henri III et de Henri IV). Des publications importantes imprimèrent une vive impulsion aux idées; les persécutions assurèrent le triomphe des novateurs. Calvin a composé l'*Institution chrétienne*. Louis Berquin « le plus savant de la noblesse » a été brûlé. Robert Estienne a publié une nouvelle édition de la *Bible*, édition condamnée en 1547 par la Sorbonne. La Boëtie a écrit son *Discours de la servitude volontaire*, ou le *Contre-un*, « à l'honneur de la liberté contre les tyrans, » dit Montaigne. Au nom de la France, Jacques Amyot a protesté contre le concile de Trente; mais l'Église gallicane obtient un édit contre les protestants. Les hérétiques sont jugés sans appel. On défend, sous peine de confiscation, d'importer des livres publiés à l'étranger « sans être soumis aux censeurs. » Tous les livres imprimés passent sous la censure de la Sorbonne. Nul ne peut être admis dans les écoles ou dans les tribunaux, s'il ne présente un certificat d'*orthodoxie*. Le parlement décrète contre les *écoles buissonnières* (écoles luthériennes tenues dans les campagnes, à travers marais et buissons). L'inquisition s'introduit en France. Bodin met au jour sa *République*, Montaigne ses *Essais*, etc.

Certes, à lire ce simple exposé, on comprend la confusion qui règne en France, on soupçonne aisément les motifs de guerres civile et religieuse qui l'ensanglantent. La monarchie et le catholicisme ont des ennemis ardents, à l'instant où ces deux alliés montrent le plus grande puissance. Plus d'un principe a été émis contre le roi, plus d'un principe a été émis contre le pape. Jusqu'à la fin du règne de Henri IV, la lutte se maintient franche, à découvert; après ce prince, jusqu'à 1789, elle est sourde, plus comprimée, plus noyée dans les magnificences de la monarchie absolue.

À la fin du seizième siècle apparaissent les jésuites. A cette époque, dit un historien célèbre, les esprits étaient parvenus en Espagne au dernier degré d'exaltation religieuse. Le progrès rapide des hérétiques dans toute l'Europe, la victoire du traité d'Augsbourg, qu'ils avaient remportée sur Charles-Quint, leurs violences contre les images, leurs outrages aux saintes hosties, que les prédicateurs retraçaient aux Espagnols épouvantés, avaient produit un redoublement de ferveur. Ignace de Loyola avait fondé l'ordre des jésuites, tout dévoué au saint-siége (1534-40). Sainte Thérèse de Jésus réformait les

Catherine de Médicis et Charles IX.

carmélites, et embrasait toutes les âmes des feux d'un amour mystique. Les carmes, les ordres mendiants, suivirent bientôt la même réforme. La constitution de l'inquisition fut fixée en 1561. Si l'on excepte les Mauresques, l'Espagne se trouva unie comme un seul homme dans un violent accès d'horreur contre les mécréants et les hérétiques. Etroitement liée avec le Portugal, que les jésuites gouvernaient, disposant des vieilles bandes de Charles-Quint et des trésors des deux mondes, elle entreprit de soumettre l'Europe à son empire et à sa foi.

Les protestants dispersés se rallièrent au nom de la reine Elisabeth, qui leur offrit asile et protection. Partout elle encouragea leur résistance contre Philippe II et les catholiques. Absolus dans leurs Etats, ces deux monarques agirent au dehors avec la violence de deux chefs de parti. La dévotion fastueuse de Philippe, l'esprit chevaleresque de la cour d'Elisabeth se concilièrent avec un système d'intrigue et de corruption; mais la victoire devait rester à Elisabeth : le temps était de son parti. Elle ennoblissait le despotisme par l'enthousiasme qu'elle inspirait à la nation. Ceux même qu'elle persécutait étaient pour elle, en dépit de tout. Un puritain, condamné à perdre la main, l'eut à peine coupée qu'il prit son chapeau de l'autre, et, le faisant tourner en l'air, il s'écria : *Vive la reine!*

L'appui d'Elisabeth vint en aide au protestantisme; disons plus, cette princesse leur donna une valeur politique telle qu'ils purent entrer en campagne contre leurs ennemis. La reine d'Angleterre préparait ainsi une rude tâche à Richelieu.

Guerres civiles, guerre religieuse, apparition des jésuites, importance des protestants, tentatives de liberté de la presse, vaste impulsion intellectuelle, dégénérescence de la royauté, germes de démocratie, habitudes d'intriguer chez les grands, amour de gloire militaire dans toutes les classes de la société, voilà le seizième siècle, voilà le douzième âge du peuple français.

TREIZIÈME AGE.

I.

Règne de Louis XIII jusqu'à la mort de Richelieu.

Henri IV mort, le parti catholique profita des circonstances. Louis XIII, né à Fontainebleau le 27 septembre 1601, était monté sur le trône le 14 mai 1610, avait été sacré à Reims le 27 octobre suivant. Il comptait neuf ans à peine. C'était un enfant. Les querelles de religion reprirent une nouvelle force. Des désordres s'élevèrent. On lit en effet dans les *Mémoires du cardinal de Richelieu*, à l'année 1611 :

« Tandis que les huguenots se mutinaient en leur assemblée contre l'Etat, nos théologiens n'étaient pas en paix à Paris entre eux.

» Il arriva, le dimanche de la Trinité, une grande dissension en la Faculté de théologie, sur ce qu'un dominicain espagnol soutint, en des thèses qu'il mit en avant au chapitre général que son ordre tenait lors à Paris, que le concile n'est en aucun cas au-dessus du pape... Deux jours après, un autre dominicain proposa d'autres thèses, dans lesquelles il disait qu'il appartient au pape seul de définir les vérités de la foi, et qu'en telles définitions il pouvait errer....... Au même temps il s'éleva un tumulte à Troyes, qui ne fut pas petit, contre les jésuites, qui, prenant l'occasion d'un maire qui leur était affectionné, crurent devoir, au temps de sa mairie, faire ce qu'ils pourraient pour s'y établir. Ils sondèrent le gué, et en firent faire la proposition au commencement de juillet.

Henri III assassiné par Jacques Clément.

» Il y en avait dans la ville qui les désiraient, le plus grand nombre n'en voulait point; il y eut entre eux de grandes contestations en une assemblée qu'ils firent sur ce sujet, à l'issue de laquelle ceux qui tenaient leur parti dépêchèrent à la cour pour faire entendre à la reine que les habitants les demandaient; les autres envoyèrent un désaveu, remontrant que, dès l'an 1604, ces bons pères avaient demandé permission au feu roi de s'installer en leur ville, sous prétexte qu'elle les demandait, ce qui ne se trouva pas; qu'ensuite la compagnie avait obtenu du corps de ville qu'ils lui feraient plaisir de les recevoir.

» Cette grâce leur ayant été refusée, ils obtinrent des lettres patentes, avec clause au premier maître des requêtes, bailli de Troyes, ou son lieutenant, de les mettre à exécution. Par ce moyen, voulant emporter d'autorité ce qu'on avait premièrement présupposé être désiré des habitants, ils furent de nouveau déboutés de leurs prétentions; ce dont les habitants se prévalaient, disant que les mêmes raisons qui empêchèrent leur établissement du temps du feu roi étaient encore en leur vigueur; que leur ville ne subsiste que par leurs manufactures et la marchandise; que deux ou trois métiers lui valent mieux que dix mille écoliers; qu'ils n'ont point, grâce à Dieu, de huguenots en la conversion desquels les jésuites aient lieu de s'employer, et qu'ayant jusqu'alors vécu en paix, ils craignaient qu'on jetât entre eux des semences de division, à quoi la nature du pays, et particulièrement ceux de la ville, sont assez sujets.

» Ces raisons ayant été posées au conseil, la reine n'estima pas devoir contraindre cette ville à souffrir cet établissement contre leur gré; elle leur manda qu'elle n'avait eu volonté de le y mettre que sur la prière qui lui en avait été faite en leur nom, et n'y voulait penser qu'en tant qu'ils le désiraient.

» Si elle s'occupe à remédier aux désordres de cette ville particulière, elle n'étend pas moins sa pensée au soulagement de tout le peuple en général; elle le décharge par une déclaration du mois de juillet du reste des arrérages des tailles, qui n'avaient pu être payées depuis l'an 1597 jusqu'en 1603.

» D'autre part, le jeu excessif où elle apprend que les sujets du roi se laissent aller à la ruine des meilleures familles du royaume lui donne lieu de défendre par arrêt les académies publiques.

» Et sachant que l'édit des duels qui avait été publié du temps du feu roi était éludé sous le nom de rencontres, ceux qui avaient querelle se donnaient des rendez-vous si couverts qu'il était impossible de justifier qu'ils contrevinssent à la défense des appels, il fit faire une déclaration qui portait que, s'il avenait que ceux qui auraient le moindre différend ensemble, pour eux ou pour leurs amis, par armes vinssent aux mains en quelque rencontre, ils encourraient les peines ordonnées par l'édit des duels contre les appelants, lesdites rencontres étant réputées comme faites de guet-apens. Cette déclaration fut vérifiée au parlement le 11 de juillet. »

Les projets de Henri IV contre l'Autriche furent abandonnés après une simple démonstration hostile.

Entrée de Henri IV à Paris.

Le duc de Sully se retira de la cour. La reine régente changea le système politique, rechercha l'alliance de l'Espagne, au grand regret des protestants, à la joie des catholiques, qui voyaient Marie de Médicis prendre en main la défense du catholicisme. Mayenne était mort (3 octobre 1611). Tout reposait sur l'habileté de la régente.

Marie de Médicis avait auprès d'elle une femme de chambre florentine, fille de sa nourrice, nommée Leonora Galigaï, créature extrêmement laide, mais fort spirituelle, et qui avait su adroitement s'insinuer dans son cœur et s'en emparer, de sorte qu'elle la gouvernait tout à fait. On dit que cette femme, craignant que la reine sa maîtresse ne l'aimât moins si elle aimait parfaitement le roi son mari, l'éloignait de lui tant qu'elle pouvait afin de le posséder plus à son aise. Depuis, afin d'avoir un second dans ses desseins, elle se maria et épousa un Florentin, domestique de la reine, qui s'appelait Concini, et qui n'était pas de la meilleure extraction qu'elle, étant petit-fils d'un Baptiste Concini, qui avait été secrétaire de Côme, duc de Florence.

Après le départ de Sully, le pouvoir appartint de fait à Concini et à sa femme. Aux grands Henri IV n'avait pu ôter leurs places fortes: un Condé, un d'Épernon, un Bouillon, un Longueville, se trouvaient tout armés à sa mort; ils exigèrent de l'argent, et il fallut, pour éviter la guerre civile, leur livrer le trésor d'Henri IV (douze millions, et non trente selon Richelieu). Puis ils demandent les états généraux (26 octobre 1614). Ces états, qui du reste ne firent rien,

répondirent peu à l'attente des grands; ils se montrèrent dévoués à la couronne; le tiers réclama une déclaration de l'indépendance de la couronne à l'égard du pape [1]. Les grands n'ayant pu rien tirer des états, eurent recours à la force, et s'allièrent aux protestants (1615); bizarre alliance du vieux parti féodal avec la réforme religieuse du seizième siècle. Concini, lassé des moyens termes, fit arrêter le prince de Condé, chef de la coalition. Cette démarche hardie annonçait une nouvelle politique; il venait de s'attacher le jeune Richelieu (1616) [2].

Concini fut un politique sérieux plus qu'on ne pense, le précurseur de Richelieu. Marquis d'Ancre, gouverneur de villes importantes, telles qu'Amiens, Péronne et Dieppe, premier gentilhomme de la chambre, maréchal de France, premier ministre, maître des actions de la reine-mère, il excita l'envie des courtisans, des politiques non sérieux. Le jeune Louis XIII, aux Tuileries, ne s'occupait guère qu'à construire des volières, à faire des travaux de jardinage. Henri IV avait placé auprès de lui Charles d'Albert (de Luynes). Celui-ci s'était rendu fort agréable au roi en lui dressant des faucons. Il décida Louis XIII à s'affranchir d'un ministre qui répandait l'ennui autour de lui, de sa mère qui le tenait toujours en étroite tutelle. Il obtint un ordre d'arrestation contre le favori de Marie de Médicis. Vitri, capitaine des gardes, assassina le marquis d'Ancre sur le pont du Louvre, le 24 avril 1617. On relégua la reine-mère à Blois; Richelieu fut forcé de se retirer à Avignon, et Leonora Galigaï, veuve de Concini, périt décapitée en place de Grève, après avoir été condamnée par le parlement comme sorcière. Concini et sa femme s'étaient rendus coupables du crime de vénalité, crime très-commun alors, et dont Luynes ne se garda pas lui-même.

Selon le maréchal de Bouillon, « la taverne avait seulement changé de bouchon. » Luynes continua Concini, dont il s'adjugea les dépouilles, et il enrichit ses parents. De nouveaux orages allaient fondre sur le royaume. Marie de Médicis, échappée de Blois, commença à fomenter des mécontentements; la guerre civile menaça d'éclater. Ce qui l'empêcha, ce fut la rentrée en grâce de Richelieu, grand conciliateur déjà, de Richelieu qui fit donner à la reine-épouse le gouvernement de l'Anjou, et désarma les mécontents par le traité d'Angoulême (30 avril 1619). Louis XIII et sa mère s'étaient réconciliés. Alors la faveur de Luynes s'accrut au dernier point. Il fit sortir de prison le prince de Condé, qu'une déclaration justifia (9 novembre), obtint le titre de duc et pair, reçut le bâton de maréchal, et se servit de Richelieu même pour apaiser l'irritation de Marie de Médicis.

Ces intrigues de cour permirent aux protestants de se compter. Une assemblée de huguenots eut lieu à Loudun; plusieurs seigneurs se révoltèrent, et réclamèrent à main armée l'exécution de l'édit de Nantes, édit dangereux pour la royauté, il faut en convenir, édit qui constituait une sorte de *république* dans le royaume, et contre lequel les soutiens de la monarchie absolue ne pouvaient manquer de s'élever. Luynes les exaspéra en ordonnant la réunion du Béarn à la couronne et la restitution aux catholiques des biens ecclésiastiques de ce pays. Louis XIII assura lui-même l'exécution de l'édit. Cette politique violente détermina les protestants à tenir une assemblée à la Rochelle (1621). Ils y publièrent une déclaration d'indépendance, partagèrent en cercles les églises réformées de France, réglèrent les levées d'hommes et d'argent, et organisèrent la *république protestante.* Ils voulurent prendre pour chef le gouverneur du Dauphiné, Lesdi-

[1] Ce furent les derniers états généraux tenus en France avant ceux de 1789.
[2] *Michelet*, Précis d'histoire de France.

guières, et lui firent des offres magnifiques, cent mille écus par mois. Le vieux Lesdiguières n'accepta pas. A quatre-vingts ans il préférait rester dans sa petite royauté du Dauphiné. Sur son refus, les révoltés déférèrent le commandement au duc de Bouillon, ou plutôt au duc de Rohan, véritable chef du parti, depuis que le prince de Condé restait invariablement attaché au roi.

Nommé connétable de France (2 avril 1621), le duc de Luynes conduisit Louis XIII guerroyer dans le midi contre les huguenots. Les forces royales, victorieuses par tout le royaume, vinrent échouer au siège de Montauban (17 août), ville défendue par le marquis de la Force. A ce siège assistèrent six maréchaux de France et tout ce qu'il y avait de grands seigneurs et d'habiles capitaines. Le nombre des chefs engendra l'insubordination parmi les troupes. Louis XIII fut obligé de se retirer, et les huguenots s'emparèrent de Montpellier. Luynes mourut dans cette première campagne contre les protestants (15 décembre), de « déplaisir ou de poison, » selon Hénault. La guerre continua avec des avantages réciproques entre le roi et les *huguenots.* Louis XIII montra quelque courage; ses adversaires, lassés, ralentirent leur marche. Le marquis de la Force se soumit et devint maréchal de France. Les Rochellois furent battus par mer par le duc de Guise, et le duc de Rohan fit la paix. Les hostilités finirent bientôt par la confirmation de l'édit de Nantes. On leva le blocus de la Rochelle. Le duc de Lesdiguières reçut l'épée de connétable, après avoir abjuré le calvinisme (année 1622).

Cependant, à Luynes succéda Richelieu, créature de la reine-mère, Richelieu qui récemment créé cardinal, entra au conseil du roi en avril 1624. Sa prépondérance se fit bientôt sentir: il chassa les Espagnols de la Valteline, et traita avec les Hollandais. Il avait triomphé de l'antipathie du roi. Des intrigues, misérables par le but, misérables dans les moyens, s'élevèrent contre lui pour entraver ses plans. Les favoris de Gaston d'Orléans, frère du roi, voulaient marier ce jeune homme avec une princesse étrangère, pour lui donner un appui hors du royaume. Richelieu essaya d'abord de gagner d'Ornano, gouverneur de Gaston, en le faisant nommer maréchal de France. D'Ornano complota encore et disparut. Richelieu manda auprès de lui le jeune Chalais, qui, dit-on, s'était chargé de l'assassiner, pria, menaça en vain, et le livra à une commission du parlement de Rennes. Pendant ce temps, Gaston, craignant le cardinal, épousa mademoiselle de Montpensier. La tête de Chalais tomba sur un échafaud. Cette exécution affermit le pouvoir de Richelieu, qui se fit donner des gardes, supprima la dignité de connétable, devint surintendant de la navigation, et convoqua aux Tuileries une assemblée de notables. Les députés dévoués au cardinal y confirmèrent entièrement sa politique, demandèrent la réduction des pensions et la démolition des forteresses, et maintinrent la sévérité des peines établies contre les criminels d'Etat, contre les duellistes. La Rochelle, boulevard du protestantisme, fut attaqué. Le beau Buckingham, qui maîtrisait le roi d'Angleterre, avait eu la fatuité de se déclarer publiquement amoureux de la reine de France. On dut lui fermer, on lui ferma l'entrée du royaume. Buckingham se vengea en décidant le monarque anglais à faire la guerre à la France. Des secours furent promis par nos voisins d'outre-Manche à la Rochelle, et Buckingham se présenta à la tête de vingt mille hommes. On le battit complétement dans l'île de Ré. L'armée royale, qui avait investi la Rochelle, obéissait à Richelieu, commandant en personne; Richelieu suit de la mer et des vagues. Il éleva une prodigieuse digue de quinze cents toises, et imposa par sa fermeté aux murmures des chefs et à l'indiscipline des soldats. La ville, n'espérant plus de secours, se défendit avec courage et ne céda qu'à la famine, après quatorze mois de résistance. Louis XIII y entra le 1er novembre 1628, et laissa aux habitants leurs biens et le libre exercice de leur religion, mais leurs fortifications furent rasées et leurs priviléges abolis. Plus de ressources pour le calvinisme. La révolution d'Angleterre commença et fut fomentée par Richelieu. Le duc de Rohan, dans le Midi, finit par accepter une amnistie pour les rebelles et cent mille écus pour lui-même (traité d'Alais, 1629.).

Richelieu marchait droit son chemin, implacable, inébranlable. Après avoir frappé à mort le protestantisme français, il battit le parti catholique en Europe. Il força les Espagnols dans leur Italie où ils régnaient depuis Charles Quint. Il obtenait, par une vive et courte guerre, le nœud de la succession de Mantoue et de Montferrat, petites possessions, mais grandes positions militaires. Le dernier duc les avait léguées à un prince français, au duc de Nevers. Les Savoyards, fortifiés au pas de Suze, se croyaient inexpugnables; Richelieu lui-même le prenait ainsi. Le roi emporta de sa personne cette terrible barrière; le duc de Nevers fut affermi, la France eut un avant-poste en Italie, le duc de Savoie sut que les Français passaient chez lui quand ils voulaient (1630)[1].

Tant de succès, de la part du cardinal ministre, appelaient de grandes jalousies de la part de ses ennemis. Le roi, déjà souffrant, lorsqu'il revenait de Savoie, passa quelques semaines de malaise à Lyon. Le 22 septembre 1630, fièvre et dyssenterie. En huit jours on le saigna sept fois; selon quelques écrivains, Bouvart, premier médecin de Louis XIII, le fit saigner quarante-sept fois en l'espace d'un

[1] *Michelet*, Précis de l'histoire de France.

an, lui ordonna deux cent douze médecines et deux cent quinze remèdes. On crut que Louis allait passer: il reçut le viatique. Alors les adversaires du cardinal tinrent conseil, auprès du lit où gisait le roi, sur ce qu'ils feraient de Richelieu. La reine-mère prit des mesures pour l'arrestation du ministre aussitôt après la mort de son maître, et Louis XIII, de son côté, chargea Montmorency de recommander à Monsieur l'habile cardinal. Chacun fut trompé. La fièvre s'apaisa; le roi ne tarda pas à entrer en convalescence.

Que firent la reine et la reine-mère? Marie de Médicis dénonça au roi valétudinaire l'audacieux amour du ministre pour l'épouse de son maître. Louis promit de congédier prochainement Richelieu. Mais le moment venu, celui-ci revit Louis, lui parla un quart d'heure, et se retrouva roi. Cette journée fut appelée la *journée des dupes* (12 novembre 1630). Le cardinal fit ses paquets le matin, et ses ennemis en firent autant le soir, comme on l'a dit spirituellement. Cette comédie politique eut un dénoûment triste. Les principaux personnages opposés au ministre payèrent pour l'héroïne, pour Marie de Médicis. Les sceaux furent redemandés à Michel de Marillac, que l'on envoya en exil à Châteaudun; on expédia à Schomberg l'ordre d'arrêter le maréchal Louis de Marillac au milieu de l'armée d'Italie. Les fidèles à Richelieu, au contraire, reçurent de belles récompenses. Montmorency et Toiras devinrent maréchaux de France.

La reine-mère, de plus en plus emportée contre Richelieu, consulta les astrologues et les devins pour savoir si le cardinal n'avait pas un *charme* contre les arquebusades, et si le roi ne mourrait pas bientôt. Toutefois elle se décida à recevoir Richelieu chez elle le 23 décembre. L'entrevue, on le pense bien, fut froide, quoique convenable. Le 27, Marie reparut au conseil du roi, où l'on prit des mesures de précaution: défense à l'ambassadeur d'Espagne d'entrer chez Anne d'Autriche sans autorisation, exil de la comtesse du Fargis, intrigante, rappel de madame de Chevreuse, délivrance du duc de Vendôme, qui avait depuis lontemps avoué ses menées, qui s'était remis à la miséricorde du roi. Le duc sortit de Vincennes après quatre ans et demi de captivité.

Le calme dura peu. Pour faire sa paix avec Gaston d'Orléans, Richelieu avait promis plus qu'il ne voulait ou ne pouvait tenir. Le 30 janvier 1631, Gaston déclara au ministre d'un ton menaçant qu'il « n'était plus de ses amis, qu'il s'en allait dans son apanage, et que si on le pressait, il se défendrait fort bien. » Monsieur, en effet, partit pour Orléans. Marie de Médicis, de son côté, recommença à crier contre Richelieu. Celui-ci, convaincu que toute réconciliation était impossible, ne ménagea plus rien: il sépara la reine-mère d'avec son fils. Louis XIII pria Marie de Médicis de se retirer pour quelque temps à Moulins, d'accepter le gouvernement du Bourbonnais, où elle ne manquerait ni d'honneurs ni de liberté. Le maréchal d'Estrées escorta la reine-mère jusqu'à Moulins avec un détachement de la maison du roi.

Là ne sebrna pas le coup d'éclat. La princesse douairière de Conti, sœur du duc de Guise, la duchesse d'Elbœuf, sœur naturelle du roi, membres de la cabale de la reine mère, ennemies acharnées du cardinal, durent se rendre dans leur terre. Le maréchal de Bassompierre, marié secrètement à la princesse de Conti, alla à la Bastille, où il resta douze ans. Puis une déclaration royale apprit à la France que Louis XIII, forcé d'opter entre son ministre et sa mère, se séparait de celle-ci « pour quelque temps, » jusqu'à ce que Dieu eût adouci son esprit séduit par de malveillants. L'exil *temporaire* de Marie de Médicis dura plus qu'on ne l'avait annoncé: elle ne revit jamais son fils.

Malgré ces exemples de vigueur, Gaston se cantonnait dans Orléans, amassait des munitions, excitait les soldats, affectait de crier « contre les oppresseurs du peuple. » Le roi lui offrit d'oublier le passé, lui permit de revenir à la cour. Gaston refusa. Aussitôt Louis XIII et le cardinal marchèrent sur Orléans avec des troupes formidables (11 mars 1631). Le frère du roi n'osa pas résister, et s'enfuit en Bourgogne avec quelques cavaliers, qui criaient sur leur passage: « Vivent Monsieur et la liberté du peuple. » Ces cris ne produisirent aucun effet. Qu'avait de commun Gaston d'Orléans avec la liberté? Le peuple ne bougea pas. Le roi entra à Dijon. Monsieur se retira en Franche-Comté, puis en Lorraine. Alors le parlement de Dijon enregistra une déclaration de lèse-majesté (31 mars) contre tous les compagnons, contre les instigateurs de l'invasion de Gaston, dont on saisit les revenus. Cette déclaration, les divers parlements provinciaux la reçurent sans résistance. Celui de Paris, au contraire, y trouva à redire, et en suspendit l'enregistrement (25 avril). Richelieu ne tint compte de cette résistance. Le 12 mai, Louis XIII, « séant en son conseil, » cassa la délibération du 25 avril, puis il déchira de sa main, en présence des magistrats, la feuille du registre du parlement qui contenait la déclaration, et fit insérer à la place l'arrêt du conseil. Le même jour, il supprima une adresse de Gaston, qui accusait Richelieu « de vouloir entreprendre sur sa personne, sur celle de sa mère, sur celle du roi ensuite, et finalement envahir la France; » il proclama à la face du royaume les services éclatants du ministre calomnié (26 mai).

Dans les premiers jours de juin 1631, Monsieur expédia clandestinement à Paris un manifeste furibond contre Richelieu. Le cardinal, pour toute réponse, fit crier cette pièce par les colporteurs sur le Pont-Neuf, en y joignant une réfutation qui permit au public de juger entre l'attaque et la défense. Plus le nombre des ennemis de Richelieu alla croissant, plus le roi accumula de faveurs sur sa tête. Il érigea la terre de Richelieu en duché-pairie pour le cardinal et ses héritiers mâles et femelles. On l'appela désormais le *cardinal-duc*. Le gouvernement de Bretagne fut remis en ses mains. Il possédait déjà Brouage, le Havre, Honfleur, Brest, Pontoise; l'année d'après, il eut Nantes. Ainsi pourvu, Richelieu pouvait récompenser le zèle de ses adhérents, donner le gouvernement de Bourgogne au prince de Condé, celui de la Champagne au comte de Soissons, celui de la Picardie au duc de Chevreuse, celui de l'Anjou au cardinal de la Valette.

Une guerre de manifestes et de pamphlets, poussée à l'extrême de part et d'autre, n'entravait pas la politique du cardinal. Elle réussissait à l'intérieur et à l'extérieur. Pensant toujours à accabler la maison d'Autriche, Richelieu s'empara de la Lorraine pour fermer la France de ce côté aux Impériaux, déclara la guerre à l'Espagne, resserra son alliance avec la Suède, et envoya des subsides et une armée au chancelier Oxenstiern et à Bernard de Weimar, qui remplaçaient Gustave-Adolphe. Cependant les Impériaux entrèrent en France par la Bourgogne, les Espagnols par la Picardie, où ils prirent Corbie, à trente lieues de la capitale (1636). Terrible fut l'agitation à Paris, lorsqu'on y apprit ces nouvelles désastreuses. Il y avait dans la population une terreur mêlée de colère. La ville était mal close alors.

« C'est pour satisfaire son faste, s'écriait-on en parlant de Richelieu, c'est pour bâtir son palais-cardinal et sa rue de Richelieu qu'il a mis Paris hors de défense! Pourquoi prévoyait-il la guerre sans avoir les moyens de la soutenir? Nous portons la peine de son ingratitude envers sa bienfaitrice! et de son alliance avec les hérétiques! » Des rassemblements menaçants se formèrent dans les carrefours.

En ce moment critique, on assura que Richelieu douta et s'effraya. Mais il reprit bientôt courage. Dès le 4 août 1636, le cardinal monta en carrosse et se fit conduire à l'hôtel de ville, au pas, sans suite et sans gardes, à travers la foule du peuple ameuté. Il portait au bureau de la ville l'ordre d'assembler les corps de métiers pour leur demander assistance au nom du roi. Un immense enthousiasme succéda à la panique. Le lendemain, les députations de tous les corps et les syndics, gardes des métiers et maîtres jurés en masse, accoururent au Louvre pour offrir au roi, qui s'y trouvait, et leurs biens et leurs vies. Les savetiers donnèrent cinq mille livres, presque autant que donnèrent les notaires. Le corps de ville accorda la solde de deux mille fantassins; le parlement autant pour deux mois. En moins de dix jours, Paris fournit de quoi entretenir, pendant tout un trimestre, douze mille fantassins et trois mille chevaux. Les hommes affluaient comme les dons pécuniaires; les volontaires couraient en foule vers le vieux maréchal de la Force, qui, installé sur la place de l'Hôtel-de-Ville, recevait leurs noms. L'enthousiasme redoubla. A Paris et dans tout le royaume, on ferma les ateliers; on interdit aux maîtres artisans, sauf dans les professions qui tiennent à l'alimentation publique ou aux fournitures militaires, de garder chacun plus d'un apprenti, pour que tous les ouvriers pussent s'enrôler. Chaque maison parisienne fournit un soldat, chaque roi devait entretenir, chaque propriétaire de carrosse, chaque maître de poste fut invité à donner un cheval. Le monopole de la poudre disparut. Les populations des campagnes, pour ce requises, vinrent travailler aux fortifications de Paris et de Saint-Denis. Ordre expédié au prince de Condé d'envoyer à Paris la majeure partie de ses troupes[1].

Le parlement de Paris renouvela, à la faveur du trouble général, ses vieilles prétentions. Le roi lui défendit expressément de traiter des affaires de l'État.

Le péril n'était pas aussi grand qu'on se l'était figuré. L'ennemi s'arrêta au siège de Corbie, sans tenter aucune entreprise sur la capitale. Corbie fut prise; mais le cardinal reprit cette ville, chassa les Espagnols, pendant que Bernard de Weimar gagna au profit de la France les batailles de Rhinfeld et de Brissac. Ce général mourut au moment où il allait se créer une souveraineté sur le Rhin, et son armée fut achetée par Richelieu (1639). Le ministre, pour simplifier la guerre, fomenta en Espagne la révolte du Portugal, de la Catalogne et du Roussillon, étouffa un soulèvement populaire en Normandie, se maintint dans l'Artois, malgré la victoire remportée à la Marfée par le comte de Soissons, allié des Espagnols, et envoya une flotte ravager les côtes du royaume de Naples (1641).

Un nouveau complot vint menacer son autorité, le succès de sa politique, sa vie même. Le jeune Cinq-Mars, grand écuyer et favori de Louis XIII, s'y jeta avec une étourderie extrême. Il traita avec l'Espagne; l'extrait ou la copie du traité parvint dans les mains de Richelieu. Cinq-Mars eût pu sauver sa tête s'il se fût résolu à fuir aussitôt qu'il eut la certitude de sa disgrâce, aussitôt qu'il eut l'attachement inébranlable du roi pour le cardinal. Le 12 juin 1642, le soir, ordre fut donné d'arrêter Cinq-Mars, qui se trouvait à Narbonne avec Louis XIII. Le coupable se cacha; mais un bourgeois de la ville, chez lequel il avait cherché refuge, le livra le lendemain. Quelques

[1] *Henri Martin*, Histoire de France, t. XIII.

heures auparavant, on avait saisi de Thou, confident de Cinq-Mars. Celui-ci fut envoyé au château de Montpellier, celui-là au château de Tarascon. Quant à Gaston d'Orléans, aussitôt arrêté, il expédia à son frère Louis XIII l'aveu du traité avec l'Espagne, en livra copie. A ce prix honteux, le plus coupable d'entre les conjurés ne reçut pas de châtiment. Richelieu s'embarqua le 17 août à Tarascon, traînant de Thou dans un bateau remorqué par le sien. Le cardinal était si faible, si malade, qu'il n'arriva que le 3 septembre à Lyon. De Thou fut enfermé à Pierre-Encise, où se trouvait déjà l'un des conjurés, le duc de Bouillon, où Cinq-Mars le rejoignit le lendemain. Une commission judiciaire s'établit, condamna à mort Cinq-Mars et de Thou, le premier pour avoir trempé dans un complot contre l'État, le second pour n'avoir pas révélé ce complot. Le duc de Bouillon ayant fait des aveux comme Gaston d'Orléans, fut gracié. Le 12 septembre, le jour même de leur condamnation, Cinq-Mars et de Thou montèrent sur l'échafaud.

Et Richelieu s'achemina vers Paris, où il entra le 17 octobre, escorté d'une petite armée de gardes du corps, de mousquetaires et de hallebardiers. De là, il se rendit à Ruel, son séjour favori. Tout avait réussi à ce ministre. Malade, il eut encore le bonheur de prendre Perpignan aux Espagnols. Cependant, sa fin approchait. Le 28 novembre 1642, Richelieu, revenu de Ruel au Palais-Cardinal, fut pris le soir d'une fièvre ardente, avec point de côté et crachement de sang. Le 2 décembre, on fit des prières publiques dans toutes les églises de Paris pour l'illustre malade. De Saint-Germain, Louis XIII accourut pour le voir. Le moribond recommanda au roi ses parents, les ministres de Noyers et Chavigni, et surtout Mazarin, qu'il lui présenta, dit-on, comme le personnage le plus capable de remplir sa place ; il lui remit une déclaration qu'il venait de faire dresser contre le duc d'Orléans, afin d'exclure ce prince de tout droit à la régence et à l'administration du royaume. Après la visite de Louis XIII, Richelieu se sentit plus mal. Il demanda aux médecins combien de temps il lui restait à vivre. Ceux-ci répondirent, car la mort n'éloigne les flatteurs que lorsqu'elle a saisi sa proie : « Dieu, qui vous voit si nécessaire au bien de la France, fera quelque coup de sa main pour vous conserver à elle. » Le ministre-roi hocha la tête, et, rappelant un des médecins de Louis XIII : « Parlez-moi, lui dit-il, à cœur ouvert, non en médecin, mais en ami. — Monseigneur, dans vingt-quatre heures vous serez mort ou guéri. — C'est parler, cela ! répliqua Richelieu. Je vous entends ! » Il envoya chercher le curé de Saint-Eustache, sa paroisse, qui lui présenta l'hostie consacrée. « Voilà mon juge, dit le cardinal, mon juge qui prononcera bientôt ma sentence ; je le prie de me condamner si, dans mon ministère, je me suis proposé autre chose que le bien de la religion et de l'État. — Pardonnez-vous à vos ennemis ? demanda le curé. — Je n'en ai jamais eu d'autres que ceux de l'État. » Le 3 décembre, après midi, le roi vint voir Richelieu une dernière fois. La faiblesse du moribond redoubla dans la matinée du 4. Vers midi, cet homme, l'un des plus grands des temps modernes, poussa un profond soupir, le dernier, à l'âge de cinquante-sept ans et trois mois[1].

II.

Règne de Louis XIII après la mort du cardinal de Richelieu.

Il y eut des feux de joie sur beaucoup de points de la France, aussitôt qu'on apprit le « trépas du cardinal. » Des chansons parurent, fredonnées par Louis XIII lui-même, chez qui l'homme se montra presque heureux d'être délivré d'un maître, chez qui le roi tint néanmoins toutes les promesses faites au ministre puissant. Aussi l'allégresse des courtisans et des ennemis du gouvernement dura peu. L'œuvre de Richelieu lui survivait. Louis XIII voulait continuer ses traditions politiques. A peine le cardinal avait fermé les yeux, que le roi déclara à de Noyers et Chavigni, secrétaires d'État, au chancelier Séguier et au surintendant Bouthillier qu'il leur accordait pleine et entière confiance. Il appela au conseil le cardinal Mazarin. Les parents du ministre défunt non-seulement conservèrent leurs charges et leurs honneurs, mais se partagèrent les offices et bénéfices de Richelieu. Une circulaire royale (5 décembre 1642) avertit les parlements et les gouverneurs de provinces que Louis « conserverait tous les établissements ordonnés durant le ministère du feu cardinal, et suivrait tous les projets arrêtés avec lui pour les affaires du dehors et de l'intérieur. » Le 9 du même mois, fut portée et enregistrée au parlement la déclaration qui excluait Gaston d'Orléans de tout droit politique.

Il y eut cependant, grâce à Mazarin, un peu de relâchement dans les ressorts de la politique telle que Richelieu l'avait laissée. La déclaration enregistrée contre Gaston ne fut pas publiée ; le frère du roi reçut la permission de reparaître à la cour (13 janvier 1643). Les maréchaux de Bassompierre et de Vitri furent mis hors de la Bastille, avec quelques autres prisonniers (19 janvier). Le duc de Vendôme, exilé, rentra en France ; ses fils rentrèrent au Louvre.

Peu de semaines après les funérailles de son ministre et maître, Louis XIII retomba dans sa langueur habituelle, et le mal ne le quitta

[1] *Henri Martin*, Histoire de France, t. XIII.

plus. Cette rechute du roi (21 février) sembla prédisposer son âme au pardon. Mais Louis ne se réconcilia pas avec sa mère. Le 20 avril, en présence de toute la cour, il ordonna que si Dieu le rappelait à lui, la reine son épouse fût régente, et le duc d'Orléans, son frère, lieutenant général du royaume sous la régente; il imposa à la reine un conseil « par les avis duquel les grandes et importantes affaires de l'État seraient résolues à la pluralité des voix. » Mazarin, le chancelier, le surintendant Bouthillier et son fils Chavigni, le prince de Condé, formaient ce conseil.

Le lendemain, la déclaration sur la régence reçut l'enregistrement au parlement. Le 23 avril, on rappela la plupart des hauts personnages exilés, à l'exception de Marie de Médicis, de la duchesse de Chevreuse et de l'ex-garde des sceaux Chateauneuf; on annula en droit la déclaration de décembre 1642 contre Gaston; on supprima pour toujours les charges de connétable et de colonel général de l'infanterie, dignités dangereuses. Le 21, le dauphin avait été baptisé. Son parrain était Mazarin, sa marraine la princesse de Condé. Après la cérémonie, dit-on, Louis XIII ayant demandé à son fils comment il s'appelait maintenant, l'enfant répondit : « Je m'appelle Louis XIV. — Pas encore », repartit le roi avec une douceur mêlée de tristesse.

A mesure qu'il penchait vers la tombe, Louis XIII montrait plus de quiétude, plus de sérénité, plus de résignation. Il parlait « de pardonner et demander pardon à ceux qu'il avait maltraités. » Ce ne furent que lettres d'abolition et d'amnistie. Alors les Vendôme, les d'Elbeuf, les Bassompierre, les Vitri, les Guise, tous ceux que Richelieu avait frappés, s'apprêtèrent à prendre leur revanche. Que de haines s'étaient amoncelées entre ceux qui avaient eu le pouvoir et ceux qui aspiraient à le prendre! Lorsque, le 23 avril, le roi reçut l'extrême-onction, on craignit qu'il n'expirât. Autour du lit royal, le duc de Vendôme et le maréchal de la Meilleraie se querellèrent à l'occasion du gouvernement de Bretagne. Vendôme le revendiquait, après dix-sept ans. Le prince de Condé soutenait la cause de la Meilleraie. Il y eut paroles hautes, bruit, tumulte même. Anne d'Autriche s'en effraya au point de placer ses enfants sous la protection du fils aîné de Vendôme, du duc de Beaufort, qui joua un si singulier rôle sous le règne suivant.

Les seigneurs à qui Louis XIII avait pardonné le virent languir quelque temps encore avec mécontentement. Le royal malade dit un jour à l'un de ses confidents, en parlant des impatients : « Ces gens-ci viennent voir si je mourrai bientôt. Si j'en puis revenir, je leur ferai payer cher le désir qu'ils ont que je meure. » Un autre jour qu'il se sentait mieux, Louis chanta de la musique religieuse de sa composition. Les sentiments guerriers se réveillèrent chez lui peu de jours avant le terme fatal. Le 10 mai le roi fait un rêve : il voit le duc d'Enghien (depuis, le grand Condé), à la tête de l'armée du Nord dont il a reçu tout récemment le commandement. Ce jeune chef électrise ses soldats; il remporte une victoire décisive..... Le rêve de Louis XIII, c'est la bataille de Rocroy, livrée le 19 mai 1643. Louis n'a pas pu savoir si son rêve avait reçu cette brillante réalisation. Il mourut le 14 mai, trente-trois ans, jour pour jour, après l'assassinat de Henri IV, et dans la quarante-deuxième année de son âge.

III.

Grandeur de Richelieu, faiblesse de Louis XIII.

Anne d'Autriche, selon ce que rapportent plusieurs historiens, s'arrêta un jour devant le beau portrait de Richelieu qui se trouve encore dans l'une des galeries du Musée national. Rêveuse, elle contempla longtemps l'image de celui qui l'avait humiliée toute sa vie, qui avait vaincu l'un de ses amants et tué l'autre, puis elle s'écria : » Si cet homme vivait, il serait aujourd'hui plus puissant que jamais. » Elle prononça ainsi l'éloge du cardinal-roi, dont la présence avait été si utile à la France, dont l'absence ne fut point compensée par les talents moins profonds de Mazarin, son successeur.

Armand Jules du Plessis, cardinal, duc de Richelieu, était le troisième fils de P. Duplessis, seigneur de Richelieu. Né à Paris en 1585, Armand avait été destiné d'abord à la carrière des armes, sous le nom de marquis de Chillon. Mais lorsque son frère Alphonse eut renoncé à l'évêché de Luçon, il embrassa l'état ecclésiastique, succéda à Alphonse, fut sacré à Rome (1607), et devint un très-remarquable prédicateur. Le clergé du Poitou nomma Richelieu député aux états généraux de 1614; il s'y distingua par une rare éloquence, s'attacha à Marie de Médicis, remplit auprès d'elle les fonctions d'aumônier, puis suivit la fortune du maréchal d'Ancre, l'Italien Concini. Secrétaire d'État de la guerre et des affaires étrangères, en 1616, il prit part aux démêlés de *la mère et du fils*. A dater de cette époque il commença de montrer sa supériorité dans les affaires politiques, de se rendre nécessaire, indispensable, d'abord à Marie de Médicis, qui l'éleva et voulut l'abattre, ensuite à Louis XIII, qui nourrit longtemps beaucoup d'antipathie contre lui et ne tarda pas à devenir « son glorieux esclave. »

La froide inflexibilité qui faisait le fond de son caractère se peint parfaitement dans les terribles paroles qu'on lui attribue : « Je n'ose rien entreprendre sans y avoir bien pensé; mais quand une fois j'ai pris ma résolution, je vais droit à mon but, je renverse tout, je fauche tout, et ensuite je couvre tout de ma robe rouge. » Jamais il ne se départit de ces principes impitoyables. La grandeur de ceux qui lui résistaient grandissait son audace. Son activité se jouait des entraves. Il se riait des ambitieux légers, taillés sur le patron de Luynes, de Cinq-Mars, de Gaston d'Orléans même, politique ultra-léger, « ayant toujours l'esprit un peu page, » comme dit Tallemant. Comment eût-il ménagé le frère du roi, quand il se sentait de force à dominer Louis XIII? Richelieu voulait que la France exerçât sur l'Europe entière une prépondérance qui n'avait rien de commun avec la monarchie universelle que désirait la maison d'Autriche. Partisan des frontières naturelles pour notre pays, il dédaignait le système des conquêtes, repris plus tard par Louis XIV, le personnel monarque. Il a sauvé la patrie de Luther, et avec elle la véritable nationalité allemande. Ainsi, les auteurs qui ont soutenu le despotisme autrichien se sont élevés avec une sorte de rage contre la *politique athée* de Richelieu.

Prêtre, il ne cessa pas d'être pour cela un patriote, c'est-à-dire un homme politique jaloux de constituer son pays en état égal, sinon supérieur aux autres. « Il releva, écrit avec raison Henri Martin, l'intelligence et la moralité du clergé français par des établissements qui réalisèrent les vœux des derniers états généraux, et qui préparèrent la génération ecclésiastique dont Bossuet fut le chef.... Cardinal de l'Église romaine, il soutint les droits de l'État contre Rome; il respecta la liberté de conscience, tout en détruisant la faction calviniste; il continua et réalisa la pensée d'un roi et d'un ministre philosophes; il ruina la politique hispano-romaine, et prépara la fondation du droit des gens sur l'équilibre des forces, qui n'était pas, comme on l'a dit, un mécanisme matériel, mais l'application du principe de l'égalité entre les nations, proclamé par Henri IV et Sully. Avec lui, les victoires de la France furent les victoires de la justice et de la civilisation. » Trop de rigueur apparaît dans les moyens employés par Richelieu, trop de sang a marqué son passage dans l'histoire; mais il ne faut pas oublier, non plus, qu'au temps où vivait ce grand homme, les rigueurs extrêmes, les exécutions sanglantes ne faisaient pas reculer les ambitieux sans idées nationales. On peut, sous leurs rapports, excuser ses actes, non pas parce que sa politique a réussi, mais parce que, dans les moments graves, on pardonne un peu le mal rendu utile par la nécessité.

Chaque âme a ses petitesses : Richelieu se croyait homme de lettres; il composait des pièces et jalousait Corneille. La littérature gagna quelque chose à sa manie : il fonda l'Académie française, pour fixer, pour épurer notre langue, destinée à devenir l'instrument de notre suprématie intellectuelle. Il favorisa la création du Théâtre-National, où Corneille, Molière, Racine, et tant d'autres, portèrent si haut l'art et la philosophie.

Il n'a pas manqué à Richelieu l'honneur d'être tourné en moquerie par les plaisants de son temps, par les fats, en tête desquels se plaçait Gaston d'Orléans. Tallemant des Réaux, moitié admirateur, moitié détracteur du cardinal, rapporte quelques traits de sa vie. Il raconte ce fait : « Richelieu alla à Rome et y fut sacré évêque (en 1607). Le pape lui demanda s'il avait l'âge, il dit que oui; et après lui demanda l'absolution de lui avoir dit qu'il avait l'âge, quoiqu'il ne l'eût pas. Le pape dit : *Questo giovane sarà un gran furbo* (Ce jeune homme sera un grand fourbe). » Ailleurs Tallemant indique le bon sens du cardinal : « Le père Joseph (son confident) lui montrait sur la carte avec son doigt, et disait : Nous passerons la rivière là. — Mais, monsieur Joseph, répliquait-il, votre doigt n'est pas un pont. »

Et Louis XIII, sous le règne duquel Richelieu fut roi, ne présente-t-il pas autant de faiblesse que le cardinal offre de grandeur? Tallemant des Réaux nous le dépeint trait pour trait.

Selon Tallemant, « le feu roi ne manquoit pas d'esprit ; mais son esprit tournoit du côté de la médisance; il avoit de la difficulté à parler, et, étant timide, cela faisoit qu'il agissoit encore moins par lui-même. Il étoit bien fait, dansoit assez bien en ballet; mais il ne faisoit jamais que des personnages ridicules, et à cheval, eût enduré la fatigue en un besoin, et mettoit bien une armée en bataille.

» Le soin qu'on avoit de l'amuser le roi à la chasse servit fort à le rendre sauvage. Mais cela ne l'occupa si fort qu'il n'eût tout le loisir de s'ennuyer. Il prenoit quelquefois quelqu'un et lui disoit : « Mettons-nous à cette fenêtre, puis ennuyons-nous, ennuyons-nous; » et se mettoit à rêver. On ne sauroit quasi compter tous les beaux métiers qu'il apprit, outre tous ceux qui concernent la chasse, car il savoit faire des canons de cuir, des lacets, des filets, des arquebuses, de la monnoie, et M. d'Angoulême lui disoit plaisamment : « Sire, vous portez votre abolition avec vous. » Il étoit bon confiturier, bon jardinier; il fit venir des pois verts qu'il envoya vendre au marché. On dit que Montauron les acheta bien cher, car c'étoient les premiers venus. Montauron acheta aussi, pour faire sa cour, tout le vin de Ruel du cardinal de Richelieu, qui étoit ravi de dire : « J'ai vendu mon vin cent livres le muid. »

» Le roi se mit à apprendre à larder. On voyoit venir l'écuyer Georges avec de belles lardoires et de grandes longes de veau. Et une fois je ne sais qui vint dire que *Sa Majesté lardoit*. Voyez comme cela s'accorde bien, *Majesté* et *larder*.

» J'ai peur d'oublier quelqu'un de ses métiers. Il rasoit bien, et un jour il coupa la barbe à tous ses officiers, et ne leur laissa qu'un petit toupet au menton.

» Il composoit en musique et ne s'y connoissoit pas mal. Il mit un air à ce rondeau sur la mort du cardinal :

Il a passé, il a plié bagage, etc.

Miron, maître des comptes, l'avoit fait.

» Il peignoit un peu. Enfin, comme dit son épitaphe :

Il eut cent vertus de valet,
Et pas une vertu de maître.

» Son dernier métier fut de faire des châssis avec M. de Noyers. On lui a trouvé pourtant une vertu de roi, si la dissimulation en est une.

» Le cardinal de Richelieu, qui craignoit qu'on ne l'appelât le Bègue, fut ravi de ce que l'occasion s'étoit présentée de le surnommer Louis le Juste. Cela arriva lorsque madame de Guemadeuc, femme du gouverneur de Fougères, se jeta à ses pieds, pleura et lamenta, et qu'il n'en fut point ému, encore qu'elle fût fort belle. A la Rochelle, ce nom lui fut confirmé à cause du traitement qu'on fit aux Rochellois. En riant, quelques-uns ont ajouté *arquebusier*, et disoient : *Louis le Juste arquebusier*. Un jour, mais longtemps après, Nogent, en jouant à la paume avec le roi, lui cria : « A vous, sire ! » Le roi manqua : « Ah! vraiment, dit Nogent, voilà un beau Louis le Juste. » Il ne s'en fâcha pas.

» Il étoit un peu cruel, comme sont la plupart des sournois et des gens qui n'ont guère de cœur ; car le bon sire n'étoit pas vaillant quoiqu'il voulût passer pour tel. Au siége de Montauban, il vit sans pitié plusieurs huguenots, de ceux que Beaufort avoit voulu jeter dans la ville, la plupart avec de grandes blessures, dans les fossés du château où il étoit logé. Ces fossés étoient secs ; on les mit là comme en lieu sûr, et il ne daigna jamais leur faire donner de l'eau. Les mouches mangeoient ces pauvres gens. Il se divertit longtemps à contrefaire les grimaces des mourants. Le comte de La Rocheguyon étant à l'extrémité, le roi lui envoya un gentilhomme pour savoir comment il se portoit : « Dites au roi, dit le comte, que dans peu il en aura le divertissement. Vous n'avez guère à attendre, je commencerai bientôt mes grimaces. Je lui ai aidé bien des fois à contrefaire les autres ; j'aurai mon tour à cette heure. »

» Quand M. le Grand (Cinq-Mars) fut condamné, il dit : « Je voudrois bien voir la grimace qu'il fait à cette heure sur cet échafaud. »

» Quelquefois, il a raisonné passablement dans un conseil, et même il sembloit qu'il avoit l'avantage sur le cardinal. Peut-être l'autre avoit-il l'adresse de lui donner cette petite satisfaction.

» La fainéantise l'a perdu. »

IV.

Institutions du règne de Louis XIII. — Quelques détails de mœurs et coutumes du temps.

Sous la main puissante de Richelieu, la France avait doublé ses forces. Dans l'administration civile et militaire, de notables améliorations s'étaient opérées. Luynes, en mourant, avait laissé le pouvoir sans vigueur, et le royaume plein de confusions et d'orages. Le tableau de la France pendant la faveur de ce *politique léger*, comme nous l'avons déjà qualifié, était contenu en ces vers que l'on répétait à Paris et dans les provinces :

Le roi, trop simple, donne tout;
Monsieur de Luynes ruine tout;
Et ses deux frères raflent tout.
Tous leurs parents emportent tout,
Et leurs agents dégastent tout.
Le chancelier excuse tout;
Les intendants retranchent tout;
Le garde des sceaux scelle tout;
Car il ne veut gaster le tout.
Rochefoucauld justifie tout;
Le père Arnoux (confesseur du roi) déguise tout;
Et la reine se plaint de tout;
Monsieur le Prince .... partout;
Le parlement vérifie tout;
Les pauvres Français souffrent tout;
Mais à la fin ils perdront tout;
Et si Dieu ne pourvoit à tout,
Le grand diable emportera tout.

L'épitaphe de Luynes, fort satirique, ne manquait pas de vérité :

Cy-gist un Provençal, qui, leurrant ses oiseaux,
Se rendit si savant en la fauconnerie,
Qu'il prit en tout pays le gibier à monceaux,
Et de toute la France il fit la vollerie[1].

[1] Allusion à son talent pour élever les pies-grièches.

Regarde ici, passant, le subject est nouveau,
Et cette nouveauté digne de ta science;
La France en peu de temps a servi de tombeau
A qui fut en vivant le tombeau de la France.
Du sang du pauvre peuple il enfla son trésor,
Et son ambition fit la paix et la guerre;
Et lorsque dedans le monde il n'a plus trouvé d'or,
Il l'est allé chercher au centre de la terre.
Nonobstant les discours de lui faits paravant,
De son ambition et de son arrogance,
L'on cognoît le dessein qu'il eut en son vivant;
Puisqu'enfin il est mort pour le bien de la France.

Politique *sérieux*, Richelieu donna au roi des conseils utiles. On créa les premiers établissements dans l'Inde (1624), puis, à Saint-Christophle, dans les Antilles (1625), à Sinnamarie (Guyane), au Sénégal; on établit une chambre de justice contre les fermiers généraux (1625) : un financier fut exécuté, plusieurs s'exilèrent. A partir de la même année, il y eut de *petites assemblées ordinaires*, ou *assemblées de comptes*, tenues tous les cinq ans par le clergé. Une fois les charges de connétable et de grand amiral supprimées, ainsi qu'on l'a vu, Richelieu, nommé surintendant général du commerce et de la navigation, réorganisa la marine. L'année 1627 vit créer des courriers ordinaires ; partant et arrivant à jour fixes. La carrière des honneurs et des fonctions publiques resta ouverte aux protestants, après que leurs places fortes eurent été, pour la plupart, démantelées. Un édit porta que le commerce de mer ne dérogeait pas à la noblesse (1629). Apparition de la *Gazette de France* (1631), le premier journal politique français paraissant chaque semaine en un in-4° de 8 à 12 pages. Richelieu, qui comprenait l'importance d'une feuille répandant les nouvelles dans le sens du gouvernement, non-seulement accorda l'autorisation de publier la *Gazette*, mais envoya lui-même des articles. Le roi acheta Bicêtre et y construisit des bâtiments pour loger des officiers et des soldats invalides, sous le nom de *Commanderie de Saint-Louis*. La dame de Marillac, aidée de saint Vincent de Paul, établit à Paris les sœurs de la Charité, congrégation fondée par elle vers 1617 à Châtillon-lez-Dombes, en Bresse.

On tint des *grands jours* pour réprimer les exactions et les violences des nobles. A Poitiers, aux *grands jours*, deux cent treize personnes furent condamnées (1634). Le gouvernement français créa des établissements dans l'île de Cayenne en 1634, à la Martinique et à la Guadeloupe en 1635. Il instituta des *commissaires* chargés de faire observer en chaque bureau les édits, ordonnances et règlements sur l'administration des finances. » Ces fonctionnaires, révocables à volonté, remplacèrent trois mille trésoriers ou plus qui avaient acheté leurs charges (1636). Une bourse de commerce fut fondée à Paris (1639). Les parlements faisant de l'opposition, Louis XIII leur défendit, on le sait, de prendre connaissance des affaires d'État : il alla plus loin, il leur ordonna d'enregistrer les édits sans délibération, et d'enregistrer les édits de finances tels qu'ils seraient envoyés. Voilà bien, déjà, de la monarchie absolue à la Louis XIV !

Ce fut à partir de Richelieu que les titres de lieutenant général et de maréchal de camp désignèrent des grades réguliers dans la hiérarchie militaire. Le prince ou le maréchal de France commandant un corps d'armée, avait ordinairement sous lui un lieutenant général et deux ou plusieurs maréchaux de camp.

Pendant la tenue des états de 1615, tant de duels eurent lieu, que la chambre ecclésiastique se crut obligée de députer vers le roi l'évêque de Montpellier (Pierre de Fenouillet) pour lui représenter qu'ils voyaient à regret le sang de ses sujets épandu pour des querelles généralement fort légères.

« Les duels étaient devenus si communs, si ordinaires en France, dit Richelieu, que les rues commençaient à servir de champ de combat, et, comme si le jour n'était pas assez long pour exercer leur furie, ils se battaient à la faveur des astres, ou à la lumière des flambeaux qui leur servaient d'un funeste soleil. La multitude de ceux qui se battaient était si grande, et les peines ordonnées par les édits précédents étaient si rigoureuses, que le roi avait peine de les faire punir, d'autant que ce n'eût plus été un effet de justice, qui est d'en châtier un petit nombre pour en rendre sages beaucoup, mais plutôt un effet d'une rigueur barbare, qui est d'étendre la punition à tant de personnes, qu'il semble n'en rester [plus qui puissent s'amender par l'exemple... Un édit fut dressé, qui portait que, pardonnant, en considération du mariage de la reine de la Grande-Bretagne, à tous ceux qui avaient appelé, ou s'étaient battus jusqu'alors, ayant, au préalable, satisfait à la partie civile, le roi ordonnait qu'à l'avenir ceux qui appelleraient ou se battraient demeureraient dès lors privés de toutes leurs charges s'ils en avaient, auxquelles à l'instant il serait pourvu, et pareillement déchus de toutes les pensions et autres grâces qu'ils tiendraient de Sa Majesté, sans espérance de les recouvrer jamais. Outre cela, il était remis à la conscience des juges de les punir selon la rigueur des édits précédents, ainsi qu'ils verraient que l'atrocité des crimes et circonstances d'iceux le pourraient mériter, hormis s'ils avaient tué, auquel cas Sa Majesté entendait qu'à l'advenir la rigueur des édits précédents eût lieu. Et en cas que ceux qui seraient, par ce moyen, déchus des gratifications qu'ils auraient de Sa Majesté, se voulussent ressentir et battre avec ceux à qui elle les aurait données, elle les déclarait dégradés de noblesse, infâmes et punis de mort, encore qu'ils ne se fussent battus que par rencontre seulement. Sa Majesté déclarait aussi le tiers du bien des appelants et des appelés confisqués, et les bannissait pour trois ans hors du royaume... L'édit fut vérifié par le parlement... Depuis ce temps, cette fureur, qui était si ardente, s'est ralentie, et il n'est quasi plus entendu parler de duels [1]. »

La société française, portée aux querelles, avait encore un défaut que Richelieu essaya de faire disparaître. « Le luxe était si grand sous Louis XIII, à raison des profusions de l'argent du roi qui étaient faites aux grands, et de l'inclination de la reine, qui de son naturel est magnifique, qu'il ne se reconnaissait plus rien de la modestie du temps du feu roi; d'où il arrivait que la noblesse importunait la reine d'accroître leurs pensions, ou soupirait après des changements, espérant d'en tirer du secours dans leurs nécessités; ce qui obligea Sa Majesté de faire, par édit, expresses défenses de plus porter de broderies d'or ni d'argent sur les habits, ni plus dorer les planchers des maisons ni le dehors des carrosses; mais cet édit servit de peu, pour ce que l'exemple des grands ne fraya pas le chemin de l'observer [2]. »

Les livres les plus séditieux, les plus osés, s'étaient répandus en France. On sévit contre leurs auteurs. Un certain Morgard écrivit un ouvrage « si pernicieux, » qu'il fut condamné aux galères. En mai 1614, le parlement fit brûler, par la main du bourreau, un livre de Suarez, jésuite, intitulé : *La défense de la foi catholique, apostolique, contre les erreurs de la secte d'Angleterre*; ce livre enseignait « qu'il est loisible aux sujets et aux étrangers d'attenter à la personne des souverains. »

Un historien attribue à Louis XIII la gloire d'avoir mis la fauconnerie en honneur, de l'avoir portée à sa perfection. Selon lui, il n'y avait fauconnier au monde qui, en ce genre, s'il capable de rien apprendre au prince. Au reste, il ne faut pas s'étonner d'un goût et d'un talent pareils, puisque, dans ces mots, *Louis treizième, roi de France et de Navarre*, on trouvait, dit-il, cette anagramme, *roi très-rare, estimé dieu de la fauconnerie*. Il raconte avec complaisance plusieurs vols que le monarque avait inventés. Souvent celui-ci, lorsque le mauvais temps l'empêchait d'aller en chasse, s'amusait, dans l'enclos des jardins du Louvre, à voler de petits oiseaux avec des éperviers et des pies grièches, ou des pigeons cillés avec des tiercelets de faucons. Luynes partageait ces divertissements. Louis XIII, à en croire Sélincourt, était non-seulement le plus grand chasseur-roi qui ait jamais existé, mais encore le chasseur le plus adroit de son royaume et de son siècle. Outre des équipages différents pour le cerf, pour le chevreuil, le loup, le lièvre, le sanglier, il avait encore 150 chiens qui le suivaient partout dans ses voyages : de sorte que, quand il marchait, il n'y avait pas un buisson sur sa route qui ne fût battu. S'il couchait quelque part, dès le grand matin, huit veneurs allaient au bois, et venaient à son lever lui faire le rapport de ce qu'ils avaient trouvé. On donnait l'ordre aux chevau-légers, aux gendarmes, aux mousquetaires, qui se rendaient au lieu de la chasse, et, quand le prince arrivait, il trouvait tout prêt à partir. « Le roi, dit madame de Motteville, passa plusieurs années de sa vie à Saint-Germain-en-Laye, où il vivait comme un particulier, et, pendant que ses armées prenaient des villes et gagnaient des batailles, il s'amusait à prendre des oiseaux. » Aussi, selon le même auteur, madame d'Hautefort, la première femme pour qui le prince se soit senti quelque inclination, disait-elle que, quand elle était avec lui tête-à-tête, *il ne lui parlait que d'oiseaux et de chiens*.

Pour procurer, sous le rapport de la chasse, quelque plaisir à la reine et aux dames de la cour, il avait fait élever dans la plaine de Saint-Denis, au lieu nommé la Planchette, une petite butte en terre, sur laquelle était construit un pavillon. Il s'y rendait avec les dames. Alors, les chefs de vol envoyaient de tous côtés voler des ducs, qui rabattaient le gibier vers le pavillon. Dès que le gibier était à portée, on lâchait sur lui des oiseaux de proie; ceux-ci l'attaquaient aussitôt, et procuraient aux dames le spectacle d'un combat et d'une victoire; puis, quand il était porté à terre, on allait le présenter au roi.

Cette passion de la chasse, héréditaire chez les Bourbons, fournit à Louis XIII une occasion d'être utile à son peuple. Voici comment cela se fit : les loups, les renards et autres bêtes carnassières s'étaient tellement multipliés en France, que les campagnes en étaient désolées. Louis XIII remit en honneur la chasse du renard, qui était tombée dans le mépris. Il ranima singulièrement celle des loups; il avait résolu d'exterminer toutes ces animaux dans le royaume. Pour l'y aider, un curé du Maine, nommé Gruau, fit un ouvrage qu'il lui dédia, et dans lequel il proposait une *nouvelle invention pour détruire les loups en France*. Mais on négligea le projet de Gruau. La chasse dont il s'agit fut même abandonnée à la mort du prince [3]. On ne s'en

[1] Mémoires du cardinal de Richelieu.
[2] Mémoires de Richelieu.
[3] Cependant le dauphin, fils de Louis XIV, s'y adonna par la suite avec assez d'ardeur. Il avait même pour cet exercice, dit le *Mercure galant* (mars et avril 1688), quatre-vingts coureurs qui étaient les *plus beaux chevaux de l'univers*, et un habit de chasse particulier qu'il avait donné à vingt-six seigneurs, les plus

aperçut que trop en divers cantons, rapporte Salnove, et surtout en Gâtinais, où ils dévorèrent plus de trois cents personnes.

On démantela, on rasa, sous Louis XIII, comme sous Henri IV, un grand nombre de forteresses; on organisa plusieurs régiments devenus célèbres dans nos annales militaires. Alors parurent les premières compagnies de *hussards*. Après son sacre, le roi fut reçu à la porte Saint-Antoine par deux cents bourgeois à cheval, par trois compagnies d'archers, d'arbalestriers et de *pistoliers* : c'est la première compagnie qui ait porté des pistolets aux arçons de la selle.

Beaucoup d'inventions, de perfectionnements ou d'importations étrangères eurent lieu à cette époque. On doit au règne de Louis XIII les *vertugadins*, espèce de vêtement de femme qui, selon son expression, « rendait les deux tiers de leur stature semblables à un tonneau défoncé. » Le cardinal de Richelieu porta le premier des calottes. L'usage des chaises à porteurs fut amené de Londres; il fallut des lettres patentes pour permettre qu'on s'en servît dans tout le royaume. Anne d'Autriche introduisit en France le divertissement appelé *media noche*, le plaisir de minuit, bal ou concert. Un frère de Richelieu mit à la mode le chocolat.

Le maréchal Bassompierre fit placer le premier des roues à son carrosse. Les carrosses, au dix-septième siècle, étaient construits avec des arcs de fer, de bon cuir noir brillant de plusieurs rangées de clous à tête dorée, garnis en dedans d'étoffes à fleurs d'argent, suspendus sur des ressorts élastiques... Bientôt ils parurent trop grands, on fit des demi-carrosses, des carrosses coupés; un nommé Sauvage conçut l'idée de tenir toujours chez lui des carrosses toujours attelés, avec le cocher toujours sur le siège et aux ordres des premiers venus qui voudraient les louer à l'heure, puis dans les places et les carrefours. A en croire Sauval, les *omnibus* même étaient connus à cette époque. On avait établi à Paris de grandes voitures communes qui partaient à heure fixe, et qui, pour cinq ou six sous, transportaient d'un point de la ville à un autre tous ceux qui se présentaient. Ce genre de voitures si utiles ne subsista que peu d'années.

Il y avait encore au dix-septième siècle, à Paris, des pompes à incendie, des bureaux d'assurance, des frères garde-malades, des sœurs du pot qui avaient toujours prêt un bouillon chaud pour un malade, des monts-de-piété, toutes choses dont les provinces étaient encore privées.

Au père Joseph, confident de Richelieu, appartient « l'honneur » d'avoir établi les premiers espions soudoyés par la police.

Qu'on nous pardonne ces détails, futiles en apparence, mais en réalité pleins d'intérêt. Le progrès se forme par l'assemblage des grandes et des petites innovations.

V.

Règne de Louis XIV, dit *le Grand*, jusqu'à la fin des troubles de la Fronde.

Après la mort de Louis XIII, la France n'avait en tout qu'environ quatre-vingt mille hommes effectifs sur pied, dit Voltaire. La marine, anéantie depuis des siècles, rétablie un peu sous le cardinal de Richelieu, fut ruinée sous Mazarin. Louis XIII n'avait qu'environ quarante-cinq millions de revenu ordinaire; mais l'argent était à vingt-six livres le marc : ces quarante-cinq millions revenaient à environ quatre-vingt-cinq millions de ce temps, où la valeur arbitraire du marc d'argent est poussée jusqu'à quarante-neuf livres et demie; valeur numéraire exorbitante, et que l'intérêt public et la justice demandent qui ne soit jamais augmentée.

Le commerce, généralement répandu aujourd'hui, était en très-peu de mains; la police du royaume était entièrement négligée, preuve certaine d'une administration peu heureuse. Le cardinal de Richelieu, occupé de sa propre grandeur attachée à celle de l'État, avait commencé à rendre la France formidable au dehors sans encore pu la rendre bien florissante au dedans. Les grands chemins n'étaient ni préparés ni gardés; les brigands les infestaient; les rues de Paris, étroites, mal pavées et couvertes d'immondices dégoûtantes, étaient remplies de voleurs. On voit par les registres du parlement que le guet de cette ville était réduit alors à quarante-cinq hommes mal payés, et qui même ne servaient pas.

Depuis la mort de François II, la France avait été toujours ou déchirée par des guerres civiles, ou troublée par des factions; jamais le joug n'avait été porté d'une manière paisible et volontaire. Les seigneurs avaient été élevés dans les conspirations; c'était l'art de la cour, comme celui de plaire au souverain l'a été depuis.

Cet esprit de discorde et de faction avait passé de la cour jusqu'aux moindres villes, et possédait toutes les communautés du royaume : on se disputait tout, parce qu'il n'y avait rien de réglé; il n'y avait pas jusqu'aux paroisses de Paris qui n'en vinssent aux mains; les processions se battaient les unes contre les autres pour l'honneur de leurs bannières. On avait vu souvent les chanoines de Notre-Dame aux prises avec ceux de la Sainte-Chapelle : le parlement avec la chambre des comptes s'étaient battus pour le pas dans l'église Notre-Dame, le

illustres de la cour, que ce prince affectionnait, et dont il se faisait suivre quand il chassait le loup.

jour où Louis XIII mit son royaume sous la protection de la Vierge Marie.

Presque toutes les communautés du royaume étaient armées; presque tous les particuliers respiraient la fureur du duel. Cette barbarie gothique, autorisée autrefois par les rois mêmes, et devenue le caractère de la nation, contribuait encore autant que les guerres civiles et étrangères à dépeupler le pays. Ce n'est pas trop dire que dans le cours de vingt années, dont dix avaient été troublées par la guerre, il était mort plus de gentilshommes français de la main des Français mêmes que de celle des ennemis.

On ne dira rien ici de la manière dont les arts et les sciences étaient cultivés; on trouvera cette partie de l'histoire de nos mœurs à sa place. On remarquera seulement que la nation française était plongée dans l'ignorance, sans excepter ceux qui croient n'être point peuple.

On consultait les astrologues, et on y croyait. Tous les mémoires de ce temps-là, à commencer par l'Histoire du président de Thou, sont remplis de prédictions. Le grave et sévère duc de Sully rapporte sérieusement celles qui furent faites de Henri IV. Cette crédulité, la marque la plus infaillible de l'ignorance, était si accréditée, qu'on eut soin de tenir un astrologue caché près de la chambre de la reine *Anne d'Autriche* au moment de la naissance de Louis XIV.

Ce qu'on croira à peine, et ce qui est pourtant rapporté par l'abbé *Vittorio Sivi*, auteur contemporain très-instruit, c'est que Louis XIII eut dès son enfance le surnom de *Juste*, parce qu'il était né sous le signe de la Balance.

La même faiblesse, qui mettait en vogue cette chimère absurde de l'astrologie judiciaire, faisait croire aux possessions et aux sortilèges: on en faisait un point de religion; l'on ne voyait que des prières qui conjuraient des démons. Les tribunaux, composés de magistrats qui devaient être plus éclairés que le vulgaire, étaient occupés à juger des sorciers. On reprochera toujours à la mémoire du cardinal de Richelieu la mort de ce fameux curé de Loudun, *Urbain Grandier*, condamné au feu comme magicien par une commission du conseil. On s'indigne que le ministre et les juges aient eu la faiblesse de croire aux diables de Loudun, et la barbarie d'avoir fait périr un innocent dans les flammes. On se souviendra avec étonnement jusqu'à la dernière postérité que la maréchale d'*Ancre* fut brûlée en place de Grève comme sorcière.

On voit encore dans une copie de quelques registres du Châtelet un procès commencé en 1601 au sujet d'un cheval qu'un maître industrieux avait dressé à peu près de la manière dont nous avons vu des exemples à la foire; on voulait faire brûler et le maître et le cheval.

En voilà assez pour faire connaître en général les mœurs et l'esprit du siècle qui précéda celui de Louis XIV.

Ce défaut de lumières dans tous les ordres de l'État formait chez les plus honnêtes gens des pratiques superstitieuses qui déshonoraient la religion. Les calvinistes, confondant avec le culte raisonnable des catholiques les abus qu'on faisait de ce culte, n'en étaient que plus affermis dans leur haine contre notre Église. Ils opposaient à nos superstitions populaires, souvent remplies de débauches, une dureté farouche et des mœurs féroces, caractère de presque tous les réformateurs; ainsi l'esprit de parti déchirait et avilissait la France; et l'esprit de société, qui rend aujourd'hui cette nation si célèbre et si aimable, était absolument inconnu. Point de maisons où les gens de mérite s'assemblent pour se communiquer leurs lumières; point d'académies, point de théâtres réguliers : enfin les mœurs, les lois, les arts, la société, la religion, la paix et la guerre n'avaient rien de ce qu'on vit depuis le siècle qu'on appelle le *siècle de Louis XIV*.

Voltaire, dans ce tableau, exact d'ailleurs, vise un peu à l'effet des contrastes. Pour grandir Louis XIV, il rapetisse encore Louis XIII.

Entrons dans le récit des événements. Assistons au jeu politique de Mazarin, successeur de Richelieu.

Le soir du jour où expira Louis XIII, les courtisans, alléchés par l'espoir de conduire à leur gré Anne d'Autriche, répandaient partout le bruit que Mazarin partait pour l'Italie, que le duc de Beaufort devenait favori en titre. Rien de tout cela n'était vrai. La reine régente avait choisi pour premier ministre l'ami de son ennemi, le cardinal Mazarin. La nouvelle parut incroyable, accablante. Anne d'Autriche voulait donc arrêter la réaction près de déborder! Elle qui détestait ce qui avait quelque rapport avec le dernier gouvernement, elle qui avait voué sa haine même à la mémoire de Richelieu, ainsi changer son système, lorsqu'elle pouvait l'appliquer à sa fantaisie! En cela, Anne d'Autriche faisait preuve d'intelligence. Mazarin, pensait-elle, continuerait le grand cardinal; ce serait la même politique sans le même homme.

Aussitôt les querelles s'élèvent, les cabales recommencent. Le duc de Beaufort, accusé d'avoir attenté à la vie de Mazarin, est mis à Vincennes. On l'appelait le *roi des halles*. Grand, bien fait de sa personne, adroit aux exercices, infatigable, rempli d'audace, ayant les manières grossières, paraissant avoir de la franchise, mais artificieux, aussi fin que peut l'être un homme de médiocre esprit, il se mit à la tête d'un parti après être sorti de prison. Pendant qu'une guerre générale embrase l'Europe, pendant que Condé remporte la victoire de Rocroy, Mazarin voit à l'intérieur croître le nombre de ses adversaires. En vain, dans les premiers temps de son administration, il essuie de se concilier les courtisans par des largesses, les magistrats par des flatteries. Le désordre des finances augmente. La cabale des *importants* est incapable de gouverner; la rébellion dite *la Fronde* se forme. On prétend que ce nom fut donné aux adversaires de la cour par allusion aux jeux des enfants de la populace qui se livraient bataille dans les fossés de Paris et qui souvent résistaient aux archers envoyés pour les séparer; un membre du parlement ayant comparé la résistance des magistrats à celle de ces frondeurs, ce nom resta aux ennemis du gouvernement.

Il n'y eut plus de bornes aux ambitions personnelles. Chacun disait : « La reine est si bonne! » et traçait ses plans.

L'homme qui représentait le mieux le parti des frondeurs était le fameux coadjuteur de Paris. Paul de Gondi, depuis cardinal de Retz, qui avait écrit à dix-sept ans une histoire de la conjuration de Fiesque, portait sous sa robe un poignard comme Catilina, et avait des dettes comme César. Ce héros ne rêvait qu'émeutes et conspirations comme celles de la république romaine; il aspirait à remplacer Mazarin. Le parti des *mitigés* avait à sa tête le premier président Mathieu Molé, qui ne faiblissait contre aucun homme ou aucune idée. Mazarin avait pour lui la faveur de la régente, le nom du roi, son adresse et le temps. Inspirée par ce dernier, la régente eut recours à un moyen terme, et dans un lit de justice tenu par le jeune roi au mois de juillet 1648, elle fit des concessions, mais prohiba les assemblées de la chambre de Saint-Louis. Le parlement murmura, poursuivit ses délibérations, ordonna d'arrêter le président Blancménil et le conseiller Broussel, pendant qu'on apportait à Notre-Dame les drapeaux pris à la bataille de Lens (26 août) et qu'on chantait le *Te Deum*.

Le peuple s'ameuta devant la porte de Broussel. Une vieille servante pérora devant les masses. L'insurrection gagna en violence, en nombre. Cent mille hommes crièrent : « Liberté et Broussel! » Tout le monde s'accorda contre *le Mazarin*. La reine régente sortit de Paris avec son enfant : ils couchèrent sur la paille à Saint-Germain. Les rues de Paris retentissaient tous les matins de nouvelles chansons et satires contre le cardinal.

LA CHASSE A MAZARIN.

Adieu, jongleur, trousse tes quilles,
C'est trop nous vendre tes coquilles :
Ta farce n'est plus de saison,
Le Français n'est plus un oison.
Tes jeux et tes forfanteries,
Tes machines, tes comédies,
Ont assez longtemps amusé,
Ou, pour mieux parler, abusé
Ses yeux, cependant qu'en cachette
Tu fouillais dedans sa pochette.
Prétends-tu faire un très-grand gain
A la foire de Saint-Germain?
Y veux-tu bâtir un théâtre
Pour y débiter ton emplastre;
Et que les premiers de la cour
Y servent d'acteur tour à tour?
Qu'un grand roi passe pour esclave,
Qu'un soit le niais, l'autre le brave,
Lorsqu'un valet à long manteau
Vend son maître pour un chapeau?

Plie bagage, seigneur Jule,
On n'ayme plus le ridicule.
Va porter tes drogues ailleurs,
Où tes tours paraissent meilleurs.

Prends donc de bonne heure la fuite,
Ou mille limiers à ta suite,
Comme au loup chassé du troupeau,
S'attacheront après ta peau,
Et ne lascheront point leur proye
Qu'ils n'en fassent toute courroye.

Quoi! tu parais encore ici,
Et les courtisans de Poissy
N'ont pas à belles courtillades
Fait de tes costes des grillades!
Et tu crois, nous ostant le pain,
Nous faire tous mourir de faim,
Tandis que te voyant si proche,
On te pourra rôtir en broche!

Sus, sus, Français, réveillez-vous;
Qu'est devenu votre courroux?
Vous laissez sauver à la course
Ce larron qui tient votre bourse;
Sus, sus, enfants, que l'on le traque,
Qu'on s'acharne sur sa casaque,
Et qu'on mette sur un carcan
Toutes ses pièces à l'encan.

Si son avarice ne crève,
Empoignez l'archet de la Grève,
Et cherchez-moi dedans ses os
L'or qu'il a fondu par lingots.

C'était un mauvais temps pour les rois. La reine d'Angleterre, réfugiée à Paris, restait l'hiver au lit faute de bois. Cependant le parlement lève des troupes, les procureurs montent à cheval, chaque porte cochère fournit un laquais armé. Le vicomte de Turenne, qui était de l'intrigante maison de Bouillon, croit le moment venu de recouvrer Sedan, et se fait un instant le général de la Fronde. Cet homme, froid et grave, faisait aussi en cela sa cour à madame de Longueville. Tout général, tout chef de parti, tout vrai héros de roman ou d'histoire devait alors nécessairement avoir une dame de ses pensées et être amoureux.

Ce fut une guerre de pamphlets. Les « amis du jeune roi » manifestèrent leurs regrets de son absence. On publia ces vers, qui sont comme une description de la France en ce temps de confusion.

LES REGRETS DE L'ABSENCE DU ROI.

Les prés n'ont point tant de brins d'herbes,
Les granges n'ont point tant de gerbes,
La mer n'a point tant de poissons,
Ny la fièvre tant de frissons,
Ny la Beausse tant d'alouettes;
Paris n'a point tant de coquettes;
L'yver n'a point tant de glaçons,
L'été n'a point tant de moissons,
L'Afrique n'a point tant de Mores,
Ni Balzac tant de métaphores;
Moulins n'a point tant de ciseaux,
Châtellerault tant de cousteaux;
Les flatteurs n'ont point tant de louanges,
Ni la Provence tant d'oranges;
Les poules ne font point tant d'œufs,
Poissy ne vend pas tant de bœufs,
Les fous n'ont point tant de chimères,
Ni le Poitou tant de vipères;
Cupidon n'a point tant de traits,
Et Vénus n'a point tant d'attraits;
Les couvents n'ont pas tant de moines,
Les évêques tant de chanoines,
L'Espagne tant de rodomonts,
Les carêmes tant de sermons;
Les ballets n'ont tant de figures,
Les voyageurs tant d'aventures;
L'Anjou n'a point tant de melons,
Fontainebleau tant de salons;
Une hydre n'a point tant de testes,
Les poissons n'ont point tant d'arestes;
La Bourgogne tant de raisins,
La noblesse tant de cousins;
Estampes n'a tant d'escrevisses,
Ni les prêtres tant de services;
Saint-Jacques n'a tant de bourdons,
Les rôtisseurs tant de lardons;
Les zélez n'ont point tant d'extases,
Les pédants n'ont point tant de phrases;
Tabarin n'a point tant d'onguents,
Et Vendosme n'a tant de gants;
Saint Michel n'a tant de coquilles,
Ny Melun n'a point tant d'anguilles;
Breda n'a point tant de chapeaux,
Saint-Cloud n'a pas tant de gâteaux;
Les marais tant de grenouilles,
Et Troyes n'a point tant d'andouilles;
Lyon n'a point tant de marrons,
Les forêts n'ont tant de larrons,
Un courrier tant de dépesches,
Et Corbeil n'a point tant de pesches;
Les Indes n'ont tant de tabac,
Orléans tant de Cotignac,
Pont-Lévesque tant de fromages,
Ny les églises tant d'images,
Le monarque tant de subjets,
Et Mazarin tant de projets;
Les charlatans n'ont tant de drogues,
Et l'Angleterre tant de dogues;
Mayence n'a tant de jambons,
Les forges n'ont tant de charbons,
Les pantalons tant de sonnettes,
Ni les bouffons tant de sornettes;
Un amant n'a tant de soupirs,
Et l'air n'a point tant de zéphyrs;
Le Pérou n'a point tant d'or,
L'Orient tant de perles fines,
Le printemps n'a point tant de fleurs,
L'aurore n'a pas tant de pleurs,
La nuit n'a point tant de phantômes,

Le soleil n'a point tant d'atomes;
Enfin l'eau, la terre et les cieux
Font voir moins d'objets à nos yeux
Que j'ai d'ennui que la reine
Tôt à Paris le roy ramène.

Les hostilités commencèrent bientôt entre les troupes du parlement et les troupes royales. Condé s'empara de Charenton et menaça d'affamer Paris. Mais il ne put empêcher de forts convois d'entrer dans la capitale. Les parlements de Bretagne, de Normandie, de Languedoc et de Provence, comme celui de Paris, déclarèrent Mazarin ennemi de l'État et l'exclurent du gouvernement. Anne d'Autriche accéda à des négociations. L'invasion des Espagnols et les tentatives de l'archiduc Léopold pour amener le parlement à renoncer à l'autorité royale rapprochèrent les deux partis contre l'étranger. Un accommodement passager, signé à Ruel, ramena la cour à Paris (18 août 1049). La reine garda Mazarin, le parlement garda son pouvoir.

Condé abusa de la force que son épée lui donnait. Jusque-là fidèle à la cour, il sentit qu'on ne pouvait se passer de lui; il devint exigeant à l'excès. Il méprisait le ministre. Sitôt qu'il parlait, chacun devait lui obéir. Il s'adressa à Mazarin afin d'obtenir Pont-de-l'Arche pour son beau-frère, le duc de Longueville, gouverneur de Normandie. Sur une réponse négative prononcée avec assez de résolution, il lui porta la main au visage, la lui passa rudement sous le menton, et s'éloigna disant avec un éclat de rire ironique : « Adieu, Mars. » Ce fut alors que Condé et les jeunes gens qui l'environnaient reçurent le nom de *petits-maîtres*. Son parti mécontenta à la fois les frondeurs et le ministre. Gondi s'entendit avec Mazarin. Ils résolurent de tenter un coup audacieux, d'arrêter le prince de Condé, le prince de Conti, son frère, le duc de Longueville, leur beau-frère (en janvier 1650). Ils furent conduits d'abord à Vincennes, puis à Marcoussi, enfin au Havre. Le peuple alluma des feux de joie. A cette nouvelle, la duchesse de Longueville se sauva dans la Normandie, qu'elle essaya de soulever; la princesse de Condé intrigua à Bordeaux; le duc de La Rochefoucauld se retira en toute hâte dans son gouvernement d'Angoumois.

Turenne combattait avec les Espagnols contre la France. Profitant des circonstances, il feignit de vouloir délivrer les princes arrêtés, et se déclara lieutenant général du royaume. Heureusement pour Mazarin, du moins on l'eût pu croire, Turenne fut défait à Réthel (15 décembre 1650). On écrivit, à propos de cette bataille :

L'on doit au cardinal rémunération :
Sans cet absent vainqueur, l'on n'eût rien fait qui vaille.
Il a mené nos gens à l'expédition,
Et de loin gagné la bataille,
Ainsi qu'un bedeau fait la prédication.

Toutefois, au lieu d'exploiter cette victoire sur le maréchal de Turenne, Mazarin se brouilla avec Gondi, auquel il ne faisait pas obtenir vite le chapeau de cardinal. A l'instigation du coadjuteur, le duc d'Orléans s'anima contre Mazarin. Fronde et parlement demandèrent opiniâtrement la délivrance des princes (30 décembre). Le cardinal-ministre céda, s'enfuit de Paris (6 février 1651), fit délivrer les princes en passant au Havre (13 février), et se retira à Cologne. Une déclaration du roi interdit l'entrée du conseil à tous cardinaux (18 avril 1651). Turenne, qui s'était retiré à Stenay, revint à la cour. En effet, de Cologne, Mazarin dirigeait toujours la politique de la reine régente, et avait ramené Turenne au parti du roi. Lui-même il franchit la frontière avec une armée de six mille hommes levée à ses frais. Le roi fut proclamé majeur. Le parlement, sans se déclarer pour Condé, renouvela ses arrêts contre Mazarin et mit Paris en état de défense. Il reçut cependant le prince qui venait de disperser à Bleneau les troupes du cardinal, pendant que le roi et la cour s'en allaient de province en province, poursuivis par les rebelles. Mais les succès de Turenne et les négociations de Mazarin, qui acheta la retraite du duc de Lorraine, allié de Condé, permirent aux troupes royales de tenir la campagne. Turenne essaya de faire rentrer le roi à Paris.

Le 2 juillet 1652, le vicomte de Turenne, commandant les troupes royales, livra dans le *faubourg Saint-Antoine* un combat sanglant qui faillit anéantir l'armée des princes. Condé s'était emparé de Charenton, de Neuilly et de Saint-Cloud. Après la retraite du duc de Lorraine, Condé avait rassemblé toutes ses forces dans ce dernier village, développant sa position jusqu'à Suresnes. Le vicomte de Turenne, renforcé d'un corps de troupes que lui avait amené le maréchal de la Ferté, occupait Chevrette, à une lieue de Saint-Denis. La rivière séparait les deux armées. Toute l'attention de Turenne se portait à placer son adversaire entre l'armée royale et les murs de Paris. Condé comprit tout le péril de sa position, leva son camp et chercha à gagner Charenton pour se porter sur le terrain près duquel s'opère la jonction de la Seine à la Marne. Turenne, instruit de la marche du prince, avait détaché quelques escadrons pour le harceler dans sa retraite. L'arrière-garde de l'armée de Condé, plusieurs fois chargée et ralliée, se rallia avec peine et gagna le faubourg Saint-Antoine.

Le prince, alors convaincu de l'impossibilité de continuer cette retraite, fait replier son avant-garde et son corps de bataille, s'empare de quelques retranchements que les habitants avaient élevés pour se garantir des insultes des troupes lorraines, place son canon et ses soldats à l'entrée des rues du Faubourg Saint-Antoine, de Charonne et de Charenton, et attend de pied ferme l'armée royale. Turenne arrive jusqu'à l'abbaye Saint-Antoine, fait pointer son canon contre les barricades; les boulets sillonnent une partie de la rue, écrasent les soldats de Condé. Le prince, foudroyé de tous côtés, conserve son sang-froid, fait percer plusieurs maisons, met son avant-garde à l'abri, et l'artillerie du vicomte est inutile. Un instant de répit succède au carnage. Turenne donne l'ordre d'avancer et de franchir les anciennes barricades; alors recommence un combat furieux et plus sanglant encore, dans lequel ces deux capitaines épuisent à l'envi toute la science de l'attaque et tout l'art de la défense. Aux soldats de Condé une mauvaise barrière improvisée, des pans de murailles suffisent pour faire tête aux bataillons ennemis. On perce les maisons, on s'y bat à travers les brèches faites aux cloisons. Le prince est partout; son courage le multiplie; quand ses soldats accablés cèdent le pas, sa voix, son exemple les rappellent. Il se met à leur tête, et d'assiégés ils deviennent assaillants. Malgré ses efforts, Condé voit tomber à ses côtés ses meilleurs officiers. Le vicomte de Turenne s'apprête à porter un coup décisif. Déjà les royalistes défilent à droite et à gauche, par Conflans et Popincourt, se rapprochant, ils doivent envelopper le faubourg Saint-Antoine. Cette manœuvre est exécutée, les soldats de Condé vont être écrasés. En ce moment on entend le canon de la Bastille, Mademoiselle fait ouvrir la porte Saint-Antoine aux troupes du prince. Des mousquetaires placés sur les remparts arrêtèrent les royalistes qui poursuivaient l'arrière-garde du prince, et le canon de la Bastille tonna contre les troupes de Turenne. Au commencement du combat, le cardinal Mazarin était placé sur les hauteurs de Ménilmontant. Les regards du ministre embrassaient les mouvements des deux armées. Vers la fin de l'action, un courrier apporta une dépêche du vicomte de Turenne. Le cardinal en prit lecture. Un dernier coup de canon se fit entendre, puis le ministre, se tournant vers un groupe d'officiers généraux, dit en souriant, de ce sourire qui annonçait une vengeance : « Mademoiselle a cru la prétention d'épouser le roi, ce boulet de canon vient de tuer son mari. »

Louis XIV, alors âgé de quinze ans, assistait à la bataille des hauteurs de Charonne.

Le combat de la porte Saint-Antoine termina la Fronde. Le parti des princes se déshonora par une émeute sur la place de l'Hôtel-de-Ville, émeute où le sang coula. Louis XIV transféra le parlement à Pontoise, et l'on négocia un accommodement rendu facile par la retraite momentanée de Mazarin. Anne d'Autriche amnistia les frondeurs, mais fut sévère envers les chefs du parti des princes. Condé, pour se sauver, alla se joindre aux Espagnols dans les Pays-Bas; le duc d'Orléans fut relégué à Blois; Gondi, créé récemment cardinal de Retz, demeura en prison; on exila les membres du parlement les plus violents.

Quant à Mazarin, sa retraite fut de courte durée. Il rentra triomphalement à Paris le 3 février 1653.

Plus comique que tragique en ses actes, la Fronde naquit de causes sérieuses. Aucun historien ne s'y est trompé. L'un d'eux l'a envisagée de la manière suivante. Au commencement du dix-septième siècle, lorsque Henri IV fut mort, la grande aristocratie prétendit encore, sous un roi qui s'effaça dans l'ombre et sous deux régences faibles et agitées, que c'était à elle à gouverner l'État. L'antique féodalité, cette fédération des nobles propriétaires de la terre, liés entre eux par des devoirs mutuels et par l'obligation du service militaire, n'existait plus en fait. Aucun seigneur n'aurait refusé en principe l'obéissance au roi. Mais à la faveur des troubles et des guerres civiles, il s'était formé une sorte de féodalité nouvelle, composée principalement des princes apanagés, des gouverneurs de provinces et des favoris enrichis des dons de la couronne, puis des nombreux gouverneurs de villes et de châteaux forts, tous si fermement établis dans leurs gouvernements que le roi n'aurait pu les leur reprendre, au moins sans les racheter; levant les impôts à leur profit, et soutenus par les habitants, qui, dépendant d'eux, suivaient leur parti.

Cette aristocratie puissante, sous prétexte de limiter l'autorité royale et de réformer l'État, voulait fonder le gouvernement des grands. Mais elle se trouva en face d'un homme qui semblait né pour la soumettre. La France, en présence de l'Espagne qui l'enveloppait de toutes parts, de l'Allemagne si compacte alors sous la maison d'Autriche, des réformés qui ne rêvaient qu'une fédération républicaine, de ces gouverneurs de provinces qui ne songeaient qu'à consolider leurs provinces, des soulèvements perpétuels qui épuisaient l'État par la guerre intérieure, et la ruinaient par le prix que coûtait la paix, la France éprouvait le besoin pressant de l'unité politique et de la centralisation du pouvoir; son existence et sa grandeur étaient à ce prix. L'aristocratie, sans liens politiques avec la nation, et de plus sans accord dans son action, se trouvait incapable de fonder cette unité. Richelieu la prépara, et Louis XIV l'accomplit. Dès lors l'aristocratie fut définitivement vaincue et politiquement annulée au profit de la royauté toute-puissante.

La Fronde ne fut autre chose qu'une dernière journée accordée à l'ambition des grands; après quoi tout mouvement s'arrête, les ambitions se taisent, les prétentions abdiquent, et au signal donné par le grand roi chacun vient prendre son rang en silence derrière lui pour marcher en ordre dans ce beau cortège, à la tête duquel, imposant et magnifique, le monarque s'avance au milieu du siècle, faisant l'admiration des contemporains et celle de la postérité [1].

Sans accepter complètement la dernière phrase de l'écrivain auquel nous avons emprunté cette appréciation de la Fronde, reconnaissons la justesse de ses aperçus sur l'origine d'une rébellion qui ne pouvait prendre sa source que dans les projets d'ambitieux seigneurs, jaloux des pouvoirs sans limites de la royauté. « Il ne restait debout sur la France, remarque M. Michelet, qu'un peuple et un roi. Le premier vécut dans le second; il ne pouvait vivre encore de sa vie propre. Quand Louis XIV dit : L'État, c'est moi, il n'y eut dans cette parole ni enflure ni vanterie, mais la simple énonciation d'un fait. Aussi ne craignait-il pas d'entrer au parlement en bottes de chasse et un fouet à la main pour lui signifier ses volontés. Louis XIV dit : « On sait les malheurs qu'ont produits vos assemblées; j'ordonne qu'on cesse les délibérations qui sont commencées sur mes édits. — Monsieur le premier président, je vous défends de les souffrir; et vous, ajouta-t-il en se tournant vers les conseillers des enquêtes, je vous défends de les demander. »

VI.

Règne de Louis XIV depuis la fin des troubles de la Fronde jusqu'à la paix de Riswick.

Condé s'était joint aux Espagnols, avons-nous dit plus haut. Il fut battu par l'armée royale, que commandait alors Turenne. L'Espagne néanmoins avait fait des progrès en France pendant l'époque de la Fronde. Elle avait pris Barcelone en Catalogne, Casal en Italie, Gravelines et Dunkerque (année 1652). Mazarin n'eut aucun scrupule : il s'allia à Cromwell, *protecteur* de l'Angleterre. Turenne et Vendôme reprirent le dessus, et le cardinal conclut la paix des Pyrénées (7 novembre 1659). Il se rendit pour la signer dans l'île des Faisans, sur la Bidassoa. Vingt-cinq conférences eurent lieu avant la signature. La France gagna à ce traité la confirmation de l'Artois, Gravelines, Landrecy, Thionville, Montmédy, Philippeville, Marienbourg; garda le Roussillon et Perpignan. Louis XIV, qui avait été sacré à Reims le 7 juin 1654, épousa en janvier 1660 Marie-Thérèse, infante d'Espagne, fille de Philippe IV, avec cinq cent mille écus de dot, qui ne furent point payés. Marie-Thérèse renonça à toute succession aux États d'Espagne.

La paix des Pyrénées fut la dernière et la plus grande œuvre de Mazarin, qui mourut à Vincennes (9 mars 1661), à l'âge de cinquante-neuf ans. Par son testament il fit des présents magnifiques au roi, aux deux reines, à Condé, à Turenne et à d'autres. Il partagea sa fortune entre ses neveux et ses nièces. Hortense Mancini, sa nièce bien aimée, eut seule vingt-huit millions. Une partie de cet argent volé fut employée honorablement. Il envoya Gabriel Naudé dans toute l'Europe pour acheter, à quelque prix que ce fût, des livres précieux, afin de former l'admirable *Bibliothèque Mazarine* qu'il donna au collège des Quatre-Nations. Il faisait une pension de mille écus au grand Descartes retiré en Hollande, et avait chargé le savant Ménage de lui désigner les gens de lettres qui méritaient des récompenses.

Mazarin ne posséda ni le vaste génie, ni la mâle énergie de son prédécesseur Richelieu; il n'eut pas l'habileté administrative de son successeur Colbert. Il se montra patient, insensible aux injures, infatigable, rusé, insinuant, avare, véritable appréciateur de la valeur des hommes. A son lit de mort il présenta à Louis XIV Colbert, petit-fils d'un marchand de laines de Reims. Louis regretta son ministre, mais ne le remplaça pas, c'est-à-dire qu'il voulut gouverner par lui-même. Il accorda sa confiance à Le Tellier, à Lyonne et à Colbert. Ce dernier succéda au surintendant Fouquet, que l'on punit pour déprédations. Louis XIV, rapporte Duclos, fit des préparatifs pour arrêter le surintendant, comme si c'eût été quelque puissance redoutable; il se donna la peine de faire exprès un voyage en Bretagne, sous prétexte des *états*. Fouquet l'y accompagna comme un des ministres des plus utiles : il n'était alors que surintendant des finances; car on l'avait habilement engagé à se défaire de sa charge de procureur général, qu'il vendit à M. Fieubet, dans la crainte que le parlement ne s'opposât à la perte d'un de ses principaux membres. Dénué de cette protection, il fut arrêté sans opposition et sans bruit, à Nantes, le 5 septembre 1661, suivant les historiens, et à Angers, suivant Burry, en septembre 1663. Il fut conduit, comme un criminel d'état, à Paris, où l'on érigea un tribunal pour lui faire son procès, qui commença par les accusations de péculat et de crime d'État; on ne produisit point le troisième grief, qui tenait sans doute plus au cœur du roi que les deux premiers, c'était d'avoir voulu débaucher La Vallière. Cette fille, fière de la conquête du roi, et d'ailleurs désintéressée, se plaignit d'un sujet assez insolent pour avoir voulu chasser sur les

---

[1] *De Noailles*, Histoire de madame de Maintenon, t. I.

terres de son maître; et le maître, jaloux, n'en put pardonner le désir. Colbert et Le Tellier servirent vivement sa passion : ils étaient enragés de la supériorité que l'esprit et la magnificence lui donnaient sur eux, de ce qu'il s'était fait représenter avec un écureuil entre huit lézards et un serpent, et pour devise : *Quo me vertam? nescio;* faisant allusion aux armes de chacun d'eux.

Ces deux ministres, en conséquence, n'épargnèrent rien pour faire des crimes de tout à Fouquet, comme d'avoir fortifié Belle-Isle, d'avoir fait du bien aux seigneurs indigents de la cour, d'avoir même régalé son maître, en sa terre de Vaux, avec trop de splendeur.

La chaleur et la précipitation qu'on mit dans cette affaire sauvèrent celui qu'on voulait perdre; car ayant furtivement fait enlever ses papiers de sa maison de Saint-Mandé, dans la crainte qu'on ne les détournât, cela donna lieu à la meilleure défense du prisonnier, qui soutint que, par ce vol, on lui avait ôté les moyens de faire connaître son innocence et la fausseté des accusations.

Ce vol se découvrit, parce que, dans l'endroit où l'on avait enlevé les papiers de Fouquet, Berrier, commis à l'enlèvement, avait laissé tomber par mégarde une requête présentée à Colbert. L'accusé s'en prévalut très-utilement.

Ligueurs. — 1590.

Le fidèle et habile Pélisson composa les défenses de Fouquet, dont il était commis, et on fait grand cas de cet ouvrage.

Ces mêmes défenses persuadèrent sans doute une grande partie des juges qu'il était moins coupable qu'on ne l'avait d'abord prétendu et répandu dans le monde; mais comme il ne leur était pas permis de le déclarer innocent, il fut condamné au bannissement, par arrêt du 4 décembre 1664. De vingt-deux juges qui avaient été nommés pour faire son procès, neuf opinèrent pour la mort, et treize pour le bannissement.

Le roi, par un reste d'animosité, ne pouvant savoir libre un homme qu'il haïssait, commua la peine en une prison perpétuelle. Il y vécut avec des mœurs si régulières et des sentiments d'une résignation si parfaite aux volontés de Dieu et du roi, qu'il inspira une compassion générale.

Il faut pourtant avouer que Fouquet avait poussé la vanité, le luxe et la dépense au delà des bornes qu'un sage courtisan se doit prescrire. Suivant les Mémoires de madame de Motteville, la cause de son jugement, peu favorable, fut l'imprudence qu'il avait eue de laisser derrière un miroir un Mémoire instructif, adressé à tous ses amis, en cas qu'il fût arrêté. Cela fait présumer qu'il sentait lui-même qu'il méritait de l'être.

Il dut la vie à M. d'Ormesson, l'un de ses rapporteurs; et Roquesante, un de ses juges, conseiller au parlement d'Aix, parla si hardiment en faveur de Fouquet, qu'il fut exilé à Quimper.

Pendant que Fouquet expiait sa faute, Colbert s'occupait de donner à la France, forte et respectée par les étrangers, une bonne administration qui lui manquait au dedans. Colbert, fils de roturier, brûlait de patriotisme. Il porta des regards éclairés sur le commerce, créa des comités consultatifs de marchands, établit des impôts francs, traça des routes, purgea la mer des pirates qui gênaient nos entreprises commerciales. Il défendit de rien vendre ou léguer à fonds perdu aux communautés (1661). Il révoqua, en 1664, toutes les lettres de noblesse expédiées depuis 1630, et déclara casuels tous les offices comptables qu'il avait l'intention de supprimer. Protecteur moins zélé de l'agriculture, il prohiba cependant la saisie des lits, habits, chevaux, bœufs et outils des laboureurs, et du cinquième du bétail, pour le payement de la taille. « Il faut, disait-il à Louis XIV, épargner cinq sous aux choses non nécessaires, et jeter les millions quand il est question de votre gloire. Un repas inutile de 3,000 liv. me fait une peine incroyable, et lorsqu'il est question de millions d'or pour l'affaire de Pologne, je vendrais tout mon bien, j'engagerais ma femme et mes enfants, et j'irais à pied toute ma vie pour y fournir. » Ses actes valurent ses paroles. Colbert seconda merveilleusement son maître : Louis fut le conquérant, Colbert l'administrateur.

Bientôt, à côté de Colbert, se plaça Louvois, fils de le Tellier, Louvois devenu ministre de la guerre à un âge où les autres hommes commencent à peine à se mêler des affaires publiques. Plein d'exactitude, mais de violence aussi, souple avec le roi, Louvois entraîna souvent Louis XIV en lui parlant de gloire, quand Colbert lui parlait d'administration. Quoi qu'il en soit, avec ces deux ministres, le *grand Louis* pouvait faire merveilles.

Louis XIV força le roi d'Espagne à reconnaître la préséance de la France. Pour venger notre ambassadeur insulté, il exigea du pape la plus éclatante réparation, il contraignit d'exiler son propre frère et d'élever une pyramide pour perpétuer son humiliation. Il racheta pour la somme de cinq millions, Dunkerque et Mardick aux Anglais, renouvela son alliance avec les Suisses, s'empara de Marsal en Lorraine, soutint les Portugais contre l'Espagne et envoya contre les Turcs, à l'empereur Léopold, six mille volontaires (1662-64). Désireux de conquêtes, il commença par s'allier avec la Hollande, mais la laissa par calcul se débattre dans une guerre ruineuse contre l'Angleterre. Une fois Philippe IV mort, il revendiqua du chef de sa femme Marie-Thérèse les Pays-Bas espagnols, appuya ses prétentions sur la force et envahit la Flandre avec trois armées. Turenne, Condé, Créqui, Grammont, Luxembourg et Vauban furent ses généraux. Deux mois suffirent pour la conquête de toute la Flandre (1667).

Les troupes royales tombèrent sur la Franche-Comté pendant l'hiver (janvier 1668), lorsque la cour d'Espagne ne s'attendait à rien, lorsque chacun croyait la guerre suspendue. Dix-sept jours suffirent pour la conquête de la Franche-Comté.

De tels succès devaient amener de graves conséquences. La Hollande, éperdue, se réconcilie avec l'Espagne, s'unit à l'Angleterre et à la Suède. Mais le traité d'Aix-la-Chapelle (2 mai 1668) ne tarde pas à se conclure; on cède à Louis XIV Charleroi, Bergues, Ath, Courtrai, Douai, Oudenarde, Tournai, Binch, Furnes, Lille, Armentières et le fort de Scarpe.

La Hollande, résistant à la France, l'a humiliée. Il faut que la Hollande périsse. Louis achète à deniers comptant l'alliance de l'Angleterre et de la Suède. Il a une armée de quatre-vingt mille hommes, admirablement organisée par les soins de Louvois; grâce à Colbert, il a une bonne marine, cent vaisseaux. Les soldats français, pour la première fois armés de fusil à baïonnette, tombent tout à coup (1672) sur vingt-cinq mille Hollandais, ne se donnent pas la peine de prendre Maëstricht, s'emparent de la Gueldre, d'Utrecht, d'Over-Yssel, vont marcher sur Amsterdam. Mais Louis XIV, crédule aux opinions de Louvois, disperse son armée pour mettre partout des garnisons. Guillaume d'Orange, général de vingt-deux ans, s'apprête à tenir tête aux Français, ouvre les écluses de la Hollande pendant que l'amiral Ruyter bat les flottes combinées de la France et de l'Angleterre. La tâche de Guillaume ne s'arrête pas là. Dans son cerveau a germé un projet colossal : liguer l'Europe contre Louis XIV. Ce projet, il le réalise. L'Espagne et l'Autriche s'arment contre la France, dont se détache l'Angleterre (1674). Louis abandonne alors les places de la Hollande, mais il n'en fait pas moins face à tous ses ennemis, sur le Rhin, dans les Pays-Bas, en Roussillon et jusqu'en Sicile. Il va lui-même reprendre la Franche-Comté, qui depuis ce temps est restée à la France. Condé, malgré l'infériorité de ses forces, gagne sur le prince d'Orange la sanglante bataille de Senef. En Allemagne, Turenne, avec une faible armée, repousse deux fois les impériaux au delà du Rhin, dévaste le Palatinat, bat les ennemis à Ensheim. Dans les gorges de Saverne, Turenne fond au cœur de l'hiver sur leurs quartiers dispersés, les achève à Turkheim (5 janvier 1675) et sauve l'Alsace occupée par soixante mille hommes. Tant de victoires calmaient les craintes de la France, apaisaient les mécontentements près d'éclater en Guienne, en Bretagne et en Normandie. L'année 1674 ne vit-elle pas la conspiration du chevalier de Rohan? « Il devait livrer Quilleboeuf aux Hollandais et faire révolter la Normandie. Il eut le cou coupé le 28 novembre, ainsi que madame de Villiers. Un des complices, qui fut pendu, était un maître d'école nommé Vanden-Ende, dont le fameux Spinosa avait été le disciple. On représenta devant le roi, quelques jours avant l'exécution, la tragédie de *Cinna* pour exciter sa clémence; mais ses ministres lui firent sentir la nécessité d'un exemple, et le chevalier de Rohan fut livré au supplice que méritait sa folie[1]. »

Au milieu de sa gloire, Turenne fut emporté par un boulet de canon à Salzbach (27 juillet 1675), lorsqu'il rentrait en Allemagne. La même année, Condé força les impériaux à repasser le Rhin. Malade, affaibli, il se retira de l'armée et alla finir ses jours dans sa magnifique retraite de Chantilly. Turenne et Condé faisaient faute à Louis XIV; mais leur mort n'empêcha pas les alliés de rester en deçà du Rhin, de perdre, dans les Pays-Bas, les places de Condé, Bouchain, Aire, Valenciennes, Cambrai, Gand, Ypres. Notre amiral Duquesne, envoyé au secours de Messine, révoltée contre l'Espagne, livra à Ruyter une bataille navale où les alliés seuls perdirent douze

Richelieu.

vaisseaux, six galères, sept mille hommes, sept cents pièces de canon, et Ruyter (22 avril 1676). Duquesne anéantit leur flotte dans une seconde bataille (1677). La France et la Hollande étaient également épuisées. Colbert voulait se retirer si la guerre ne finissait point. On signa la paix de Nimègue, paix avantageuse pour la France, qui garda la Franche-Comté, douze places des Pays-Bas, eut Fribourg pour Philipsbourg. Le Danemark et le Brandebourg restituèrent ce qu'ils avaient pris à la Suède alliée de la France. La Hollande ne perdit rien (10 août 1678).

Depuis la paix de Nimègue jusqu'au renouvellement général des hostilités, Louis XIV régna en Europe, à laquelle il voulut faire accepter les décisions de ses parlements. Il chargea les *chambres de réunions* (Metz, Besançon, Brisach) d'interpréter le traité de Nimègue, et réunit le duché de Deux-Ponts, Saarbruck, Montbelliard, Strasbourg, Courtrai. Il bombarda Luxembourg, s'établit à Casal, la plus forte ville du Montferrat, bâtit Huningue, châtia les corsaires de Tripoli, reçut à Versailles la soumission des Algériens et des Génois, se maintint à Rome, malgré le pape, en possession d'un privilège abusif, réclama une partie du Palatinat au nom de la duchesse d'Orléans, seconde femme de son frère, et voulut faire nommer à Cologne, à l'encontre de l'empereur et du pape, un électeur qui lui fût dévoué.

A l'intérieur, il restreignit l'autorité papale, se chargea de nommer les prélats, imposa le droit de régale à tous les évêchés, et révoqua l'édit de Nantes. Cet acte fut l'un des plus importants du règne de Louis XIV.

Par l'édit de Nantes, Henri IV avait autrefois établi : 1° le rétablissement du culte catholique dans tous lieux où il avait été interrompu, et la restitution de toutes les églises et biens ecclésiastiques, dont les protestants s'étaient emparés; 2° la liberté de conscience pour tous, personne ne devant être, au sujet de la religion, recherché ni molesté en aucun lieu du royaume; 3° l'exercice public de la religion

[1] *Abrégé chronologique de l'Histoire de France*, par le président Hénault.

réformée et l'érection des temples dans tous les lieux où ledit culte avait été établi par l'édit de 1577; en outre dans tous ceux où il avait existé de fait pendant les deux dernières années 1596 et 1597; dans tous les lieux enfin où cet exercice résultait du droit personnel des seigneurs, d'après la nature de leurs fiefs ou de leur justice, selon les édits de 1570 et 1577, c'est-à-dire relativement aux seigneurs justiciers, pour eux et leurs sujets, tant qu'ils résideraient, eux ou leur famille, et pour les simples possessions de fief, pour leurs familles et trente personnes au plus; 4° l'établissement de chambres mi-parties dans les parlements de Toulouse, de Bordeaux, de Grenoble et de Castres, auxquelles tous les réformés pouvaient appeler de leurs procès; 5° la libre admission à toutes les charges et à tous les emplois du royaume; 6° défense de toutes cotisations et levées de deniers, fortifications, enrôlements, associations et assemblées autres que celles permises par l'édit, et sans armes, lesquelles étaient consistoires, colloques et synodes provinciaux et nationaux, mais avec la permission de Sa Majesté.

C'était un pacte solennel entre les catholiques et les protestants; c'était le palladium de la liberté de conscience. Louis XIV, après avoir essayé des conversions, pensa devoir agir avec vigueur pour accomplir l'unité de l'Église et de la France.

L'édit de révocation parut le 18 octobre 1685. Le roi disait dans le préambule « que la paix lui ayant permis de s'appliquer à obtenir la réunion à l'Église catholique de ceux qui s'en étaient séparés, ainsi que l'avaient toujours espéré et recherché les deux rois ses prédécesseurs, ce dont malheureusement ils avaient été empêchés par les guerres et les étrangers et les agitations du royaume, et ses soins n'ayant eu la fin qu'il s'était proposée, puisque la meilleure et la plus grande partie de ses sujets de la religion prétendue réformée avait embrassé la catholique, ce qui rendait l'exécution de l'édit et tout ce qui avait été ordonné en faveur de ladite religion inutile, il avait jugé qu'il ne pouvait rien faire de mieux pour effacer la mémoire des troubles et celle des maux que les progrès de cette fausse religion avaient faits dans le royaume, que de révoquer ledit édit.

Saint Vincent de Paul.

L'édit de révocation était composé de douze articles. Il annulait l'édit de Nantes, ordonnait la démolition de tous les temples, défendait toute assemblée pour l'exercice public de la religion réformée, enjoignait à tous les ministres qui ne voudraient pas se convertir de sortir du royaume, assurait le sort de ceux qui se convertiraient, supprimait les écoles publiques protestantes, ordonnait que les enfants des réformés seraient à l'avenir élevés dans la religion catholique, renouvelait les déclarations contre les relaps, faisait défense expresse aux réformés de sortir du royaume, engageait à y rentrer ceux qui en étaient sortis, et réintégrait dans la possession de leurs biens ceux qui rentreraient dans l'espace de quatre mois; mais par un dernier article on autorisait formellement tous ceux qui n'étaient pas convertis

« à demeurer dans le royaume, à y continuer leur commerce et à y jouir de leurs biens sans pouvoir être troublés ni empêchés sous prétexte de religion, en attendant qu'il plût à Dieu de les éclairer comme les autres; » c'était consacrer la liberté de conscience telle qu'elle était généralement entendue. On ne défendait à personne d'être protestant, on défendait seulement d'en exercer publiquement le culte.

Louis XIV avait agi malgré l'opposition d'une partie de son conseil, mais en suivant la pensée de Bossuet. L'exercice de la religion réformée fut interdit sans exception. Tous les ministres protestants durent sortir de France sous quinze jours, et n'y pas rentrer sous peine de mort. Ces mesures furent prises pour obtenir les conversions de gré ou de force; et Louvois écrivit dans ses instructions aux gouverneurs de provinces : « Sa Majesté veut qu'on fasse éprouver les dernières » rigueurs à ceux qui ne voudront pas se faire de sa religion ; et » ceux qui auront la sotte gloire de vouloir demeurer les derniers » doivent être poussés jusqu'à la dernière extrémité. » Ces agents obéirent. Les confiscations, les galères, les roues, les gibets ne firent qu'augmenter le nombre des fugitifs. On ouvrit, on referma inutilement le royaume. Près d'un million de sujets industrieux allèrent porter en Angleterre, en Hollande, en Prusse, jusqu'en Amérique, leurs talents et leur haine contre la France. Ceux qui restaient s'insurgèrent. Les prédications exaltées, les rigueurs firent révolter les protestants des Cévennes (1702). Le maréchal de Montrevel, envoyé contre eux, leur fit une guerre cruelle. Villars lui succéda, réussit à gagner leur principal chef, Cavalier. Mais ils n'en recevaient pas moins des subsides de la Hollande. L'habile maréchal de Berwick, un des premiers tacticiens du siècle, fut choisi pour les combattre.

Colbert était mort le 6 mai 1682, à l'âge de soixante-quatre ans, laissant la dette réduite à trente-deux millions. On assure que ce ministre reçut au lit de mort une lettre de Louis XIV; mais qu'il la mit sous son chevet sans l'ouvrir, disant « qu'on était peu sensible à ces attentions quand on était près de rendre compte au roi des rois. » Il eut pour successeur aux finances Lepelletier, au commerce et à la marine son fils aîné, Seignelay. Privé du plus grand administrateur qui eût paru depuis Sully, Louis XIV resta livré aux conseils violents de Louvois, aux exigences rigoristes de madame de Maintenon.

Cependant la plupart des puissances européennes formèrent la ligue d'Augsbourg (1686). Guillaume et Innocent XI, la Suède et la Savoie, le Danemark et l'Autriche, la Bavière, la Saxe, le Brandebourg s'armèrent contre Louis XIV, accusé principalement d'avoir, par ses intelligences avec les Hongrois révoltés, ouvert l'Allemagne aux Turcs, contre Louis XIV qui n'avait pour lui que le roi d'Angleterre, Jacques II. Une révolution imprévue renversa Jacques et mit l'Angleterre entre les mains de Guillaume d'Orange. Jacques II vint en France, où on le reçut avec de grands égards. Louis XIV déclara la guerre à l'Angleterre, à la Hollande, à l'Empire, à l'Espagne, au pape.

Les alliés avaient pris Mayence et Bonn, avaient vaincu à Walcourt, lorsque Catinat et Luxembourg commandèrent l'armée d'Italie et celle des Pays-Bas. Catinat, sorti d'une famille illustre dans le parlement, avait été d'abord avocat. Il parvint lentement par son mérite à la plus haute dignité militaire. Simple, grave et doux, il ne fut jamais en cour ; mais ses soldats, qui l'aimaient fort, l'appelaient le père la Pensée. Il battit le duc de Savoie à Staffarde, prit Saluces, força le pas de Suze, et réduisit le duc presque aux murs de Turin. Forcé de se retirer devant les troupes allemandes qu'amenait le duc de Bavière, Catinat, en revanche, après la mort de Louvois qui le harcelait, mit fin à la guerre du côté de l'Italie par la victoire de Marsaille (1690-1692).

En Flandre, Luxembourg tua six mille alliés à la bataille de Fleurus, en prit huit mille avec deux cents drapeaux, pendant que Louis XIV s'empara de Mons et de Namur. Luxembourg vainquit à Leuze, à Steinkerque, à Nerwinden, où le roi d'Angleterre perdit vingt mille hommes et son artillerie. On l'appelait plus Luxembourg que le *tapissier de Notre-Dame*. Ce général guerroyait par inspiration. Il était contrefait. Guillaume d'Orange disait fréquemment : « Ne pourrai-je donc battre ce petit bossu ? » A quoi Luxembourg répondait avec fierté : « Qu'en sait-il ? il ne m'a jamais vu que par-devant. »

Les alliés devinrent traitables. Nos corsaires, Jean Bart, Duguay-Trouin, les effrayaient sur mer, malgré la terrible bataille navale de la Hogue, gagnée sur Tourville et d'Estrées par les Anglais; Luxembourg et Catinat triomphaient sur terre. Le premier, le duc de Savoie, céda. Les autres suivirent. Un congrès s'ouvrit à Ryswick en Hollande, et, pendant l'année 1697, la France fit la paix avec l'Angleterre, l'Espagne et l'Empire. Louis XIV rendit à l'Espagne la plus grande partie de ce qu'il lui avait pris depuis la paix de Nimègue. Des restitutions mutuelles furent stipulées entre le roi de France et Guillaume, tant en Europe que dans les Indes. De toutes ses conquêtes sur le Rhin la France ne garda que Strasbourg.

VII.
Règne de Louis XIV depuis la paix de Ryswick.

Nous eussions dû dire *trêve*, non *paix de Ryswick*. En effet, de nouvelles causes de lutte s'élevèrent. Charles II d'Espagne, dernier descendant de Charles-Quint, faisait et défaisait sans cesse son testament. La monarchie espagnole périssait. Le roi de France, l'empereur, le prince électoral de Bavière et le duc de Savoie se disputaient d'avance les dépouilles d'un roi qui, à trente-neuf ans, n'était qu'un vieillard influencé, gouverné par tout le monde. Charles II, malgré son ignorance, malgré ses incertitudes, s'arrêta fermement à l'idée de garantir au moins l'unité de la monarchie espagnole (avec Naples, les Pays-Bas, les Indes). Il choisit un petit-fils de Louis XIV, Philippe, duc d'Anjou, et mourut le 1er novembre 1700.

Louis XIV envoya son petit-fils en Espagne, lui disant : « Il n'y a plus de Pyrénées. » Le jeune roi fut proclamé sous le nom de Philippe V, et toutes les puissances de l'Europe le reconnurent, à l'exception de l'empereur. Louis XIV mit garnison dans les Pays-Bas, proclama roi d'Angleterre le fils de Jacques II, mort à Saint-Germain. Aussitôt la Hollande s'indigne et s'émeut ; l'Angleterre se croit insultée. Hollandais et Anglais s'allient contre la France. Le Danemark se joint à eux, ainsi que Frédéric Ier, nouveau roi de Prusse, les cercles du Rhin, de Franconie, de Souabe, de Westphalie, d'Autriche. Le Portugal, et la Suède même, entrent dans cette ligue formidable. Pour soutenir une pareille lutte, la France est en peine. Chamillard, créature de madame de Maintenon, cumule les ministères de Colbert et de Louvois. Charge écrasante pour un homme plus que médiocre. Et puis l'administration intérieure du royaume est livrée à des incapables. Louis XIV vieillit.

La guerre commença en Italie avant la conclusion définitive de la ligue européenne. Catinat fut vaincu par les impériaux à Carpi. Il céda l'armée à Villeroy. Celui-ci, qui voulait s'emparer de Chiari, fut battu complètement, et, l'année suivante, il se laissa surprendre dans son lit à Crémone (1702). Le duc de Vendôme, petit-fils de Henri IV, répara ces revers par les victoires de Santa-Vittoria et de Luzzara. Vendôme tolérait dans son armée l'insouciance, la légèreté et l'inexactitude ; mais il se tirait toujours de péril par son audace et par la vivacité de son esprit.

Du côté de l'Allemagne, Villars remporta sur les Impériaux la victoire de Fridlingen (11 octobre 1701). Ses soldats le proclamèrent maréchal de France sur le champ de bataille. Louis XIV ratifia ce choix. Bientôt Villars s'avança en Allemagne pour dégager l'électeur de Bavière, allié de la France, et le força à combattre les Impériaux près d'Hochstœdt (20 septembre 1703); il remporta une victoire complète : Augsbourg fut pris. L'armée française pouvait aller jusqu'à Vienne; l'empereur Léopold eut l'idée d'abandonner sa capitale. Le duc de Savoie prit alors parti contre la France et l'Espagne (1703). L'armée d'Allemagne éprouva bientôt à Hochstœdt, sur le théâtre même de la victoire de Villars, une des plus cruelles défaites qu'ait essuyées la France. Marlborough et Eugène leur avaient coupé le chemin. Les dispositions étaient faites de sorte qu'indépendamment des morts il y eut quatorze mille hommes qui se rendirent sans avoir pu combattre (1704). Villars accourut, couvrit la Lorraine, tandis que Vendôme triomphait dans la sanglante affaire de Cassano (1705). En 1706 la France éprouva deux grandes défaites. Eugène lui enlève l'Italie entière; Marlborough l'expulse des Pays-Bas espagnols.

« En 1707, dit Michelet, les alliés pénétrèrent en France par la Provence; en 1708 par la Flandre (défaite d'Oudenarde); 1709 fut une année terrible, d'abord un hiver meurtrier, puis la famine. La misère se fit sentir à tous : les laquais du roi mendièrent à la porte de Versailles, madame de Maintenon mangea du pain bis ; des compagnies de cavalerie tout entières désertaient enseignes déployées, pour gagner leur vie par la contrebande. Les recruteurs faisaient la chasse aux hommes. L'impôt prenant toutes les formes pour atteindre le peuple, les actes de l'état civil furent taxés : on paya pour naître et pour mourir. Les paysans, poursuivis dans les bois par les traitants, s'armèrent et prirent d'assaut la ville de Castres. Le roi ne trouvait plus à emprunter à quatre cents pour cent ; la dette monta, avant la mort de Louis XIV, à près de trois milliards. Les alliés souffraient aussi. L'Angleterre se ruinait pour ruiner la France. Mais l'Europe était conduite par deux hommes qui voulaient la guerre, et c'était d'ailleurs un trop doux spectacle que l'humiliation de Louis XIV. Ses ambassadeurs ne recevaient pour réponse que des propositions dérisoires. Il fallait, dit-on, qu'il défît lui-même son ouvrage, qu'il détrônât Philippe V. Il descendit jusqu'à offrir de l'argent aux alliés pour entretenir la guerre contre son petit-fils. Mais non, ils voulaient qu'il le chassât lui-même, qu'une armée française combattît un prince français. »

Louis déclara qu'il irait mourir à la frontière. La guerre devint nationale. Le 9 septembre 1709, au village de Malplaquet, nos soldats triomphèrent. Villars fut grièvement blessé; mais nous ne perdîmes pas huit mille hommes, les alliés en perdirent quinze ou vingt mille. En Espagne, à Villaviciosa, Vendôme vainquit (1710) : Philippe V coucha sur un lit de drapeaux. Enfin la victoire de Denain, remportée par Villars, sauva la France (1712).

Ce succès inespéré, et la renonciation formelle de Philippe V au trône de son grand-père, accélérèrent les négociations entamées à Utrecht, et, le 11 avril 1713, on conclut ce fameux traité de pacification. La France reconnut l'ordre de succession établi en Angleterre en faveur de la reine Anne et de la ligne protestante de Hanovre, s'engagea à démolir Dunkerque et à combler le port de cette ville. Elle céda des possessions dans l'Amérique du Nord. L'Angleterre garda Gibraltar et Minorque, et obtint pour elle, pour la Hollande et pour le Portugal, un traité de commerce qui compromettait nos intérêts. Louis XIV reconnut l'électeur de Brandebourg pour roi de Prusse; il rendit au duc de Savoie la Savoie et Nice, lui garantit la possession de la Sicile avec le titre de roi, et la succession éventuelle à la monarchie d'Espagne. Du côté des Pays-Bas, il garda Lille, Aire, Béthune et Saint-Venant, et céda aux Hollandais, comme barrière, Tournay, Ypres, Menin et Furnes.

Brillamment commencé, le règne de Louis XIV finit malheureusement. Les dernières années de la vie du grand roi furent déplorables. Jetons un coup d'œil sur l'intérieur de la France.

Louis XIV avait épousé secrètement madame de Maintenon. Sa cour, à dater de cette époque, était devenue triste; l'intrigue dévote y dominait. M. du Maine, enfant *légitimé*, obtenait toutes les grâces. Quand la mort de Louis approcha, madame de Maintenon redoubla de zèle pour le *légitimé*; élevé par elle, elle voulait que la régence du successeur de Louis XIV lui fût confiée. Il fallut parler de testament au roi, qui avait fait bâtir Versailles, qui avait quitté Saint-Germain, parce que, dans ce dernier château, on apercevait les clochers de Saint-Denis. Comment parler de mort à Louis XIV!

Le père le Tellier, son confesseur, madame de Maintenon et M. du Maine trouvaient la chose fort délicate; ils ne le quittaient plus. Ils s'efforçaient d'arriver indirectement à le faire *tester*, en multipliant les musiques, en l'égayant par des ambassades qui ressemblaient à de véritables mascarades. Un jour, à Fontainebleau, arriva le général des Minimes, suivi d'une légion de moines. Ils furent présentés au roi, qu'ils honorèrent de harangues théologiques. Et les caustiques Parisiens de dire que Louis XIV, ayant réduit la France à l'aumône, ne devait plus s'entourer *que de mendiants!* Un autre jour, on annonça un ambassadeur persan, Méhémet-Risabeg, dans la grande galerie de Versailles. Cet envoyé parut être un aventurier, et l'audience solennelle une indigne comédie.

Cependant Louis XIV manifesta de la volonté, croit-on, la volonté de dicter un testament; mais peu après, ayant été vivement contrarié par M. du Maine, le royal vieillard lui dit, en présence de beaucoup de monde : « Vous avez voulu être grand pendant ma vie, ci après moi il vous reste de conserver ce que vous avez acquis, s'il vous est possible. » Et puis tard encore : « Quelque chose que je fasse, et qui que vous soyez de mon vivant, vous pouvez n'être rien après ma mort; c'est à vous à faire valoir ce que j'ai fait. » La reine d'Angleterre félicita le monarque sur son attention à pourvoir au gouvernement du royaume; Louis XIV repartit : « J'ai dicté un testament, mais je crains bien qu'il n'en soit de celui-ci comme de celui de mon père. »

Evidemment le grand roi prévoyait des difficultés immenses pour l'exécution de ses dernières volontés, ou plutôt de ses dernières faiblesses. La politique se rit des actes qu'un homme ne peut plus défendre par lui-même, et l'on a dit pendant à toujours tort. On eût dit que Louis obéissait, en testant, à une force supérieure à la sienne.

Le premier président du parlement et le procureur général furent mandés au lever du roi. Ils suivirent ce prince, seul dans son cabinet. Là, remettant en leurs mains un paquet cacheté : « Messieurs, dit Louis XIV, voici mon testament : qui que ce soit que moi ne sait ce qu'il contient. Je vous le confie pour le déposer au parlement, à qui je ne puis donner une plus grande preuve de mon estime et de ma confiance. L'exemple du testament du roi mon père ne me laisse pas ignorer ce que celui-ci peut devenir. » Le testament fut mis dans un trou creusé dans l'épaisseur du mur d'une tour du palais, défendu par une grille de fer et par une porte munie de trois serrures. Tout Paris, apprenant que le roi avait testé, se perdit en conjectures. Les épigrammes, les vaud. villes, les placards, les plaisanteries les plus amères, résultèrent de cette nouvelle. Chacun proclama un légataire universel de son choix. Le nom de M. du Maine sortait de presque toutes les bouches.

Louis XIV dépérissait à vue d'œil. Comme pour tromper la mort, le vendredi 9 août 1715, il courut encore le cerf dans sa calèche, qu'il mena lui-même; le dimanche 11, il tint conseil et se promena dans les jardins de Trianon. Ce fut sa dernière sortie. Il continua à travailler avec ses ministres jusqu'au 23, et mangea en présence des courtisans qui *avaient les entrées*. Peu d'inquiétudes jusqu'au 25 parmi mesdames d'O, de Caylus, de Lévi et les *légitimés*, qui se tenaient toujours aux côtés du vieillard. Ce jour-là, le roi avait fait venir la gendarmerie, qu'il se flattait de passer personnellement en revue. Sa faiblesse l'en empêcha. M. du Maine remplaça Louis; seulement, le dauphin, enfant de cinq ans, qui depuis une semaine avait quitté la robe, endossa un petit uniforme de capitaine de gendarmerie, assista à la revue, où parut aussi le duc d'Orléans, à la tête des compagnies de son nom.

Le jour de la Saint-Louis, 25 août 1715, sur les sept heures du soir, les musiciens se préparaient pour le concert accoutumé, lorsque Louis XIV se trouva mal. Le concert fut remis au lendemain. On appela les médecins. Ceux-ci jugèrent et déclarèrent qu'il convenait de faire recevoir les sacrements au roi, que le père le Tellier vint aussitôt confesser. A partir de ce moment, la cour s'attendit à une catastrophe inévitable. Sur les onze heures, le cardinal de Rohan et le curé de la paroisse Notre-Dame de Versailles arrivèrent; on administra au roi le viatique et l'extrême-onction. Après la cérémonie, le moribond parla bas durant un quart d'heure environ et d'une manière très-affectueuse au duc d'Orléans. Le 26, Louis, de plus en plus faible, prononça un adieu solennel devant ses courtisans. Le mardi, 27, étant seul avec madame de Maintenon et le chancelier Voisin, il se fit apporter deux cassettes, en tira beaucoup de papiers qu'il brûla; puis il appela M. de Pontchartrain, ex-chancelier, lui ordonna d'expédier l'ordre de porter son cœur aux jésuites, pour qu'on le plaçât vis-à-vis celui de Louis XIII, et s'adressant à madame de Maintenon : « J'avais toujours ouï dire, murmura-t-il, qu'il était difficile de mourir : je touche à ce dernier moment, et je ne trouve pas que ce soit si pénible. »

Le 28, le roi aperçut deux domestiques qui pleuraient au pied de son lit. « Pourquoi pleurez-vous? fit-il. M'avez-vous cru immortel? Mon âge a dû vous préparer à ma mort! » Il regarda madame de Maintenon et ajouta : « Ce qui me console en vous quittant, c'est l'espérance que nous nous rejoindrons bientôt dans l'éternité. » Cet adieu, dit un historien, parut répugner beaucoup à madame de Maintenon, qui partit aussitôt pour Saint-Cyr. Elle regardait son rôle comme fini.

M. du Maine prépara tout pour le lit de justice qui suivrait immédiatement la mort du roi. Des courtisans, les uns environnaient les princes *légitimes*, le duc d'Orléans surtout; les autres ne quittaient pas les *légitimés*. Peu d'entre eux restèrent près du moribond. Les gens de service seuls remplissaient leur devoir. Tout à coup, un empirique de Marseille, appelé Lebrun, se présenta, prônant un élixir qu'il déclarait infaillible contre la gangrène dont mourait le roi. Les médecins, à bout de science, permirent que leur malade prît quelques gouttes de cet élixir. Le roi se ranima le 29. Hors de l'appartement, on s'éloignèrent du duc d'Orléans et de M. du Maine pour revenir à Louis XIV. Le 30, commencement de l'agonie royale : revirement de la plupart des courtisans, les uns vers les *légitimes*, les autres vers les *légitimés*. Le 31, le monarque n'eut plus que de courts instants de connaissance. Tous les courtisans disparurent. Au lit du mourant se tinrent le cardinal de Rohan et les ecclésiastiques du château, récitant les prières des agonisants. Le 1er septembre, un dimanche, à huit heures du matin, le roi *immortel* expira.

Celui qui, pendant sa vie, avait connu la flatterie sous toutes ses formes, avec tous ses masques, reçut, étant mort, les plus sanglantes insultes : et d'ignobles détracteurs, non contents de dire les vérités que l'on doit aux hommes qui ont vécu, déversèrent sur Louis XIV un torrent d'injures, en écrits et en paroles.

VIII.

Portrait de Louis XIV. — Tableau de la cour et de la ville.

Le prince qui porta plus haut qu'aucun des rois de l'ancienne monarchie le nom de la France, dit un historien moderne, fut aussi celui qui porta le plus loin l'autorité royale. Son administration se résume en un effort continu pour établir un despotisme qui ne souffrait pas même l'ombre d'une résistance. Louis XIV croyait fermement que Dieu donnait aux rois des lumières particulières, Bossuet le lui disait : « O rois! votre puissance est divine. » et le peuple le croyait. Dans ses douleurs, un seul mot lui échappait : « Ah! si le roi le savait! »

Quelles libertés pouvaient rester debout, en face de ce droit divin de la royauté? « La France, écrivait Louis XIV, est une monarchie : le roi y représente la nation entière, et chaque particulier ne représente qu'un seul individu envers le roi. Par conséquent, toute jouissance, toute autorité résident dans les mains du roi, et il ne peut y en avoir d'autre dans le royaume que celle qu'il établit. » Non-seulement il pensait être investi de par Dieu d'une autorité sans limites, mais encore avoir droit de propriété absolue sur les biens de ses sujets. « La fortune des particuliers était, disait-il, de sages économies dont il jouvait en tout temps; leur en faisait usage c'était son propre bien. » Son mot célèbre : *« l'État, c'est moi! »* était donc dans sa pensée une vérité mûrement méditée, et la France entière l'accepta ainsi.

De ses nobles, Louis fit des courtisans. Richelieu avait démoli leurs châteaux forts : il les força de quitter leurs vassaux et leurs terres, où ils se sentaient encore libres, pour venir se ruiner à sa cour, où il les laissa bafouer par Molière. En échange, il leur abandonna les places d'église et les grades de l'armée; de sorte qu'il n'y eut guère plus guère d'évêques plébéiens que d'officiers de fortune. Mais il se garda plus soigneusement encore que ses prédécesseurs d'ouvrir jamais aux grands seigneurs le ministère ou les hauts emplois diplomatiques. A l'armée, dans l'Église, il n'avait rien à craindre d'eux; car l'Église, déjà placée, par le concordat de 1516, dans la dépendance du roi pour ses élections, consentit encore à la constitution de la régale et à la célèbre déclaration de 1682, qui constitua au sein du catholicisme une église gallicane toute monarchique. Quant à l'armée et au parlement, celle-là n'était plus qu'une école d'obéissance passive; celui-ci qu'une cour de justice. Louvois avait rudement discipliné l'une, qu'il sépara du peuple en lui donnant l'*uniforme*. L'autre ne s'était pas relevé du ridicule de la Fronde. Pas un conseiller n'osa même murmurer quand Louis, à la nouvelle de quelque velléité d'opposition, entrant au parlement en habit de chasse et le fouet à la main, leur dit : « On sait les malheurs qu'ont produits vos assemblées; j'ordonne qu'on casse celles qui ont commencé sur mes édits. »

Des villes et des provinces d'états avaient conservé quelques restes de vieilles libertés; les intendants les soumirent à une même obéissance. Les villes, déjà dépouillées par l'ordonnance de Moulins de la juridiction de leurs maires et échevins, gardaient encore au moins le droit de les élire; le roi rendit les mairies perpétuelles, mettant l'hérédité dans les communes comme dans l'Etat. Un immense personnel administratif porta partout la volonté du roi, et une immense armée, mise en garnison souvent à l'intérieur, la fit exécuter partout. Un pouvoir nouveau, la police, créé aux dépens de l'autorité judiciaire et militaire pour surveiller les personnes et les opinions, devint comme l'œil toujours ouvert.

Il n'y avait donc plus en réalité ni noblesse, ni clergé, ni tiers état. Malgré les titres et les costumes qui diffèrent, la nation est unie sous le despotisme du monarque, qui s'élève au-dessus de tous, comme le soleil, son emblème craint et admiré. Mais si le roi monte assez haut, il est isolé, et s'il est seul, il sera aisément frappé. Pour abattre la monarchie, il n'y aura qu'à renverser le monarque.

Un gentilhomme disait à François Ier : « Sire, il vous manquait au combat la meilleure pièce de votre harnois, le cœur de votre noblesse, que par ci-devant n'avez reconnue ni traitée comme vous deviez. » Cette armure qui protégeait le cœur de la royauté, Richelieu et Louis XIV l'ont brisée. Le roi maintenant est à découvert : malheur à lui s'il ne reste grand et respecté, car il n'a plus d'autre bouclier que l'amour et le respect du peuple. Fénelon, voyant quel vide la monarchie absolue faisait autour d'elle, disait dès l'année 1709 : « La vieille machine se brisera au premier choc. »

Le roi était tous les jours cinq ou six heures dans ses conseils, et entretenait souvent ses ministres en particulier pour voir s'ils lui diraient les mêmes choses que quand ils étaient ensemble. Il se faisait lire toutes les lettres des ambassadeurs, et y répondait lui-même; mais cela ne l'empêchait pas de donner toutes sortes de divertissements à la cour. Il avait fait agrandir le parc de Fontainebleau, et s'y promenait tous les jours en calèche avec Madame et quelques autres dames. La reine était grosse, et s'y faisait porter en chaise. Les courtisans étaient à cheval, et il y avait souvent deux parties de chasse l'après-dîner, et bal le soir.

Du temps des amours du roi avec la Vallière, la cour était dans la joie et dans l'abondance; les courtisans faisaient bonne chère et jouaient gros jeu. L'argent roulait, toutes les bourses étaient ouvertes, et les notaires en faisaient trouver aux jeunes gens tant qu'ils voulaient. L'usurier était dur : mais prend-on garde aux conditions quand on est jeune et qu'on veut avoir de l'argent? Ainsi ce n'étaient que festins, danses et fêtes galantes. Le comte de Saint-Aignan, toujours lui-même, se distinguait entre tous les autres. Il fit dresser un théâtre dans une allée du parc de Fontainebleau : il y avait des fontaines naturelles, des perspectives, une collation par ordre [1]. »

Le nombre des maîtresses de Louis XIV fut considérable. On publia ce couplet sur les principales d'entre elles :

> La première (la Vallière), dans son chagrin,
> De dépit se rendit vestale,
> La seconde (Montespan) rongea son frein
> Jusqu'à la quatrième de ses rivales;
> Mais la dernière (Maintenon) aux cheveux gris
> Gardera mieux ce qu'elle a pris.

Le luxe des meubles, des appartements et des costumes était indispensable à la cour de Louis XIV; il donnait un peu de charme à la réunion, dans les grands ou petits appartements, de plusieurs princes pour qui la nature avait été une marâtre. Sous d'immenses perruques disparaissaient les vices de la tête, comme, sous Louis XV, les paniers prêtèrent secours aux tailles malfaites. Quiconque ne se montrait pas magnifique était sûr de déplaire au monarque. Celui qui avait de beaux cheveux lui devenait agréable; celui qui avait demandé, qui avait obtenu la permission de bâtir un hôtel à Versailles ou à Fontainebleau, prenait large place en son cœur. Rarement on vit rassemblés au Louvre, ou à Marly, ou à Versailles, tant de personnages malheureux sous le rapport physique. Cela prêtait à rire au peuple, qui souffrait, lui, de la famine et de la misère, qui, faute de pain, se nourrissait de caricatures, viande creuse, mais si agréable au palais!

Représentez-vous Marie-Thérèse d'Autriche, première femme du *grand roi*, maigre, sèche et fort petite : Ses ridicules la donnaient en spectacle : elle avait toujours peur, à table, qu'on ne lui laissât pas de quoi dîner. Etrange crainte chez une reine! En mourant, elle avait dit : « Voilà le seul jour heureux de ma vie! » Ses dents étaient noires et cassées, parce qu'elle prenait sans cesse du chocolat, selon

[1] Mémoires de l'abbé de Choisy.

la mode d'Espagne, prétendaient les uns, parce qu'elle mangeait souvent de l'ail, assure *la Palatine*.

Henriette d'Angleterre pétillait d'esprit; mais le sort l'avait faite bossue! La Vallière, comme tout le monde sait, boitait un peu. La duchesse de Berry mettait beaucoup de rouge pour cacher les marques que la petite vérole lui avait laissées sur les joues. La duchesse d'Orléans, femme de Philippe, régent, tombait à tout instant en défaillance; au bout de deux pas, venait pour elle la fatigue. Elle s'était habituée à boire et à manger couchée. Le duc de Bourgogne, dont les qualités promettaient un excellent roi, avait une épaule plus haute que l'autre, et la princesse de Savoie, sa femme, qui, par sa malice et ses espiègleries, faisait les délices de la cour, ne possédait pas une seule dent saine dans la bouche. Enfin, Henri de Bourbon était borgne, la duchesse du Maine manchotte, le duc du Maine boiteux. Et Louis XIV?... le moindre de ses défauts était une prononciation vicieuse : il appuyait un peu la langue entre les dents supérieures en parlant, et quand il voulait dire *Paris*, il disait *Pahis*. Du reste, souvent malade, il souffrit en 1686 d'une fistule, heureusement opérée, après avoir mis la cour et la ville en émoi. On reprochait à Louis XIV d'être trop petit, d'avoir trop d'embonpoint, de rester longtemps la bouche ouverte. Il mangeait extraordinairement. On vit le roi engloutir, et cela très-souvent, quatre assiettes de différentes soupes, un faisan tout entier, une perdrix, une grande assiette pleine de salade, du mouton coupé dans son jus avec de l'ail, deux bons morceaux de jambon, une assiette pleine de pâtisserie, et du fruit et des confitures. Cet appétit vorace, presque toujours satisfait, donnait à Louis XIV une réplétion que combattaient des saignées et des purgations fréquentes, tantôt par nécessité, tantôt par précaution.

Sous un monarque jeune, toutes ces physionomies pouvaient encore se supporter. Il suffisait d'astreindre les courtisans à un uniforme rigoureux, grâce auquel les détails désagréables s'effaceraient, pour ne plus constituer qu'un bel ensemble extérieur. L'uniforme, à la cour, c'est l'étiquette. Marquant à chacun ses devoirs, ses droits, ses pas, ses démarches, ses saluts officiels, elle établit une harmonie parfaite parmi les seigneurs qui entourent le trône, depuis la plus ébouriffante laideur jusqu'à la plus irréprochable beauté. En maître absolu, Louis XIV, qui comprenait ces vérités, avait promulgué une espèce de code du cérémonial, et sa loi, ponctuellement observée, contribuait à *embellir* un peu le *défectueux* assemblage du palais. Les hommes avaient obéi avec empressement. L'étiquette régnait et gouvernait. Le moindre désir du prince, en fait de costume d'usage, de révérence, se réalisait aussitôt. Et quelle rigueur dans les cérémonies de la cour! Dès que le monarque avait ouvert les yeux, commençaient les salamalecs; même après qu'il était endormi, ils continuaient. Laissons ici parler le code de l'étiquette.

« De deux jours l'un, dit *l'Etat de la France*, c'est jour de barbe, c'est-à-dire que le roi se fait raser. Les deux barbiers de quartier rasent alternativement de deux jours l'un, et celui qui ne rase point apprête les eaux et tient le bassin. Celui qui est de jour pour raser Sa Majesté met le linge de barbe au roi, le lave avec la savonnette, le rase, le lave, après qu'il est rasé, avec une éponge douce, d'eau mêlée d'esprit-de-vin, et enfin avec de l'eau pure. Pendant tout le temps qu'on rase le roi, le premier valet de chambre tient le miroir devant Sa Majesté avec le peigne à moustache... Aux *communions du roi* le chef de paneterie - bouche pose son tablier ou nappe en présence de Sa Majesté, sur le siège pliant qui est mis au bas de l'autel; puis cette nappe est étalée par les deux clercs de chapelle. Le chef d'échansonnerie-bouche ayant, au moment de la communion, versé un peu de vin dans une coupe qui est sur la soucoupe, duquel il fait l'essai, met cette coupe entre les mains du premier maître d'hôtel, de qui le célébrant, qui vient de communier le roi, la reçoit et la présente à Sa Majesté, qui en prend quelques gouttes. Dans ce même temps, le prince du sang ou *légitimé*, ou bien le premier maître d'hôtel, en son absence, qui a reçu du chef de paneterie - bouche, sur une assiette d'or, une serviette frisée, la présente au roi, qui s'en essuie les lèvres, si bon lui semble... Un maître d'hôtel, en l'absence du premier maître d'hôtel ordinaire, présenterait cette serviette à Sa Majesté, ou, en l'absence des officiers ci-dessus, les chefs de gobelet la présenteraient eux-mêmes... Le roi ayant communié *touche* ordinairement *les malades*. Trois chefs du gobelet se trouvent au dernier rang des malades, avec trois serviettes mouillées, différentes, mises entre deux assiettes d'or, pour en laver les mains de Sa Majesté, qui vient de toucher les malades. Ces chefs du gobelet présentent aux princes du sang ou *légitimés* les trois serviettes en cet ordre : la première, trempée de vinaigre, au plus qualifié des princes du sang; la seconde, mouillée de l'eau simple, à un autre prince du sang; et la troisième, trempée d'eau de fleur d'orange, à un autre prince. »

A telle heure, heure précise, un gentilhomme doit arriver au lever de Sa Majesté, pour assister à *la chemise*. Tel prince du sang doit être initié à l'art *d'offrir le verre* à Louis XIV; il doit savoir combien de pas l'étiquette lui permet de faire dans la *chambre du roi*, quand et comment il peut *parler*, etc., etc. Lorsque le roi mange son petit dîner, lorsqu'il y a *petit couvert*, c'est un prince du sang ou *légitimé* qui lui offre la serviette mouillée à laver; les princesses du sang ou *légitimées* ont seules le droit d'être servies en public par les officiers du gobelet; les princes du sang ou *légitimés* présentent la médecine au roi indisposé, etc., etc.

Les femmes se soumettaient moins aveuglément que les hommes au code, dont un article portait : « Quand les grandes dames, surtout les princesses du sang, passent dans la chambre du roy, elles font une grande révérence au lit de Sa Majesté. » Elles voulaient échapper à la révérence; elles tenaient quelquefois tête aux volontés de Louis XIV. Dépité, un jour il s'écria : « J'avoue que je suis piqué au vif quand je vois qu'avec toute mon autorité de roi en ce pays-ci, j'ai eu beau crier contre les coiffures trop hautes, personne n'a eu pour moi la complaisance d'abaisser un peu la sienne. Arrive une inconnue, une petite guenille d'Angleterre (Henriette), avec une coiffure basse : tout à coup les princesses vont d'une extrémité à l'autre! »

Il serait trop long d'entrer dans tous les détails de l'étiquette observée à la cour de Louis XIV. Plus le monarque avança en âge, plus cette étiquette devint rigoureuse. Les idées de magnificence qui dirigeaient les courtisans passèrent un peu dans la bourgeoisie. Voici, par forme d'exemple, quel était le menu d'un mobilier bourgeois : un grand paquet de cuir, quatre fauteuils de satin jaune garnis de points, un sofa de bois de noyer à la capucine garni de glui, de paille, six chaises de glui à la capucine garnies de cartouches de points, deux chaises perspectives, une chaise inquiétude, une demi-douzaine de placets de serge bleue, une table de dix couverts sur un seul pied, une table à pieds de biche, une autre à colonnes torses, deux lits de serge bleue à colonnes, un lit de damas cramoisi à quenouilles, avec pentes, dossier, ciel de lit, bonnes grâces, doubles rideaux, couvre-pied, courte-pointe, soubassements, deux bénitiers garnis de cristal, miroirs à bordures noires, à bordures de bois d'olivier, à cadre grillé, miroirs à cadre émaillé, à cadre de cuivre argenté, vieux tapis d'Aubusson, de Turquie, de Perse, bras de cheminée tournés, sculptés, argentés, dorés, à simple, double chandelle, bustes en cuivre d'Adrien, d'Antonin, tableau de tapisserie représentant Marguerite de Navarre, chiens plaqués, chevrettes de cuivre, chenets de fer, feux de fer, paravent à six feuilles, portières de drap, portières de tapisserie, poêle de tôle à long tuyau, armoires à deux, à quatre portes, à double, à triple tiroirs. Encoignures, coffres, coffrets, bahuts, malles, mallettes, haste, broche, tourne-broche, hachoir, longue table-coffre avec son gradin, salière de bois en chaise fermée, grande marmite de cuivre, pot de fer à trois pieds, pot de potin, etc., etc[1].

Quant aux droits honoriques de la noblesse, ils étaient légalement définis. Par exemple, les encensements avaient coutume de se faire les jours de fêtes solennelles et le jour de la fête du patron de l'église. Ces jours-là le curé était obligé d'encenser le seigneur de sa paroisse à la messe et à vêpres. Quatre arrêts du parlement de Dijon l'avaient ainsi ordonné. Pour la forme des encensements, elle était réglée par l'arrêt du parlement de Paris. Il portait qu'à l'égard des encensements « qui se faisaient le matin à la grand'messe, le curé était condamné, étant sur les marches de l'autel, de se tourner du côté de la chapelle du Seigneur et l'encenser, et l'après-dînée au cantique de *Magnificat*, après les encensements ordinaires, se transporter dans la chapelle du Seigneur où il l'encensera. »

Le roi donnait des diamants à ses nobles *amés*. Ce n'étaient qu'apanages, divertissements, dépenses excessives : témoin Versailles. Le faste français domina l'Europe, s'y répandit : « En Angleterre, en Allemagne, en Italie, en Espagne, écrit Chateaubriand, partout on reconnaît qu'on a suivi les édits de Louis XIV pour la justice, ses règlements pour la marine et le commerce, ses ordonnances pour l'armée, ses institutions pour la police des chemins et des villes; tout, jusqu'à nos mœurs et à nos habits, fut servilement copié. Tel pays qui se vantait de ses établissements publics en avait emprunté l'idée à notre nation ; on ne pouvait faire un pas chez les étrangers sans retrouver la France. »

IX.

Institutions et fondations du règne de Louis XIV.

Grande époque. La foule des institutions qui sont nées sous Louis XIV épouvante l'historien. Énumérons-les par ordre chronologique.

1er avril 1645 : Le roi pose la première pierre du Val-de-Grâce. Mansard en fournit les dessins.

1647 : Création d'un consulat à Tripoli de Barbarie. — L'avocat Cleirac, de Bordeaux, publie les *Us et coutumes de la mer*, collection qui exerça une grande influence sur la formation du droit maritime.

1648 : Arrêt d'union du parlement de Paris avec les autres parlements du royaume (13 mai et 15 juin). — Fondation de l'Académie de peinture et de sculpture.

1650 : Création d'une chambre de commerce à Marseille (c'est la première qu'ait eue la France), confirmée par édit de 1669.

1653 : Nouvelle création des intendants de province chargés de la justice, de la police et des finances. — Bulle du pape qui condamne les cinq propositions de Jansénius.

1655 : Édit pour l'établissement du papier timbré.

1656 : Établissement au château de Madrid, dans le bois de Boulogne, de la première manufacture de bas au métier.

1657 : Création des courtiers maritimes. — Établissement de l'Hôpital général à Paris.

1658 : Il n'y avait à cette époque que trois cent dix ou trois cent vingt voitures dans Paris.

1660 : Création du conseil souverain de Perpignan. — Ouverture du canal d'Aire à la Bassée et à la Deule (42,360 mètres); concession à perpétuité. — Édit qui déclare la gravure en taille-douce *art libéral*, et affranchit de toute maîtrise ceux qui s'y livrent. — Le voyageur Thévenot apporte à Paris le café, que l'ambassadeur ottoman met à la mode en 1669. On le vendait quarante écus la livre ; il n'en venait que du Levant par Marseille.

1661 : Suppression de la charge de colonel général d'infanterie (25 juillet). — Lulli est fait surintendant de la musique. — Hardouin-Mansard prend la direction des constructions de Versailles, dont le Nôtre dessine les jardins. — Établissement à Paris de voitures publiques (omnibus). Elles ne réussissent pas. Les fiacres datent de la fin du dix-septième siècle.

1662 : Les ouvrages de Descartes sont mis à l'index à Rome.

1663 : Établissement de l'Académie des inscriptions et belles-lettres. — Le roi distribue en pensions aux gens de lettres 47,900 livres. Cette dépense monta une année jusqu'à 100,866 livres.

1664 : Querelle des jésuites et des jansénistes. — Le canal de Languedoc est commencé (novembre). — Formation des deux compagnies des Indes orientales et occidentales. — Publication d'un tarif de douanes qui mettait à la place des taxes multipliées et changeant à chaque province, parfois à chaque canton, un droit simple et facile à percevoir.

1665 : Denis de Salo fonde le *Journal des Savants*, le premier journal littéraire publié en Europe (5 janvier). — Réduction des intérêts au denier 20. — Les enfants des protestants qui embrasseront le catholicisme pourront, les garçons à quatorze ans, les filles à douze, exiger de leurs parents une pension proportionnelle à leurs besoins et aux facultés de leur famille. — Création d'une chaire de droit français à Bourges. — Cassini découvre les satellites de Jupiter. — Perrault commence la colonnade du Louvre. — Fondation à Tourlaville, près de Cherbourg, plus tard à Paris, et en 1691 à Saint-Gobain, de la première manufacture de glaces, par des ouvriers que Colbert fait venir de Venise.

1666 : Ordonnance contre le droit d'asile dans les hôtels des grands. — Établissement de l'Académie des sciences et de l'Académie française de Rome, et fondation de la Manufacture royale des tapisseries et meubles de la couronne (Gobelins). — Construction du port de Cette.

1667 : Création de la charge de lieutenant de police à Paris (15 mars). — Le Parlement ne conserve le droit de remontrance *qu'après l'enregistrement*. — Perrault commence l'Observatoire royal, terminé en 1672.

1668 : Fondation du comptoir de Surate (Indes).

1669 : On compte cette année dans le royaume 34,200 métiers pour la laine. — Création de l'école des *Jeunes de langue*, pour l'étude des langues orientales. — Ordonnance de Colbert sur les eaux et forêts.

1670 : Ordonnance sur l'instruction criminelle, qui restreint l'application de la torture et divers cas d'emprisonnement provisoire, mais qui ne permet ni conseil ni défenseur à l'accusé dans les accusations capitales; conserve l'atrocité des peines antérieures, la roue, l'écartèlement, etc., et mesure toujours mal la peine au délit. — Adoption de l'uniforme pour l'armée française. — Création du théâtre de l'Opéra[1].

1671 : Commencement de l'hôtel des Invalides (30 novembre). — Fondation de l'Académie d'architecture. — Le mousquet, qui n'était guère qu'une arquebuse perfectionnée, commence à être remplacé par le fusil à pierre et à baïonnette.

1672 : Fondation de l'Académie royale de musique par Lulli. C'est la première époque de la musique française.

1673 : Construction de la Porte-Saint-Denis, par Blondel. — Suppression des filles d'honneur de la reine. — Construction de la Porte-Saint-Martin, par Bullet.

1675 : Élévation du dôme des Invalides. — Un charpentier commence la machine de Marly, achevée en 1682.

1679 : Édit réorganisant les écoles de droit (avril), complété par une déclaration du 20 janvier 1680. Il créait des chaires de droit national, mais supprimait l'enseignement libre des docteurs, qui avait lieu dans les anciennes facultés, à côté de l'enseignement officiel des professeurs titulaires. — Première publication de l'*Almanach royal*.

1681 : Déclaration portant que les enfants des protestants pourront se convertir dès l'âge de sept ans. — *Missions bottées* envoyées par Louvois dans le Poitou. Les soldats étaient logés chez les protestants jusqu'à ce qu'ils se convertissent. — Ordonnance sur la marine et le

---

[1] *Monteil*, Histoire des Français des divers États.

[1] Notre *Histoire de Paris* contient des détails sur la création de ce théâtre important.

commerce. Elle compose en grande partie le second livre de notre *Code de commerce*. — Abolition du droit de bris dans tout le pays de l'obéissance du roi.

1682 : Déclaration des quatre articles confirmés par édit du roi et enregistrés le 23 mars : 1° Le pouvoir temporel est indépendant du pouvoir spirituel ; 2° Le concile général est supérieur au pape, ainsi que l'ont déclaré les Pères de Constance ; 3° L'usage de la puissance apostolique doit être réglé par les canons sans porter atteinte aux libertés de l'Eglise gallicane ; 4° Les jugements du pape, même en matière de foi, ne sont irréformables qu'après qu'ils ont obtenu l'assentiment de l'Eglise.

1683 : Acquisition de Pondichéry.

1685 : Publication du *Code noir*, qui règle la condition des esclaves aux colonies.

1686 : Création, par madame de Maintenon, de l'Ecole de Saint-Cyr pour les demoiselles nobles, et du Collège des Cadets par le roi. — Création des parlements de Douai et de Flandre.

1687 : Versailles est achevé.

1688 : Fondation de Chandernagor. — Défense aux protestants, sous peine des galères, d'avoir « aucunes armes offensives, poudre et munitions. » — Le protestant Denis Papin, réfugié en Allemagne, invente la première machine à vapeur, sans toutefois la réaliser en grand. Parmi les applications qu'il indique se trouve celle de pouvoir, avec cette machine, « ramer contre le vent. »

1692 : Création du corps des hussards. — Création de mairies perpétuelles dans les hôtels de ville et communautés du royaume.

1693 : Institution de l'ordre militaire de Saint-Louis (10 mai). — Création du timbre et du contrôle, qui s'étend à tous les actes de la vie civile. — Déclaration frappant de bâtardise les enfants des calvinistes qui n'ont point abjuré. — La misère est telle que le roi ordonne de distribuer dans Paris 100,000 livres de pain par jour.

1694 : Edit accordant aux princes *légitimés* (le duc du Maine et le comte de Toulouse) un rang intermédiaire entre les princes du sang et les pairs. — Le roi achète le palais du Luxembourg à madame de Guise. — Les *jeux floraux* de Toulouse, complétement dégénérés, sont changés par Louis XIV en une académie, qui a, depuis cette époque, publié annuellement les pièces couronnées.

1695 : Etablissement de la capitation, à laquelle tous, princes, seigneurs, prêtres, magistrats, bourgeois, artisans et domestiques, furent soumis. On fit vingt-deux classes de contribuables : la première classe payait 2,000 livres, la dernière une seule.

1696 : Edit qui anoblit cinq cents personnes moyennant finance, et permet aux bourgeois d'acheter des armoiries à 20 francs par brevet.

1697 : Création de la police administrative.

1699 : Construction de Neuf-Brisach (septembre). — Les magistrats municipaux sont dépouillés, dans beaucoup de villes, de l'administration de la police, que l'on confie à des lieutenants et commissaires de police dont la charge est vénale.

1700 : Population du royaume, 19,669,320 habitants. — Etablissement d'une loterie royale à l'Hôtel-de-Ville de Paris.

1702 : Edit qui crée deux cents nobles moyennant finance. — Arrêt du parlement défendant de prendre aucune personne prisonnière pour dettes dans sa maison sans permission du juge.

1703 : De l'année 1560 à 1703, il fut rendu plus de dix-huit ordonnances contre les usurpations de noblesse.

1706 : Résolution prise à Rome dans une assemblée générale de la société de Jésus, de poursuivre les principes de Descartes, *de les exterminer*.

1709 : Hiver extraordinaire ; le 14 janvier, il y a 21° 2 de froid à Paris. Dons patriotiques ; famine et misère.

1710 : Edit ordonnant la levée d'un dixième sur les revenus de toutes les terres, même de la noblesse et du clergé, et sur les pensions. Le roi avait consulté la Sorbonne à propos des deux ordres privilégiés. La Sorbonne répondit « que tous les biens des Français étaient au roi en propre, et que quand il les prenait, il ne prenait que ce qui lui appartenait. » Cet impôt produisit vingt-cinq millions, qui peut-être sauvèrent la France. — Destruction de Port-Royal-des-Champs.

1711 : Edit qui crée cent nobles moyennant finance.

1712 : Etablissement à l'île de France.

1713 : Bulle *Unigenitus* (8 septembre), qui ranime la guerre entre les jansénistes et les jésuites. — Création de chambres du commerce à Bayonne, Bordeaux, Lille, Nantes, Rouen et Saint-Malo.

1714 : Premier bail de la ferme du tabac (novembre).

1715 : A la mort de Louis XIV, le déficit annuel était de soixante-dix millions. Deux années étaient dépensées d'avance ; la dette en billets exigibles était de sept cent quarante-trois millions, et les rentes sur l'Hôtel-de-Ville montaient à quatre-vingt-six millions. — Sous ce règne, on abolit le *livre parisis*, et l'on ne compta plus que par *livres tournois*.

Ce qui frappe, dans l'énumération que nous venons de faire, c'est la persistance que la royauté met à frapper les protestants. « Le trône et l'autel, » disait-on, a été, depuis la révocation de l'édit de Nantes, la devise des partisans du pouvoir absolu. La vente des titres de noblesse montre aussi combien l'aristocratie était déchue. Enfin, le déficit du trésor, la misère du peuple, les abus des classes privilégiées, laissent à penser ce que seront la régence et le règne de Louis XV. La monarchie s'affaisse lorsqu'à peine elle a atteint son apogée.

X.
La régence.

Le trône de Louis XIV appartenait maintenant à un enfant de cinq ans et demi, Louis XV, arrière-petit-fils de Louis XIV et fils du duc de Bourgogne. Le parlement cassa le testament du feu roi, et déféra la régence absolue à Philippe, duc d'Orléans, neveu de Louis XIV, à l'exclusion du duc du Maine, *le légitimé*. La politique, les opinions, les mœurs du régent changèrent la situation des choses. C'était un prince de mauvaise réputation. Sa mère elle-même parlait ainsi de lui : « Les fées furent conviées à mes couches, et chacune dotant mon fils d'un talent, il les eut tous. Malheureusement on avait oublié d'inviter une fée qui, arrivant après les autres, dit : Il aura tous les talents, excepté celui d'en faire bon usage. »

Ni beau ni laid, brave, assez instruit, le duc d'Orléans était ardent aux plaisirs, non aux plaisirs délicats et purs, mais à ceux qui corrompent l'âme et qui scandalisent les honnêtes gens. Quand il se grisait, ce n'était point en buvant des boissons fortes, des liqueurs spiritueuses, mais avec du vin de Champagne ou de Tokai, pour lesquels il montrait une passion immodérée. Du reste, peintre habile, remarquable musicien, mécanicien adroit, excellent chimiste, le duc d'Orléans, en tout point fort modeste, avait la prétention de ressembler par le corps, par l'esprit et le caractère, à Henri IV. Louis XIV le jalousait, a-t-on prétendu ; certainement il ne l'aimait pas. « Mon neveu, disait le grand roi, est un fanfaron de vices ! »

Le régent accorda à son précepteur Dubois une scandaleuse faveur. Cet homme, fils d'un apothicaire de Brives, gouverna la France à force d'infamie, et, pour comble d'indignité, devint cardinal. Les satires ne manquèrent pas d'atteindre le duc d'Orléans. Ce quatrain parut :

> D'un protestant faire un papiste,
> D'un chancelier un scélérat,
> D'un cardinal un apostat,
> N'est-ce pas être bon chimiste ?

Il parut aussi une chanson dont nous ne citerons que le premier couplet :

> Condé, Dubois et le régent,
> Sont, ma foi, bien faits l'un pour l'autre :
> L'un méchant, l'autre brutal,
> Le tiers en crapule se vautre ;
> Tous trois le fléau des humains,
> Pauvres Français, que je vous plains !

Tel était, selon un poëte, l'état de la France en 1719 :

> L'argent s'anéantit.
> Le banquier manque de crédit.
> Le marchand demande répit.
> Le courtisan languit.
> Le soldat réformé périt.
> La noblesse s'avilit.
> Tout le monde pâtit.
> Le régent rit.
> Le bourreau s'enrichit.
> La dame de cour se remplit.
> Le parlement s'enorgueillit.
> Le conseil s'étourdit.
> L'homme d'affaires se tapit.
> Le comptable s'en dégourpit.
> La grisette n'a plus d'habit.
> La belle sans argent rôtit.
> De Rome le pouvoir est frit.
> Loyola crève de dépit.
> Le jansénisme reverdit.
> La vérité réduit.
> La vertu se réduit.
> L'honneur s'enfuit.
> Le juste compatit.
> Le sage en vain rougit.
> Le voluptueux s'enhardit.
> Tout se perd petit à petit.

Le régent laissait dire, vivait joyeusement, et gouvernait à sa guise. L'ancienne cour était proscrite : à la place des *dévots* de madame de Maintenon, se mirent les *roués* du duc d'Orléans. On appela *antiquailles* ceux qui avaient eu des faveurs sous Louis XIV.

Louis XV respira dans son berceau l'air infecté de la régence. Il était d'ailleurs débile. Il marcha à la lisière jusqu'à sept ans ; à douze ans il portait un corps de baleine pour se soutenir. Son gouverneur, lui montrant la foule assemblée sous les fenêtres de son palais, lui disait : « Sire, tout ce peuple est à vous. »

Certes, le régent avait des intentions généreuses, malgré ses vices. A l'intérieur, il s'associa aux idées nouvelles; à l'extérieur, il suivit un système politique tout moderne; il invita les particuliers à donner leur avis sur les affaires publiques; il s'allia avec l'Angleterre et la Hollande contre l'Espagne (4 janvier 1716) qui le menaçait.

Il fallait réparer le déficit; l'Etat devait plus de deux milliards. Le régent ne voulut ni de banqueroute ni d'états généraux; on refondit les monnaies; on raya trois cent trente-sept millions de créances vicieuses; on créa une chambre ardente chargée de rechercher les traitants concussionnaires (édit de mars 1716); on organisa la *terreur* contre les financiers. « Pour cette justice nouvelle, dit Lemontey, il fallut un code nouveau, et il fut atroce. La peine de mort y était prodiguée sans mesure pour tous les délits des justiciables. Le carcan attendait les témoins négligents, les galères punissaient l'erreur dans la déclaration des fortunes. Law s'unissait aux délateurs était punie du dernier supplice, les domestiques étaient autorisés à déposer contre leurs maîtres sous les noms empruntés, etc. »

La *terreur* contre les financiers n'amena pas de résultats satisfaisants. Alors le régent accepta le système de l'Ecossais Law. Les billets de la *banque par actions* furent hypothéqués sur l'entreprise immense de la perception des impôts du royaume[1]. Ce moyen n'aboutit qu'à une banqueroute décisive. Law s'en alla mourir à Venise.

Cependant Albéroni, qui gouvernait l'Espagne sous Philippe V, entreprit de lui rendre ce qu'elle avait perdu, de rétablir le prétendant en Angleterre, d'ôter en France la régence au duc d'Orléans. Albéroni échoua partout. Le prétendant ne fit qu'une tentative impuissante. L'ambassadeur d'Espagne, Cellamare, et la duchesse du Maine, qui voulait créer son mari vice-régent au nom de Philippe V, furent arrêtés et le complot découvert. Le régent et Dubois ne punirent que quelques gentilshommes de Bretagne qui avaient essayé de soulever la province (1718). Ils firent accepter par l'empereur le *traité de la quadruple alliance* pour s'opposer aux projets d'Albéroni. Une armée française prit Fontarabie et Saint-Sébastien pendant que l'amiral anglais Bing détruisait une flotte espagnole en Sicile. Philippe V fut forcé d'éloigner Albéroni.

Dubois fut récompensé de ses services, ainsi que nous l'avons vu, par le chapeau de cardinal. Un poëte écrivit à ce propos :

> Pour avilir l'éclat de la pourpre romaine,
> Et lui faire porter l'opprobre de la croix,
> Le saint-père n'a cru de route plus certaine
> Que de l'enchâsser dans *du bois*.

Un autre satirique saisit, pour stigmatiser le régent, l'époque où mourut la princesse palatine, sa mère. Il composa cette épitaphe :

> Ci-gît l'*oisiveté*, mère de tous les vices.

Méprisés l'un et l'autre, Dubois et le régent se suivirent de près dans la tombe. Le cardinal Dubois, que Rome, disait-on, « rougit d'avoir rougi, » était mort (1723) en inspirant au duc d'Orléans cette cynique oraison funèbre : « Morte la bête, mort le venin! »

Quant au régent, il expira d'apoplexie le 2 décembre de la même année, à l'âge de quarante-neuf ans, *honoré* d'oraisons funèbres moins courtes, mais plus nombreuses, d'épitaphes mordantes, dont nous extrayons celle-ci, peu connue :

> Ci-gît un prince sans égal,
> Plus grand et plus fameux qu'on ne peut jamais dire
> Ces deux vers pris en bien , ces deux vers pris en mal,
> Font son éloge et sa satire.

XI.

Louis XV depuis sa majorité jusqu'à la mort du cardinal de Fleury.

Fleury, ex-précepteur de Louis XV, s'empara du roi et du royaume (1726-1745). Sous le gouvernement économe et timide du vieux prêtre, la France ne fut troublée que par l'affaire de la Bulle, les *convulsions* du jansénisme et les réclamations des parlements. La France, endormie sous Fleury, était unie à l'Angleterre endormie sous Walpole; « union inégale, dit Michelet, où la France n'avait l'avantage en aucun sens. » Mais il y avait tant de causes de guerre au milieu de ce grand calme, qu'une étincelle partie du Nord mit l'Europe en flammes. Sous le ministère du duc de Bourbon, le roi de France s'était marié à la fille d'un prince sans Etat, Stanislas Leczinski, roi éphémère de Pologne, qui s'était retiré en France. A la mort d'Auguste II (1733), le parti de Stanislas se réveilla, en opposition à celui d'Auguste III, électeur de Saxe, fils du feu roi. Villars et les vieux généraux poussaient à la guerre. Fleury envoya trois millions de francs et quinze cents hommes contre cinquante mille Russes.

Un jeune Français, le comte de Plélo, ambassadeur en Danemark, se mit à la tête de ce secours insuffisant, qui compromettait le nom français, et se fit tuer au premier combat. Stanislas se sauva de Dant-

[1] Nous avons donné des détails sur la banque de Law dans notre *Histoire de Paris.*

zick, où il était assiégé, déguisé en matelot. Dès lors le débat s'engagea en Italie, où l'Espagne et le roi de Sardaigne voulaient reprendre à l'Autriche le Milanais et les deux Siciles. La France, alliée de l'Espagne et du Piémont, s'empara de la Lorraine. Le maréchal de Berwick passa le Rhin et fut tué au siège de Philipsbourg dont son armée resta maîtresse. Villars termina sa carrière par la prise de Pavie et de Milan. Les Espagnols reprirent Naples et la Sicile, et y établirent l'infant don Carlos (juillet 1735). Par un traité conclu à Vienne ils gardèrent les deux Siciles; la France cut la Lorraine pour Stanislas, qui la conserva définitivement après la mort de ce prince.

« Tout resta paisible entre les princes chrétiens, si on en excepte les querelles naissantes de l'Espagne et de l'Angleterre pour le commerce de l'Amérique. La cour de France continua d'être regardée comme l'arbitre de l'Europe[1]. » Elle conseilla à la Turquie de donner la paix à l'Autriche, pacifia Gênes et Genève, et devint médiatrice entre l'Espagne et l'Angleterre.

Mais la mort de l'empereur Charles VI vint rallumer la guerre, guerre d'ambition s'il en fut.

Deux Etats nouveaux jouent un rôle important en Europe : la Russie, grandie sous Pierre-le-Grand et Catherine Ire, se mêle maintenant à la politique générale. Déjà, dans la guerre de Pologne, dix mille Russes sont parvenus jusqu'au Rhin. En Prusse, le roi Guillaume a amassé de l'argent, s'est créé une armée. Les protestants réfugiés ont enrichi son royaume, et le rendent centre du philosophisme. Son fils Frédéric II (1740) doit élever la Prusse au rang des vieilles puissances européennes. Ami des philosophes, de Voltaire, il est par-dessus toute chose despote, tacticien et conquérant; il fonde la grandeur de la Prusse.

Revenons aux causes de la guerre dite *de succession.*

Charles VI d'Allemagne avait fait garantir sa succession entière à sa fille Marie-Thérèse, épouse de François de Lorraine, duc de Toscane. A peine eut-il expiré, que toutes les puissances réclamèrent. On voulait démembrer l'Autriche. L'Espagne demanda la Bohême et la Hongrie, le roi de Sardaigne le Milanais, Frédéric la Silésie, l'électeur de Bavière et l'électeur de Saxe, roi de Pologne, la succession tout entière. La France fit élire empereur, sous le nom de Charles VII, l'électeur de Bavière. Un traité de partage fut conclu ; en même temps, Frédéric II, voyant Marie-Thérèse sans armée et sans trésors, envahit la Silésie (décembre 1741). La cause de Marie-Thérèse semblait perdue. Enceinte alors, elle croyait « qu'il ne lui resterait pas une ville pour y faire ses couches. » Mais l'Angleterre et la Hollande redoutaient le triomphe de la France. Des subsides furent donnés à Marie-Thérèse; une escadre anglaise força le roi de Naples à la neutralité. Le roi de Prusse fit la paix. Les Français perdirent Prague et revinrent, à grand'peine, à travers les neiges de la Bohême, où ils s'étaient maladroitement enfoncés (1742), où Fleury les avait laissés presque dans le dénûment. Le ministre, selon son habitude, avait fait les choses à moitié : il s'était décidé à la guerre, sans prendre tous les moyens de la rendre profitable à la France.

Fleury mourut le 29 janvier 1743, à l'âge de quatre-vingt-neuf ans et sept mois. Duclos a tracé ainsi le portrait de ce ministre :

« Le cardinal de Fleury n'était pas, par sa naissance, du nombre de ceux qui, ayant eu dans leur jeunesse une conduite parfaitement régulière, peuvent faire oublier bientôt en se conduisant mieux, et parviennent tout à coup au même but dans l'état ecclésiastique, c'est-à-dire à l'épiscopat et aux abbayes. L'abbé de Fleury, né dans la bourgeoisie, sentit qu'il n'avait pas les privilèges des abbés de qualité, et que pour parvenir il était condamné au manége et à l'intrigue. Cependant, avec de l'esprit et une figure agréable, il aimait le plaisir, il voulait le goûter, et le plaisir est quelquefois un moyen pour la fortune; mais il était obligé d'éviter l'éclat. Il tâcha de plaire aux femmes, et y réussit. Il fut aimé de plusieurs, et n'oublia rien pour en dérober la connaissance au public, et surtout au roi. Cette habitude de contrainte, de dissimulation et de cachotterie devint en partie son caractère, et il le porta dans les affaires du gouvernement. Quoique nos ministres, dans les cours étrangères, fussent, par état, chargés des négociations, cela n'empêchait pas le cardinal de Fleury d'y avoir des agents inconnus aux principaux ministres. Il envoya, par exemple, Jeannel, homme de mérite, à la Haye, depuis le mois d'octobre 1734 jusqu'en février 1735, négocier un plan de paix avec les puissances maritimes, à l'insu du marquis de Fénelon, notre ambassadeur en Hollande, où Horace Walpole s'était rendu pour le même objet. Il envoya, avec le même mystère, la Baume à Vienne; et ces négociations servirent de base au traité de paix conclu en 1736, et publié le 1er juin 1739. »

Voici, selon une pièce du temps, quel était l'état de la France en 1742, une année avant la mort du cardinal de Fleury :

> Un prince mineur à trente ans,
> Un prêtre régent en enfance,
> Des conseils sans expérience
> Et des généraux sans talents !
> Des courtisans bas et rampants,
> Flattant l'idole qu'on encense,

[1] *Voltaire*, Siècle de Louis XV.

Et n'osant rompre le silence;
Des magistrats dans l'indolence
Aux maux publics indifférents;
Un Etat qui, par sa puissance,
Eclipsait les voisins tremblants,
Les tenait dans la dépendance,
Aujourd'hui souffre en patience
Leurs outrages ses plus sanglants
Sans oser en prendre vengeance.
On fait des efforts impuissants,
Sans conduite et sans prévoyance,
Sans soldats, vaisseaux ni finance.
Lésine, lenteurs, contre-temps,
Timidité, fausse prudence.
Imbéciles ménagements,
Sont les armes de l'Eminence.
Plus des revers humiliants,
Une paix funeste à la France,
Son déshonneur, sa décadence,
Triomphe de ses concurrents,
Seront les fruits de la régence.
Or, apprenez en confidence
L'auteur de ces événements :
Un prince mineur à trente ans,
Qui n'a pas la mâle assurance
De renvoyer, sans perdre temps,
Un prêtre régent en enfance !

XII.

Règne de Louis XV depuis la mort du cardinal de Fleury.

Au *vieux* Fleury succéda l'*intrigante* madame de Châteauroux. La France ne gagna pas au change dans les conseils de Louis XV. L'armée française évacua le Palatinat; nos soldats se laissèrent battre par les Anglais à Dettingen (27 juin 1743). Un traité fut signé à Worms par Marie-Thérèse, George II, le roi de Sardaigne et l'électeur de Saxe, contre la France. Cependant, nous eûmes quatre armées sur pied (1744), et nous déclarâmes la guerre, en mars 1744, à la reine de Hongrie et à l'Angleterre. Louis XV, arrivé à Lille, se mit à la tête d'une armée de 120,000 hommes, commandés par les maréchaux de Saxe et de Noailles (12 mai). Menin fut prise, Ypres, Kénoque et Furnes capitulèrent. Mais le roi tomba malade à Metz. En cette occasion, la France se montra royaliste; elle célébra de toutes parts le rétablissement de la santé de Louis XV *le bien-aimé*. Le prince Charles leva le Rhin; de Coigny chassa les Autrichiens de Lauteren, de Lauterbourg et de Weissembourg. Fribourg capitula devant l'armée française.

Louis XV revint à Paris (15 novembre), où il fut reçu, dit Voltaire, « comme le vengeur de sa patrie, et comme un père qu'on avait craint de perdre. »

Après la mort de Charles VII d'Allemagne (20 janvier 1745), Marie-Thérèse voulut placer son époux François sur le trône impérial; elle traita avec le nouvel électeur de Bavière Maximilien, mais son ennemi immédiat, Frédéric II, s'assura de la Silésie par trois victoires brillantes (Friedberg, Sorr, Kesseldorf), envahit la Saxe et imposa à Marie-Thérèse le traité de Dresde; en retour, il adhéra à l'élection de François 1er (1745). Tout le fardeau de la guerre retomba sur la France, qui combattit dans les Pays-Bas et en Italie, qui envoya en Angleterre le prétendant Charles-Edouard. Dans les Pays-Bas, le maréchal de Saxe, malade, porté en litière, livra aux Anglais, sous les yeux du roi, la fameuse bataille de Fontenoi, qu'eût été perdue certainement, si l'Irlandais Lally, animé contre les Anglais d'une haine implacable, n'eût pas proposé de rompre leur colonne avec quatre pièces de canon, et n'y fût entré lui-même l'épée à la main. Le duc de Richelieu s'appropria l'idée de cette manœuvre, qui entraîna la retraite des ennemis; ceux-ci perdirent neuf mille hommes (11 mai).

Ce qui est aussi remarquable que cette victoire, c'est que le premier soin du roi de France fut de faire écrire le jour même à l'abbé de la Ville, son ministre à la Haye, qu'il ne demandait pour prix de ses conquêtes que la pacification de l'Europe, et qu'il était prêt à envoyer des plénipotentiaires à un congrès. Les états généraux surpris ne crurent pas l'offre sincère; ce qui dut surprendre davantage, c'est que cette offre fut éludée par la reine de Hongrie et par les Anglais. Cette reine, qui faisait à la fois la guerre en Silésie contre le roi de Prusse, en Italie contre les Français, les Espagnols et les Napolitains, vers le Mein contre l'armée française, semblait demander elle-même une paix dont elle avait besoin; mais la cour d'Angleterre, qui dirigeait tout, ne voulait point cette paix. La vengeance et les préjugés mènent les cours comme les particuliers.

Cependant, le roi envoya un aide-major de l'armée, nommé M. de la Tour, officier très-éclairé, porter au roi de Prusse la nouvelle de la victoire; cet officier rencontra le roi de Prusse au fond de la basse Silésie, du côté de Ratibor, dans une gorge de montagne, près d'un village nommé Friedberg. C'est là qu'il vit ce monarque remporter une victoire signalée contre les Autrichiens. Il manda à son allié le roi de France : « J'ai acquitté à Friedberg la lettre de change que vous avez tirée sur moi à Fontenoi. »

Le roi de France, de son côté, avait tous les avantages que la victoire de Fontenoi devait donner. Déjà la ville et la citadelle de Tournai s'étaient rendues peu de jours après la bataille; le maréchal de Saxe avait secrètement concerté avec le roi la prise de Gand, capitale de la Flandre autrichienne; ville plus grande que peuplée, mais riche et florissante par les débris de son ancienne splendeur.

Les Français s'emparèrent de Bruges (18 juillet 1745), d'Oudenarde (21), de Dendermonde (12 août), d'Ostende (23), de Nieuport (5 septembre), et d'Ath (8 octobre). En Italie, la France et l'Espagne traitèrent avec Gênes (mai). Un an après, Anvers, Mons, Charleroi, Hui et Namur capitulèrent. Bruxelles était prise par le comte de Saxe. Nous soutînmes glorieusement la lutte jusqu'au traité d'Aix-la-Chapelle, qui rendit à la France ses colonies, assura la Silésie à la Prusse, Parme et Plaisance aux Bourbons d'Espagne. L'Autriche subsista (1748).

La France avait fait une dure expérience de sa faiblesse, écrit un historien moderne, mais elle n'en pouvait profiter. Au gouvernement du vieux prêtre avait succédé celui des maîtresses. Mademoiselle Poisson, marquise de Pompadour, régna vingt années. Née bourgeoise, elle eut quelques velléités de patriotisme. Sa créature, le contrôleur Machault, voulait imposer le clergé; d'Argenson organisait l'administration de la guerre avec le talent et la sévérité de Louvois. Au milieu de la petite guerre du parlement et du clergé, le philosophisme gagnait. A la cour même, il avait des partisans; le roi, tout ennemi qu'il était des idées nouvelles, avait sa petite imprimerie, et imprimait lui-même les théories économiques de son médecin, Quesnay, qui proposait un impôt unique, portant sur la terre : la noblesse et le clergé, qui étaient les principaux propriétaires du sol, eussent enfin contribué. Tous ces projets aboutissaient en vaines conversations; les vieilles corporations résistaient; la royauté, caressée par les philosophes qui auraient voulu l'armer contre le clergé, éprouvait un vague effroi à l'aspect de leurs progrès. Voltaire préparait une histoire générale anti-chrétienne (Essai sur les mœurs, 1756). Peu à peu la philosophie nouvelle sortait de cette forme polémique à laquelle Voltaire la réduisait. Dès 1748, le président de Montesquieu, fondateur de l'Académie des Sciences naturelles à Bordeaux, donna, sous forme, il est vrai, décousue et timide, une théorie matérialiste de la législation, déduite de l'influence des climats; telle est du moins l'idée dominante de l'Esprit des lois, ce livre si ingénieux, si brillant, quelquefois si profond. En 1749, apparut le colossale Histoire Naturelle du comte de Buffon; en 1751, les premiers volumes de l'*Encyclopédie*, monument gigantesque où devait entrer tout le dix-huitième siècle, polémique et dogmatique, économie et mathématiques, irréligion et philanthropie, athéisme et panthéisme, d'Alembert et Diderot. Le tout fut dit par Condillac en un mot, qui contient le siècle : Traité des Sensations, 1754. Cependant la guerre religieuse était continuée par Voltaire, qui venait de se poster en observation au point central de l'Europe, entre la France, la Suisse et l'Allemagne, au chef-lieu des anciens Vaudois, d'Arnaldo de Brescia et de Zwingle et de Calvin.

C'était l'apogée de la puissance de Frédéric. Depuis sa conquête de Silésie, il avait perdu tout ménagement. Dans son étrange cour de Potsdam, ce bel esprit guerrier se moquait de Dieu, des philosophes et des souverains ses confrères; il avait maltraité Voltaire, le principal organe de l'opinion; il désolait de ses épigrammes les rois et les reines; il ne croyait ni à la beauté de madame de Pompadour ni au génie poétique de l'abbé Bernis, principal ministre de France. L'occasion parut favorable à l'impératrice pour recouvrer la Silésie; elle ameuta l'Europe, les reines surtout; elle entraîna celle de Pologne et l'impératrice de Russie; elle fit sa cour à la maîtresse de Louis XV. La monstrueuse alliance de la France avec cette vieille Autriche contre un souverain qui maintenait l'équilibre de l'Allemagne, réunit contre lui toute l'Europe. L'Angleterre seule l'aida et lui donna des subsides. Elle était gouvernée alors par un avocat goutteux, le fameux William Pitt, depuis lord Chatham, qui s'éleva à force d'éloquence, à force de haine contre les Français. L'Angleterre voulait deux choses : le maintien de l'équilibre européen, et la ruine des colonies françaises et espagnoles. Ses griefs étaient graves; les Espagnols avaient maltraité ses contrebandiers, et les Français voulaient l'empêcher au Canada de bâtir sur leur territoire. Aux Indes, La Bourdonnaie et son successeur Dupleix menaçaient de fonder une grande puissance en face de la puissance anglaise. Les Anglais, pour déclaration de guerre, nous confisquèrent trois cents navires (1756).

Frédéric se débarrassa des Saxons, qu'il désarma seulement. « Puis il frappa un coup en Bohême, ajoute Michelet. Repoussé, délaissé de l'armée anglaise qui convient à Closter-Seven de ne plus se battre, menacé par les Russes vainqueurs à Jægerndorf, il passe en Saxe, et y trouve les Français et les Impériaux combinés. Quatre armées entouraient la Prusse. Il se croyait perdu, il voulait se tuer; il l'écrivit à sa sœur et à d'Argens. Il n'avait peur que d'une chose, c'est que, lui mort, le grand distributeur de la gloire, Voltaire, ne poursuivît son nom; il lui écrivit une épître, pour le désarmer; ainsi Julien, blessé à mort, tira de sa robe et débita un discours qu'il avait composé pour cette circonstance. — Pour moi, disait Frédéric,

> Pour moi, menacé du naufrage,
> Je dois, en affrontant l'orage,
> Penser, vivre et mourir en roi.

» L'épître faite, il battit l'ennemi à Rosbach (1757). Le prince de Soubise, croyant le voir fuir, se met étourdiment à sa poursuite; alors les Prussiens démasquent leurs troupes, tuent trois mille hommes et en prennent sept mille. On trouva dans le camp une armée de cuisiniers, de comédiens, de perruquiers, quantité de perroquets, de parasols, je ne sais combien de caisses d'eaux de lavande, etc. »
Une colonne triomphale éternisa notre désastre. Les Autrichiens évacuèrent la Silésie.
Choiseul, en France, avait remplacé Bernis au ministère. Il resserra l'alliance de notre pays avec l'Autriche, et réorganisa l'armée. Frédéric II livra aux Russes la terrible bataille de Kunnersdorf (1759); forcé de céder au nombre, il fut menacé d'une ruine totale. La victoire de Cosbach, celle de Closter prouvèrent que nos soldats n'avaient pas dégénéré. Malheureusement la France perdait sa marine et ses colonies. Choiseul espéra la relever par le *pacte de famille* entre les diverses branches de la maison de Bourbon (1761). L'Espagne déclara la guerre à l'Angleterre et au Portugal. La lutte allait recommencer avec fureur, lorsque la mort d'Élisabeth et celle de Pierre III, renversé par sa femme, Catherine II, changèrent les dispositions de la Russie. Catherine voyait rappelées les troupes russes de la Silésie; elle se déclara neutre. Après des hostilités sans éclat, la paix fut signée à Paris entre la France, l'Espagne, l'Angleterre et le Portugal (10 février 1763); en même temps le roi de Prusse, par la victoire de Fregberg et la prise de Schweidnitz, décida Marie-Thérèse et le roi de Pologne, électeur de Saxe, à conclure la paix à Hubertsbourg (10 et 15 février 1763). L'Allemagne resta comme avant la guerre. La France céda le Canada, bon nombre de colonies, et restitua Minorque. L'Espagne recouvra Cuba en échange de la Floride. L'Angleterre seule gagna à cette sanglante lutte, à cette fameuse *guerre de sept ans*.
Bientôt madame de Pompadour mourut (1764, 15 août). Choiseul, qui avait gouverné de concert avec elle, voulut encore gouverner après : madame Dubarry devint maîtresse de Louis XV. Des oppositions de toutes sortes s'élevèrent. Louis XV alla lui-même arracher du greffe du parlement la procédure qui *entachait l'honneur* du duc d'Aiguillon, qui indignait la Bretagne par ses vexations et par ses abus de pouvoir. Le chancelier Maupeou fit signifier aux membres du parlement de Paris la confiscation de leurs charges et leur exil. De nouveaux membres, à **offices gratuits**, formèrent ce qu'on a appelé le *parlement Maupeou*.
Louis XV se mourait, vieux, indolent, déshonoré. L'abbé Terray n'avait remédié au déficit que par la banqueroute; il avait frappé les créanciers de l'État pour satisfaire au luxe effréné de la cour; il avait surchargé le peuple de trois cent soixante-quinze millions d'impôts. La Pologne avait été partagée. Louis XV mourut le 10 mars 1774.

XIII.

Portrait de Louis XV et de sa cour. — Les savants et les hommes de lettres depuis la fin du seizième siècle. — Commencement du règne de Louis XVI.

Autant le vice s'était montré hypocrite chez Louis XIV, autant il se montra effronté chez Louis XV, qui enchérit encore sur le régent. Sur ses traces, et à son exemple, les courtisans se jetèrent dans tous les débordements. On vit le roi livrer par *lettres de cachet*, à qui était assez riche pour en acheter, la fortune, la liberté et l'honneur des familles. Il achetait pour son Parc-aux-Cerfs les enfants du peuple; il dépensait cent millions pour ses débauches; il agiotait sur les blés, il spéculait sur la famine, disant dans son égoïsme cynique : « La monarchie vivra bien autant que moi! »
Deux partis se formèrent dans la société française, ainsi qu'on l'a justement remarqué. D'un côté les anciennes puissances, le roi, le clergé, la noblesse; de l'autre la puissance nouvelle, la bourgeoisie. Les premières étaient insoucianles et rieuses, livrées exclusivement au plaisir; la seconde était occupée, grave et réfléchie. Celle-ci ne voyait au-dessus d'elle que la honte et la corruption. Elle voyait son roi dégrader la royauté; elle voyait les grands seigneurs libertins et incapables; le clergé gorgé d'or et plein de passions mondaines.
Un attentat contre la vie du *bien-aimé* fut tenté en 1757 par Damiens, qui fut exécuté.
Sous le règne de Louis XV, « les hommes d'État étaient devenus des hommes de lettres, les gens de lettres des hommes d'État, les grands seigneurs des banquiers, les fermiers généraux des grands seigneurs; les modes étaient aussi ridicules que les arts étaient de mauvais goût : on peignait des bergères en paniers dans les salons où les colonels brodaient. Tout était dérangé dans les esprits et dans les mœurs, signe certain d'une révolution prochaine. Les magistrats rougissaient de porter la robe et tournaient en moquerie la gravité de leurs pères; les prêtres en chaire évitaient le nom de Jésus-Christ et ne parlaient plus que du *législateur des chrétiens*; les ministres tombaient les uns sur les autres; le pouvoir glissait de toutes les mains; le suprême bon ton était d'être Anglais à la cour, Prussien à l'armée, tout enfin, excepté Français. Ce que l'on disait, ce que l'on faisait, n'était qu'une suite d'inconséquences : nul ne pouvait être officier s'il n'était gentilhomme, et l'on débatairait contre la noblesse. On introduisait l'égalité dans les salons et les coups de bâton dans les camps... A voir le monarque endormi dans la volupté, des courtisans corrompus, des ministres méchants ou imbéciles, des philosophes, les uns sapant la religion, les autres l'État, des nobles ou ignorants ou atteints des vices du jour, des ecclésiastiques, à Paris, la honte de leur ordre, dans les provinces, pleins de préjugés, on eût dit une foule de manœuvres empressés à démolir un grand édifice [1]. »
La pensée était émancipée par une foule d'auteurs qui, sous Louis XIII, Louis XIV et Louis XV, avaient illustré le quatorzième âge du peuple français.

LISTE DES PERSONNAGES CÉLÈBRES (DE 1589 A 1789).

Etienne Duranti.	1589	Le Laboureur.	1675
Jacques Cujas.	1590	Nanteuil.	1678
Saluste du Bartas.	1590	De Gondi de Retz.	1679
Michel de Castelnau.	1592	Moreri.	1680
Jacques Amyot.	1593	Fr. de la Rochefoucauld.	1680
Robert Garnier.	1595	Fouquet.	1680
Pithou.	1596	Patru.	1681
Henri Estienne.	1598	Colbert.	1683
Passerat.	1602	Mézerai.	1683
Gui Coquille.	1603	Pierre Corneille.	1684
Pierre Charron.	1603	Le Maistre de Saci.	1684
Arnaud d'Ossat.	1604	La Quintinie.	1686
Théodore de Bèze.	1605	Lulli.	1687
Philippe Desportes.	1606	Claude Perrault.	1688
François Miron.	1608	Ducange.	1688
Joseph Scaliger.	1609	Bernier.	1688
Palma Cayet.	1610	Quinault.	1688
Mathurin Regnier.	1613	Furetière.	1688
P. de Bourdeille de Brantôme.	1614	Van der Meulen.	1690
		Lebrun.	1690
Casaubon, né à Genève, mais enseigna à Paris.	1614	Louvois.	1691
		Benserade.	1691
Etienne Pasquier.	1615	Ménage.	1692
Achille de Harlai.	1616	Adrien de Valois.	1692
Loisel.	1617	Pélisson.	1693
Jacques-Auguste de Thou.	1617	Félibien.	1693
Du Perron.	1618	De Rabutin de Bussi.	1693
Fr. Pithou.	1621	Antoine Arnaud.	1694
S. François de Sales, né en Savoie.	1622	Antoinette Deshoulières.	1694
		Nicole.	1695
Philippe de Mornai du Plessis.	1623	La Fontaine.	1695
		Madelaine de la Fayette.	1695
Honoré d'Urfé.	1624	Puget.	1695
Malherbe.	1628	D'Herbelot.	1695
P. de Bérulle.	1629	P. Mignard.	1695
Théodore Agrippa d'Aubigné.	1630	La Bruyère.	1696
		Marie de Rabutin de Sévigné.	1696
Le père Joseph.	1638		
André Duchesne.	1640	Varillas.	1696
Voiture.	1648	Santeuil.	1697
Vaugelas.	1649	Jean Racine.	1699
Descartes.	1650	Domat.	1699
Rotrou.	1650	Le Nôtre.	1700
Omer Talon.	1652	Rancé.	1700
Patau.	1652	Segrais.	1701
Naudé.	1653	Mademoiselle de Scudéry.	1701
Saumaise.	1653	Jean Bart.	1702
Sarrazin.	1654	Bachaumont.	1702
Balzac.	1654	Bouhours.	1702
Eustache Lesueur.	1655	Saint-Evremont.	1703
Gassendi.	1655	Charles Perrault.	1703
Mathieu Molé.	1656	Mascaron.	1703
Scarron.	1660	Bossuet.	1704
Brebeuf.	1661	Bourdaloue.	1704
Pascal.	1662	Bayle.	1706
Nicolas Poussin.	1665	Ninon de Lenclos.	1706
Fermat.	1665	Mabillon.	1707
Labbe.	1667	Hardouin Mansard.	1708
François Mansard.	1668	Tournefort.	1708
Péréfixe.	1670	Thomas Corneille.	1709
Racan.	1670	Fléchier.	1710
La Mothe le Vayer.	1672	Boileau.	1711
Gui Patin.	1672	Chardin.	1713
Molière.	1673	Fénelon.	1715
Robert Arnaud d'Andilly.	1674	Malebranche.	1715

[1] *Chateaubriand*, Études historiques.

Fr. Girardon.	1715	Dom Vaissette.	1756
Jouvenet, peintre.	1717	Dumarsais.	1756
Fagon.	1718	Gassini.	1756
Etienne Baluze.	1718	Dom Calmet.	1757
Quesnel.	1719	Fontenelle.	1757
Michel de Tellier.	1719	Vadé.	1757
Madame de Maintenon.	1719	Madame de Graffigny.	1758
Chaulieu.	1720	Ant. Jussieu.	1758
Coysevox.	1720	Maupertuis.	1759
Madame Dacier.	1720	Velly.	1759
Dangeau.	1720	Bouchardon.	1762
Antoine Hamilton.	1720	La Caille.	1762
Huet.	1721	Julyot de Crébillon.	1762

Louis XIV au parlement.

Lelong.	1721	Louis Racine.	1763
Boulainvilliers.	1722	Marivaux.	1763
Basnage.	1723	La marquise de Pompadour.	1764
Dufresny.	1724	Rameau.	1764
Rapin de Thoiras.	1725	Panard.	1765
Guillaume de l'Isle.	1726	Robert de Vaugondy.	1766
Laurière.	1728	Malfilatre.	1767
Houdard de la Mothe.	1731	D'Olivet.	1768
Vertot.	1735	Henault.	1770
Duguay-Trouin.	1736	Helvétius.	1771
Nicéron.	1738	Duclos.	1772
Martenne.	1739	Pothier.	1772
Jean-Baptiste Rousseau.	1741	Piron.	1773
Rollin.	1741	La Condamine.	1774
Montfaucon.	1741	De Belloy.	1775
Massillon.	1742	Fréron.	1776
Dubos.	1742	Colardeau.	1776
Massillon.	1743	Bern. Jussieu.	1777
Vauvenargues.	1747	Madame Geoffrin.	1777
Le Sage.	1747	Voltaire.	1778
Frères.	1749	J.-J. Rousseau.	1778
La marquise du Châtelet.	1749	Gresset.	1778
Madame Tencin.	1749	Le Kain.	1778
D'Aguesseau.	1750	Gilbert.	1780
Réaumur.	1752	Condillac.	1780
Néricault Destouches.	1754	Dorat.	1780
Saint-Simon.	1755	Madame du Deffand.	1780
Lenglet-Dufrénoy.	1755	Vaucanson.	1782
Montesquieu.	1755	Legouvé.	1782

D'Anville.	1782	Diderot.	1784
D'Alembert.	1783	Buffon.	1788
Le Franc de Pompignan.	1784	D'Holbach.	1789

Les propositions les plus hardies avaient été osées par ces hommes. Point de questions qu'ils n'aient abordées, discutées longuement, parfois résolues [1].

Aussi quand Louis XVI, en 1774, monta sur le trône, une révolution existait dans les esprits, sinon dans les faits.

En 1775, il y eut une émeute à Paris au sujet du commerce des grains (1er mai). La même année s'élevèrent les troubles appelés *guerre de la farine*. En 1776, un hiver rigoureux augmenta la misère qui régnait dans toute la France. La guerre d'Amérique donna au peuple des idées de liberté politique. Les parlements devinrent menaçants. Le déficit croissait. Necker affirma, en 1781, que les recettes dépassaient de 10,200,000 fr. les dépenses ordinaires. La France monarchique perdait l'équilibre. Nos succès maritimes n'exerçaient aucune influence. L'affaire du collier (1785), l'arrestation du cardinal de Rohan et la condamnation de la comtesse de la Mothe-Valois indignaient les masses.

Le 22 février 1787, une première assemblée de notables avait été convoquée à Versailles. Les finances étaient toujours la grosse question. Le parlement demandait la réunion des états généraux. Louis XVI avait tenu un lit de justice pour un emprunt de 420 millions (19 novembre 1787).

En 1788, une lutte sérieuse s'établit entre la cour et les parlements. Celui de Grenoble se montra violent. Il y eut dans la capitale du Dauphiné une émeute dite *journée des tuiles* (7 juin). Huit parlements furent exilés. Des troubles éclatèrent à Rennes (5 juillet). On convoqua les états généraux pour le 1er mai de l'année suivante. Paris fut troublé par des mouvements populaires (27 août).

Un souper sous la régence.

En 1789, des rixes eurent lieu à Rennes entre les nobles et le peuple (26-27 janvier). A Marseille une émeute éclata (30 avril). Les états généraux s'ouvrirent (5 mai). La monarchie expirait ! La monarchie était morte !

A l'année 1774 commence le quatorzième âge de la vie du peuple français, celui qui comprend le règne de Louis XVI, l'histoire de la Révolution, du Consulat et de l'Empire. Le quinzième âge, ainsi que nous l'avons dit, s'étend depuis la Restauration, depuis le retour de Louis XVIII jusqu'à nos jours. Le quatorzième âge, nous le retraçons complètement dans notre *Histoire de la Révolution* et dans notre *Histoire de Napoléon*. Le quinzième âge est esquissé dans l'*Histoire de Paris*.

FIN DE L'HISTOIRE DE FRANCE.

www.ingramcontent.com/pod-product-compliance
Lightning Source LLC
LaVergne TN
LVHW050650090426
835512LV00007B/1134